O trabalho docente

Dados Internacionais de Catalogação na Publicação (CIP)
(Câmara Brasileira do Livro, SP, Brasil)

Tardif, Maurice
O trabalho docente : elementos para uma teoria da docência como profissão de interações humanas / Maurice Tardif, Claude Lessard ; tradução de João Batista Kreuch. 9. ed. – Petrópolis, RJ : Vozes, 2014.

8ª reimpressão, 2022.

ISBN 978-85-326-3165-7

Título original: Le travail des enseignants aujourd'hui.

Bibliografia.

1. Ensino – Trabalho em grupo 2. Interação em educação 3. Prática de ensino – Canadá – Québec 4. Professores – Trabalho – Canadá – Québec 5. Sistemas de ensino – Canadá – Québec I. Lessard, Claude. I. Título.

05-2820 CDD-371.1

Índices para catálogo sistemático:

1. Atividade docente e pedagogia : Educação 371.1
2. Professores : Prática docente : Ciências pedagógicas : Educação 371.1

Maurice Tardif
Claude Lessard

O trabalho docente

Elementos para uma teoria da docência como profissão de interações humanas

Tradução de João Batista Kreuch

Petrópolis

Tradução realizada a partir do original em francês intitulado *Le travail des enseignants aujourd'hui – Éléments pour une théorie de l'enseignement comme profession d'interactions humaines*

Direitos de publicação em língua portuguesa:
2005, Editora Vozes Ltda.
Rua Frei Luís, 100
25689-900 Petrópolis, RJ
www.vozes.com.br
Brasil

Editoração: Fernando Sergio Olivetti da Rocha
Diagramação e capa: AG.SR Desenv. Gráfico

ISBN 978-85-326-3165-7

Este livro foi composto e impresso pela Editora Vozes Ltda.

Sumário

Introdução, 7

1. O trabalho docente hoje: elementos para um quadro de análise, 15

2. A escola como organização do trabalho docente, 55

3. Da classe ao sistema escolar, 81

4. A carga de trabalho dos professores, 111

5. Os trabalhos e os dias, 163

6. Os fins do trabalho docente, 195

7. Os fundamentos interativos da docência, 231

Conclusão, 275

Referências, 291

Lista de quadros, 313

Índice, 315

Introdução

Há cerca de quatro séculos, essa atividade social chamada instruir vem-se constituindo, progressivamente, numa dimensão integrante da cultura da modernidade, sem falar de seus importantes impactos sobre a economia e os demais aspectos da vida coletiva, sobretudo políticos, tanto é verdade que o conceito moderno de cidadania é impensável sem o de instrução. De fato, dificilmente poderemos compreender o mundo social, no qual hoje vivemos, se não nos esforçarmos por reconhecer, antes de tudo, que a grande maioria de seus membros são escolarizados em diferentes graus e sob diferentes formas. Deste ponto de vista, pode-se afirmar que o ensino em ambiente escolar representa, em igual título que a pesquisa científica, o trabalho industrial, a tecnologia, a criação artística e a prática política, uma das esferas fundamentais de ação nas sociedades modernas, ou seja, uma das esferas em que o social, através de seus atores, seus movimentos sociais, suas políticas e suas organizações, volta-se reflexivamente a si mesmo para assumir-se como objeto de atividades, projetos de ação e, finalmente, de transformações. Na verdade, do ponto de vista sociogênico, pode-se afirmar que, atualmente, o ensino escolar possui, inclusive, uma espécie de proeminência sobre outras esferas de ação, já que o pesquisador, o operário, o tecnólogo, o artista e o político de hoje devem necessariamente ser instruídos antes de ser o que são e para poderem fazer o que fazem. Na *Contribuição à crítica da filosofia do direito de Hegel* (1843), Marx afirmava que "o homem é a raiz do homem"; pode-se, portanto, parafrasear sua célebre fórmula, afirmando que "a criança escolarizada é a raiz do homem moderno atual", ou seja, de nós mesmos.

Esta obra se propõe a penetrar no coração do processo de escolarização, analisando o trabalho dos atores que a realizam no cotidiano: os professores interagindo com os alunos e os outros atores escolares. A obra procura, ao mesmo tempo, abrir um novo campo de pesquisa, voltando-se para a análise do trabalho docente e situando-se na encruzilhada de diversas disciplinas e teorias relacionadas entre si: sociologia do trabalho e das organizações, ciências da educação, ergonomia, teorias da ação, ciências cognitivas, etc.

Acreditamos, com efeito, que o estudo do ensino em contexto escolar dispõe, hoje, de recursos conceituais e metodológicos bastante fortes, e que chegou o tempo de, finalmente, levar a sério os inúmeros avanços da pesquisa empírica, a fim de juntar a rica colheita de fatos numa teoria mais ampla e mais consistente que, somente ela, pode garantir o desenvolvimento ulterior desse campo. Nos Estados Unidos, desde o início dos anos 1980, milhares de pesquisas têm sido realizadas diretamente nos estabelecimentos escolares e nas classes, a fim de analisar *in situ* o processo concreto da atividade docente nos seus diversos aspectos: interação com os alunos, planejamento e gestão do ensino, avaliação, relacionamento com os colegas, transformações curriculares, etc. Várias dessas pesquisas têm sólidas bases conceituais (DOYLE, 1986; HOUSTON, 1990; RICHARDSON, 2002; SIKULA, 1996; SHULMAN, 1986, etc.). Consequentemente, estamos distantes das antigas abordagens normativas ou experimentais, inclusive behavioristas, que prevaleciam, sobretudo, antes dos anos 1970, as quais confinavam a análise do ensino a variáveis mensuradas em laboratório ou, ainda, a normas tiradas da pesquisa universitária – por exemplo, a pesquisa na psicologia da aprendizagem – desconectada da realidade da profissão docente e da ocupação de aluno. Além disso, todo o campo da ergonomia está atualmente em pleno desenvolvimento, particularmente na Europa Francófona; esta abordagem fornece aos pesquisadores instrumentos de análise bastante completos para estudar o trabalho dos agentes (ou "operadores") no contexto escolar (DURAND, 1996; MESSING et al., 1995; RIA, 2001). Por outro lado, a sociologia do trabalho, a sociologia das profissões e a sociologia das organizações há muito tempo abandonaram o conforto do pensamento meramente teórico, engajando-se, também elas, nas pesquisas de campo e considerando as sutis interações entre os atores escolares. A estas contribuições pode-se também acrescentar diversos trabalhos na área da psicologia e da psicossociologia do trabalho, bem como na antropologia da educação (HENRIO et al., 1987; WULF, 1999; 2002). Encontram-se, ainda, desenvolvimentos semelhantes nas pesquisas da parte das teorias organizacionais. Enfim, a maioria dos pesquisadores em ciências da educação reconhece plenamente, agora, a importância de partir da análise dos contextos cotidianos nos quais atuam os agentes da educação, para melhor descrever e compreender sua atividade, com suas particulares dificuldades e seus pontos fortes. Assim, hoje dispomos de uma sólida base de conhecimentos para estudar a docência no âmbito escolar.

Esta obra procura mobilizar tal base de conhecimentos, ampliá-la e aprofundá-la, e criticá-la dentro do necessário, a fim de aplicá-la ao estudo da docência, essa *compreendida como uma forma particular de trabalho sobre o humano, ou seja, uma atividade em que o trabalhador se dedica ao seu "objeto" de trabalho, que é justamente um outro ser humano, no modo fundamental da interação humana*. Podemos chamar de *interativo* esse trabalho sobre e com outrem. É, pois, a análise do trabalho interativo dos professores que constitui o objeto desta obra, destacando algumas questões diretivas que orientam todo o nosso percurso: em que e como o fato de trabalhar sobre e com seres humanos repercute sobre o professor, sobre seus conhecimentos, sua identidade, sua experiência profissional? Enquanto trabalho interativo, a docência possui características peculiares que permitem distingui-la de outras formas de "trabalho humano" – para retomarmos a velha expressão de Friedman (1963) –, sobretudo as formas hoje dominantes que são o trabalho com objetos materiais e a técnica, bem como o trabalho com o conhecimento e a informação? Em quais condições, sob quais pressões, com ajuda de quais recursos se realiza hoje esse trabalho sobre o outro? Como ele é vivenciado internamente por aqueles e aquelas que o realizam? De que modo os dispositivos da organização do trabalho em âmbito escolar (divisão do trabalho, classes fechadas, isolamento dos professores, burocracia, etc.) os afetam? Admitindo-se que todo trabalho possui instrumentos e tecnologia em sentido amplo, quais são eles na docência?[1]

Esta obra se empenha em responder a estas e a outras questões do mesmo gênero. Sua ambição é conseguir descrever, analisar e compreender o trabalho docente tal como é desenvolvido, a um tempo conforme as representações e situações de trabalho vividas e denominadas pelos próprios atores e segundo as condições, os recursos e as pressões reais das suas atividades cotidianas. Ela se fundamenta em 150 entrevistas realizadas junto aos professores, complementadas com uma centena de outras entrevistas a outros agentes escolares e educadores: administradores, diretores de escolas, funcionários, orientadores pedagógicos, professores de educação especial, técnicos, universitários em formação para o magistério, etc. Estas entrevistas abordavam tanto a história da carreira docente, suas relações dentro do conjunto dos demais atores da educação, quanto os temas diversos que embasam esta obra[2]. As entrevistas com outros atores escolares e educacionais tratavam de suas

---

1. Não abordamos nesta obra a questão dos conhecimentos e competências dos professores do ponto de vista da análise de seu trabalho, pois já tratamos amplamente esta questão na mesma perspectiva em nossa obra anterior: TARDIF, M. *Saberes docentes e formação profissional*. Petrópolis: Vozes, 2002.

2. No corpo desta obra, as citações provenientes das entrevistas e que citaremos em diferentes locais não comportam sistemas de referência: elas provêm da fala dos professores e de professores com os quais nos encontramos nos últimos anos por ocasião das pesquisas, bem como de entrevistas que conduzimos com outros agentes escolares. O mesmo vale para as citações feitas a partir de entrevistas realizadas por outros pesquisadores, cuja consulta e utilização para esta obra nos foram permitidas.

condições de trabalho e de suas relações com os outros professores e demais agentes escolares. Com relação aos professores, as informações discursivas foram completadas por observações nas classes e no ambiente das escolas, e também por gravações de vídeo feitas em diferentes momentos do ano escolar em alguns anos. Muitos pesquisadores nos disponibilizaram, igualmente, a consulta ao seu material (entrevistas, observações, vídeos) compatíveis com os nossos. Um exame do conjunto dos dados quantitativos a respeito da tarefa dos professores foi igualmente efetuada junto a diversos organismos internacionais e nacionais. Sempre que foi possível dispor deles e compará-los, também utilizamos dados qualitativos, provenientes de pesquisas europeias, anglo-saxãs e latino-americanas. Enfim, realizamos uma síntese sistemática e crítica dos principais trabalhos de pesquisa (teóricas e empíricas) produzidas sobre a docência durante as duas últimas décadas. Eles estão citados na bibliografia[3].

Nas ciências sociais é evidente que uma pesquisa com base empírica, por mais imponente e rica de informações que seja, é, essencialmente, local: não existem dados universais, na medida em que os "fatos sociais" estudados pertencem a uma situação social particular dentro da qual eles são histórica e socialmente produzidos. Além disso, os instrumentos, os métodos e as teorias pelas quais os dados são coletados, estruturados e interpretados pertencem, eles mesmos, a uma situação local, como por exemplo essa ou aquela tradição de pesquisa, ela mesma muitas vezes enraizada em regionalismos teóricos: sociologia britânica do currículo, teorias americanas das organizações, sociologia anglo-saxã das profissões, ergonomia francesa, neo-estruturalismo parisiense...

Ora, esses fenômenos – a particularidade das informações, localismo das teorias e dos métodos – não são "inconvenientes", ou "obstáculos", mas as condições mesmas nas quais se realiza o trabalho científico em ciências sociais. Acontece o mesmo com as análises e interpretações propostas nesta obra: elas se apoiam amplamente em dados empíricos extraídos de pesquisas efetuadas em solo canadense e em boa parte alimentadas por teorias associadas ao "localismo sociológico norte-americano". Contudo, repitamos mais uma vez, não se trata de "inconvenientes" ou de "obstáculos", mas sim – falando como Kant – de condições *a priori* de qualquer conhecimento possível em ciências sociais, se estas, pelo menos, aceitam falar de alguma coisa real-

---

3. Nós apresentamos e discutimos nossa abordagem metodológica em LESSARD, C. & TARDIF, M. (1996). *La profession enseignante au Québec: histoire, système et structures*. Montréal: Presses de l'Université de Montréal. Cf. particularmente o anexo 1 dessa obra.

mente existente, e não somente divagar no universo de uma escuridão teórica que, como dizia Hegel, tem a propriedade de tornar todas as vacas igualmente pardas, impossíveis de distinguir-se.

Pelo que sabemos, a única maneira de escapar de uma tal caricatura teórica sem recair num empirismo ingênuo está em confrontar as "teorias rivais" entre si, tomando "fatos" produzidos por diferentes sistemas sociais a fim de compreender, para além de sua aparente diversidade, a semelhança de funções e de significados que eles possuem. A hipótese que subjaz à nossa abordagem é que os ofícios e as profissões de interação humana apresentam, por causa da natureza humana do seu "objeto de trabalho" e das modalidades de interação que unem o trabalhador a este objeto, características suficientemente originais e particulares que permitem distingui-las das outras formas de trabalho, sobretudo o trabalho com a matéria inerte. Além disso, a docência, enquanto trabalho de interações, apresenta ela mesma alguns traços particulares que estruturam o processo de trabalho cotidiano no interior da organização escolar. Como corolário para esta hipótese, pensamos que a docência enquanto ocupação, possui, na maior parte das sociedades modernas avançadas, marcas típicas e recorrentes. É por isso que a ambição perseguida nesta obra é a de lançar as bases para uma teoria da docência compreendida como trabalho interativo, trabalho sobre e com o outro. Acreditamos – e o leitor fará sua avaliação ao final da leitura – que esta abordagem seja suficientemente rica e fecunda em termos de intuições, conceitos e problemas para fazer perceber alguns aspectos fundamentais das atuais práticas de ensino nas diferentes sociedade contemporâneas.

A obra inicia com a apresentação e a discussão do quadro teórico que fundamenta o desenvolvimento analítico (capítulo 1). Com efeito, como nossa abordagem teórica se diferencia da maioria das perspectivas utilizadas tradicionalmente no estudo da docência, parece-nos necessário justificá-la e mostrar sua pertinência e fecundidade. Ao mesmo tempo, esse primeiro capítulo pretende oferecer aos estudantes e aos pesquisadores das ciências sociais elementos mais gerais de análise que podem ser utilizados e, com certeza, adaptados ao estudo do trabalho docente nas diversas sociedades, principalmente aqui mesmo, no Brasil, onde existe uma grande diversidade de modos de organização e de realização da docência de acordo com os estados, as regiões e mesmo os municípios.

A sequência da obra está organizada da seguinte maneira: empenhamo-nos no estudo do processo total do desdobramento do trabalho docente, partindo, inicialmente, dos seus contextos mais globais tais como se encarnam na organização do trabalho escolar, para avançar, em seguida, na consideração das situações cotidianas de interação entre os atores escolares e, finalmente, num nível de análise mais completo, entre os professores e os alunos no momento das atividades em classe. Ao adotarmos este modo de exposição, não se trata simplesmente de utilizarmos um procedimento cômodo que permita passar do sistema ao agente, do global ao local ou do abstrato ao concreto: o que nos interessa é, à maneira de Marx em *O capital*, quando analisa o processo total de transformação das coisas naturais e dos homens em mercadorias, ou seja, em formas abstratas socializadas que só existem através do mercado e dos intercâmbios econômicos capitalistas, reconstituir o processo ao mesmo tempo vivo e global do trabalho dos professores, tanto nas escolas quanto nas classes. Lembremos que, para Marx, a análise das situações concretas, das operações específicas e dos postos de trabalho particulares na indústria não era um fim em si: ela se destinava a esclarecer um processo de trabalho mais global de produção da vida econômica e social. Nesse mesmo sentido, é importante evitar o parcelamento abstrato da análise do ensino e avaliar o trabalho escolar como um sistema de práticas coletivas e um processo total de transformação das crianças em adultos instruídos, socializados, educados, cultivados etc. O objetivo aqui é compreender como seres naturais – mas em parte já socializados pela família – tornam-se, através do sistema de práticas dos agentes escolares e educativos, "entidades sociais": um trabalhador qualificado, um cidadão esclarecido, um adulto instruído e educado, ou, ainda, um excluído, um marginal, um assistido social, etc. Deste ponto de vista, parece-nos necessário situar a análise das situações particulares e das práticas específicas do trabalho escolar a serviço da compreensão desse processo mais global de escolarização. Talvez um dia, quem sabe, possamos enxergar melhor de que modo a escolarização, enquanto atividade social fundamental, chega também a produzir essa "forma social" que é o adulto instruído como membro básico de nossas sociedades contemporâneas.

O capítulo 2 analisa as relações entre algumas características socio-organizacionais da escola e as formas de realização e de organização do trabalho docente e, mais amplamente, do trabalho escolar, ou seja, do conjunto de tarefas realizadas pelo conjunto de agentes escolares. Acreditamos que o ensino, com efeito, apesar de sua importância e centralidade na organização escolar, não resume apenas em si a totalidade do processo de trabalho escolar, mas integra diversos outros atores e outras atividades igualmente importantes de serem levadas em consideração se quisermos compreender a evolução recente da escolarização. De qualquer forma, nesse capítulo, trata-se de mostrar como o ensino está amplamente caracterizado, nas suas operações e nos seus modos de distribuição e realização, pela estrutura própria da organização sociofísica das escolas. Portanto, é essa estrutura que procuramos evidenciar a fim de ver como ela marca e orienta todo o trabalho dos professores, as relações entre eles, seus contatos com os alunos, etc. O capítulo 3 dá prosseguimento na análise da organização do trabalho escolar, encarando seu desenvolvimento recente através da crescente burocratização, da multiplicação de equipes de agentes escolares e a divisão/especialização do trabalho dentro de sistemas de ensino. No capítulo 4, analisamos as condições de trabalho dos docentes. Nesse momento, nos interessam questões como o tempo de trabalho, a dificuldade e a diversidade da carga de trabalho e as tensões que ela gera nos professores. O capítulo 5 enriquece e completa esta análise da organização do trabalho escolar, enfrentando os dispositivos e as rotinas básicas da docência nas escolas: nosso propósito é articular, aqui, a análise do contexto do trabalho com as atividades que, ao mesmo tempo, o encarnam e o reproduzem. Na verdade, a organização sociofísica das escolas e das classes não existiria sem os diversos processos pelos quais ela é constantemente envolvida e remobilizada pelos agentes que atuam durante o tempo escolar. Por isso é que o estudo do trabalho docente não pode limitar-se a descrever estruturas organizacionais e planos de ação, por mais graves e oprimentes que possam parecer aos olhos dos próprios atores: esse estudo deve procurar também recompor o processo pelo qual estes planos e estruturas se instalam e perduram através do tempo escolar, graças à atividade desses mesmos atores. Por esse ponto de vista, o tempo escolar, ligado e articulado aos seus dispositivos, suas variações e seus usos pelos atores diários, constitui para nós uma categoria central na análise do trabalho docente. Esta ideia é muito importante visto que aquilo que chamamos de escolarização é, antes de mais nada, o produto das atividades de ensino e aprendizagem que se instalam e desenvolvem exatamente através do tempo, e cujos efeitos fundamentais sobre as crianças são percebidos apenas ao longo do tempo.

Por outro lado, o trabalho docente não acontece senão através dos quadros organizacionais e dos processos temporais dos quais não é mais que o produto ou o resultado objetivo; ele possui também sua própria dinâmica interna, que provém principalmente do fato de ser uma atividade com finalidades e orientada por objetivos. O capítulo 6 aborda esta questão dos objetivos do trabalho docente. Ali são analisados os objetivos gerais do ensino, o mandato dos professores como também os programas escolares que constituem o elemento discursivo que define tanto a prestação do serviço dos docentes quanto outra parte não negligenciável de sua identidade profissional através de sua pertença a uma disciplina de ensino e à hierarquia das matérias escolares. O que nos interessa particularmente nesse capítulo é mostrar o que os docentes *fazem* com os diversos objetivos e as consequências de suas opções e decisões sobre sua própria atividade cotidiana. É nesse espírito que propomos a noção de "trabalho curricular", para compreender os processos de interpretação, transformação e adaptação com os quais os docentes realizam seu mandato de trabalho.

Depois de situar os quadros organizacionais da docência no ambiente escolar e de evidenciar a dinâmica interna de seus objetivos, passamos, então, a abordar seu objeto de trabalho, que nos parece essencialmente formado por relações interativas que unem os professores aos alunos. O capítulo 7 trata das representações e das expectativas dos professores com relação aos alunos, e apresenta as dinâmicas interacionais e comunicacionais cotidianas entre professores e alunos no trabalho em classe. Esse capítulo se propõe a visualizar as dimensões interativas constitutivas da docência. Para esclarecer melhor as complexas relações com o objeto humano do trabalho docente, introduzimos uma comparação entre a docência e o trabalho industrial, o que permite perceber a especificidade e a originalidade do primeiro em relação ao trabalho sobre a matéria inerte. Esses últimos dois capítulos tratam igualmente de questões relacionadas aos resultados ou produtos da ação docente, suas tecnologias. Por meio de tais desenvolvimentos, pretendemos apresentar de que modo as interações humanas que constituem o trabalho docente marcam profundamente todos os outros componentes do processo de trabalho, tendo efeitos sobre o próprio trabalhador e modificando profundamente o conjunto das suas relações, suas ações e sua identidade profissional.

Em suma, esta obra propõe uma visão panorâmica do trabalho dos professores hoje, mas nutrida e, esperamos, enriquecida e matizada pela pesquisa de campo nas escolas, nas classes e junto aos profissionais da docência a quem demos a palavra para que nos dissessem com suas próprias palavras o que eles fazem, vivem, pensam e sentem. Ao mesmo tempo, a obra quer colocar em evidência as condições, as tensões e os dilemas que fazem parte desse trabalho feito sobre e com outrem, bem como a vivência das pessoas que o realizam diariamente. Escrevemos este livro com a esperança não só de dar a conhecer melhor a realidade do trabalho dos professores, mas também de demonstrar a importância de se analisá-lo para compreender mais amplamente nossas sociedades, onde o ser humano se assume mais e mais a si mesmo como objeto de ação e projeto de transformação.

1
O trabalho docente hoje: elementos para um quadro de análise

Nesse primeiro capítulo, apresentamos esclarecimentos sobre nosso campo de investigação e nosso quadro de análise e interpretação. Antes de mais nada, gostaríamos de definir o interesse desta obra.

1.1. Por que estudar a docência como um trabalho?

Com efeito, por que abordar o ensino em ambiente escolar a partir do ângulo analítico do trabalho? Em que essa perspectiva contribui, de algum modo, para aclarar a natureza da docência? Cinco espécies de motivos situados em diferentes níveis de análise fundamentam nossa abordagem da docência como um trabalho interativo. Iremos expô-los longamente, visto que a perspectiva que preconizamos não atraiu, até agora, a atenção dos pesquisadores. É necessário, portanto, justificar e mostrar sua pertinência e sua necessidade. Num primeiro momento, deixaremos claro o *status* crescente que os ofícios e as profissões humanas interativas vêm adquirindo na organização socioeconômica do trabalho; num segundo momento, situaremos a docência nessa organização; num terceiro, vamos discutir modelos de trabalho docente impostos pela organização industrial; num quarto momento, diremos algumas palavras sobre a necessidade de vincular a questão da profissionalização do ensino com a da análise do trabalho docente; e enfim, num quinto momento, serão destacados os postulados que justificam nossa abordagem e a importância que damos à interação humana na análise da docência.

1.1.1. *Panorama do trabalho interativo e reflexivo*

A importância do trabalho sobre a matéria inerte (matérias-primas, produtos derivados, artefatos técnicos, utensílios, máquinas, dispositivos materiais, etc.) e a matéria viva (animais, vegetais, etc.) é considerável, já que ele está na base das sociedades industriais modernas. Nessas sociedades, até um passado muito recente, o trabalho material foi considerado o arquétipo do trabalho humano e, mais amplamente, da atividade humana, definida de acordo com as orientações teóricas, como práxis ou atividade produtiva. Tanto os marxistas como os funcionalistas e os liberais, passando pelos psicólogos e os engenheiros do trabalho e os ergônomos, tiraram os modelos teóricos do trabalho largamente da esfera das atividades humanas sobre a matéria e sobre os artefatos técnicos. Seguindo o movimento comunista e as abordagens críticas (Escola de Frankfurt, neomarxismo, etc.), a sociologia do trabalho tentou definir a identidade e a ação dos atores sociais pelo *status* de que gozavam no sistema produtivo de bens materiais, esse mesmo caracterizado por critérios como a modernização, a divisão do trabalho, a especialização, a racionalização, etc. Era, portanto, o fato de estar envolvido por relações sociais de produção que definia o trabalhador e, mais que isso, o cidadão. Essas relações sociais de produção, por sua vez, eram vistas como o coração mesmo da sociedade, e o trabalho produtivo, como o setor social mais essencial, aquele pelo qual se garantiam ao mesmo tempo a produção econômica da sociedade e seu desenvolvimento material. Na verdade, é ainda a mesma visão que está por trás, hoje, das ideologias desenvolvimentistas e neoliberalistas.

Esses modelos clássicos de trabalho procedem substancialmente de cinco postulados (de COSTER & PICHAULT, 1998; TOURAINE, 1998):

- o trabalho industrial produtor de bens materiais é o paradigma do trabalho;
- esse paradigma estende sua hegemonia teórica e prática às demais atividades humanas;
- os agentes sociais se definem por suas posições no sistema produtivo;
- as posições centrais são ocupadas pelos detentores (capitalistas) e os produtores (operários) de riquezas materiais;
- enfim, o sistema produtivo é o coração da sociedade e das relações sociais.

Esses postulados não refletem apenas as ideias dos teóricos, de sociólogos ou de economistas, mas estão de acordo com a ideologia dominante na sociedade industrial e com seu *ethos*, como o analisou, por exemplo, Weber em *A ética protestante e o espírito do capitalismo* (1967). Esse *ethos* remete a uma moral do trabalho, que Lalive-d'Épinay (1998: 58) assim resume:

> O ser humano é definido ontologicamente como um ser do dever; o trabalho – subentendido o trabalho produtor de bens materiais – é o primeiro dos deveres, o meio por excelência de cumprimento dos outros deveres; a noção de dever está estritamente associada ao princípio de responsa-

> bilidade (ou liberdade) individual, responsabilidade para consigo e para com os seus, no presente e no futuro; a responsabilidade individual leva a adotar um comportamento racional, quer dizer, o esforço, o trabalho, a previsão, a economia; assim, a realização do indivíduo consiste em encontrar seu justo lugar na sociedade, passa pela assunção de uma função e papéis precisos ligados ao trabalho.

Qual é o lugar da docência e qual o significado do trabalho dos professores em relação a esses postulados e ao *ethos* que eles impõem? Fundamentalmente, o ensino é visto como uma ocupação secundária ou periférica em relação ao trabalho material e produtivo. A docência e seus agentes ficam nisso subordinados à esfera da produção, porque sua missão primeira é preparar os filhos dos trabalhadores para o mercado de trabalho. O tempo de aprender não tem valor por si mesmo; é simplesmente uma preparação para a "verdadeira vida", ou seja, o trabalho produtivo, ao passo que, comparativamente, a escolarização é dispendiosa, improdutiva ou, quando muito, reprodutiva. Em grande parte, a sociologia da educação, adotando, nesse ponto, as ideologias sociais, interiorizou essas representações e trouxe essas categorias para dentro do campo da análise do ensino. Desse modo, os agentes escolares têm sido vistos como trabalhadores improdutivos (BRAVERMAN, 1976; HARRIS, 1982), seja como agentes de reprodução da força de trabalho necessária à manutenção e ao desenvolvimento do capitalismo (BOWLES & GINTIS, 1977), seja como agentes de reprodução sociocultural (BOURDIEU & PASSERON, 1970). É mais ou menos no mesmo sentido – ou seja, enquanto agentes de uma instituição repressiva que gera problemas sociais e reforça as desigualdades na base do sistema socioeconômico – que têm sido tratados outros agentes de serviços públicos, tais como os funcionários da justiça e do sistema carcerário, do serviço social, da saúde, etc.

Contudo, esta visão do trabalho não corresponde bem à realidade socioeconômica das sociedades modernas avançadas[1]. A primeira tese que pretendemos defender é a seguinte: *longe de ser uma ocupação secundária ou periférica em relação à hegemonia do trabalho material, o trabalho docente constitui uma das chaves para a compreensão das transformações atuais das sociedades do trabalho*. Esta tese se apoia em quatro constatações:

---

1. A expressão "sociedades modernas avançadas", emprestada do sociólogo britânico Anthony Giddens (1987; 1996), indica que nós ainda estamos na fase da modernidade e não numa pós-modernidade (LYOTARD, 1976) válida somente para alguns fenômenos culturais limitados a uns poucos setores das sociedades modernas avançadas.

Primeira constatação: desde cerca de cinquenta anos, a categoria dos trabalhadores produtores de bens materiais está em queda livre em todas as sociedades modernas avançadas. Ela não forma mais o protótipo nem mesmo da classe assalariada, laboriosa, e, acima de tudo, não constitui mais o principal vetor da produção e da transformação dessas sociedades. A evolução da economia americana, ao mesmo tempo a mais poderosa do planeta e aquela sobre a qual se delineiam as outras economias, é particularmente esclarecedora a esse respeito. Os trabalhadores produtores de bens materiais formavam, em 1900 nos Estados Unidos, o segundo grupo em importância, depois dos colonos (RITZER & WALCZAK, 1986). Em 1930, após o declínio das quintas e da industrialização, esse grupo tornou-se o primeiro, embora o crescimento da área burocrática já está provocando uma verdadeira onda de colarinhos-brancos que chegam na segunda posição. Desde 1956, os colarinhos-brancos ultrapassam os operários da indústria, e essa superioridade só faz confirmar-se. Desde 1940, os trabalhadores produtores de bens materiais estão em queda livre (1940: 51,4%; 1972: 35,8%; 1980: 32%; 1990: 27%), ao passo que os trabalhadores da área dos serviços crescem sem parar (1972: 64,2%; 1980: 68%). Em suma, segundo a tese clássica de Bell (1973), a revolução dos serviços suplantou a revolução industrial. Os mesmos fenômenos se encontram no Canadá (GERA & MASSÉ, 1996) e também na Europa (Comissão Europeia, 1995).

Segunda constatação: na sociedade dos serviços, grupos de profissionais, cientistas e técnicos ocupam progressivamente posições importantes e até dominantes em relação aos produtores de bens materiais. Esses grupos criam e controlam o conhecimento teórico, técnico e prático necessário às decisões, às inovações, ao planejamento das mudanças sociais e à gestão do crescimento cognitivo e tecnológico. Essa importância dada ao conhecimento leva autores (NAISBITT, 1982; STEHR, 1994) a afirmar que agora nós estamos numa sociedade da informação ou do conhecimento, mais do que numa sociedade dos serviços orientados para produtos materiais. Segundo esses autores, mais e mais ocupações socialmente importantes estão sendo agora envolvidas na gestão, distribuição e na criação de conhecimentos. Essas novas ocupações são centradas em processos de produção, gestão, manipulação e armazenamento dos conhecimentos. Elas prefiguram a emergência de uma nova economia, cujos efeitos estruturais começamos a sentir sobre os empregos, já fragilizados na medida em que se distanciam das novas atividades de gestão do conhecimento. Adaptada a esta nova economia, estaria surgindo progressivamente a "sociedade cognitiva" (Comissão Europeia, 1995), o que os anglo-saxões chamam "the Knowledge Society".

Terceira constatação: essas novas atividades trabalhistas estão relacionadas historicamente às profissões e aos profissionais que são representantes típicos dos novos grupos de especialistas na gestão dos problemas econômicos e sociais com auxílio de conhecimentos fornecidos pelas ciências naturais e sociais. O número de profissões quadruplicou entre 1900 e 1982, e hoje pertencem a elas cerca de 23 milhões de trabalhadores nos Estados Unidos, o que é um efetivo mais numeroso do que o dos produtores de bens materiais. O crescimento das profissões e também das semiprofissões (ETZIONI, 1979) está claramente ligado, em diversos setores econômicos e sociais, ao imponente crescimento dos conhecimentos formais, das informações abstratas e das tecnologias, que exigem uma formação longa e de alto nível. No mesmo sentido, o crescimento das atividades burocráticas é igualmente muito importante, pois se trata da categoria mais imponente de empregados: em 1970, contavam-se nos Estados Unidos 13 milhões, em 1982, 18,4 milhões, e em 1995, perto de 24 milhões.

Ora, essas atividades burocráticas também dispensam, frequentemente, serviços de especialistas integrados a uma nova divisão do trabalho. Eles trabalham em função de uma racionalidade instrumental e planificada, orientada para o sucesso e a coordenação eficaz dos meios e dos fins. Um trabalho assim supõe, portanto, implicitamente, uma integração de conhecimentos formais na esfera da gestão social: utilização da estatística e de vários instrumentos de medida, teorias dos comportamentos, das organizações, análises e pesquisas frequentes, etc. Em grande parte, os debates atuais sobre a profissionalização do ensino devem ser relacionados a essas orientações gerais na evolução das profissões e das atividades burocráticas "racionais".

Enfim, quarta constatação: entre as transformações em curso, parece essencial observar o crescente *status* de que gozam, na organização socioeconômica, nas sociedades modernas avançadas, os ofícios e profissões que têm seres humanos como "objeto de trabalho". Estas ocupações se referem ao que chamamos aqui de *trabalho interativo*, cuja característica essencial é colocar em relação, no quadro de uma organização (escola, hospitais, serviços sociais, prisões, etc.), um trabalhador e um ser humano que se utiliza de seus serviços (MAHEUR & BIEN-AIMÉ, 1996).

Os ofícios e profissões que lidam com o outro, com certeza nem sempre têm contornos bem delimitados. Por exemplo, em alguns setores dos serviços (vendas, seguradoras, indústrias de restauração, etc.) as interações entre os trabalhadores e seus clientes são nominais e episódicas; elas são igualmente mediatizadas por produtos. Em todo caso, em diversas outras ocupações socialmente centrais (educação, serviços terapêuticos, psicológicos e médicos, trabalhos de enfermaria, de polícia e carceragem, serviços sociais onde os funcionários trabalham na presença de pessoas, além das numerosas profissões de serviço aos clientes: consultores, advogados,etc.), as relações entre os trabalhadores e as pessoas constituem o processo de trabalho, o qual consiste em manter, mudar ou melhorar a situação humana das pessoas, inclusive as pessoas elas próprias, como é o caso, por exemplo, nas terapias, na medicina, na educação, na readaptação, etc. *O importante aqui é compreender que as pessoas não são um meio ou uma finalidade do trabalho, mas a "matéria-prima" do processo do trabalho interativo e o desafio primeiro das atividades dos trabalhadores.*

Todas essas ocupações têm a implicância de fortes mediações linguísticas e simbólicas entre os atores, bem como, da parte dos trabalhadores, de competências reflexivas de alto nível e de capacidades profissionais para gerir melhor a contingência das interações humanas na medida em que vão se realizando. É por isso que essas ocupações normalmente exigem trabalhadores que tenham qualificações elevadas e possuam conhecimentos abstratos (geralmente de natureza universitária): teorias terapêuticas, psicológicas, sociológicas, diagnósticos, estatísticas, sistemas de classificação de pessoas (categorização, anotações, etc.), concepções pedagógicas, argumentos jurídicos, legais, etc. Seus trabalhos cotidianos baseiam-se em conceitos complexos (necessidade, personalidade, desenvolvimento, projeto de vida, orientação, inserção, aprendizagem, desenvolvimento de si, saúde, autonomia, etc.) que traduzem a complexidade das próprias situações de trabalho que eles precisam assumir junto às pessoas.

Ora, o trabalho interativo parece um dos principais vetores de transformação atuais da organização socioeconômica das sociedades modernas avançadas. Com efeito, observa-se aí uma demanda social maior dada a prestação, por parte de profissionais competentes, de serviços mais e mais especializados e diversificados destinados diretamente às pessoas, tais como os serviços médicos mais variados, e também os serviços psiquiátricos e psicológicos, legais e jurídicos, sem falar da multiplicação fenomenal dos serviços baseados na relação de ajuda com o objetivo de satisfazer o "cuidado de si" de que falava Foucault (1984): sexólogos, gerontólogos, terapeutas sem fim, especialistas da organização do lazer ou de saúde, de crescimento pessoal, acupuntura, massagem, orientação vocacional, etc.

Em suma, essas constatações e os fenômenos que elas indicam mostram que as análises clássicas baseadas sobre o paradigma hegemônico do trabalho material, sejam de inspiração marxista, funcionalista ou liberal, não correspondem bem às transformações em curso nos últimos cinquenta anos. Além disso, tudo leva a crer que essas transformações estão longe de concluir-se, considerando-se as tendências atuais, caracterizadas pela globalização das economias, dos intercâmbios e das comunicações e pela desestruturação/reestruturação das práticas e das formas do trabalho.

1.1.2. Centralidade da docência na organização do trabalho

Qual o lugar da docência entre essas transformações? Lembremo-nos que a docência é uma das mais antigas ocupações modernas, tão antiga quanto a medicina e o direito. Ora, quando a situamos dentro da organização socioeconômica do trabalho, ela representa atualmente um setor nevrálgico sob todos os pontos de vista. Damos algumas indicações de seu alcance.

A Unesco (1998) aponta que existem cerca de 60 milhões de professores no mundo trabalhando em condições muito diferentes segundo os países e as culturas. Tomando por base a Ocde a propósito dos indicadores da educação (1996; 2002), nota-se que, no conjunto dos países da Ocde, os agentes escolares que trabalham com o ensino primário e secundário representam em média 5,5% de toda a população ativa. Esses países destinam em média 4% de seu PIB ao ensino primário e secundário e 8,3% de seus gastos públicos para essas mesmas categorias de ensino (mas cerca de 14% na América do Norte e 10% para a União Europeia). Esses países dispensam em média anualmente US$ 3.320,00 por aluno do primário e US$ 4.730,00 por aluno do secundário. Mais de 80% da soma investida no primário e no secundário destinam-se à remuneração dos funcionários escolares, e três quartos desse financiamento vão para os professores.

Nos estados, contam-se, atualmente, cerca de 45 milhões de alunos na escola primária e secundária. Aproximadamente 2,5 milhões de professores trabalham com esses alunos, sem falar do pessoal de apoio e dos funcionários administrativos. Em 1993, as despesas eram de 5.314,00 dólares americanos por aluno, ou seja, cerca de 13 bilhões de dólares para todos os alunos. Os custos totais da educação subiram para 43 bilhões de dólares americanos (CHOY *et al.*, 1994; JOHNSON & FOWLER, 1994). Segundo a Statistique Canada (2001), cerca de 310.000 funcionários escolares atuam na escola primária e secundária canadense junto a 5.400.000 alunos. No Canadá, as despesas destinadas ao ensino primário e secundário correspondem a 8,3% das despesas públicas. Em 1995, no Quebec, as despesas totais relativas à educação eram de 14,5 bilhões de dólares, o que representa 8,3% do Produto Interno Bruto (PIB). O primário e o secundário representavam 63,4% dos custos de funcionamento total.

Na França, segundo dados do Insee e da DEP, havia mais de 15 milhões de alunos no fim dos anos 1990. O custo interno da educação equivalia a

578 bilhões de francos, ou seja, 7,4% do PIB. O custo médio por aluno multiplicou-se por 1,6 em 20 anos. O sistema de ensino emprega 6% da população ativa, mais de um milhão e meio de pessoas, e 78% delas são empregadas pelo Ministério da Educação nacional. Desde 1985, o efetivo do pessoal do sistema educacional aumentou 11,5% contra 4,9% do conjunto da população ativa. Na França, como em boa parte dos países da Ocde, as outras funções do ensino ocupam mais de um terço dos ativos do sistema educacional e quase 50% nos Estados Unidos. Elas são realizadas por classes de agentes bastante diversas: chefes de estabelecimentos, conselheiros-chefes de educação, orientadores, psicólogos, arquivistas, inspetores e principalmente pessoal administrativo, técnicos, operários, serviços gerais e de saúde.

Somando-se o pessoal escolar e os alunos *é mais de um quarto da população francesa que está vinculado de uma maneira ou de outra no sistema educacional*. Os dados são semelhantes em outros países da Ocde.

No Brasil, segundo os últimos dados do Ministério da Educação e Cultura (MEC, 2003) e do Instituto Nacional de Estudos Pedagógicos (Inep, 2003), existem perto de 2,5 milhões de professores atuando nas escolas primárias e secundárias das redes pública e privada. Cerca de 250.000 entre eles atuam no nível pré-escolar; 41.000 trabalham nas classes de alfabetização (1ª série); 1.600.000 nas escolas primárias (5ª a 8ª séries) e 450.000 no ensino médio; por fim, 43.000 atuam no setor da educação especial. Ao mesmo tempo, é preciso considerar que uma grande parte dos professores têm mais de um emprego e precisam cumprir dois ou três contratos semanalmente para receber um salário decente. Há aproximadamente 53 milhões de alunos na escola primária e secundária e os investimentos em educação representam 5,2% do PIB brasileiro (MEC/Inep, 1997-1998). Em média, as despesas anuais com educação ficam em 225 dólares americanos por aluno.

Estas poucas indicações demonstram o lugar central dos agentes escolares na organização socioeconômica do trabalho em alguns dos principais países europeus e norte-americanos como também no Brasil. A situação é praticamente a mesma nos outros países da Ocde. Longe de ser grupos economicamente marginais, profissões periféricas ou secundárias em relação à economia da produção material, os agentes escolares constituem, portanto, hoje, tanto por causa de seu número como de sua função, uma das principais peças da economia das sociedades modernas avançadas. Nessas sociedades, a educação representa, com os sistemas de saúde, a principal carga orçamentária dos estados nacionais. Portanto, não se pode entender nada das transformações socioeconômicas atuais sem considerar diretamente esses fenômenos.

Dito isto, é evidente que o impacto do ensino sobre a sociedade não se limita a variáveis econômicas, na medida em que a escolarização está mais do que nunca no coração do processo de renovação das funções sociotécnicas, como também da distribuição e a partilha dos conhecimentos e competências entre os membros da sociedade. A importância econômica do ensino caminha a par de sua centralidade política e cultural. Com efeito, o ensino no contexto escolar representa há quase três séculos o modo dominante de socialização e de formação nas sociedades modernas. A partir dos séculos XVI e XVII, juntamente com a emergência de novas formas de poder do estado, com a industrialização e a urbanização, o ensino em ambiente escolar se impõe pouco a pouco como uma nova prática social institucionalizada que irá substituir progressivamente as outras formas de socialização e de educação (tradicionais, familiares, locais, comunitárias, informais, etc.). Ora, longe de se desfazer com o tempo, constata-se que esse modo de socialização e formação, que chamamos de ensino escolar, não para de expandir-se, ultrapassando em muito a instituição que lhe serve historicamente de suporte, ou seja, a escola. Na realidade, são raros hoje os setores sociais (famílias, corporações e profissões, indústrias, esportes e lazeres, etc.) em que não se encontrem modos de socialização e de formação que reproduzem as formas e conteúdos da escolarização: aprendizagem por objetivos, abordagens por competência, etc.

Ora, a escolarização repousa basicamente sobre interações cotidianas entre os professores e os alunos. Sem essas interações a escola não é nada mais que uma imensa concha vazia. Mas essas interações não acontecem de qualquer forma: ao contrário, elas formam raízes e se estruturam no âmbito do processo de trabalho escolar e, principalmente, do trabalho dos professores sobre e com os alunos. Em suma, a escolarização supõe, historicamente, a edificação e a institucionalização de um novo campo de trabalho, a docência escolar no seio da qual os modos de socialização e de educação anteriores serão ou remodelados, abolidos, adaptados ou transformados em função dos dispositivos próprios do trabalho dos professores na escola. Neste sentido, se as interações cotidianas entre os professores e os alunos constituem bem o fundamento das relações sociais na escola, essas relações são, antes de tudo, relações de trabalho, quer dizer, relações entre trabalhadores e seu "objeto de trabalho".

Contudo, o estudo da docência entendida como um trabalho continua negligenciado. A escola, enquanto organização do trabalho, normalmente, serve apenas como referência implícita ou parcial para a discussão do currículo, das disciplinas, da didática ou das estratégias pedagógicas. Em nossa opinião, o perigo que ameaça a pesquisa sobre a docência e, mais amplamente, toda a pesquisa sobre educação, é o perigo da abstração: elas se fundamentam as mais das vezes sobre abstrações – a pedagogia, a didática, a tecnologia do ensino, o conhecimento, a cognição, a aprendizagem, etc. – sem levar em consideração fenômenos como o tempo de trabalho dos professores, o número de alunos, suas dificuldades e suas diferenças, a matéria a cobrir e sua natureza, os recursos disponíveis, as dificuldades presentes, a relação com os colegas de trabalho, com os especialistas, os conhecimentos dos agentes escolares, o controle da administração, a burocracia, a divisão e a especialização do trabalho, etc.

No fundo, o que frequentemente se esquece ou negligencia na educação, é que a escola, da mesma forma que a indústria ou o sistema hospitalar, repousa em última instância sobre o trabalho realizado por diversos grupos de agentes. Para que essa organização exista e perdure é preciso que esses agentes, servindo-se de diversos conhecimentos profissionais e apoiando-se em alguns recursos materiais e simbólicos, cumpram tarefas específicas, realizadas em função de obrigações e objetivos específicos. *É, portanto, imperativo que o estudo da docência se situe no contexto mais amplo da análise do trabalho dos professores e, mais amplamente, do trabalho escolar.*

1.1.3. Organização do trabalho escolar e organização industrial e do Estado

Esse imperativo é tanto mais importante por ser, a escola, ligada historicamente ao progresso da sociedade industrial e dos Estados modernos: ela é uma instituição típica das sociedades do trabalho. Historicamente falando, a organização da escola tem sido concebida, tanto nas suas formas quanto no conteúdo, estritamente relacionada aos modelos organizacionais do trabalho produtivo e à regulamentação dos comportamentos e atitudes que sustentam a racionalização das sociedades modernas pelo Estado. Dessa forma, ela é uma organização central da sociedade industrial e nos Estados-Nações (COMPÈRE, 1997; FOUCAULT, 1975; HAMILTON, 1989; VINCENT, 1980; 1994). De fato, veremos nos capítulos seguintes, a escola moderna reproduz no plano de sua organização interna um grande número de características tiradas do mundo usineiro e militar do Estado. Ela trata uma grande massa de indivíduos de acordo com padrões uniformes por um longo período de tempo, para reproduzir resultados semelhantes. Ela submete esses indivíduos (professores e alunos) a regras impessoais, gerais, abstratas fixadas por leis e regulamentos. Ela estabelece um sistema de vigilância, de punições e recompensas que não se limita aos "conteúdos da aprendizagem", mas também a suas formas e modos: atitudes e posturas corporais, modos de se exprimir, de sentar-se, etc. Dentro da escola, o trabalho escolar – ou seja, o conjunto de tarefas cumpridas pelos agentes escolares, inclusive os alunos – é, ele próprio, padronizado, dividido, planificado e controlado. Os professores encontram-se integrados a uma estrutura celular do trabalho (LORTIE, 1975) sobre a qual se sobrepõe uma burocracia impositiva (JOHNSON, 1990).

Além disso, como o analisam Darling-Hammond & Sclan (1996) e Hargreaves (1994), a evolução do ensino é principalmente caracterizada, sobretudo no Canadá, nos Estados Unidos, no Brasil e na Grã-Bretanha, pela introdução de controles burocráticos na gestão do trabalho docente. Os responsáveis escolares adotam uma atitude prescritiva quanto às tarefas e aos conteúdos escolares; introduzem medidas de eficiência e um controle cerrado do tempo (mensuração das tarefas por minutos, etc.). O currículo torna-se pesado; ele é separado em partes muitas vezes sem relação entre si, engendrando o parcelamento do trabalho. No ensino secundário, os turnos são tantos que os professores dificilmente chegam a conhecer seus próprios alunos. Precisam executar também diversas tarefas que nem sempre têm relação entre si. Observa-se, ainda, um crescimento da burocracia dentro das próprias tarefas do dia a dia. Os governos, por outro lado, pressionados por contextos econômicos, consideram mais e mais a educação escolar como um investimento que deve ser rentável, o que se traduz por uma racionalização das organizações escolares e enxugamentos substanciais nos orçamentos. Eles visam simultaneamente a aumentar sua eficácia e sua "imputabilidade" através de práticas e normas de gestão e de organização do trabalho provenientes diretamente do ambiente industrial e administrativo

Em suma, *pode-se dizer que a escola e o ensino têm sido historicamente invadidos e continuam ainda a sê-lo, por modelos de gestão e de execução do trabalho oriundos diretamente do contexto industrial e de outras organizações econômicas hegemônicas.* A introdução de novas tecnologias da comunicação na escola (Internet, multimídias, computadores, etc.) vai, em geral, no mesmo sentido: o ensino se assemelha a um processo de "tratamento da informação" e se aplicam a ele modelos de racionalização tirados diretamente do trabalho tecnológico, sem se dar ao trabalho de questionar sua validade e sobretudo de avaliar seu impacto sobre os conhecimentos escolares, o ensino e a aprendizagem dos alunos. O mesmo acontece também com as "novas abordagens" do trabalho (flexibilidade, competência, responsabilidade, eficácia, necessidade de resultados, etc.) que se procura implantar nas escolas, e que provêm, na maioria, do contexto industrial e, mais amplamente, das organizações econômicas e empresariais.

A segunda tese que apresentamos é a seguinte: *nós afirmamos que é praticamente impossível compreender o que os professores realmente fazem sem, ao mesmo tempo, interrogar-se e elucidar os modelos de gestão e de realização de seu trabalho.* Grande parte de nossas análises nesta obra é consagrada a esta tarefa. Analisando tanto as formas codificadas do trabalho dos professores quanto seus aspectos mais informais,

mais delicados, tentamos trazer à luz as tensões internas que surgem de dentro da atividade dos professores, as quais decorrem, em boa parte, da presença simultânea de modelos heterogêneos ou contraditórios orientando a organização do seu trabalho na escola.

1.1.4. *A profissionalização do ensino e o trabalho docente*

Essa questão dos modelos de gestão e de realização do trabalho docente nos leva diretamente ao tema da profissionalização do ensino. Sabe-se que desde cerca de quinze anos os debates, as pesquisas e as reformas relacionadas ao ensino vêm dando bastante espaço a este tema. Junto com este tema central vem se enxertando toda uma série de proposições visando transformar e melhorar tanto a formação dos mestres quanto o exercício da docência. Tanto na Europa quanto na América no Norte observa-se a existência de alguns consensos a respeito disso: dar novamente poder, sobretudo aos estabelecimentos locais e aos atores da base; promover uma ética profissional fundamentada no respeito aos alunos e no cuidado constante de favorecer seu aprendizado; construir com as pesquisas uma base de conhecimentos ao mesmo tempo rigorosa e eficiente que possa ser realmente útil na prática; derrubar as divisões que separam os pesquisadores e os professores experientes e desenvolver colaborações frutuosas; valorizar a competência profissional e as práticas inovadoras mais que as ações realizadas segundo receitas ou decretos; introduzir nos estabelecimentos escolares uma avaliação do ensino que permita uma melhora das práticas e dos atores; fortalecer a responsabilidade coletiva dos professores e favorecer sua participação na gestão da educação; integrar os pais na vida da escola e nos processos de decisão a respeito dos alunos; reduzir a burocracia que desvia, muitas vezes, as reformas a seu favor; introduzir no ensino novos modelos de carreira favorecendo uma diversificação das tarefas; valorizar o ensino na opinião pública...

Todavia, com o tempo se constata que essas proposições generosas nunca chegam a ser incorporadas realmente no funcionamento dos estabelecimentos escolares e nas práticas dos profissionais do ensino. De fato, os inúmeros estudos que se dedicaram a este problema (cf. TARDIF et al., 1998, para uma síntese das reformas americanas e europeias) indicam claramente que os diversos projetos de reforma do ensino esbarram em alguns fenômenos importantes, que representam alguns obstáculos à profissionalização dessa atividade. Tanto na Europa quanto na América do Norte o diagnóstico é severo: os professores se sentem pouco valorizados e sua profissão sofreu uma perda de prestígio; a avaliação agravou-se, provocando uma diminuição de sua autonomia, a formação profissional é deficiente, dispersiva, pouco relacionada ao exercício concreto do serviço; a participação à vida dos estabelecimentos fica reduzida, a pesquisa fica aquém do projeto de edificação de uma base de conhecimento profissional, etc. Além disso, muitos professores permanecem amarrados a práticas e métodos tradicionais de ensino, enquanto os estabelecimentos escolares são, muitas vezes, refratários a reformas, seja por inércia e costume, seja simplesmente porque não recebem recursos financeiros, materiais e temporais necessários para levá-las adiante. Enfim, a própria estruturação das organizações escolares e do trabalho dos professores se presta pouco a uma profissionalização séria desse ofício: fechados em suas classes, os professores não têm nenhum controle sobre o que acontece fora delas; eles privilegiam, consequentemente, práticas marcadas pelo individualismo, ausência de colegialidade, o recurso à experiência pessoal como critério de competência, etc. Em suma, longe de estar se profissionalizando, constata-se que esses diferentes fatos levantam no fundo toda a questão da proletarização do trabalho docente ou, ao menos, da transformação de grupos de professores em equipes de executivos que não têm nenhum vínculo com as decisões que os afetam.

Nessa questão podemos, com certeza, levar em conta as coisas e desconsiderar, por exemplo, tanto os partidários da profissionalização do ensino quanto os defensores da tese de sua proletarização, mostrando que as coisas são bem mais complexas do que afirma essa alternativa, binária demais (BOURDONCLE, 1991; 1993; LABAREE, 1992; LESSARD & TARDIF, 1996). Contudo, é também verdade que os importantes desvios observados entre os projetos de reforma do ensino e sua efetiva realização levantam necessariamente um problema relacionado à natureza irrealista e até utópica dessas mesmas reformas. Com efeito, se elas não acontecem, se não chegam a se firmar no universo das práticas cotidianas dos profissionais do ensino, não é, simplesmente, porque elas são concebidas fora dessas práticas, e testemunham uma visão abstrata do trabalho docente tal como, na verdade, é realizado nas classes e nas escolas?

Nesse sentido, e esta é a nossa terceira tese, acreditamos ser necessário ligar a questão da profissionalização do ensino à questão mais ampla do trabalho docente. Por quê? *Simplesmente porque a profissionalização coloca concretamente o problema do poder na organização do trabalho escolar e docente.* Uma profissão, no fundo, não é outra coisa senão um grupo de trabalhadores que conseguiu controlar (mais ou menos completamente, mas nunca totalmente) seu próprio campo de trabalho e o acesso a ele através de uma formação superior, e que possui uma certa autoridade sobre a execução de suas tarefas e os conhecimentos necessários à sua realização. Ora, esse poder das profissões não flutua no vazio, mas está enraizado, ao contrário, numa organização de trabalho que possui diversos grupos e subgrupos detentores de diferentes poderes (cf. o capítulo 3). Por exemplo, já mostramos em outro lugar (TARDIF & LESSARD, 1992; TARDIF et al., 1997; TARDIF & LEVASSEUR, 2003) que alguns grupos de professores que tentaram profissionalizar-se e que possuíam alguns traços típicos de profissões bem estabelecidas, entravam em conflito direto com outros grupos de trabalhadores que atuavam na organização escolar (sindicatos, associações profissionais já instaladas, universitários, responsáveis públicos pela educação, etc.) que os impediam de levar a termo seu projeto profissional. Por isso, nossa opinião é que *a temática da profissionalização do ensino não pode estar dissociada da problemática do trabalho escolar e docente, e dos modelos que regem a organização.*

1.1.5. *A docência como trabalho interativo e seu objeto humano*

Através do desenvolvimento precedente tentamos destacar o *status* cada vez mais importante que a docência vem recebendo. Porém, é preciso ir mais longe porque as transformações atuais que caracterizam o mundo do trabalho constituem, em nossa opinião, um momento intelectualmente propício para refletir melhor e de maneira crítica sobre os modelos teóricos do trabalho que têm servido, até hoje, de referências à análise da docência. Na verdade, acreditamos que a presença de um "objeto humano" modifica profundamente a própria natureza do trabalho e a atividade do trabalhador. É este argumento que vamos reforçar agora.

Comecemos situando a discussão no plano dos fundamentos filosóficos que regem os modelos teóricos do trabalho. De maneira simples, pode-se dizer que antes de Marx a relação do trabalhador com o objeto de trabalho era considerada uma relação de transformação do objeto pelo sujeito humano, sendo que esse continuava semelhante a si mesmo nessa atividade. O objeto era concebido numa relação puramente exterior em relação ao sujeito que trabalhava e este, ao agir sobre o objeto, não se modificava por sua ação[2]. Marx, contudo, mostrou que o processo do trabalho transforma dialeticamente não apenas o objeto, mas igualmente o trabalhador, bem como suas condições de trabalho. Trabalhar não é exclusivamente transformar um objeto em alguma outra coisa, em outro objeto, mas é envolver-se ao mesmo tempo numa práxis fundamental em que o trabalhador também é transformado por seu trabalho. Em termos sociológicos, dir-se-á que o trabalho mo-

---

2. Reconhece-se aqui um dos postulados básicos do cartesianismo que separa completamente a subjetividade humana do "mundo objetivo", semelhante à "extensão" e regido por forças mecânicas. É por isso que a modificação do mundo objetivo nunca afeta a subjetividade: trata-se de duas realidades ontologicamente separadas.

difica profundamente a identidade do trabalhador: o ser humano torna-se aquilo que ele faz. O agir, quer dizer, a *práxis*, deixa então de ser uma simples categoria que exprime as possibilidades do sujeito humano de intervir no mundo, e torna-se a categoria central através da qual o sujeito realiza sua verdadeira humanidade.

A concepção marxista do trabalho, porém, não continua dominada pela oposição sujeito/objeto, na medida em que o sujeito é identificado com o ser humano, ao passo que o objeto é visto como a natureza e a matéria inerte, material? Onde aparece o outro nessa concepção? O outro ser humano é, essencialmente, ou o companheiro de trabalho ou o capitalista: é o outro operário, ao lado na linha de montagem, ou o patrão que determina a velocidade da linha de montagem. Nessa estrutura elementar, a interação humana é concebida de acordo com a relação lado a lado entre os trabalhadores, ou da oposição socioeconômica entre duas classes sociais, a dos proletários e a dos burgueses.

Ora, não é difícil aplicar essa visão, uma vez que o outro não é mais o trabalhador que está ao lado nem o burguês que está na parte oposta, *mas o próprio objeto de trabalho*? A presença de outrem diante do trabalhador conduz, inevitavelmente, a um novo modo de relação do trabalhador com seu objeto: a interação humana. A tradicional oposição sujeito/objeto – e sua derivada trabalhador/matéria – não se torna, por sua vez, inoperante ou, ao menos, profundamente redutiva quando o objeto de trabalho é um outro sujeito? Pode-se reduzir a interação humana à prática transformadora de um trabalhador sobre um objeto material? Quais são os riscos derivados, os perigos inerentes a uma tal redução de outrem a um objeto? Tomemos um caso-limite.

A indústria dos campos da morte e dos campos de trabalho dos nazistas e stalinistas oferece uma dolorosa imagem do que pode produzir-se quando seres humanos são reduzidos completamente à categoria de objetos: eles passam a ser tratados como matéria-prima a ser exterminada, como bois levados ao matadouro, coisas sem subjetividade cujo pranto e cujos gritos já não incomodam mais do que as máquinas e demais aparelhos. O que choca nesse processo de extermínio em massa, para além das ideologias que os fundamentam, é precisamente a identidade entre o trabalho industrial material e o Holocausto: tendo atingido tal amplitude, a destruição não pode mais funcionar senão assumindo estreitamente as formas da produção material de massa, a única capaz de garantir as condições mortíferas que conduzem ao extermínio massivo, regular, *cotidiano* de milhões de pessoas. A relação com o objeto de trabalho (aqui homens, mulheres, idosos, crianças, doentes) se desdobra então em forma de indiferença, quer dizer, na anulação ética do outro e de seu "rosto" (LÉVINAS, 1982; 1995), que conduz à ausência completa de responsabilidade diante dos demais seres humanos, que não são mais exatamente seres humanos, mas produtos extermináveis, logicamente, na escala ampla do trabalho industrial.

Essas realidades extremas revelam que *todo trabalho sobre e com seres humanos* faz retornar sobre si a humanidade de seu objeto: o trabalhador pode assumir ou negar essa humanidade de mil maneiras, mas ela é incontornável para ele, pelo simples fato de interrogar sua própria humanidade. *O tratamento reservado ao objeto, assim, não pode mais se reduzir à sua transformação objetiva, técnica, instrumental; ele levanta as questões complexas do poder, da afetividade e da ética, que são inerentes à interação humana, à relação com o outro.* Essas questões são ainda mais exigentes quando o objeto humano de trabalho se encontra em posição de fragilidade, humanamente falando, em relação ao trabalhador: as crianças, os idosos, os enfermos, os prisioneiros, as vítimas, as pessoas necessitadas de assistência, etc. Daí resultam, então, riscos constantes de abusos, manipulação e de indiferença burocrática. Essas questões são um dos principais fios condutores de nossa reflexão nesta obra. Elas nos levam a uma discussão crítica dos modelos tradicionais que dominam o trabalho, concebidos a partir da relação sujeito/objeto, trabalhador/matéria.

Reduzidos à sua mais simples expressão, esses modelos representam um dos projetos fundamentais da modernidade, a saber, o controle instrumental do ser humano sobre os objetos que o rodeiam, incluindo-se aí até mesmo o ambiente natural já objetivado na e pela tecnologia. Seja ele pensado em termos de representação (de Descartes ao cognitivismo recente) ou de práxis (de Marx ao ativismo tecnológico contemporâneo), esse controle instrumental traduz uma relação de poder do sujeito humano – do "homem senhor e possuidor da natureza", como o anunciava Descartes – sobre o mundo material reduzido à categoria de objeto pela subjetividade humana e para ela, seja individual ou coletivamente (uma classe, um grupo, ou mesmo toda a humanidade enquanto sujeito da história).

Esse tipo de relação de poder define-se historicamente no trabalho moderno, na medida em que o gigantesco trabalho coletivo das sociedades industriais se lança sobre todo o meio ambiente terrestre, a fim de sujeitá-lo à satisfação das necessidades humanas que se tornam a medida de todas as coisas. O mundo natural torna-se, então, um objeto de consumo e cada coisa (as árvores, a úbere da vaca, o corpo dos atletas, os rios, os recursos minerais, o mar, etc.) é abordada e absorvida como potencial objetivo a ser desenvolvido e dominado. Heidegger, em seu célebre texto sobre *A questão da técnica* (1954), fala, aliás, de "racionalização" para designar a violência da racionalidade objetivista do complexo tecnoindustrial diante do mundo natural, sujeitado, este, enquanto dispositivo e potencial a ser desenvolvido pelo modelo produtivista da economia moderna. Com o crescimento atual das biotecnologias e das neurociências, parece que são os seres vivos, inclusive os seres humanos, que constituem o próximo objetivo dessa lógica de exploração do mundo visto como conjunto de objetos à disposição da produção e do consumo humano: atualmente, já se concebe o DNA como um código passível de ser reescrito e modificado para adaptar-se à produção de seres vivos que desempenhem funções utilitárias e produtivas. Desta forma os seres físicos, os seres biológicos e os seres humanos estarão sujeitos às mesmas regras de uso e produtividade. Passando da ficção à realidade, o Ciborg, o homem tecnoneural, o humano objetivado integralmente como sistema biotecnológico torna-se, assim, o espectro da economia de ponta; o super-homem nietzscheniano pode recompor-se... a menos que o Ciborg o substitua num futuro próximo como a figura emblemática da nazificação do homem superior.

Ora, apesar de sua hegemonia, nossa tese é de que os modelos de trabalho material e tecnológico não podem explicar o processo de trabalho sem negá-lo ou desfigurá-lo, quando ele acontece num contexto de interações humanas, como é o caso do trabalho docente. Com efeito, *ensinar é trabalhar com seres humanos, sobre seres humanos, para seres humanos*. Esta impregnação do trabalho pelo "objeto humano" merece ser problematizada por estar no centro do trabalho docente.

Em qualquer ocupação, arte ou ciência, ofício ou profissão, a relação do trabalhador com o seu objeto de trabalho e a própria natureza desse objeto são essenciais para se compreender a atividade em questão. O fato de tratar-se de um objeto material, simbólico ou humano, requer, em cada caso, modalidades adequadas de trabalho e de tecnologias, bem como conhecimentos diferenciados. Não é a mesma coisa transformar um objeto físico, uma mensagem informática ou o comportamento de uma pessoa e sua identidade. Cada um desses "objetos" possui certas características próprias, que exigem tecnologias e atividades particulares, canalizando a ação do trabalhador em certo sentido e impondo-lhe, ao mesmo tempo, alguns limites.

O trabalho material

No caso do trabalho industrial, seu objeto concerne realidades tangíveis, materiais, que possuem uma substância e uma forma determinadas, definidas, fixas. Trata-se de produtos, utensílios, máquinas, organismos vivos ou de substância inanimada. Essas coisas são manipuláveis fisicamente. No processo de trabalho material elas são, por exemplo, ajustadas, ordenadas, manejadas, amontoadas, amassadas, quebradas, entortadas, trabalhadas, etc. Os resultados desse trabalho são igualmente tangíveis, ponderáveis e separáveis objetivamente do processo de trabalho e do trabalhador: o objeto produzido na fábrica local pode ser vendido num outro continente. Além disso, o processo do trabalho funciona segundo uma rotina materialmente sistematizada onde intervêm instrumentos e tecnologias materiais: cadeias de montagem, equipamentos, artefatos, mecanismos, sistemas, instalações, maquinaria, bombas, etc. O próprio processo é sustentado por ações que provocam causalidades materiais, por exemplo, pressão, tração, giros, levantamentos, deslocamentos, fricção, etc. Em todos os casos, o objeto material não oferece nenhuma resistência ao trabalhador: sua substância material é apenas reativa e não ativa; além disso, esse objeto é fundamentalmente serial, o que significa que não se trata de um indivíduo que possui suas próprias autodeterminações, mas do exemplar de uma série, a qual define suas características ontológicas. Enfim, esse objeto material pode ser tratado conforme uma lógica puramente instrumental e axiologicamente neutra: ele pode ser desfeito, refeito, consumido, vendido, etc.

O trabalho cognitivo

Por sua vez, o trabalho sobre os símbolos remete a processos cognitivos baseados em informações, conhecimentos, concepções, ideias etc. Ele é ligado a atividades como a observação, a compreensão, a interpretação, a análise e a criação intelectual. Os símbolos são materialmente intangíveis e referem-se a números, termos, conceitos, palavras, significados, em suma, a produção simbólica. Essas produções são o apanágio dos "trabalhadores intelectuais" (cientistas, escritores, redatores, jornalistas, pesquisadores, artistas, tradutores, profissionais de informática, criadores, etc.), cuja atividade principal consiste na gestão, manipulação e no *processing* de informações, de dados simbólicos. Todo o trabalho humano consiste em manipular informações, construir uma representação de seu próprio trabalho antes de e a fim de executá-lo. Todavia, os trabalhadores intelectuais não fazem mais que utilizar informações; essas constituem ao mesmo tempo o processo, a matéria e o resultado de seu trabalho.

Atualmente, muitos autores inspirados nas ciências cognitivas procuram definir a docência como um trabalho, sobretudo cognitivo, baseado no tratamento de informações diversas, que utiliza material simbólico (programas, livros, etc.) e cujo objetivo propriamente sobretudo simbólico: favorecer a aquisição de uma certa cultura, permitir a construção de conhecimentos, etc. Contudo, se é inegável que o componente cognitivo ou simbólico está bem no centro da docência, achamos que ele não constitui, porém, o elemento central desse trabalho. Como veremos nos capítulos seguintes, somente o contexto do trabalho interativo cotidiano permite compreender as características cognitivas particulares da docência, e não o inverso.

O trabalho sobre o outro

Quanto ao trabalho sobre e com os seres humanos, esse leva antes de tudo a relações entre pessoas, com todas as sutilezas que caracterizam as relações humanas estudadas, por exemplo, pelo psicossociólogo Goffman em *La mise en scène de la vie quotidienne* (1973): negociação, controle, persuasão, sedução, promessa, etc. Esse trabalho sobre o humano evoca atividades como instruir, supervisar, servir, ajudar, entreter, divertir, curar, cuidar, controlar, etc. Essas atividades se desdobram segundo modalidades complexas em que intervêm a linguagem, a afetividade, a personalidade, ou seja, um meio em vista de fins: o terapeuta, o docente, o trabalhador de rua engajam diretamente sua personalidade no contato com as pessoas e estas os julgam e os acolhem em função dela. Componentes como o calor, a empatia, a compreensão, a abertura de espírito, etc., constituem, então, os trunfos inegáveis do trabalho interativo. Esse tipo de trabalho sobre o outro envolve necessariamente "a existência de meandros recorrentes de conhecimentos, emoções, juízos de valores susceptíveis de ser constantemente reformulados nas relações entre o produtor e o usuário" (MAHEU & BIEN-AIMÉ, 1996: 190).

Entretanto, como mencionamos anteriormente, o trabalho sobre outrem levanta questões de poder e até mesmo conflitos de valores, pois seu objeto é, ele mesmo, um ser humano capaz de juízos de valores e detentor de direitos e privilégios que os símbolos, as coisas inertes e os animais não possuem. Muitas vezes, os ofícios e as profissões de interação humana se destinam a ajudar pessoas carentes, com o objetivo de sustentar, melhorar ou transformar a situação dessas pessoas: idosos, enfermos, pobres, mendigos, crianças abandonadas, aleijados, etc. Em tais casos as relações com essas pessoas são por demais assimétricas e os trabalhadores poderiam facilmente abusar delas. Geralmente incapazes de se defender, de resistir, os clientes podem ser manipulados e tratados até quase como coisas ou animais. Pensemos aqui no tratamento burocrático que algumas instituições infligem às pessoas de idade avançada, aos que sofrem doenças graves, aos doentes mentais, aos prisioneiros, às crianças, etc. Nesse tipo de contextos de poder, portanto, é necessário que haja uma forte ética do trabalho orientada ao serviço e à ajuda, para evitar os riscos de abuso.

Outros ofícios e profissões são exercidos junto a clientes capazes de controlar eles mesmos, ao menos em parte, os trabalhadores. É o caso, por exemplo, dos dentistas, dos terapeutas, dos médicos, vendedores, advogados, etc., cujo salário depende até um certo ponto da preferência dos clientes. Se esses estiverem insatisfeitos, podem simplesmente mudar de profissional. Passa a ser necessário, portanto, ao trabalhador que esse tipo de relação se instaure sobre o consenso do cliente a fim de assegurar a natureza exata do serviço prestado e dos resultados esperados. Essa relação pode ainda se modificar ao longo do percurso. Ela repousa sobre fenômenos complexos como a confiança, o crédito dado ao profissional, o grau de êxito do tratamento, etc. (FREIDSON, 1984). Enfim, quanto mais altas forem as expectativas do cliente e mais importantes as mudanças que ele espera obter, maiores serão os riscos que o trabalhador correrá. Um psicanalista dificilmente pode prometer a um cliente a cura de sua neurose...

Em alguns outros casos, a interação entre os clientes e os trabalhadores se reduz ao mínimo. É, por exemplo, o caso das transações nos bancos, do pedido de informações no guichê de atendimento, da troca de informações entre os comerciantes, das centrais de atendimento nos colégios e nas universidades, ou de outros serviços governamentais, etc. Diversas organizações governamentais estão cercadas por um verdadeiro cinturão formado por trabalhadores desse gênero, que interagem com os cidadãos para classificá-los, dividi-los em categorias, triá-los, etc. A maioria das grandes organizações privadas possuem também esse tipo de serviço a partir do qual os clientes são identificados, classificados, orientados para os determinados departamentos e serviços oferecidos. Para os clientes, isso comporta concretamente um risco de estigmatização e marginalização, como se vê, por exemplo, no tratamento dado por alguns funcionários a algumas categorias de clientes.

Outros trabalhadores – e este é o caso dos professores – se dirigem a pessoas cuja presença na organização com o fim de receber um tratamento ou serviço é obrigatória. Os alunos são obrigados a ir para a escola até a idade prevista na lei. Contudo, diferentemente das pessoas necessitadas (enfermos, idosos, etc.), essas pessoas podem opor resistência aos trabalhadores e às ações que lhes são impostas. É o que acontece, por exemplo, com pessoas condenadas a submeter-se a terapias, clientes de agentes sociais detidos contra sua vontade em instituições, prisioneiros em condicional, testemunhas convocadas a depor, etc. Os clientes involuntários sempre podem neutralizar a ação dos trabalhadores, porque esses têm necessidade da participação deles para conseguir dar prosseguimento ao seu tratamento ou fazer seu serviço. Essencialmente, esses trabalhadores precisam, se isso ainda não tiver acontecido, convencer seus clientes quanto ao benefício de sua ação: os clientes precisam aderir *subjetivamente* à tarefa dos trabalhadores, seja colocando fé e, portanto, participando dela, seja cessando simplesmente de opor-lhe resistência e de neutralizá-la de diversas maneiras.

Como dizíamos, os alunos são clientes forçados, obrigados que são a ir para a escola. A centralidade da disciplina e da ordem no trabalho docente, bem como a necessidade quase constante de "motivar" os alunos, mostram que os professores se confrontam com o problema da participação do seu objeto de trabalho – os alunos – no trabalho de ensino e aprendizagem. Eles precisam convencer os alunos que "a escola é boa para eles", ou imprimir às suas atividades uma ordem tal que os recalcitrantes não atrapalhem o desenvolvimento normal das rotinas do trabalho. Em síntese, os alunos precisam acreditar no que é dito a eles ou fingir que acreditam e não perturbar os professores e os colegas de classe.

Contudo, um certo grau de vulnerabilidade dos clientes e a margem de manobra em relação aos trabalhadores não são as únicas características desse tipo de trabalho interativo. Também o fato de essa relação ser individual ou coletiva, privada ou pública, também é um elemento importante. Os professores trabalham com grupos de alunos, com uma coletividade pública, ao passo que médicos e terapeutas trabalham na maior parte do tempo em ambientes restritos, protegidos, com um só cliente de cada vez. O fato de trabalharem com coletividades apresenta dois problemas particularmente: a questão da equidade do tratamento e o controle do grupo. Voltaremos a esse assunto nos outros capítulos, pois são fundamentais para compreender a natureza do trabalho docente.

Além disso, no que diz respeito à relação com o objeto, não é indiferente saber, por exemplo, se o trabalhador possui o objeto, se o objeto pertence a outrem, ou se não pertence a ninguém, que não se possa defini-lo por uma relação de propriedade, como no caso dos seres humanos em nossas sociedades. Nesse último caso intervêm problemáticas originais, nas quais interferem a ética, o direito da pessoa a dispor de si própria, aspectos jurídicos e legais complexos.

Substancialmente, essas considerações mostram, portanto, que o objeto do trabalho e as relações do trabalhador com ele são elementos nevrálgicos para a compreensão de qualquer atividade profissional. *A docência é um trabalho cujo objeto não é constituído de matéria inerte ou de símbolos, mas de relações humanas com pessoas capazes de iniciativa e dotadas de uma certa capacidade de resistir ou de participar da ação dos professores.* Então acreditamos, como o sugerem as descrições anteriores, que esse tipo de objeto possui determinações específicas que condicionam a própria natureza do trabalho docente. O fato de trabalhar com seres humanos, portanto, não é um fenômeno insignificante ou periférico na análise da atividade docente: *trata-se, pelo contrário, do âmago das relações interativas entre os trabalhadores e os 'trabalhados' que irradia sobre todas as outras funções e dimensões do métier.*

Portanto, esses são os principais motivos que justificam, aos nossos olhos, a necessidade de estudar a docência sob o ângulo da análise do trabalho. Dito isto, afirmar a necessidade desse estudo é apenas o ponto de partida, que exige agora tornar-se preciso em função de um conteúdo determinado e de uma abordagem particular. É sobre essas questões que vamos agora nos estender.

1.2. Como analisar o trabalho dos professores?

Parece-nos que o primeiro passo a ser dado para analisar o trabalho dos professores é fazer uma crítica resoluta das visões normativas e moralizantes da docência, que se interessam antes de tudo pelo que os professores *deveriam ou não fazer*, deixando de lado *o que eles realmente são e fazem*. Essas visões normativas e moralizantes têm suas raízes históricas no *ethos* religioso da profissão de ensinar, que é antes de tudo um trabalho orientado por uma ética do dever com forte conteúdo religioso, fundamentado na obediência cega e mecânica a regras codificadas pelas autoridades escolares, e muitas vezes, religiosas. Durante muito tempo, ensinar foi sinônimo de obedecer e de fazer obedecer (VINCENT, 1980). Em diversos países, a docência ainda está vinculada a isso. Depois, esse *ethos* religioso passa a ser criticado, mas também retomado pelo "discurso filosófico da modernidade" (HABERMAS, 1988) que, a partir do século XVIII, interpretará a educação como um instrumento de emancipação coletiva e atribuirá aos professores uma missão quase evangélica, mas de fundo profano e laico: instruir o povo, formar cidadãos esclarecidos, graças às Luzes da instrução e do conhecimento, finalmente partilhado (CONDORCET, 1989). Nos séculos XIX e XX é o poder público que retomará por conta própria esse discurso investindo massivamente no campo educativo e tratando os professores como um corpo do Estado destinado a prestar serviços à nação. Mais uma vez, a obediência revela-se a chave-mestra do trabalho docente, embora ele mude de sentido: já não basta obedecer a regras cegas, mecânicas, mas trata-se de compreendê-las e interiorizá-las como cidadãos responsáveis. Desde então, os professores são considerados agentes sociais investidos de uma multidão de missões, variáveis segundo as ideologias e os contextos políticos e econômicos vigentes.

Desde a Segunda Guerra Mundial, quando o movimento de escolarização atinge seu apogeu no Ocidente, não se passa mais uma década sem que vejamos surgir uma reforma do ensino e da escola visando à moralização dos professores. A pesquisa em ciências da educação e as ideologias pedagógicas que nela se fundamentam partilham, igualmente, em diferentes níveis, dessas visões normativas e moralizantes do ofício de professor, e isto, mesmo que elas as apresentem, hoje, segundo a retórica dominante da cientificidade e da administração: eficácia, gestão, estratégia, melhoria, rendimento, medida, desenvolvimento, excelência, competência, sucesso, especialidade, que são, hoje, as principais palavras de ordem desses novos poderes simbólicos. Atualmente, alguns *experts* já predizem uma catástrofe se os poderes públicos não se apressarem em pressionar os professores para que embarquem na virada tecnológica e ensinem através da Internet. É por causa de milhões de dólares que os responsáveis políticos e das indústrias privadas da comunicação adentram agora por esse caminho, como se o ato de ensinar tivesse constantemente necessidade de um suplemento tecnológico, para adequar-se aos fantasmas de uma sociedade que não reconhece mais seu próprio poder senão através dos artefatos tecnológicos que engendra.

Claro que, de uma época a outra, de uma sociedade a outra, as finalidades e os valores mudam, mas o que permanece praticamente invariável é a certeza de que, no fundo, a docência é apenas um *ofício moral* (*a moral craft*, TOM, 1984), que não é necessário estudar e compreender, mas simplesmente investir e manipular em favor das crenças dominantes do momento. A análise que aqui fazemos vai de encontro a essas visões e propõe, portanto, que sejam colocados entre parênteses os julgamentos de valor sobre a docência, a fim de compreender melhor qual é a obra dos professores nas suas diferentes tarefas cotidianas. Esta *epokhê metodológica* permite, como veremos, registrar os componentes normativos e éticos do ofício de professor, pois há muitos deles, mas também exige, ao mesmo tempo, não reduzi-la a eles. Como qualquer trabalho humano e, sem dúvida, como a maioria das outras ocupações, também a docência carrega necessariamente um *peso de normatividade*, e igualmente outras coisas que se precisa conhecer: saberes, técnicas, objetivos, um objeto, resultados, um processo...

1.2.1. Considerar o que os professores fazem: modelos indutivos e componentes do trabalho

Mas como superar os pontos de vista moralizantes e normativos sobre a docência? Privilegiando mais o estudo do que os docentes fazem e não tanto prescrições a respeito do que deveriam fazer ou não deveriam fazer. Dito de outra forma, nosso estudo é orientado pela ideia geral de que a docência pode ser analisada como qualquer outro trabalho humano, ou seja, descrevendo e analisando as atividades materiais e simbólicas dos trabalhadores tais como elas são realizadas nos próprios locais de trabalho.

Essa ideia tem duas consequências nos planos analítico e interpretativo. Ela implica, inicialmente, um deslocamento da pesquisa, indo das estruturas para os processos, do sistema institucional para os locais diários de trabalho, dos grandes atores coletivos que modelaram a escola atual (sindicatos, universidade, administração, poder político, etc.) para os atores cujas práticas asseguram a perpetuação e também, em certa medida, a transformação das formas e conteúdos da escolarização. Obviamente, não se trata de repudiar as perspectivas teóricas que abordam o ensino "pelo alto", privilegiando o estudo das grandes variáveis sociológicas e das forças sociais que estruturam o espaço das práticas escolares e a identidade dos seus agentes. Além disso, endossamos uma perspectiva desse tipo em nossa obra precedente, dedicada à evolução da profissão docente (LESSARD & TARDIF, 1996). Contudo, acreditamos que a análise do trabalho docente não pode se limitar a registrar e estudar os quadros sociais globais que encerram o processo de trabalho concreto dos professores. Achamos que é preciso complementar esse ponto de vista através de uma perspectiva "por baixo" (MAHEU & ROBITAILLE, 1991), ou seja, levando a pesquisa ao campo propriamente dito das práticas cotidianas pelas quais se realiza e se reproduz o processo de trabalho dos atores escolares.

A força, mas igualmente a peculiaridade das práticas cotidianas, é que elas reproduzem bem as variáveis do sistema, mas o fazem introduzindo nele constantes deslocamentos, desorientações, conflitos, desvios, tensões e contradições, cujo peso acumulado dia após dia acaba produzindo, às vezes, outra coisa em vez daquilo que as variáveis anunciavam. No plano teórico, o interesse pelo estudo das práticas cotidianas emana, portanto, de seu *potencial de alteridade*. Se os professores fossem apenas *agentes* dessa instituição chamada escola, bastaria analisar suas funções determinadas e seu *status* legal para compreender sua ação. Mas esta obra mostra, como outros estudos semelhantes conduzidos em diversos países, que os professores são também *atores* que investem em seu local de trabalho, que pensam, dão sentido e significado aos seus atos, e vivenciam sua função como uma experiência *pessoal*, construindo conhecimentos e uma cultura própria da profissão. Em síntese, o trabalho docente não consiste apenas em cumprir ou executar, mas é também a atividade de pessoas que não podem trabalhar sem dar um sentido ao que fazem, é uma interação com outras pessoas: os alunos, os colegas, os pais, os dirigentes da escola, etc.

Concretamente, isso significa que a análise do trabalho deve evitar aplicar sobre a docência categorias e pressupostos oriundos de outros contextos, ou simplesmente deduzidos de fenômenos globais (as classes sociais, os mecanismos da reprodução, as leis da aprendizagem, as regras do ensino eficaz, etc.), que se imagina capazes de explicar as práticas efetivas, permitindo poupar o esforço necessário para sua compreensão. Claro que não existem descrições perfeitamente objetivas, interpretações neutras, ou seja, sem categorias ou pressupostos. Contudo, privilegiar um ângulo de análise "por baixo" exige colocar à prova as categorias e os pressupostos dos pesquisadores no contato com o campo de pesquisa, aceitando as variações e os desvios que necessariamente ocorrem em relação à idealização teórica inicial: um campo de pesquisa não é outra coisa senão um espaço de inteligibilidade traçado progressivamente pelo olhar teórico do pesquisador; é também um local de relações e atividades humanas onde a subjetividade do pesquisador se mescla, inevitavelmente, colocando à prova sua inteligência, mas também seus valores, suas emoções, suas crenças e preconceitos. Isso gera também a necessidade de estar atento às variações, às diferenças e às nuances que não deixam de aparecer quando se começa a estudar aquilo que os atores escolares realmente fazem. Enfim, no plano interpretativo e teórico, este ângulo de ataque por baixo favorece a construção do que se pode chamar *modelos indutivos do trabalho docente*, a saber, modelos de interpretação e de compreensão baseados no estudo de sistemas de ação concretos nos quais os docentes atuam.

Outra consequência dessa abordagem é a necessidade de estudar a docência levando-se em conta a *totalidade* dos componentes desse trabalho, o que, parece-nos, permite evidenciar fenômenos importantes. Como todos os trabalhos na sociedade atual, a docência se desenvolve num *espaço já organizado* que é preciso avaliar; ela também visa a *objetivos* particulares e põe em ação *conhecimentos* e *tecnologias* de trabalho próprias; ela se encaminha a um *objeto* de trabalho cuja própria natureza é, como veremos, cheia de consequências para os trabalhadores; enfim, a docência se realiza segundo um certo *processo* do qual provêm determinados *resultados*. Organização, objetivos, conhecimentos e tecnologias, objetos, processos e resultados constituem, consequentemente, os componentes da docência entendida como trabalho.

Uma das tendências marcantes da pesquisa sobre o ensino, marcada pela razão analítica, instrumental, consiste em separar completamente um do outro esses componentes e em avaliá-los separadamente. Essa tendência, contudo, torna-se artificial e estéril *na medida em que decompõe também o processo de trabalho em momentos e fragmentos autônomos, reproduzindo assim no plano teórico a decomposição burocrática do trabalho que rege, atualmente, o sistema das práticas escolares. A razão analítica coloca-se, então, simplesmente a serviço da racionalidade burocrática*. Ela fornece estatísticas, normas, regras e controles tanto mais "sérios" quanto mais supostamente utilizáveis para aumentar a eficácia deste ou daquele gesto cotidiano, reproduzido em centenas de exemplares que basta mensurar de acordo com determinada média...

Os componentes que acabamos de identificar se encontram em todo trabalho humano; o estudo deles permite, assim, situar a docência na análise geral deste último; permite, ao mesmo tempo, refletir os traços típicos, as características próprias dessa ocupação, distinguindo-a das outras formas de trabalho. Além disso, no processo cotidiano do trabalho, esses componentes estão intimamente ligados e formam, aos olhos dos docentes, um quadro dinâmico que encerra e condiciona suas próprias atividades. Nossa análise consistiu em isolar e estudar os diversos componentes sem, por um lado, desfazer suas interações dinâmicas e sem, por outro, ignorar a experiência viva dos professores que os reconstituem como aspectos integrantes do seu próprio trabalho.

1.2.2. Ensinar: um trabalho composto

Tendo claras essas coisas, gostaríamos agora de situar nosso propósito a respeito das pesquisas contemporâneas sobre o ensino. O que nos dizem elas, substancialmente, a respeito do trabalho docente?

Na América do Norte e na Europa, as pesquisas sobre o ensino foram iniciadas há aproximadamente cem anos. Mas é, sobretudo, a partir da Segunda Guerra Mundial, quando o movimento de escolarização se intensifica e o ensino se torna uma ocupação mais e mais necessária e importante na sociedade, que os trabalhos se multiplicam. Depois disso, eles não pararam mais de crescer. Atualmente, a cada ano são escritos milhares de textos sobre o ensino e raras são as disciplinas científicas que não contribuem a esse estudo. A psicologia, a economia, a antropologia, a sociologia, a história, a filosofia, para nomear apenas as principais, interessam-se por aspectos ou elementos dessa atividade social fundamental: instruir e formar as novas gerações no ambiente escolar. Além disso, diversas outras disciplinas, como a medida e a avaliação, o estudo do currículo, a didática, a administração escolar, em suma, o que se chama ciências da educação, estão ligadas historicamente à expansão da escolarização e à institucionalização da docência como setor de trabalho especializado.

Enquanto as questões relativas à aprendizagem dominaram a pesquisa em educação durante várias décadas, desde o início dos anos 1980 o ensino, a formação para o magistério e a profissão docente tornaram-se temas maiores de pesquisa. No plano da organização escolar e das ideologias políticas, pode-se fazer a mesma constatação. Enquanto as décadas de 1960 e 1970 foram caracterizadas, sobretudo, por reformas visando a melhorias destinadas aos alunos (democratização, igualdade, integração das crianças em dificuldades, medidas compensatórias, ajuda financeira, etc.), as reformas atuais dizem respeito, em boa parte, em diversos países ocidentais, ao corpo de professores, suas condições de trabalho, sua formação e sua profissionalização (TARDIF et al., 1998). Essas reformas resultam tanto de uma insatisfação do grande público e da classe política diante das performances da escola quanto de uma inquietação, que parece profunda, que, como dizíamos anteriormente, está afetando em todo lugar os professores, que se sentem desvalorizados e pouco reconhecidos.

Essas reformas provocaram, por sua vez, a proliferação de uma importante literatura em torno da docência, formada por relatórios, pesquisas, polêmicas, estatísticas e discursos políticos. Não é fácil desvencilhar-se desse emaranhado de estudos, ao mesmo tempo científicos e políticos, a propósito da docência e dos docentes. Por exemplo, os pesquisadores se interessam hoje pelo planejamento do ensino, pela avaliação da aprendizagem e do ensino, pelas crenças e representações dos professores, pelos processos cognitivos e decisórios que orientam a ação prática, pelos saberes produzidos pelos professores, por suas condições de trabalho, pelo envelhecimento, o desgaste profissional etc. A lista de assuntos de pesquisa ligados à docência é bastante longa e razoavelmente diversificada.

Como visto nessa literatura, existem diferentes maneiras de descrever e compreender o trabalho docente. Todavia, parece-nos que esses estudos se concentram geralmente em dois polos que chamaremos aqui o pólo do *trabalho codificado* e o polo do *trabalho não codificado*. Com efeito, pode-se privilegiar os aspectos nitidamente burocráticos e codificados ou prescritos do trabalho, com tudo que traz de rotineiro, de obrigações formais, de cargas institucionais, de normas, regulamentos e procedimentos, em síntese, tudo aquilo que lhe dá um caráter previsível e rotineiro. Por outro lado, pode-se também considerar os componentes informais da atividade, aqueles aspectos que estão implícitos ou "invisíveis" no ofício e suas inúmeras contingências, imprevistos, ou seja, as áreas flutuantes que revelam sua complexidade.

Analisemos as consequências dos procedimentos segundo esse duplo ponto de vista. Assim fazendo, poderemos tomar consciência de que a atividade docente no contexto escolar não tem nada de simples e natural, mas é uma construção social que comporta múltiplas facetas e cuja descrição metódica implica necessariamente escolhas epistemológicas. Essas escolhas tornam visíveis algumas coisas, mas, simultaneamente, ocultam outras: a realidade social é como uma floresta da qual não se tem um "ponto de vista aéreo" que permita tudo ver; pelo contrário, é preciso decidir entrar na floresta, tomar certos caminhos e trilhos particulares, sabendo que também outros itinerários são possíveis.

A docência como trabalho codificado

Atualmente, a docência é um trabalho socialmente reconhecido, realizado por um grupo de profissionais específicos, que possuem uma formação longa e especializada (geralmente de nível universitário ou equivalente) e que atuam num território profissional relativamente bem protegido: não ensina quem quer; é necessária uma permissão, um credenciamento, um atestado etc. Esse trabalho é executado normalmente dentro de um quadro organizacional relativamente estável e uniforme. Na verdade, as classes, as escolas atuais, apesar de uma grande diversidade, possuem todas uma estrutura semelhante e um modo de funcionamento parecido, inclusive, muito comum na maioria dos casos. Mesmo no plano das atividades cotidianas, o trabalho em classe apoia-se amplamente sobre rotinas e tradições: os professores entram nas classes, tomam a palavra, apresentam a lição do dia, etc. Além disso, o trabalho docente se realiza em função de um mandato prescrito pelas autoridades escolares e governamentais. Ora, esse mandato é geral e válido para todo o conjunto dos membros dessa profissão que, apesar das particularidades de sua situação e formação, são levados a perseguir objetivos comuns, gerais. Com as normas sindicais e patronais, o trabalho deles é excessiva e estritamente vinculado a uma rede de obrigações e exigências coletivas de natureza variada (legais, sociais, econômicas, etc.), que lhe confere uma fisionomia particular. O trabalho é temporizado, calculado, controlado, planejado, mensurado, etc. Fica submetido a um conjunto de regras burocráticas. O espaço e a duração de sua realização são controlados. Trata-se de um trabalho cujo desenvolvimento é agendado em conformidade com programas, avaliações e, em sentido global, com os diferentes padrões e mecanismos que direcionam o andamento dos alunos no sistema escolar. Desse modo, o ano letivo é cadenciado por toda uma série de medidas que formam uma espécie de percurso temporal bem delimitado. Resumindo, pode-se bem ver que o trabalho docente comporta inúmeros aspectos formais, codificados e rotineiros.

Para descrevê-lo, portanto, o acento será colocado sobre elementos institucionais, por exemplo, considerando o *status* dos diferentes agentes escolares, fenômenos relacionados à divisão técnica do trabalho, à administração das tarefas e à demarcação das atividades segundo normas oficiais, legais, rotineiras. *Vista desse ângulo, a docência aparece como uma atividade instrumental controlada e formalizada.* Seus objetivos parecem pouco problemáticos, já que são definidos por uma norma de trabalho, da qual provêm certas práticas relativamente precisas. O ensino parece, assim, regido por uma "racionalidade", ou seja, pela utilização circunstancial e eficaz de diversos conhecimentos, competências e regras de funcionamento com a ajuda das quais os docentes e demais agentes escolares controlam seu ambiente de trabalho e planejam suas ações profissionais. Levada ao extremo, essa "forte racionalidade" se instala, em princípio, do lado da atividade instrumental, quer dizer, de atividades regidas por procedimentos formulados metodicamente.

Nesse contexto, a docência aproxima-se bastante dos ofícios e das profissões cujo universo de trabalho cotidiano é burocratizado, onde as atividades acontecem segundo imagens previsíveis, repetitivas, amplamente padronizadas. Com certeza, nesse tipo de organização burocrática do trabalho, sempre subsistem zonas intermediárias, em que os trabalhadores têm mais autonomia, mas essas zonas são um pouco como os fios de uma rede: são bem amarradas e bem delimitadas. Enfim, o docente se parece com um agente da organização escolar, ele é seu mandatário e seu representante. Sua identidade profissional é definida pelo papel que exerce e o *status* que possui na organização do trabalho.

A docência como trabalho flexível

É, contudo, inegável que a docência também comporta diversas ambiguidades, diversos elementos "informais", indeterminados, incertezas, imprevistos. Em suma, o que se pode chamar de aspectos "variáveis", que permitem uma boa margem de manobra aos professores, tanto para interpretar como para realizar sua tarefa, principalmente quanto às atividades de aprendizagem em classe e à utilização de técnicas pedagógicas. Esta margem de manobra é apenas um efeito perverso, causado pela falta de codificação ou de formalismo, e parece, ao contrário, fazer parte do trabalho docente: ensinar, de certa maneira, é sempre fazer algo diferente daquilo que estava previsto pelos regulamentos, pelo programa, pelo planejamento, pela lição, etc. Enfim, é agir dentro de um ambiente complexo e, por isso, impossível de controlar inteiramente, pois, simultaneamente, são várias as coisas que se produzem em diferentes níveis de realidade: físico, biológico, psicológico, simbólico, individual, social, etc. Nunca se pode controlar perfeitamente uma classe na medida em que a interação em andamento com os alunos é portadora de acontecimentos e intenções que surgem da atividade ela mesma.

Além disso, lidando com seres humanos, os docentes se confrontam com a irredutibilidade do indivíduo em relação às regras gerais, aos esquemas globais, às rotinas coletivas. Trata-se de um trabalho cujo produto ou objeto sempre escapa, em diversos aspectos, à ação do trabalhador, enquanto o mesmo não acontece em muitíssimas outras atividades, nas quais o objeto de trabalho (a matéria inerte, o artefato, o serviço oferecido, o produto, etc.) fica inteiramente submetido à ação do trabalhador, que o controla como quer.

Mais que isso, o trabalho docente não se limita nem às atividades de classe, nem às relações com os alunos, embora essas atividades e relações, como se verá, sejam essenciais no exercício da profissão. Com efeito, veremos no capítulo 3 que um dos maiores traços desse trabalho é a grande diversidade de tarefas para cumprir, bem como seu caráter assaz diferenciado que exige competências profissionais variadas. Ora, nem todas essas tarefas respondem, necessariamente, a uma mesma lógica; também não demandam o mesmo tipo de engajamento nem as mesmas competências.

A organização escolar na qual o trabalho é desenvolvido tampouco é um mundo fechado; ela não é autônoma, mas participa de um contexto social mais global no qual está inscrita. Esse contexto social não é uma abstração sociológica, nem um horizonte longínquo ou situado "fora" da escola. Pelo contrário, tal contexto social está tanto "dentro" quanto "fora" da escola, é ao mesmo tempo individual e coletivo. Por exemplo, ele penetra na escola com os alunos que são, como todos nós, seres socializados que trazem consigo, para a classe toda, a carga de suas múltiplas pertenças sociais: origem socioeconômica, capital cultural, sexo, identidade linguística e étnica, etc. Este mesmo contexto social se exprime também no fato de a identidade dos diferentes agentes escolares – inclusive os professores, obviamente – nunca ser totalmente determinada pela organização escolar, já que eles mesmos participam de outras organizações sociais: famílias, sindicatos, igrejas, movimentos associativos voluntários, partidos políticos, universidades, associações profissionais, etc. Em resumo, é uma organização aberta, de fronteiras porosas, permeáveis a influências múltiplas. Nesse sentido, as atividades escolares nunca são fechadas em si mesmas, como uma cadeia de montagem cibernética que gira sobre cilindros num movimento circular: dia após dia, os alunos entram e saem da classe, modificando sem parar o ritmo escolar, introduzindo pontos de resistência, fazendo com que a escola perca o controle sobre aqueles que ela forma.

Visto de um outro ângulo, o ensino aparece como uma atividade fortemente marcada pelas interações humanas, pouco formalizada, diferenciada e difícil de controlar. Seus objetivos parecem problemáticos por serem definidos em função de contextos variáveis de trabalho e de imprevistos. O ensino parece, então, regido por uma "racionalidade fraca" caracterizada pela utilização de conhecimentos personalizados, saberes oriundos da experiência, enraizados na vivência profissional e que ajudam os docentes a adaptar-se, bem ou mal, ao seu ambiente de trabalho composto e em constante transformação. Essa "racionalidade fraca" situa-se do lado da "arte", ou seja, da improvisação regulada a partir de esboços flexíveis de ação, de rotinas modeladas pelo uso, mas que possibilitam também importantes variações de acordo com as novas contingências das situações escolares que sempre se transformam.

O ensino aproxima-se bastante, assim, daqueles ofícios e daquelas profissões cujo espaço cotidiano de trabalho é marcado por uma grande autonomia e em que as atividades são desenvolvidas de acordo com representações, muitas vezes, renovadas, móveis, imprevisíveis na sua concretização e onde, por fim, a personalidade do trabalhador torna-se parte integrante do processo de trabalho. Finalmente, segundo essa visão, o docente se assemelha mais a um ator social do que a um agente da organização. Sua identidade é menos definida por seu papel codificado do que por suas relações humanas cotidianas com seus alunos e seus colegas de trabalho; sua situação tem menos a ver com o organograma da organização do que com as negociações diárias com os outros agentes educativos.

Qual dessas duas imagens da docência é válida? Sem dúvida, é difícil e até inútil querer responder a essa pergunta. O que é preciso considerar é que o trabalho dos professores possui justamente aspectos formais e aspectos informais, e que se trata, portanto, ao mesmo tempo, de um trabalho flexível e codificado, controlado e autônomo, determinado e contingente etc. *Consequentemente, é absolutamente necessário estudá-lo sob esse duplo ponto de vista se quisermos compreender a natureza particular dessa atividade.* Chamaremos de *heterogêneo* um tal trabalho que comporta uma combinação variável de elementos, não apenas diversos, mas também potencialmente contraditórios, diversificados, estranhos entre si. Veremos em diversas retomadas no desenvolvimento daqui adiante que esses aspectos heterogêneos da docência remetem concretamente a tensões ou dilemas internos dessa profissão (BERLAK & BERLAK, 1981; LAMPERT, 1985; LORTIE, 1975; PERRENOUD, 1996). Essas tensões, esses dilemas, estruturam a identidade dos docentes em diversos aspectos e em diferentes níveis, que teremos ocasião de analisar: autonomia e controle na realização da atividade docente, burocratização e indeterminação da tarefa, generalidade dos objetivos educativos e rigidez dos programas e recursos didáticos, universalidade do mandato e individualidade dos alunos, rotina das tarefas e imprevisibilidade dos contextos de ação, relações profissionais com os alunos, acompanhadas de um grande investimento afetivo e pessoal, etc.

Observando a evolução das pesquisas sobre a docência, constatamos que os primeiros trabalhos dedicados à descrição dessa atividade, geralmente de inspiração positivista e behaviorista, tinham a tendência de colocar em evidência a regularidade das situações de trabalho, fundamentando-se na observação comportamental. Numa ótica essencialmente tecnológica, tratava-se aí de especificar as ligações causais que poderiam aumentar a eficiência da docência, como por exemplo os traços da personalidade do professor ideal ou as "variáveis do ambiente da classe" que favoreciam a aprendizagem dos alunos (MEDLEY, 1972; DOYLE, 1990). Tenhamos em consideração que tal ponto de vista não era específico da docência, mas correspondia à evolução dos conceitos de trabalho que se encontravam, então, também na indústria, através da taylorização, e nos serviços públicos, através da estatização e da burocratização. Depois, progressivamente, a partir da contribuição de diferentes pontos de vista (antropológicos, sociológicos, oriundos das pesquisas qualitativas, de campo, etc.) e das descrições mais refinadas das práticas no contexto real do trabalho, a docência apareceu como uma atividade mais e mais complexa e construída dentro de um ambiente interacional fluido, trazendo um alto grau de indeterminação, e demandando, conseqUentemente, uma forte contribuição dos professores na manutenção das estruturas de ação.

Hoje, uma das tendências da pesquisa sobre a docência consiste em privilegiar os aspectos maleáveis ou fluidos do ofício, às vezes em detrimento dos aspectos codificados ou formalizados. A docência começa a ser apresentada como um trabalho fortemente contextualizado, concreto, posicionado (SCHÖN, 1983), marcado principalmente pelas contingências situacionais. Ensinar torna-se uma atividade de improvisação mais ou menos regulada (PERRENOUD, 1996; TOCHON, 1993), de certa maneira parecida com o *free jazz* e fundamentada na intuição (VAN MANEN, 1990), ou mesmo na idiossincrasia de cada professor (ELBAZ, 1983). A docência é, então, concebida como um "artesanato", uma arte aprendida no tato, realizada principalmente às apalpadelas e por reações parcialmente refletidas em contextos de urgência. Os fundamentos cognitivos desse trabalho, ou seja, o conjunto de conhecimentos, competências e habilidades necessárias ao seu cumprimento diário, assumem aqui uma coloração bastante experimental, existencial: o "saber ensinar" parece um recurso exclusivo da vivência, da experiência pessoal, até da história anterior, familiar ou escolar (BUTT et al., 1988; CARTER & DOYLE, 1996). A afetividade também assume, aqui um lugar de destaque, pois é a partir das experiências afetivas fortes (relações com os alunos, experiências difíceis ou positivas, etc.) que o "eu-profissional" do professor (ABRAHAM, 1984) se constrói e se atualiza.

Essas diferentes ideias, abundantes na literatura atual, não nos parecem falsas; pelo contrário, pois elas descrevem bem certos aspectos importantes e fundamentais do trabalho docente. Contudo, achamos que elas continuam sendo incompletas se nos detivermos somente nelas. Na verdade, precisamos lembrar aqui que a escola existe, sobretudo, porque milhares de professores e milhões de alunos fazem a cada dia *grosso modo* a mesma coisa, nas mesmas situações, com os mesmos recursos e em função dos mesmos fins. Como apontado por Dunkin & Biddle (1974: 32; citado por GAUTHIER et al., 1997), uma pedagogia institucionalizada, justamente como a dos professores, só pode existir se o trabalho escolar implicar uma regularidade nas ações. Essa regularidade, como mostraram, por exemplo, Goffman (1973) em seus trabalhos sobre as interações cotidianas, ou Schutz (1987), não é, certamente, as mesmas das leis da natureza, mas as das situações sociais em que os atores agem em função de expectativas diante dos outros. Ora, essas expectativas são regularmente atendidas, pois os outros agem justamente como previsto. Obviamente, as regularidades sociais sempre permitem o surgimento de desvios, de anomia, mas a anomia só pode surgir sobre o pano de fundo daquilo que é normal, regular. Além disso, são essas regularidades que constituem o fundamento empírico das ciências sociais e humanas, pois elas tornam possível o estabelecimento de modelos teóricos da sociedade: sem um mínimo de regularidades não haveria um discurso sociológico nem, mais amplamente, ciências sociais e humanas. Exatamente nesse mesmo sentido são as regularidades das interações nas classes entre os professores e os alunos que garantem a existência de uma ordem escolar como ordem institucionalizada: sem regularidade não existiriam escolas.

Isso nos leva a crer que a descrição do trabalho docente não dá conta da economia de sua realidade heterogênea, quer dizer, da presença simultânea de aspectos codificados e maleáveis, formais e informais, com as tensões que isso provoca nos próprios professores. Nessa obra, nós nos propomos, portanto, a descrever e a compreender esse trabalho, registrando seus diferentes aspectos heterogêneos, a fim de pôr em evidência as tensões, contradições e dilemas que eles provocam ou engendram dentro dos locais do labor cotidiano, inclusive no seio da subjetividade dos atores no trabalho.

1.3. As dimensões da análise

Toda descrição do trabalho docente se fundamenta em algumas opções conceituais relacionadas à natureza dessa atividade. Não podemos abstrair-nos dessas opções, pois são elas que orientam a análise rumo à descoberta dos elementos considerados importantes e sua ordenação para fins de interpretação. É, portanto, necessário esclarecer rapidamente quais são as nossas próprias opções. Limitar-nos-emos, aqui, a fazer uma breve exposição, pois essas ideias serão apresentadas e desenvolvidas em várias ocasiões nos capítulos que seguem.

Dizíamos anteriormente que nossa análise se centra no trabalho cotidiano tal como o vivem e percebem os docentes. Nossa ambição é utilizar os elementos empíricos disponíveis a fim de integrá-los numa visão de conjunto e propor uma interpretação clara dos fatores que contribuem para definir o trabalho docente no contexto escolar. Para fazer isso, nosso estudo pode aproveitar contribuições de uma ampla variedade de disciplinas que, hoje, se interessam pela análise do trabalho: ergonomia, psicologia, antropologia, economia, sociologia, administração, etc. Como observaremos logo adiante, essas disciplinas propõem teorias, noções, métodos que são diretamente aplicáveis, em certos casos, à análise do trabalho docente.

Contudo, apesar das diversas consultas que pretendemos fazer às outras disciplinas e sem tampouco negar a importância dos aspectos psicológicos e individuais da docência, nossa orientação de pesquisa é claramente sociológica. Isso significa que, *do nosso ponto de vista, a organização do trabalho na escola é, antes de tudo, uma construção social contingente oriunda das atividades de um grande número de atores individuais e coletivos que buscam interesses que lhes são próprios mas que são levados, por diversas razões, a colaborar numa mesma organização*. Portanto, é a ação e a interação dos atores escolares, através de seus conflitos e suas tensões (conflitos e tensões que não excluem colaborações e consensos), que estruturam a organização do trabalho na escola.

Além disso, essa organização, *como toda edificação coletiva e como capacidade institucionalizada para produzir uma ação conjunta* (CROZIER & FRIEDBERG, 1981), possui algumas características que condicionam as ações de seus membros e canalizam seus projetos por determinados caminhos. Nesse sentido, a ação dos atores não se realiza no vazio e sua descrição deve absolutamente levar em consideração o contexto organizacional. Exatamente como os hospitais, as prisões, as usinas ou as salas de produção dos grandes jornais, as escolas não são um lugar neutro de trabalho, um simples invólucro dentro do qual acontecem ações, mas um dispositivo social de trabalho cujas características físicas, estruturais e simbólicas têm um peso claro sobre os trabalhadores escolares (JOHNSON, 1990).

Numa perspectiva sociológica, o trabalho docente pode ser analisado, como todo trabalho humano socializado, em função de certas dimensões (DE COSTER & PICHAULT, 1998). Iremos privilegiar três delas: a atividade, o *status* e a experiência[3]. Essas dimensões estão, com certeza, estreitamente liga-

---

3. De Coster acrescenta a essas três primeiras dimensões também as do tempo e do espaço. Contudo, essas duas últimas não nos parecem estar no mesmo patamar que as três primeiras, pois a atividade, o *status* e a experiência também possibilitam a intervenção de fenômenos relativos ao tempo (carreiras, duração do trabalho, permanência ou flutuação do status etc.) e ao espaço (locais de trabalho, movimentos e mudanças na carreira, na tarefa etc.). Nesse sentido, tempo e espaço nos parecem mais categorias transversais. Numa ótica inspirada em Giddens (1987), pode-se dizer que o tempo e o espaço remetem ao problema da manutenção e da renovação das atividades humanas segundo uma certa duração de tempo e em diferentes espaços.

das e chegam a confundir-se no processo do trabalho concreto; porém, é preciso distingui-las no plano teórico porque elas pertencem a estratégias analíticas e metodológicas distintas.

O trabalho como atividade

A docência, como qualquer trabalho humano, pode ser analisada inicialmente como uma atividade. Trabalhar é agir num determinado contexto em função de um objetivo, atuando sobre um material qualquer para transformá-lo através do uso de utensílios e técnicas. No mesmo sentido, ensinar é agir na classe e na escola em função da aprendizagem e da socialização dos alunos, atuando sobre sua capacidade de aprender, para educá-los e instruí-los com a ajuda de programas, métodos, livros, exercícios, normas, etc. Ora, quando confrontamos analiticamente essa atividade, dois pontos de vista complementares devem ser considerados. Por um lado, pode-se colocar o acento sobre as estruturas organizacionais nas quais a atividade é desenvolvida, estruturas que a condicionam de diversas maneiras. Nesse caso se insistirá no modo como o trabalho é organizado, controlado, segmentado, planejado, etc. Por outro lado, pode-se colocar o acento também sobre o desenvolvimento da atividade, ou seja, sobre as interações contínuas no seio do processo concreto do trabalho, entre o trabalhador, seu produto, seus objetivos, seus recursos, seus saberes e os resultados do trabalho. Em outras palavras, pode-se privilegiar, conforme o caso, os aspectos organizacionais ou os aspectos dinâmicos da atividade docente. Esses dois pontos de vista são complementares, pois, na realidade, para os trabalhadores eles são indissociáveis: a atividade do trabalho é realizada sempre num ambiente organizado, que é, ele próprio, o produto das atividades anteriores.

Para estudar esses aspectos organizacionais e dinâmicos da atividade docente recorremos a diversas pesquisas na área da sociologia das organizações e da sociologia do trabalho, que abordam a escola como uma organização que oferece serviços e onde predomina o elemento humano. Também utilizamos diversos trabalhos sócio-históricos que permitem pôr em claro as estruturas de base da organização escolar que envolvem o trabalho docente. Nossas análises estão essencialmente vinculadas à concepção do "trabalho interativo" (CHERRADI, 1990) desenvolvida por pesquisadores como DREEBEN (1970), HASENFELD (1983), LIPSKY (1980), MAHEU (1996) e BIDWELL (1965). Lembramos que a hipótese que seguimos é que o trabalho interativo, pelas simples pressões inerentes à interação humana e pelas relações de poder e os tipos de conhecimento que são necessários, afeta diretamente as orientações e as técnicas do trabalho, as relações com os usuários, as margens de manobra e as estratégias dos trabalhadores, os recursos e os saberes dos trabalhadores, bem como o ambiente organizacional no qual se desenvolvem as tarefas. Além disso, veremos que o trabalho interativo supera alguns obstáculos importantes perante a burocratização das organizações do trabalho e as abordagens exclusivamente tecnológicas ou instrumentais da atividade profissional. Citemos aqui, ainda, que a concepção interativa do trabalho permite também vincular o estudo da docência às pesquisas teóricas contemporâneas mais fundamentais relacionadas à "interação social" e aos "saberes sociais" propostos por pensadores como FREITAG (1986), GIDDENS (1987) e HABERMAS (1987a). Ela se une também às correntes um pouco mais antigas da sociologia, como o interacionismo simbólico e a etnometodologia, que já propuseram várias análises da docência entendida como uma construção social baseada em interações entre atores que negociam suas funções mútuas dentro de perspectivas múltiplas. Nós procuraremos, nos capítulos seguintes, valorizar a fecundidade e a pertinência dessa abordagem interativa da docência.

O trabalho como *status*

Mas a docência não é apenas uma atividade; é também uma questão de *status*. Como bem define DE COSTER (1998:23), "a noção de *status* não deve ser confundida com o regime jurídico ou contratual que define legalmente a situação do trabalhador. Embora se possa analisá-lo num conjunto de direitos e obrigações socialmente determinadas, o *status* representa, no fundo, o aspecto normativo da função ou o processo de institucionalização que delineia esse aspecto". Em outras palavras, o *status* remete à questão da identidade do trabalhador tanto dentro da organização do trabalho quanto na organização social, na medida em que essas funcionam de acordo com uma imposição de normas e regras que definem os papéis e as posições dos atores. Ora, essa identidade não é simplesmente "dada", mas é também uma "construção" que remete às ações "de agentes ativos capazes de justificar suas práticas e dar coerência às suas escolhas" (DUBAR, 1991:14). De acordo com esse autor, uma visão sociológica da identidade deve articular dois processos heterogêneos: "aquele pelo qual os indivíduos antecipam seu futuro a partir de seu passado, e aquele pelo qual eles entram em interação com os atores significativos de um campo específico" (1991:14).

Essencialmente, como procuraremos demonstrar nos capítulos seguintes, o *status* dos professores, tanto no plano normativo quanto no das funções cotidianas que eles precisam exercer, atualmente parece por demais fragilizado e como que sacudido por expectativas, necessidades, pressões antagônicas. O trabalho de composição da identidade pertence, agora, cada vez mais ao docente, seja individual ou coletivamente, e cada vez menos à instituição escolar, como era outrora. Tanto em relação aos alunos quanto aos agentes escolares ou aos atores sociais, pode-se dizer que a identidade dos docentes está bastante heterogênea (DEROUET, 1988; 1992) e que, como o trabalho deles, também sua identidade destaca menos a instituição escolar e mais a eles mesmos: nesse sentido ela é mais o fruto de um trabalho pessoal e coletivo que de uma transmissão-socialização institucional (DUBET, 2003).

A docência como experiência

Sendo ao mesmo tempo uma atividade e um *status*, o trabalho docente também pode ser abordado, descrito e analisado em função da experiência do trabalhador, quer dizer, do trabalho do modo como é vivenciado e recebe significado por ele e para ele. Como já tentamos demonstrar em outra ocasião (TARDIF, 1993), essa noção de experiência pode ser entendida de duas maneiras: a experiência pode ser vista como um processo de aprendizagem espontânea que permite ao trabalhador adquirir certezas quanto ao modo de controlar fatos e situações do trabalho que se repetem. Essas certezas correspondem a crenças e hábitos cuja pertinência vem da repetição de situações e de fatos. Em educação, quando se fala de um professor experiente, é, normalmente, dessa concepção que se trata: ele conhece as manhas da profissão, ele sabe controlar os alunos, porque desenvolveu, com o tempo e o costume, certas estratégias e rotinas que ajudam a resolver os problemas típicos. Resumindo, um pouco como um artesão, diante dos diversos problemas concretos, ele possui um repertório eficaz de soluções adquiridas durante uma longa prática do ofício. Além disso, quando se interroga os professores a respeito de suas próprias competências profissionais, é na maioria das vezes a essa visão de experiência que eles se referem implicitamente, para justificar seu "saber ensinar", que eles opõem à formação universitária e aos conhecimentos teóricos.

Mas também se pode compreender a experiência, não como um processo fundado na repetição de situações e sobre o controle progressivo dos fatos, mas sobre a intensidade e a significação de uma situação vivida por um indivíduo. É assim, por exemplo, que se fala de experiências que mudam uma vida, que não têm necessidade de repetir-se, mas que influenciam de uma só e única vez toda a existência profundamente. Por exemplo, uma doença grave, uma perda, uma ruptura amorosa, um acidente, etc., são experiências únicas, mas que transformam, às vezes, todas as crenças anteriores e fazem encarar ao mesmo tempo o presente e o futuro de maneira, quem sabe, completamente diferente. Ora, quando perguntamos aos professores sobre sua carreira e sobre as exigências da profissão, eles também evidenciam algumas experiências decisivas dessa natureza; essas experiências têm em comum o fato de referirem-se às interações vividas com os alunos e àquilo que os professores chamam a "dura realidade dos grupos". Os docentes dizem muitas vezes: *nas primeiras vezes que você entra numa sala de aula, você sabe se foi feito para essa profissão*; esta experiência é única, mas ela tem valor de confirmação e de justificação. Trata-se, de qualquer modo, de uma experiência de identidade que não pertence ao saber teórico ou prático, mas da vivência, e onde se misturam intimamente aspectos pessoais e profissionais: sentimento de controle, descoberta de si no trabalho, etc.

Essas duas visões, contudo, tendem a privilegiar uma concepção estritamente individualista, ou, mesmo, "psicologizante" da experiência. Uma obra de François Dubet (1994), inspirada claramente nas obras de Simmel (1991), de Weber (1971) e de Touraine (1997), propõe a ideia de que a experiência subjetiva remete a uma situação social: "A experiência social não é nem uma esponja, nem um fluxo de sentimentos e de emoções, não é expressão de um ser ou puramente de um sujeito, pois ela se constrói socialmente" (1994: 101). Esta ideia retoma o que fora proposto por Wittgenstein (1996), para quem a experiência, tanto quanto a linguagem, não poderia ser estritamente pessoal ou privada: falar de si, *dizer sua experiência* supõe um discurso comum, uma linguagem pública, uma cultura partilhada, um mundo vivido, um *lebenwelt* husserliano, que Wittgenstein, por sua vez, denomina uma forma de vida[4].

Essas ideias nos parecem importantes, pois introduzem uma dimensão social no próprio coração da experiência individual, permitindo assim inscrever-se as experiências de cada um num horizonte mais ou menos compartilhado de situações comuns, típicas e de sentido semelhante. Com relação a isso, se a experiência de cada docente que encontramos é bem própria, ela

---

4. Esse é um tema caro a diversos sociólogos modernos de inspiração fenomenológica ou construtivista, como Schutz, Berger, Luckman, Cicourel, etc. Mas a ideia de código sociocognitivo a estruturar a experiência dos atores sociais remanda também a uma sociologia mais clássica. Por exemplo, pensemos nos trabalhos de Bourdieu (*Le sens pratique*, 1980), segundo os quais as estruturas cognitivas e as experiências estéticas e emocionais derivam das estruturas sociais interiorizadas sob a forma de hábito. Analogamente, Durkheim via nas opiniões e nas crenças dos indivíduos a emanação de representações coletivas. Enfim, a experiência, portanto, é entendida aqui segundo uma ótica globalmente neokantiana, ou seja, o ator social aborda os fenômenos em função de suas categorias mentais. Essas categorias, contudo, não são exclusivamente, como em Kant, as estruturas de uma consciência em geral; elas representam também e antes de tudo categorias sociais, principalmente categorias linguísticas e culturais. Assim, de acordo com essa tradição sociocognitivista, a experiência individual é antes de mais nada modulada e organizada pelo conhecimento social.

não deixa de ser também a de uma coletividade que partilha o mesmo universo de trabalho, com todos os seus desafios e suas condições. Por isso, as vivências mais íntimas (o sofrimento diante de um golpe, as alegrias das conquistas, uma situação difícil, etc.) excedem a intimidade do Eu psicológico, para inscreverem-se numa cultura profissional partilhada por um grupo, graças à qual seus membros atribuem sensivelmente significados análogos a situações comuns. Neste sentido, viver uma situação profissional como um revés ou um sucesso não é apenas uma experiência pessoal. Trata-se também de uma experiência social, na medida em que o revés e o sucesso de uma ação são igualmente categorias sociais através das quais um grupo define uma ordem de valores e méritos atribuídos à ação. Em síntese, o que nos interessa com essa noção de experiência social do ator é precisamente as situações e significações pelas quais a experiência de cada um é também, de certa maneira, a experiência de todos.

Uma segunda ideia de Dubet também nos parece importante para pensar a experiência atual do ofício de professor: "É nessa perspectiva que eu sugiro aqui a construção da noção de experiência social, noção que determina as condutas individuais e coletivas dominadas pela heterogeneidade de seus princípios constitutivos e pela atividade dos indivíduos que devem construir o sentido de sua prática no seio dessa heterogeneidade" (1994:15). Para Dubet, a experiência dos atores sociais é, hoje, dominada pela heterogeneidade dos princípios culturais e sociais que organizam suas condutas. De acordo com ele, os atores sociais adotam simultaneamente diversos pontos de vista. Como Habermas tenta demonstrar num outro contexto (*La théorie de l' agir communicationnel*, 1987), os atores sociais vivem em vários mundos ao mesmo tempo e dispõem de recursos de diversas racionalidades e saberes. Para Dubet, falando desse assunto bem próximo das teorias da pós-modernidade, os papéis, as posições sociais e a cultura não bastam para definir os elementos estáveis da ação, porque os indivíduos não cumprem um programa predefinido, adotado de uma vez por todas no início de sua socialização, mas procuram construir uma unidade experimental ou vivenciada a partir dos diversos elementos da vida social e da multiplicidade de orientações que trazem consigo. Seja-nos permitido fazer aqui uma citação que ilustra bem o interesse dessa ideia para o nosso propósito:

> A maioria dos docentes descrevem suas práticas não em termos de funções, mas em termos de experiência. Por um lado, eles são submetidos a um *status* que impõe regras e distribui proteções que, na maior parte, eles aceitam e defendem, mas que definem apenas bem parcialmente o que eles fazem e o que são. Ao contrário, os do-

> centes [...] consagram uma grande energia para dizer que não são redutíveis ao que a instituição faz e espera deles, na medida em que essa apresenta vários princípios contraditórios. Por outro lado, os docentes se referem sem cessar a uma interpretação pessoal de sua função por meio da construção de um ofício apresentado como uma experiência privada, quando não íntima. Tal intimidade vem do fato de os atores terem que combinar lógicas e princípios diversos, geralmente opostos, uma combinação que eles percebem como obra sua, como a realização ou o revés de sua personalidade. Assim, mesmo estando ligados às regras burocráticas que os oprimem, os docentes definem seu ofício como uma experiência, como uma construção individual realizada a partir de elementos dispersos: o respeito ao programa, a preocupação pelas pessoas, o apreço pelas performances, pela justiça (DUBET, 1994:16-17).

Esta situação descreve muito bem uma importante parte de nosso material empírico, no qual os docentes deixam evidentes, sistematicamente, através de sua própria fala, as tensões, os dilemas, as contradições que estruturam sua própria experiência de trabalho. Esta experiência heterogênea não se separa das duas dimensões anteriores do seu trabalho, ou seja, a atividade e o *status*, pois é exatamente na ação cotidiana e nos papéis de que se revestem que os docentes fazem a experiência de uma espécie de esquartejamento entre lógicas contraditórias. Como poderemos constatar em diversas retomadas do assunto, esses fenômenos de tensão e contradição estão no coração desse trabalho composto e, em boa medida, é a eles que nossa descrição se dirige, a fim de dar-lhes relevância e significado.

Em síntese, é, portanto, sobre essas três dimensões do trabalho docente que pretendemos colocar o peso de nossas descrições e análises, registrando, ao mesmo tempo, para cada uma delas, aquilo que estamos chamando de aspecto composto da docência.

2
A escola como organização do trabalho docente

Desde que a docência moderna existe, ela se realiza numa escola, ou seja, num lugar organizado, espacial e socialmente separado dos outros espaços da vida social e cotidiana. Ora, a escola possui algumas características organizacionais e sociais que influenciam o trabalho dos agentes escolares. Como lugar de trabalho, ela não é apenas um espaço físico, mas também um espaço social que define como o trabalho dos professores é repartido e realizado, como é planejado, supervisionado, remunerado e visto por outros. Esse lugar também é o produto de convenções sociais e históricas que se traduzem em rotinas organizacionais relativamente estáveis através do tempo. É um espaço socio-organizacional no qual atuam diversos indivíduos ligados entre si por vários tipos de relações mais ou menos formalizadas, abrigando tensões, negociações, colaborações, conflitos e reajustamentos circunstanciais ou profundos de suas relações. Além disso, a escola como lugar de trabalho se caracteriza por "tecnologias" particulares (DREEBEN, 1970), próprias dela: programas, disciplinas, matérias, discursos, ideias, objetivos, etc. que são realidades primeiramente cognitivas ou discursivas, com as quais os docentes devem agir e lidar para atingir seus fins. No mesmo sentido, os objetivos desse trabalho são vastamente simbólicos – e, portanto, materialmente intangíveis – porque elas tratam de concepções socioculturais da criança, do adolescente e do adulto, ou seja, de como eles devem ser, fazer e saber enquanto membros educados (socializados e moralizados) e instruídos de uma determinada sociedade.

Em nossos dias, como a vasta maioria das organizações sociais, a escola se caracteriza amplamente pela codificação e a burocratização do trabalho dos agentes que ali trabalham. Basta olhar a espessura e a complexidade das regras administrativas que regem as relações de trabalho dentro das escolas na maioria dos países para dar-se conta disso. Assim, o contexto escolar constitui, concretamente, um verdadeiro ambiente cuja contingência pesa enormemente sobre as condições de trabalho dos professores. Por exemplo, veremos que a falta de recursos e de tempo e a escassez de instrumentos pedagógicos são fatores "materiais" frequentemente mencionados pelos professores como estando entre as maiores dificuldades dessa profissão.

Todos esses fenômenos organizacionais, formais e concretos, gerais e particulares, afetam profundamente o trabalho docente, sua atividade e seu *status*, sem falar da sua experiência da profissão. Contudo, nem todos esses fenômenos se situam no mesmo plano, nem decorrem das mesmas causas. A escola não é um laboratório nem uma usina informatizada. Nela produzem-se muitas coisas que dependem das circunstâncias do momento ou de fatores humanos imprevisíveis ou incontroláveis. Nesse sentido, seria inútil exagerar a racionalidade dessa organização pretendendo explicar tudo nela e relacionar tudo a causas ou fenômenos simples e únicos. Oriunda de uma atividade coletiva, produzida por uma longa e sinuosa evolução social, a escola moderna possui, sem dúvida, algumas características típicas, mas também é uma organização extremamente flexível, capaz de adaptar-se, como vemos na sua atual mundialização, a uma vastíssima variedade de contextos sociais e históricos.

Neste capítulo, abordaremos a escola sob o ponto de vista de sua organização de trabalho e de seu impacto sobre a docência. Nosso propósito é analisar o quadro organizacional, tanto o codificado quanto o informal, que envolve e condiciona o trabalho docente. Nossa ambição não é descrever longa e amplamente a organização escolar. Trata-se, antes, de colocar em evidência alguns desses quadros organizacionais que nos parecem ter um impacto significativo sobre o trabalho docente. Diversamente das pesquisas que se interessam pelas características morfológicas e sociológicas dos agentes escolares considerados como indivíduos ou grupos que compõem o pessoal escolar, nós propomos nesse capítulo e no seguinte considerar a escola, ela mesma, como unidade de análise e tentar apreender em que pontos, claramente, a organização interna e as relações que ela determina com e entre os agentes e as outras organizações ou grupos condicionam o trabalho docente.

2.1. As bases organizacionais do trabalho docente

A escola tal como a conhecemos é o produto de uma evolução histórica bastante longa, que iniciou aproximadamente no século XVI com as "escolinhas de caridade" e os primeiros colégios. Mas é somente no fim do século XVIII que essa nova organização social se consolida e se difunde realmente, enquanto os séculos XIX e XX garantem sua expansão pelo viés da estatização, da obrigatoriedade escolar e da democratização do ensino. Ora, é interessante constatar, inicialmente, que a escola conservou através dos séculos uma organização básica relativamente estável, sobre a qual veio lentamente instalar-se uma administração e uma burocracia cada vez mais pesadas e onipresentes. Descrevamos rapidamente esse processo de institucionalização da organização escolar, para colocar em boa evidência sua estrutura básica. Aqui nos interessamos pela persistência de uma certa estrutura apesar das variações que ela sofreu na história. *É, portanto, essa estrutura, com suas características, suas invariáveis, que gostaríamos de desnudar, para bem demonstrar como ela intervém qual um dispositivo condicionante do trabalho docente.*

2.1.1. *A escola como organização separada dos outros espaços sociais*

Além das inúmeras variações entre períodos e regiões da Europa de então, pode-se dizer que, entre os séculos XVI e XVIII, assiste-se, sobretudo graças aos esforços de comunidades religiosas de ensino e de grupos semelhantes (os Irmãos das escolas cristãs), à emergência e a estruturação de uma nova forma de educação destinada a ser a forma dominante em seguida: a escolarização (BERTHELOT, 1983). Esta nova forma repousa sobre um dispositivo organizacional no qual se instalam rapidamente alguns elementos do trabalho escolar que repercutem sobre a tarefa dos professores. *Grosso modo*, encontram-se esses mesmos elementos ainda hoje. De acordo com Hutmacher (apud NÓVOA, 1987:66), a organização escolar se desenvolve rapidamente: "no fim do Antigo Regime, os países europeus dispõem de inúmeras escolas (colégios e escolinhas) funcionando já segundo um modelo relativamente difuso: alunos jovens, de idade homogênea, repartidos em classes de composição estável em função de seu domínio escolar precedente; esses alunos não têm a mínima noção dos objetivos de sua formação e espera-se deles uma atividade receptiva a um saber transmitido por adultos que têm por única ou principal função ensinar". Em seguida, o destaque cada vez maior que o fenômeno escolar vai recebendo mostra que ele corresponde a uma forte necessidade interna das sociedades modernas.

Segundo diversos autores (CHARTIER et al., 1976; COMPÈRE, 1997; GAUTHIER, 1993; 1996; NÓVOA, 1987; VINCENT, 1980; 1994), a escola apresenta, desde o fim do século XVII, as seguintes características que estão em vigor ainda hoje:

- Ela repousa antes de tudo sobre um certo número de dispositivos institucionais ao mesmo tempo espaciais e temporais que delimitam e estruturam um espaço social autônomo, fechado e separado do ambiente comunitário e dentro do qual as crianças são submetidas a um longo processo de aprendizagem (socialização e instrução) estendido em vários anos. A escola nasce, portanto, como organização, no momento em que os estabelecimentos escolares mantêm as crianças no interior de seus muros e cercas, para submetê-las a um tratamento particular, coletivo e comum, de longa duração, que não tem equivalente no contexto da comunidade social. Nesse sentido, com a escola moderna, o que aparecem são novas relações sociais educativas entre novos grupos e atores – os alunos e os professores – no seio de uma nova organização social.

• Essas relações sociais repousam num novo sistema de práticas que se chamará a pedagogia escolar: exercícios, memorização, repetição, correções e recompensas, exames, deveres, etc. Essa pedagogia apresenta três características: ela é codificada, ou seja, é objetiva e escrita; ela é endereçada a coletividades de alunos, a grupos e não a indivíduos; finalmente, ela é impessoal e regulamentar, válida para todos os membros da organização, tanto mestres como alunos.

• Esse novo sistema de práticas prescreve diversas atitudes e impõe vários comportamentos sociais que se tornarão, em seguida, tipicamente escolares: posturas e atividades corporais regulamentadas, controle da presença e dos movimentos, controle do tempo, vigilância dos alunos pelos mestres, obediência, etc. Enquanto espaço social novo, a escola vai definir, portanto, através dessas atitudes e comportamentos, um novo registro de relações sociais entre aqueles que ensinam e aqueles que aprendem. Essas relações sociais já não são as mesmas que uniam os mestres-de-ofício aos aprendizes, os pais aos filhos, os padres que ensinavam nas igrejas aos pobres das paróquias, o mestre que trabalhava em casa e dava lições particulares às crianças apadrinhadas: aqui as relações são escolarizadas, ou seja, moduladas e mediadas pelas regras da vida da escola.

• A escola utiliza diferentes instrumentos (livros, cadernos, manuais, quadros, etc.) que têm em comum o fato de serem artefatos transmissores da cultura escrita e de saberes escritos, codificados, objetivados. O discurso escolar é, fundamentalmente, um discurso escrito e por escrever-se; distingue-se, por isso, de outras práticas de formação então em uso e que giram em torno do contexto da oralidade e dos saberes locais, cotidianos, informais e de aprendizagem por ouvir-dizer e "ver-fazer".

• A escola requer a presença de um pessoal cujo *status* (docente) e a função central (ensinar a mesma coisa no mesmo tempo e da mesma maneira a grupos de alunos) não existe em nenhuma outra parte no mundo social a cujo contexto a escola pertence.

• Finalmente, como toda construção humana coletiva, ela persegue um projeto comum através do qual as ações e os objetivos dos agentes adquirem sentido: agir em profundidade sobre os alunos para socializá-los, moralizá-los e instruí-los segundo as regras próprias da organização.

Entre os historiadores, sociólogos e outros especialistas desse assunto, as pesquisas e os discursos em torno do nascimento da escola e das causas e demais forças sociais que a conduzem e modelam se sucedem sempre sem chegar à unanimidade. Na verdade, é provável que essa nova organização corresponda, como dizíamos, a diversas necessidades internas das sociedades modernas então em plena edificação. Por exemplo, se seguirmos as ideias de Michel Foucault a respeito das "sociedades disciplinares", observaremos sensivelmente na mesma época o surgimento de outras grandes organizações sociais da modernidade (hospitais, asilos, prisões, diferentes aparelhos de Estado, etc.) funcionando segundo lógicas semelhantes. Como pano de fundo, numa perspectiva weberiana, pode-se falar de um processo de diferenciação no seio das sociedades modernas, que conduz, progressivamente, à institucionalização de campos sociais regidos por racionalidades mais e mais autônomas, fundadas sobre saberes específicos (medicina, psiquiatria, pedagogia, administração, etc.), procedimentos particulares de controle (novo vocabulário, novos sistemas de classificação, novos tratamentos, etc.) e de novos agentes (médicos, psiquiatras, pedagogos, etc.). É claro, também, que a edificação dos Estados europeus reforça e consolida esse processo de diferenciação social, na medida em que o Estado moderno, em todo lugar que aparece, aborda a sociedade como um conjunto de áreas entregues à sua ação.

Além disso, alguns fenômenos sociais tão massivos como a industrialização e a urbanização também tiveram um papel importante, principalmente, porque modificaram as estruturas familiares então em vigor e levantaram problemas novos relacionados à infância enquanto categoria social emergente. A urbanização e a industrialização permitem, de certo modo, utilizando a linguagem de Marx, "a acumulação primitiva da infância", que se torna um problema de ordem pública e não mais somente familiar. Por exemplo, quando lemos os escritos de pedagogos do século XVII que fundaram verdadeiras escolas (Charles Démia, Georges de Batencour, Jean-Baptiste de La Salle, etc.), constatamos a forte presença de uma visão moral da infância e das crianças, visão esta que sugere antes de tudo educá-las, ou seja, controlá-las e discipliná-las. Através de seus escritos e suas ações, esses reformadores pregam também a ideia da escolarização obrigatória para todas as crianças, pobres ou ricas.

Essas ideias de controle disciplinar e de moralização das crianças podem ser interpretadas, como proposto por Foucault e diversos autores marxistas, como a imposição da nova ética do trabalho capitalista às crianças das classes proletárias: a escola teria por objetivo, então, inculcar valores de obediência, de empenho, de perseverança e de disciplina nas crianças, ao mesmo tempo, mergulhando-as numa primeira organização do trabalho coletivo, do trabalho abstrato, planejado em função de tempos e objetivos que só têm sentido dentro do sistema produtivo. A escola seria a prefiguração, assim, de uma primeira organização científica do trabalho. Não é isso que sugerem, por exemplo, as ideias do pedagogo Comenius, cuja grande didática promete ensinar "tudo, melhor e mais depressa a todas as crianças, e dentro de uma perfeita ordem"? Contudo, autores como Vincent (1980; 1994) e Gauthier (1993) também sugerem que essas ideias de controle e moralização se enraízam na racionalidade não apenas econômica, mas, também, política e ideológica. Por exemplo, Vincent mostra muito bem que a ordem escolar imposta pelos Irmãos das escolas cristãs no século XVII se preocupa mais com o controle do que com a produtividade, com a moralidade mais do que com a eficiência: não é a quantidade e a rapidez da aprendizagem que importam, mas sim o respeito às formas escolares e a obediência às regras da escola. Por sua vez, Gauthier insiste no fundo ideológico que está por trás da escola nascente: é muito comum entre os pedagogos de então a ideia de que a natureza da escola seja ordenada como a de um relógio, e são eles que organizam as classes e as escolas como um verdadeiro mecanismo de relojoaria considerado capaz de reproduzir a ordem natural e social. Devemos acrescentar a esses fenômenos "a multiplicação dos leitores" (CHAUNU, 1966; 1982) e o surgimento das línguas vernáculas próprias dos Estados-Nações. A escola é o moderno vetor da expansão da cultura escrita, da cultura do livro e da escrita à mão, não mais como símbolo de prestígio ou posse distintiva de uma elite clerical que lê latim, mas como veículo de saberes escritos e profanos que aparecem, na multidão de reformas e contra-reformas, no período clássico.

Em síntese, essas diversas interpretações sugerem, portanto, que no fim do século XVII e no início do século XVIII nasce uma nova organização que corresponde, em sinergia, a várias necessidades sociais. Como funciona essa organização? Quais são as suas características quanto ao trabalho docente?

2.1.2. *A estrutura celular do trabalho docente*

Tanto se ela reduzir-se à sua expressão mais simples, como no caso daquelas pequenas escolas do interior com apenas uma ou duas classes, quanto se for um gigantesco estabelecimento com vários milhares de alunos e várias dezenas de classes, uma escola sempre repousa, quanto à sua organização sociofísica, sobre um dispositivo simples e bastante estável: as classes, ou seja, espaços relativamente fechados (na maior parte do tempo fechadas), nos quais os professores trabalham separadamente cumprindo aí essencialmente sua tarefa. Podemos qualificar a divisão do trabalho por classes como "celular" (LORTIE, 1975), pois ela repousa sobre uma organização na qual os trabalhadores estão separados uns dos outros e cumprem uma tarefa ao mesmo tempo completa e autônoma num local apartado dos outros trabalhadores.

A escola, como todas as outras grandes organizações sociais, é fortemente burocratizada, mas seu núcleo central, ou seja, lá onde se realiza a atividade básica da organização (as classes), permanece numa proporção considerável refratária aos controles burocráticos diretos. Retornaremos a esse importante assunto um pouco mais adiante. No momento, parece importante aqui assinalar o fato de que *essa organização celular do trabalho continua a ser ainda um dispositivo básico de nossos sistemas modernos, mesmo os mais complexos e os mais enormes.* O sistema de ensino na América do Norte e na Europa fundamenta-se sempre nessa estrutura celular. Na escola – crescendo sem cessar durante um século –, esse crescimento se realiza essencialmente pela junção de um número crescente de classes, provocando também o envolvimento de novos professores. Ora, o mesmo acontece com a maioria das outras organizações sociais, sobretudo as econômicas, em que as mudanças tecnológicas e os novos métodos de gestão do trabalho engendraram um crescimento da produção, mas também uma redução do pessoal, como ainda uma reorganização regular das unidades de trabalho. *Nós lidamos, portanto, nas classes, com um dispositivo organizacional realmente estável.* Assim, fenômenos tão importantes como a escolarização massiva da infância no século XX, a burocratização da escola, a estatização, o prolongamento do tempo de escolarização, etc., não o intimidaram nem modificaram substancialmente. Se algumas outras formas de organização têm sido e ainda são tentadas (escolas a céu aberto, tutorias, etc.) elas nunca chegaram a ameaçar de qualquer maneira a hegemonia da classe tradicional. Mais que isso, exatamente essa mesma estrutura celular é integralmente retomada nas sociedades não ocidentais no momento em que a escolarização começa a difundir-se por lá.

Por outro lado, o surgimento da classe como primitiva célula da escola moderna não basta para definirmos a docência. Nos séculos XVIII e XIX – e mesmo durante uma boa parte do século XX em diversos países – a classe simplesmente se confunde com a escola, exceto nos centros urbanos. A escola depende amplamente, se não exclusivamente, da vontade e da iniciativa locais, bem como de recursos que a comunidade se dispõe a investir nela. A existência de uma necessidade social de instrução ainda não está claramente afirmada e a demanda, nesse sentido, é fraca e aleatória. Aqueles que defendem a obrigatoriedade escolar, bem antes da Revolução Francesa, precisam lutar contra a população para impô-la, não apenas às classes populares, mas também à nobreza e à burguesia. A instrução não sendo ainda obrigatória, a prática do ofício docente fica sujeita às eventualidades do momento. Diversas comunidades de professores competem umas contra as outras, esforçando-se por impor as suas práticas de instrução e formação moral da juventude. Em diversos Estados-Nações em fase de edificação, os professores não constituem um grupo estável e homogêneo. Não têm uma identidade comum porque não estão submetidos a uma mesma socialização e a uma mesma formação. Em geral, a comunidade na qual a escola se insere se interessa mais pelas qualidades morais dos docentes do que por suas competência pedagógicas (CHARLOT, 1994). Além disso, seja para os leigos como para os religiosos, ensinar não é uma verdadeira ocupação em tempo integral. Para os religiosos é, primeiramente, o sacerdócio que constitui o essencial na vida e a relação com o trabalho é intermediada pela comunidade. Além disso, até quase o final do século XIX e mesmo no século XX conforme os países, os leigos que trabalham no ensino são bastante móveis e as autoridades escolares precisam contar com um constante fluxo e refluxo do pessoal docente. As mulheres ensinam esperando casar-se. Os homens ensinam na esperança de fazer outra coisa. As condições de trabalho são, geralmente, muito lastimáveis e os salários derrisórios. A consideração social quase não existe. Enfim, o próprio período de trabalho, que perdura por oito ou nove meses, torna mais difícil segurar o pessoal. Notemos que esses fatores contam ainda hoje, principalmente quando existe uma penúria de professores ou quando sua manutenção no trabalho é muito frágil. O Brasil (THERRIEN, 1998) e os Estados Unidos (DARLING- HAMMOND & SCLAN, 1996) passam atualmente por esse tipo de situação, ao menos por uma parte de seu corpo de professores.

É somente no final do século XIX e, sobretudo, no século XX que a docência começa, lentamente, a assumir a configuração que conhecemos hoje, quando a instrução se torna obrigatória e as classes e escolas se unem para estabelecer as bases de um sistema mais considerável e também mais estável. Afastando-se da vocação religiosa, o ensino torna-se progressivamente uma ocupação realizada por leigos – sobretudo mulheres – e se exime da tutela da comunidade social em que se insere e da Igreja integrando-se ao Estado. Obviamente, a comunidade continua a exercer um controle sobre a escola através dos impostos, dos pais e/ou funcionários da escola, mas esse controle fica juridicamente definido. Como em todos os outros domínios onde intervém, o Estado substitui as tradições espontâneas e os mecanismos sociais cegos por um planejamento explícito da educação. É nesse contexto que o acesso à profissão docente vai se tornando, lentamente, objeto de normas explícitas, e a formação profissional vai se estabelecendo progressivamente, além de um sistema de controle da atividade dos profissionais do ensino (através de inspetores) dentro da escola

Assim, na medida em que a educação toma a forma de escolarização planejada pelo estado, a docência se torna autônoma e adquire traços de uma ocupação estável, beneficiada, pouco a pouco, pela proteção de seu espaço de exercício profissional e de seu recrutamento. O grupo docente se recolhe nas salas de aula, que se tornam células do sistema escolar, garantindo-lhes assim um posto de trabalho em boa medida subtraído ao controle direto vindo do exterior. A relativa uniformidade das condições de trabalho possibilitam, assim, uma socialização comum e a formação de um *ethos* coletivo (LORTIE, 1975). Nesse processo de estabilização e de institucionalização da escola e da profissão docente, as marcas típicas que iremos enumerar nas próximas páginas se juntam, então, estabelecendo-se como características relativamente estáveis da organização do trabalho docente em ambiente escolar. Ensinar passa a ser trabalhar a maior parte do tempo nessas e com essas condições básicas.

2.1.3. O professor como responsável pela ordem na classe

Desse modo, é no andamento dessa evolução, na qual se estabelece, passo a passo, a estrutura da organização escolar, que a classe, tal como a conhecemos hoje, torna-se a unidade básica do ensino, e que se instituem as principais características do trabalho docente: "(1) Uma pessoa (adulta) que se presume saber (2) tem contatos regulares (3) com um grupo (4) de pessoas (crianças) que devem aprender, (5) cuja presença é obrigatória, (6) para ensinar-lhes (7) um conteúdo socialmente definido (8) através de uma série de decisões tomadas em situação de urgência" (VAN DER MAREN, 1990).

Desde seu surgimento nos séculos XVI e XVII, os colégios e as pequenas escolas propõem uma pedagogia baseada num modelo autoritário e num controle disciplinar bastante sistemático exercido pelo mestre sobre os alunos. *O mestre é o centro da atividade na classe.* Ele é o sol do sistema pedagógico: as ações dos alunos giram em torno dele, que impõe o ritmo dos exercícios, das repetições, das tarefas, dos movimentos, etc. Em resumo, é o mestre que assume o programa principal ou dominante da ação na classe. Assim sendo, a ordem das interações depende fundamentalmente de sua própria iniciativa e de sua capacidade de impor respeito às regras da organização que o contrata. Ora, apesar de todas as novidades introduzidas pela nova educação e por diversas outras correntes psicológicas contemporâneas (o construtivismo piagetiano, o ensino estratégico, o ensino diferenciado, etc.) somos obrigados a constatar que essa organização, que coloca o docente no centro da ação, permanece sendo a maneira dominante de ensinar, não somente no Ocidente, mas em todo o mundo. Veremos pela análise dos nossos dados que o docente é e se percebe sempre como o principal – se não o único – responsável pelo funcionamento da classe. Essa situação é reforçada tanto pela maioria das direções escolares, que exigem dos professores a capacidade de controlar seus alunos na sala de aula, quanto pelos seus colegas, que vivem exatamente a mesma situação, sem pedir a intervenção de ninguém: *portanto, geralmente, é preciso fazer exatamente como os outros, quer dizer, não contar com eles.* A solidão do trabalhador diante de seu objeto de trabalho (grupo de alunos), solidão que é sinônimo ao mesmo tempo de autonomia, de responsabilidade, mas, também, de vulnerabilidade, parece estar no coração dessa profissão.

Esse sistema funciona e só é possível graças a uma forte disciplina e a múltiplos controles. Hoje como ontem, a classe é um dos ambientes sociais mais controlados de todos. Esses controles, muitas vezes, são sutis e estão em atuação bem antes do início da aula. Por exemplo, os alunos são apartados e vigiados antes de entrar na escola. São divididos em grupos e subgrupos, de acordo com diversas variáveis: idade, sexo, resultados anteriores, dificuldades, etc. Deslocamentos, modos de se exprimir, higiene corporal, postura, atitudes, gestos, tomada da palavra, mímicas, etc., tudo é regulamentado. Esse ordenamento das posturas corporais e das atitudes sociais tem sua origem, historicamente, em diversos modelos de autoridade e legitimação: religião, ordem natural, ideais republicanos, valor do trabalho, etc. Ele pode ser imposto exteriormente aos alunos (às vezes, violentamente através da palmatória) ou interiorizada por eles graças a variadas técnicas pedagógicas de inculcação que conduzem à formação de *hábitos* escolares. De fato, grande parte do trabalho docente no maternal e no começo do primário consiste em inculcar tais *hábitos* pela socialização às normas escolares. Além disso, a manutenção da ordem nas classes constitui um forte elemento do trabalho docente. A noção de ordem não quer dizer, necessariamente, silêncio e imobilidade, mas simplesmente que os alunos devem acatar as regras da organização, quaisquer que sejam. Nesse sentido, mesmo o ensino "libertador" estabelece um programa de ordem a ser respeitado.

De acordo com um pensador como Foucault (1975), a ordem na classe repousa sobre uma dicotomia entre o espírito e o corpo dos alunos. Essa dicotomia está no centro da cultura escolar e da cultura moderna, ao mesmo tempo em que repousa ou deriva de outras dicotomias centrais como sujeito/objeto, espírito/matéria, intelectual/manual, etc. A cultura escolar tende a garantir o controle corporal dos alunos para melhor sujeitar essa dimensão em benefício da valorização das funções verbo-intelectuais. Como bem dizia

Neill (1970), um dos pais da pedagogia libertadora, a escola tradicional se dirige antes de tudo à "cabeça" dos alunos: idealmente, estes, como as personagens da peça de Beckett, *En attendant Godot* (1964), ficam reduzidos ao estado de "cabeças falantes". É exatamente por essa razão que a educação física, na medida em que tem o corpo por objeto de práticas escolares, sempre teve um papel ambíguo (VIGARELLO, 1978), a maior parte do tempo com o objetivo de controlar o corpo: higienismo, militarismo, naturalismo, etc.

Mas, como dizíamos anteriormente, a ordem na classe está estreitamente relacionada à ordem na escola e no contexto comunitário, principalmente na família. O controle dos alunos pelos professores estende-se também aos corredores escolares, aos pátios de recreação e em todos os demais espaços da organização (por exemplo, os banheiros, dormitórios, etc.). Além disso, uma parte não descartável do trabalho dos alunos é controlada pelos pais ou adultos de fora da escola. A solidariedade e a convergência entre esses três sistemas de autoridade (a classe, a escola e o contexto social) são, assim, fatores muito importantes para o trabalho docente. Quando eles falham, surge todo tipo de problemas. Por exemplo, em algumas zonas urbanas norte-americanas, existe uma verdadeira ruptura entre o espaço escolar e o espaço das classes. Os corredores das escolas são invadidos pelas "leis da rua" (violência, droga, roubos, prostituição, etc.) e as autoridades escolares montam um sistema tecnológico e paramilitar para controlar os alunos antes de entrarem nas classes: detectores de metal, vigias, câmeras, revistas frequentes, controles de identidade, etc. Como mostrou Devine (1996), os professores assumem unicamente o "trabalho cognitivo" junto aos alunos e relegam às autoridades o seu controle corporal. Os professores que interrogamos também apontam problemas semelhantes, embora de menor amplidão. É óbvio, contudo, como veremos no capítulo 4, que os alunos mudaram e os controles exercidos sobre eles são mais complexos e sutis do que antes.

2.1.4. Natureza da ordem na classe

A ordem nas classes fundamenta-se numa dupla realidade: numa estrutura organizacional estável (as classes são fechadas, não entra quem quiser, os alunos são dispostos em filas para serem observados simultaneamente pelo mestre, etc.) e num trabalho sistemático do mestre (vigilância, advertências, punição, intervenção, chamada à ordem, etc.). Nesse sentido, a classe é um lugar social já organizado no qual o professor sempre dispõe de certos recursos em forma de regras e dispositivos organizacionais, mas que exige, ao mesmo tempo, uma intervenção constante para manter-se e renovar-se. Em outras palavras, *a classe depende ao mesmo tempo de uma ordem social relativa-*

mente estável, imposta através de normas e controles institucionais, e de uma ordem social edificada na medida de seu desenvolvimento pelas interações entre os professores e os alunos. Essa dupla natureza da ordem na classe – dada e construída, regulamentada e improvisada, imposta pela instituição e modelada pelos próprios atores – continua sendo ainda hoje um elemento invariável que constitui a situação pedagógica no contexto escolar, que analisaremos nos capítulos subsequentes da obra.

Consequentemente, uma faceta importante da organização escolar é a autonomia "garantida" aos professores enquanto agentes que emitem juízos de discernimento a respeito dos procedimentos que devem ser utilizados em classe com os grupos de alunos sob sua responsabilidade. Essa autonomia se manifesta na própria organização escolar, ou seja, na sua estrutura em forma de classes, sua organização celular. Os docentes trabalham sozinhos em salas de aula relativamente longe dos olhos de seus colegas e superiores. Eles têm ampla jurisdição sobre o que se passa dentro da sala. Tal é a realidade básica desse trabalho.

Tal descrição da ordem na classe não desconsidera os trabalhos de Foucault a respeito da organização dos asilos e dos cárceres (1972). Ela também se vincula às ideias propostas por Goffman a respeito das "instituições totais" (1968) e de Meyer sobre a infância (1977). Finalmente, aproxima-se de algumas ideias dos teóricos da "forma escolar" (VINCENT, 1994, por uma síntese) que colocam o acento sobre a onipotência de regras independentes dos atores e às quais estes se submetem sistematicamente. Contudo, se tentarmos insistir demais nessa ideia de ordem, corremos o risco de negligenciar, também, outros aspectos constitutivos do trabalho dos professores na escola e na classe.

Primeiramente, a escola também é uma organização amplamente aberta para fora, pois um bom número de pessoas intervêm nela (os pais, os funcionários, os comitês e as autoridades escolares, a comunidade em volta do estabelecimento, etc.). Essa abertura se traduz na existência de duas espécies de poder dentro da escola (DREEBEN, 1970: 1) o poder sociopolítico das pessoas eleitas (funcionários, ministros, políticos, etc.) ou de grupos de pressão (pais, associações religiosas, etc.), que atuam na escola de fora para dentro, esforçando-se para impor sua maneira de ver as coisas; 2) o poder dos especialistas e dos agentes formados e pagos para trabalhar no interior da escola e que fundamentam sua ação, geralmente, sobre o conhecimento, sobre as técnicas, etc. Estes dois poderes, às vezes, entram em contradição um com o outro, como demonstrado pelas inúmeras lutas entre o governo e os professores, a oposição dos administradores locais às decisões dos funcionários ou simplesmente as divergências de pontos de vista entre os professores e os pais com relação às necessidades das crianças.

Em segundo lugar, cada dia e várias vezes durante um mesmo dia, as crianças saem das classes sofrendo diversas influências sobre as quais os mestres não têm nenhum controle direto. Neste sentido, o objeto do trabalho docente escapa continuamente às medidas do trabalhador. Trata-se de um objeto social que vive em diversos mundos socializados: família, quarteirão, grupos de jovens, atividades de lazer, etc. É este fenômeno de exterioridade do objeto do trabalho que explica o fato de a ação dos professores não constituir o único e exclusivo, tampouco o mais importante determinante do sucesso ou fracasso escolar do aluno. Longe de ser uma instituição fechada, uma organização onipotente, a escola aparece, então, como um feixe de palha sacudido pelas forças sociais do ambiente. Mas, para além desse fenômeno social, o simples fato de o objeto de trabalho – os alunos – ser, geralmente, subtraído da ação do trabalhador – o professor – constitui uma limitação absoluta a todas as teorias que comparam a escola a uma instituição "total" que funciona eficazmente por coerção. Embora seja verdade que os alunos passam muitíssimo tempo, durante sua vida escolar, sentados nos bancos da escola primária e secundária (cerca de 15.000 horas, em média, no Ocidente), não esqueçamos que se trata de um tempo continuamente entrecortado por permanências ainda mais longas fora da escola e durante os quais ficam sujeitos a uma enorme diversidade de influências. As estatísticas indicam, por exemplo, que as crianças e os jovens norte-americanos passam em média 25 horas por semana diante de um televisor, o que representa, ao longo de 12 anos, quase 15.000 horas também, ou seja, o mesmo número de horas dedicadas à sua escolaridade...

Em terceiro lugar, a ação pedagógica não pode nunca se limitar à coerção e ao controle autoritário, porque ela exige, para ter êxito, uma certa participação dos alunos e, de algum modo, seu "consentimento" (GAUTHIER, 1993) ou, como dizem os psicopedagogos, sua "motivação". Se é verdade que se pode manter fisicamente alunos dentro das salas de aula, não se pode obrigá-los a aprender, porque o aprendizado necessita de sua colaboração e participação. Ninguém pode forçar alguém a aprender (embora se possa forçá-lo a fazer de conta que aprende ou submetê-lo aos símbolos exteriores da aprendizagem). Mesmo aí, parece que estaríamos ainda lidando com um traço constitutivo da situação pedagógica em ambiente escolar: a escola e a classe são dispositivos abertos, no seio dos quais os docentes nunca controlam totalmente seu objeto de trabalho. Ensinar é lidar com um "objeto humano", um ser humano sempre, ao menos em parte, subtraído à ação do trabalhador. Mais que isso, o trabalhador precisa contar com uma certa participação de seu "objeto" para atingir seus objetivos. Essa participação dos alunos está no centro das "estratégias de motivação" que empenham uma boa parte do ensino. Os alunos vão à escola porque são obrigados: uma das tarefas mais difíceis e constantes dos docentes é transformar essa obrigação social em interesse subjetivo. Todos os docentes o afirmam: nada é mais difícil do que ensinar a alunos que não querem aprender, alunos que recusam, não o professor, mas a escola em geral e o ter que estar aí.

Resumindo, essa abertura da organização escolar acarreta, do ponto de vista do trabalho docente, um controle muito parcial sobre o objeto de trabalho, bem como a necessidade constante de conseguir sua participação nas tarefas individuais e coletivas. Se esses parâmetros fossem aplicados ao trabalho industrial, isto poderia gerar uma situação bastante desvairada, como em alguns filmes de Charlie Chaplin. Por exemplo, operários da equipe da manhã numa linha de montagem de automóveis veriam a equipe da tarde e a equipe da noite trabalharem segundo um plano diferente do seu; mais ainda, os materiais utilizados (metais, plástico, vidro, etc.) também ofereceriam uma resistência ativa à ação dos trabalhadores. Pode-se perceber desde logo que as normas da famosa produtividade e da racionalização do trabalho sofreriam distorções bastante importantes. Ora, os professores são obrigados a passar, cotidianamente, exatamente por essas situações, que, consequentemente, constituem obstáculos inerentes à aplicação de modelos de ação tomados do trabalho com matéria inerte e transportados para o ensino. Veremos nos capítulos dedicados aos alunos que essa realidade pode ser extremamente fatigante para os professores. Alguns vivenciam isso como um "sentimento de impotência" para ajudar os alunos, enquanto outros veem nisso um desafio constante e positivo para sua própria ação.

2.1.5. *Um trabalho centrado em coletividades humanas*

Desde os primórdios da escola, os alunos são divididos em classes de idade, algo totalmente novo à época, e reagrupados novamente num todo uniforme; eles são dispostos em fileiras, sob o olhar do mestre que pratica as novas formas de ensino simultâneo que vão, então, se estendendo. Esse é um fenômeno fundamental, pois significa que os docentes lidam, primeiramente, com coletividades, com grupos, e não com indivíduos considerados um a um. Sendo uma profissão de relações humanas, a docência distingue-se assim da maioria das outras ocupações em que a relação com os clientes são individualizadas, privadas, secretas (advogado, terapeuta, médico, etc.). Com efeito, mesmo sendo realizado num ambiente fechado, o objeto do trabalho docente é coletivo e público. O professor, agindo só, lida, contudo, com um "outro coletivo", para retomarmos uma noção de Mead (1975).

Essa solidão do professor *diante de e com* uma coletividade de alunos tem diversas consequências. Ela favorece a autonomia do trabalhador que é o responsável por sua tarefa mas, ao mesmo tempo, constitui também um peso significativo, pois o trabalhador está isolado e não pode contar com ninguém, geralmente, a não ser apenas consigo mesmo. Trabalhando em solidão e de maneira perfeitamente visível diante de um público de alunos, o professor nunca pode furtar-se ao olhar dos alunos, o que pode ocasionar certa vulnerabilidade, visto que, como dizia um professor ginasial que interrogamos, "não se pode esconder nada diante dos alunos", nem mesmo suas dificuldades ou emoções. Por outro lado, o trabalho com uma coletividade tem a consequência de transformar as ações do professor em interações com um grupo em que os alunos interagem entre si. A ação de um professor para com um indivíduo particular fica visível para todos os alunos e tem consequências diretas sobre ele. Por exemplo, os alunos tiram conclusões sobre a margem de manobra que podem ter com relação ao professor ou sobre o "estilo" adotado para administrar problemas disciplinares.

Além disso, diferentemente de outras coletividades de trabalho na indústria ou nos serviços, o grupo de alunos não é uma equipe de colaboradores: ele constitui, para o professor, ao mesmo tempo o espaço de seu trabalho (entrando na classe, o professor empreende interações com o grupo) e seu material (o professor atua sobre o grupo de alunos e com ele), além de ser a fonte de resistências que precisa superar para atingir seus objetivos. Além disso, os alunos interagem entre si, sabendo-se membros de um grupo com o qual estabelecem constantes interações que tanto podem terminar em projetos comuns como também provocar tensões ou boicotar os projetos do professor para eles.

Um professor trabalha, portanto, com e sobre seres humanos. Ora, os seres humanos apresentam algumas características que condicionam o trabalho docente. Eles possuem, primeiramente, características psicobiológicas que definem modalidades de aprendizagem concretas que os professores precisam, de um modo ou de outro, respeitar em sua docência, adaptando-a justamente às "competências" e atitudes de seus alunos. É por isso que a escola e os agentes escolares se baseiam sempre em certas representações da criança, de sua natureza, de suas capacidades, de seus fins. Por exemplo, quer elas sejam implícitas ou explícitas, sábias ou ingênuas, os agentes escolares veiculam algumas teorias da inteligência com cuja ajuda eles estabelecem expectativas diante de seus alunos (BERRY et al., 1997; DEMBÉLÉ, 1994). O mesmo ocorre com certas noções, como a "preguiça", "teimosia", a "confiança em si", etc., que servem de embasamento conceitual à psicologia diária para julgar os alunos e etiquetá-los (MOSCOVICI, 1984).

Mas os alunos não são apenas seres psicobiológicos. São também seres sociais parcialmente definidos por sua situação socioeconômica, seus valores, suas crenças, seus interesses, etc. O docente também deve ajustar-se a esses fenômenos. Além disso, *os seres humanos têm a particularidade ontológica de existir como indivíduos*. São, assim, portadores de indeterminação e de diferenciação: em parte, eles sempre escapam às regras gerais, às leis coletivas, aos mecanismos inventados para enquadrá-los e controlá-los, como também às antecipações e projetos elaborados por outrem em lugar deles. Resumindo, eles são dotados de liberdade, de autonomia e, portanto, de poder, ou seja, da capacidade de agir sobre o mundo e sobre as outras pessoas a fim de modificá-las e adaptá-las a seus projetos, necessidades e desejos. Enquanto profissão de interação com seres humanos, portanto, a docência confronta-se, de repente, com a problemática do poder, quer dizer, com a coordenação das ações coletivas de indivíduos tão diferentes, autônomos e capazes de iniciativas, algumas das quais, até, potencialmente perigosas para os projetos do professor. Por lidar com seres humanos, diferentemente do trabalho industrial, a docência é um trabalho marcado pela questão da visibilidade. O professor é visto e olhado pelo seu objeto de trabalho. Além disso, diferentemente do psicólogo, do médico e das outras ocupações do gênero, o docente é visto e olhado por um grupo. Ora, essa questão confere ao trabalho do professor uma dimensão ética importante, ao menos, se entendermos o termo "ética" no sentido de Lévinas (1982; 1995), a saber, a relação para com o outro encarnada concretamente em seu rosto e em sua presença, e diante do qual nasce minha responsabilidade por ele. Tal relação não pode se reduzir ao vínculo instrumental do sujeito humano com seu objeto material, vínculo concebido exclusivamente em termos de domínio do sujeito sobre o objeto. Um professor não trabalha *sobre* os alunos, mas *com* e *para* os alunos, e precisa preocupar-se com eles. Ademais, para um bom número de professores, a opção por essa profissão é resultado de uma vontade de ajudar os jovens, as crianças (capítulo 8).

Na docência, a relação para com o outro é ainda mais complexa por desdobrar-se entre um adulto e crianças ou jovens, o que provoca necessariamente problemas de desequilíbrio, sobretudo no plano das respectivas responsabilidades dos parceiros dessa interação educativa, como também no nível de suas capacidades cognitivas, pois, por princípio, o professor sabe coisas que deve ensinar aos alunos. A relação para com o outro significa que ele vê seus alunos diretamente, *em pessoa*, como responsável por eles: essa responsabilidade está no âmago de sua tarefa e cada professor precisa dar-lhe sentido. Por exemplo, onde termina sua tarefa? O que ele pode fazer para ajudar e apoiar seus alunos? Até onde pode ele ir? Deve ele lutar contra a ação dos pais? Pode ele opor-se às crenças religiosas de algumas famílias? Como deve ele reagir diante do uso de drogas entre os adolescentes e de suas relações sexuais, etc.? Os professores que conhecemos vivem e colocam-se essas perguntas, podendo desembocar, por exemplo, em sofrimento, sentimento de culpa ou na formação de uma couraça de indiferença e de racionalização diante da impotência para ajudar alguns alunos. Por outro lado, em se tratando de um outro coletivo, a relação ética com os alunos é igualmente dominada pelo problema da igualdade de tratamento. Cada aluno tem, em princípio, tanta importância quanto todos os outros; consequentemente, o professor precisa ocupar-se igualmente com cada um deles; mas cada aluno é diferente e tem necessidades e expectativas particulares. Como então conciliar esses componentes relacionais individuais e coletivos? Por exemplo, quanto tempo um professor deve dedicar a um aluno que apresenta certas dificuldades de aprendizagem? Portanto, ensinar é confrontar-se com problemas e dilemas éticos que se tornam ainda mais delicados quando se encontram num contexto de relações face a face. Veremos nos capítulos dedicados às relações com os alunos como os professores assumem ora bem, ora mal essas questões e esses dilemas.

Dizíamos que a classe constitui uma ordem dada e construída. Mas o que, exatamente, fazem os professores nas classes? Essencialmente, eles se esforçam por cumprir o duplo papel que a escola lhes pede, ou seja, socializar e instruir os alunos. Seu trabalho, portanto, é centrado nos alunos e se desenvolve concretamente no contexto de interações com eles. Essas interações apresentam simultaneamente duas faces: visam a aquisição e a manutenção nos alunos de comportamentos considerados conformes às regras da escola e da classe, e visam também a "transmissão" pelo professor e a assimilação pelos alunos dos saberes escolares considerados indispensáveis. O trabalho docente consiste, assim, em manter a ordem na classe com o objetivo de ensinar aos alunos; mas a manutenção da ordem é, ela própria, uma tarefa de aprendizagem – de socialização – enquanto a aprendizagem dos conhecimentos escolares também é, ao mesmo tempo, aprendizagem de uma certa ordem cognitiva julgada legítima. Nesse sentido, o objetivo da escola nunca é simplesmente ensinar aos alunos, mas trata-se sempre de ensinar-lhes conhecimentos determinados, apresentados de uma maneira particular, de acordo com um ordenamento preciso e em função de uma imagem legítima do conhecimento, da cultura (FORQUIN, 1989; YOUNG, 1971). Desse ponto de vista, transmissão e socialização, aprendizagem e disciplina, conteúdo cognitivo e princípio pedagógico são aspectos de uma só e mesma atividade: ensinar.

Ora, muitos estudos dedicados a essa questão indicam que o trabalho docente é uma tarefa de enorme complexidade que depende do contexto (das coletividades, dos indivíduos etc.), dos objetivos determinados pela organização e dos meios de que disponha para atingi-los. Doyle (1986) propôs uma descrição dinâmica interessante dessa tarefa complexa. Segundo esse autor, a classe comporta as seguintes características: nela são produzidas tarefas e acontecimentos *múltiplos e simultâneos*, que se desenvolvem de acordo com certa *imediatez* e certa *rapidez*; têm um pouco de *imprevisibilidade*; são *visíveis*, ou seja, públicos; enfim, se desenvolvem de acordo com uma certa trama temporal, *histórica*, que remete às suas consequências sobre os acontecimentos e as tarefas futuras na classe.

Nós acrescentaremos a essa descrição, que se tornou clássica na pesquisa anglo-saxã, duas outras características dinâmicas. Primeiramente, os acontecimentos e as tarefas que se desenvolvem na classe são *interativos*, ou seja, se originam das relações entre os atores co-presentes que interagem uns em função dos outros. Encontramos aí uma das características básicas da ação social, da qual a etnometodologia (MEHAN, 1978; COULON, 1993) e a pesquisa etnográfica mostraram a fecundidade para analisar a classe. Isso significa que o mestre age em função dos alunos e vice-versa. Mas os alunos também agem entre eles. Como o demonstrou Doyle (1986), o problema da ordem na classe pode ser refletido em termos de concorrência entre o programa de ação iniciado pelo mestre e os programas iniciados pelos alunos. Em segundo lugar, os acontecimentos e as tarefas trazem consigo uma forte dimensão *simbólica* e *interpretativa*. Em outras palavras, numa sala de aula acontecem interações significativas (e não apenas comportamentos físicos ou processos de tratamento da informação); essas interações procedem de significações e interpretações elaboradas constantemente pelos atores para compreender a ação dos outros e torná-los compreensíveis aos outros. Multiplicidade, simultaneidade, imediatez, rapidez, imprevisibilidade, visibilidade, historicidade, interatividade e significação constituem, portanto, as muitas dimensões copresentes na tarefa dos professores com os alunos. Teremos a oportunidade de analisá-las sob diferentes ângulos nos capítulos seguintes. Por ora, vamos apenas mencionar que as categorias da interatividade e da significação não nos parecem situadas na mesma esfera que as demais: elas formam, de certo modo, metacategorias, porque é justamente por ser, o trabalho na sala de aula, *interativo* e *significativo* que ele se realiza segundo fenômenos de multiplicidade, simultaneidade, imediatez, rapidez, imprevisibilidade, visibilidade e historicidade. Em outras palavras, é porque trabalha com um coletivo humano segundo modalidades de interações e de significações que o docente se confronta com outras dimensões fundamentais da complexidade de sua tarefa.

2.2. Características da organização escolar

Até o momento tratamos, sobretudo, das características típicas do trabalho docente na sala de aula. Mas a organização escolar possui também outras características que influenciam o serviço dos professores.

2.2.1. *Disciplinas escolares, níveis e dualidade da profissão*

Desde sua origem, os colégios e as escolas seguem programas escolares semelhantes aos que conhecemos hoje, organizados numa sucessão de etapas progressivas, hierarquizadas e baseadas em provas. Esses programas se apoiam em disciplinas escolares que têm, elas mesmas, uma história ligada à cultura escrita. Os saberes disciplinares são, então, separados, transformados e reorganizados em função das necessidades próprias da escola. Nasce, assim, uma cultura propriamente escolar, com suas formas específicas, sua retórica, suas modalidades de transmissão, etc. (CHERVEL, 1998). Alguns conteúdos (por exemplo, a gramática, o ensino da literatura, etc.) e algumas formas de transmissão escolares (por exemplo, a exposição professoral) remontam à Antiguidade greco-latina (GUSDORF, 1988; JAEGER, 1964; MARROU, 1981). Todavia, Chaunu (1966) mostrou magistralmente que a história da cultura escrita no Ocidente foi-se constituindo progressivamente como um campo autônomo e completamente separado da cultura escrita antiga (grega e romana) que, por sua vez, baseava-se num conhecimento e uma experiência do mundo real, ao passo que a cultura escrita cristã repousa, fundamentalmente, sobre um conhecimento e uma experiência dos textos, em síntese, da escritura em si, que torna-se o fundamento (principalmente através dos comentários bíblicos) de todo conhecimento e de toda autoridade não revelada. A cultura escrita, durante muito tempo limitada e reservada à elite clerical, se constitui como uma cultura da interpretação da escritura, uma escrita do escrito, uma reescrita incessante (comentários, acréscimos, etc.) dos escritos, chegando numa codificação e num formalismo escritural: aprender e saber são, essencialmente, repetições de saberes codificados pela escrita.

A cultura escolar impõe à vasta maioria dos alunos, como cultura escrita, codificada, formalizada, uma verdadeira ruptura em relação ao seu universo cotidiano. A escola moderna é um ambiente cultural e socialmente separado do universo ambiental, um ambiente formal regido por exigências que têm muito pouco a ver, geralmente, com a realidade familiar e social. Historicamente, a expansão da escolarização está ligada à edificação de uma cultura e de saberes escritos que apresentam um alto grau de abstração em relação aos saberes locais das comunidades e à cultura diária: são saberes objetivados, codificados, formalizados; seus modos de transmissão e de apropriação são objeto de procedimentos delimitados e regulamentados. Uma das características do trabalho docente é, assim, condicionar os alunos a esta cultura estranha, fazer com que eles a interiorizem e acabem por conhecê-la, ou mesmo reconhecer-se nela.

Além disso, desde o começo, os colégios e as escolas também estabelecem uma ordem escolar em dois níveis, que permanecerá sendo uma característica dominante da organização escolar até nossos dias: as escolinhas (que são as ancestrais do atual curso primário) se destinam primeiramente às crianças do povo, para quem continuará havendo uma espécie de ensino conclusivo até a segunda metade do século XX, ao passo que os colégios (o secundário), se destinam à elite e preparam para tarefas mais nobres. Essa divisão em dois níveis, muitas vezes contestada e, contudo, bastante estável, congrega um conjunto de hierarquizações: cultura rudimentar para o primário e cultura humanista para os colégios, cultura material, cultura manual para o primeiro nível, e cultura intelectual, cultura do espírito para o segundo (PETITAT, 1982). Essas divisões modelam, parcialmente, a identidade dos professores de acordo com categorias de ensino. Mas, elas têm também um impacto sobre a própria atividade docente, sobre suas finalidades, sobre a importância atribuída às matérias escolares, às necessidades dos alunos, etc. Ainda hoje, o ensino primário é mais naturalmente identificado com aspectos da formação integral, centrada em necessidades do aluno e na dimensão afetiva. O ensino no nível secundário veicula uma "imagem mais intelectual", baseada na importância da formação disciplinar e na aprendizagem verbo-intelectual.

Ademais, tal estrutura em dois níveis tende a evoluir, com o tempo, para uma divisão técnica de um trabalho docente com inúmeras subdivisões: subdivisão em ciclos de ensino (por exemplo, do primeiro ao sexto ano primário, do primeiro ao quinto ano secundário dependendo das variações locais), subdivisão em setores institucionais (setor privado e setor público, setor profissional e regular dentro do setor público), em campos (educação especial, língua materna, etc.), em matérias (português, matemática, história, etc.). Essas divisões implicam para os professores, em diferentes orientações para as tarefas, que podem se traduzir por transformações em sua carreira, em seu *status* e sua identidade. Elas também se traduzem em uma maior diferenciação do corpo de professores e em maior mobilidade do trabalho.

Mas as escolas também são, desde o início, organizações com dupla função: elas instruem mas também moralizam, ou seja, como se diz hoje nas ciências sociais, elas socializam as crianças, elas as educam. Historicamente, a função da educação (ou da socialização) e a função da instrução são postas em prática tanto nas escolinhas que garantem uma moralização dos filhos do povo, impondo-lhes uma ética do trabalho, quanto nos colégios em que a formação para a cultura clássica é, ao mesmo tempo, um processo de socialização para o *status* de elite. Os professores são, assim, convidados a trabalhar constantemente a partir dessa dupla função que lhes confere ao mesmo tempo um papel de agente moral e de "instrutor". O ensino, portanto, é uma "profissão moral" e, juntamente, um trabalho de instrução. Trata-se, assim, de um elemento invariável que estrutura tanto a tarefa quanto a identidade dos professores, marcando, ao mesmo tempo, toda a sua experiência do ofício. Ora, historicamente constatamos que a missão de socializar os alunos, embora continue a ser importante, tende a passar para o segundo plano em relação à missão de instruí-los: enquanto a escola tradicional fornecia um forte enquadramento ideológico aos alunos e avaliava os professores seja em sua vida moral e em sua conduta pessoal, seja quanto aos seus conhecimentos pedagógicos, no século XX a escola põe mais e mais peso na missão da instrução.

2.2.2. *Os tempos escolares*

No plano da organização, a realização dessa dupla função (moralização e instrução) se resolve, em princípio, graças ao tempo escolar, ou seja, por um contato frequente e prolongado dos alunos com a escola, e isso com uma duração cada vez maior. Desse ponto de vista, o ensino escolar é um trabalho coletivo que acontece durante vários anos e conta com diversos professores que se revezam para realizar uma ação educativa sobre os alunos. Graças a essa longa duração (que ocupa, atualmente, uma parte cada vez maior da vida humana, em torno de 15 anos de nossa vida), a maioria das crianças acabam se socializando e assimilando, individualmente falando, as normas e conhecimentos que estão na base da vida em sociedade.

O tempo escolar é constituído, inicialmente, por um *continuum* objetivo, mensurável, quantificável, administrável. Mas, em seguida, ele é repartido, planejado, ritmado de acordo com avaliações, ciclos regulares, repetitivos. Essa estruturação temporal da organização escolar é extremamente exigente para os professores, pois ela puxa constantemente para a frente, obrigando-os a seguir esse ciclo coletivo e abstrato que não depende nem da rapidez nem da lentidão do aprendizado dos alunos. Essa temporalidade reproduz em grande escala o universo do mundo do trabalho, cadenciado como um relógio; ela arranca as crianças da indolência e da acronia das brincadeiras para mergulhá-las num mundo onde tudo é medido, contado e calculado abstratamente: tal dia, a tal hora, elas deverão aprender tal coisa, numa duração predeterminada e sobre o que serão avaliadas mais tarde, às vezes muito depois. Esse tempo escolar, portanto, é o tempo "sério", "importante", com consequências graves para o futuro: os atrasos, as faltas, as ausências, os descuidos se acumulam e passam a contar, constituindo fatores de fracasso ou de sucesso, enfim, de diferenciação escolar e, mais tarde, social. O tempo escolar, portanto, é potencialmente *formador*, porque impõe, para além dos conteúdos transmitidos, normas independentes de variações individuais e aplicáveis a todos. O tempo escolar é um tempo social e administrativo imposto aos indivíduos, é um tempo *forçado*. É por isso que uma das tarefas fundamentais dos professores é ocupar os alunos, não deixá-los por conta, sem nada para fazer, mas, ao contrário, ocupá-los com atividades: não ter mais o que dizer ou fazer, quando ainda sobra tempo à disposição, é um dos pavores básicos dos professores, e o temor que isso gera é, geralmente, muito importante no início de sua carreira.

O tempo escolar comporta, ainda, uma forte dimensão histórica, na medida em que os acontecimentos anteriores determinam os acontecimentos atuais ou futuros. O que acontece no início do ano pesa enormemente sobre o que acontecerá depois. O que é feito desde o começo do ensino fundamental, ou mesmo no maternal, muitas vezes é decisivo para a continuação do caminho do aluno. O mesmo vale para as turmas, em que os acontecimentos constituem uma trama histórica que delineia, em larga medida, o desenvolvimento das atividades posteriores. Além disso, é evidente que o tempo escolar não acompanha diretamente o tempo da aprendizagem dos alunos. Um dos maiores problemas da escola é ajustar esses dois tempos. O aprendizado requer um tempo variável segundo os indivíduos e os grupos, ao passo que o tempo escolar segue invariavelmente ritmos de aprendizagem coletivos e institucionais. Fora isso, o tempo escolar é condicionado por toda sorte de exigências que não têm nenhuma relação com a aprendizagem: exigência social, financeira, sindical, religiosa, etc. Isto significa que o professor, diferentemente de um artista ou de um artesão, por exemplo, não para de trabalhar quando sua obra está pronta, ou quando termina uma atividade naturalmente (como para o jardineiro, o médico) ou, ainda, como resultado lógico de sua ação; para terminar, o trabalho do professor depende de outras exigências: burocráticas, sindicais, profissionais etc.

Tempo administrativo, tempo histórico, o tempo escolar também é um tempo subjetivo, um tempo fenomenológico (HARGREAVES, 1994), que reflete as expectativas, as representações e a vivência dos indivíduos que se encontram imersos nele. Por causa disso, ele está ligado às preocupações e ocupações dos professores e dos demais atores escolares. Pode tratar-se, assim, de um tempo afetivo, um tempo em que os atores entram de corpo e alma e que, neste sentido, conta pouco: o trabalho transcende, desse modo, ao tempo contável, invade a noite adentro, os fins de semana, etc. É sempre pouco, insuficiente. Este é o tempo dos "apaixonados" pelo ensino (DAVID & PAYEUR, 1991). Pode ser, também, um tempo sem graça, um tempo sem interesse, em que não se faz mais do que deixá-lo passar, em que se trabalha apenas cumprindo as horas previstas e esperando a aposentadoria. É o tempo dos "desiludidos" com o ensino (DAVID & PAYEUR, 1991). Resumindo, podemos perceber que o tempo escolar não é uniforme, mas remetido concretamente a práticas, a significações e a diferentes níveis de envolvimento na profissão. Inspirado na antropologia de Hall (1992), Hargreaves (1994: 95-114) analisa diferentes tipos de tempos escolares (o tempo político, o tempo administrativo e o tempo fenomenológico) e mostra que eles estão ligados a problemas e engajamentos diversos de acordo com os professores e os administradores. Os primeiros se encontram, sobretudo, imersos num tempo "policrônico", dentro do qual várias coisas são produzidas simultaneamente e que está relacionado aos diferentes tempos dos alunos, da aprendizagem, das relações humanas, dos projetos. Já os segundos se movem num tempo, sobretudo, "monocrômico", linear e programado, dominado por objetivos, resultados, datas de implantação e por sequências de ações organizadas. Em diversas ocasiões retornaremos a essa importante questão do tempo escolar que interfere em diversos níveis e aspectos da docência.

2.2.3. *Fins e meios da escola*

Outro fenômeno que nos parece característico da organização escolar reside na amplidão e na ambição dos fins a que ela se propõe e na imprecisão – às vezes, ambiguidade – dos meios de que se utiliza para atingi-los (HASENFELD, 1980; DURAND, 1996). Estudaremos esse fenômeno adiante, quando abordarmos o mandato do trabalho docente. Apenas assinalemos, aqui, que a escola, desde seu surgimento, tem-se dedicado a alcançar finalidades bastante ambiciosas: difundir as Luzes graças à alfabetização, promover uma nova ética social, formar cidadãos esclarecidos, melhorar o destino das classes trabalhadoras, formar pessoas equilibradas, etc. Essas finalidades são relativamente "claras", apesar de discutíveis; contudo, os meios concretos para atingi-las são extremamente diversificados e variáveis; além disso, são entregues ao critério dos professores, que devem interpretar grandes fins em função de situações concretas e agir com meios limitados, sem nunca poder verificar se os fins foram atingidos.

A escola persegue fins não apenas gerais e ambiciosos, mas também heterogêneos e, às vezes, até potencialmente contraditórios: assegurar o bem-estar de todos e garantir o respeito às diferenças; favorecer o sucesso da maioria dos alunos, valorizando, ao mesmo tempo, os alunos mais dotados; funcionar segundo um princípio de igualdade e de cooperação entre todos os alunos e estimular, ao mesmo tempo, a competição, etc. Esses fins podem, com certeza, conciliar-se na retórica educativa, mas no contexto concreto das escolas, onde os recursos são limitados e o tempo contado, eles levantam necessariamente o problema da compatibilidade e da hierarquização. Ou, mais uma vez, esse problema é repassado às mãos dos professores que deverão escolher por si mesmos os fins, em função de seus recursos, crenças, valores, etc.[1] O resultado disso, veremos no capítulo 6, é um trabalho de seleção e de adaptação de objetivos escolares feito pelos próprios professores.

2.2.4. O docente: um "executor" dotado de certa autonomia

Outro fenômeno importante consiste no fato de que os professores sempre foram um corpo de executantes que, como tal, nunca participou da seleção da cultura escolar e da definição dos saberes necessários para a formação dos alunos. Provenientes de comunidades religiosas ou de grupos leigos, os professores são historicamente vistos como estando subordinados ao serviço de autoridades mais altas (Deus, a Igreja, o Estado, a nação, etc.) e a causas mais nobres do que eles. Seu lugar de agir é a sala de aula, mas a classe é, ao mesmo tempo, o limite de seu poder. Historicamente, em diferentes épocas, os professores procuraram escapar dessa limitação aderindo, por exemplo, a causas ou ideais políticos (geralmente de esquerda, "liberais", "socialistas", "democráticos") que pudessem recolocar em discussão a função conservadora da escola. Na França, a escola republicana representa, do ponto de vista dos professores, um modo de conduzir a luta política contra as elites tradicionais, tanto fora quanto dentro da escola. Nos Estados Unidos, os anos 1950 e 1960 também se caracterizam por uma politização dos professores, que vão posicionar-se principalmente na defesa das minorias raciais. Contudo, na maioria dos países europeus e norte-americanos, a politização do ensino teve longa duração.

Colocando-a em relação com a organização social do trabalho nas sociedades modernas, essa situação de executantes revela-se típica da economia capitalista, na qual a posição dos trabalhadores se define globalmente pela ausência de controle sobre o processo de trabalho, seus conteúdos e seu de-

---

1. Por exemplo, atualmente, são os professores que têm que decidir quanto tempo dedicarão aos alunos que passam por dificuldades de aprendizagem.

senvolvimento. Contudo, mesmo no trabalho industrial especializado ao extremo, essa ausência de controle nunca chega a ser completa, pois os trabalhadores assumem concretamente a realização do processo de trabalho e podem, portanto, atuar de diversas maneiras sobre ele: torná-lo mais lento, resistir a ele, etc. Ora a margem de manobra dos professores é maior, pois eles gozam de uma certa autonomia para realizar seu trabalho. Neste sentido, sua posição de executantes não se confunde com a dos trabalhadores industriais, "atomizados" sobre a esteira de produção. Apesar disso, essa dupla posição – ao mesmo tempo de executantes e autônomos – se traduz também em tensões e dilemas, podendo, conforme os professores invistam em um ou outro polo (execução ou autonomia), desbocar em diferentes maneiras de assumir e viver sua identidade profissional (DAVID & PAYEUR, 1991).

Voltaremos, adiante, a essas características da organização escolar e do trabalho docente, a fim de analisá-las mais detalhadamente e ver suas nuances em função das variações e contingências que sempre surgem quando se procede ao estudo de organizações escolares concretas. Contudo, sem pretender desviar da questão, o desenvolvimento precedente faz entrever que a escola – se considerarmos suas características em conjunto, em sua configuração original e sua presença simultânea dentro de uma só e mesma organização – *possui uma estrutura organizacional praticamente única e que marca inevitavelmente a atividade dos agentes que trabalham nela.*

Ora, para os professores, essa estrutura organizacional não é apenas uma realidade objetiva, um ambiente neutro dentro do qual seu trabalho é feito: ela constitui uma fonte de tensões e de dilemas próprios dessa profissão, tensões e dilemas que eles precisam resolver diariamente, para dar continuidade e realizar suas tarefas profissionais. O quadro 1 aponta alguns desses dilemas existentes na organização escolar, os quais estudaremos mais detalhadamente nos capítulos seguintes.

As características apresentadas no quadro 1, embora sejam formais e variem consideravelmente de acordo com o contexto escolar e as situações concretas, não deixa de ser verdade que todos os docentes se confrontam com elas e precisam considerá-las em seu trabalho cotidiano: ensinar é atuar ao mesmo tempo com grupos e com indivíduos, é perseguir fins imprecisos e, ao mesmo tempo, educar e instruir, etc. Essas características, dizíamos, constituem tensões internas à profissão, pois, devido à própria natureza da organização na qual trabalham, os docentes são convocados a resolver – ou, pelo menos, tentar resolver – os dilemas que se apresentam no próprio ambiente organizacional. Adiante veremos como, diante dessas tensões, os professores tendem a privilegiar as relações cotidianas com os alunos e colegas de trabalho e distanciar-se de todos os agentes e aspectos da organização escolar que não lhes parecem ser de sua responsabilidade.

Quadro 1 – As tensões e dilemas internos do trabalho docente em relação à organização escolar

A escola persegue fins gerais e ambiciosos	Os meios são imprecisos e deixados ao critério dos professores
A escola persegue fins heterogêneos e potencialmente contraditórios	A hierarquização desses fins é deixada a cargo dos professores
A escola possui uma cultura distinta das culturas ambientais (locais, familiares etc.)	O professor deve integrar nela os alunos, cuja presença na escola é obrigatória e não voluntária
O professor trabalha com coletividades: os grupos, as classes	Ele deve atuar sobre indivíduos que só aprendem querendo
O professor trabalha em função de padrões gerais	Ele deve considerar as diferenças individuais
O professor cumpre uma missão moral de socialização	Ele cumpre a missão de instruir e é principalmente em relação a ela que sua performance é avaliada (as notas dos alunos)
A escola e a classe são ambientes controlados	São também ambientes abertos nos quais os alunos escapam constantemente à influência dos professores
A escola e a classe são regidas por um tempo administrativo independente dos indivíduos, da aprendizagem	A aprendizagem e o ensino remetem a tempos de vivências, situados em contextos que lhes dão sentido
A ordem da classe já é dada, definida pela organização	Também é uma ordem construída, por definir, que depende da iniciativa de professores e alunos
O docente apenas executa	O docente goza de uma certa autonomia

No capítulo 3 seguiremos o mesmo trilho, mas, então, exploraremos fenômenos como a burocratização da escola moderna, a divisão e a especialização do trabalho escolar, as relações de poder entre os agentes escolares e os modelos organizacionais da escola.

3
Da classe ao sistema escolar

O capítulo precedente mostrou que o nó central do trabalho escolar é constituído pelas tarefas realizadas pelos professores em relação aos alunos. Nessa ótica, o trabalho docente não é apenas uma simples parte do trabalho escolar, mas constitui também a tarefa fundamental da escola, a razão pela qual, exatamente, essa organização existe.

Contudo, na análise da organização do trabalho escolar é necessário considerar também outras categorias de funcionários, de sua relação entre si e com os professores. É preciso levar em conta também o surgimento das estruturas burocráticas e de instâncias ou poderes internos e externos à escola que, de um modo ou de outro, controlam o trabalho docente ou interferem sobre ele. *Fundamentalmente, quando olhamos a evolução da escola ao longo de um século, constatamos que sua célula básica permanece intacta (a classe perdura), mas ao redor desse nó central multiplicaram-se grupos, estruturas, dispositivos organizacionais mais e mais complexos.*

Onde situar a docência e os docentes dentro dessa evolução? À semelhança do corpo de médicos de um hospital, como estudou Freidson (1984), diremos aqui que o corpo de professores forma o "grupo de referência", quer dizer, os demais grupos de agentes escolares, geralmente, procura definir-se em função dele: eles tentam controlá-lo, apropriar-se de parte de sua missão, tirar algum proveito dela, substituí-lo, de certo modo, assumir por conta própria seus modelos profissionais, bem como suas técnicas e conhecimentos, etc. Contudo, parece-nos que, diferentemente dos médicos na organização hospitalar, os professores constituem um grupo de referência que nunca chegou a controlar seu ambiente organizacional nem a impor suas normas de trabalho aos outros. Na organização hospitalar, a profissão médica é central e se traduz por uma relação de subordinação dos demais grupos em relação a ela, ao passo que na organização escolar a centralidade da profissão docente exprime somente sua posição nevrálgica na missão da organização, mas essa posição, em si, não engendra uma subordinação dos demais grupos aos professores; muito pelo contrário, parece que os professores ocupam um patamar subalterno na hierarquia organizacional. Nesse capítulo tentaremos mostrar que, em nome disso, os professores se aproximam mais de um grupo de operários ou de técnicos do que de uma verdadeira profissão: como os operários ou os técnicos, eles trabalham na linha de fogo da produção e são eles que garantem o essencial das tarefas cotidianas mais importantes da organização; mas, como os operários e os técnicos, os professores participam pouco da gestão e do controle da organização na qual trabalham.

São esses os fenômenos que esse capítulo aborda, centrando-se particularmente na divisão do trabalho escolar entre os agentes e as relações de poder que a embasam. Interessa-nos, aqui, a divisão do trabalho porque ela caracteriza em altíssimo grau o funcionamento e a organização das sociedades modernas avançadas. Com efeito, a divisão do trabalho com a especialização das tarefas e sua coordenação levaram a um aumento da eficiência, não apenas do setor industrial, mas também das instituições de serviço público destinadas a atender as "necessidades humanas". As corporações de especialistas, muitas vezes, reunidos em associações profissionais, assumem, em princípio, a responsabilidade pela prestação de serviços. A escola, evidentemente, não escapa a esta forte tendência. Baseando-nos em dados norte-americanos, na primeira parte deste capítulo faremos uma breve exposição das formas que a divisão do trabalho escolar tomou e colocaremos em evidência algumas das lógicas que a constituem e os principais desafios que estão, atualmente, no âmago do porvir do trabalho docente.

3.1. Formas de divisão do trabalho escolar

Estudando a evolução da escola norte-americana no século XX (CUBAN, 1993; URBAN & WAGONER, 1996; TOZER et al., 1998), constatamos que a classe, enquanto célula básica do sistema de ensino, perdura e mantém-se praticamente inalterada, embora ao redor desse nó central enxertaram-se e se multiplicaram, sobretudo a partir da Segunda Guerra Mundial, grupos e estruturas os mais diversificados, pesados e complexos, no plano da organização do trabalho escolar. É impossível descrever e analisar em algumas páginas toda essa evolução, ela mesma inseparável de outros grandes fenômenos que marcaram a história recente da escola como sua modernização, sua burocratização e sua estatização. Aqui nos limitaremos a fazer uma breve exposição desses fatos.

Como na indústria e em outras organizações de serviços públicos, a divisão do trabalho na escola também acarreta processos de multiplicação, parcelamento e hierarquização dos cargos, das tarefas e das operações, uma redução dos agentes escolares, além de fenômenos de negociação, de reestruturação, conflitos ou colaboração que, inevitavelmente, surgem. Ao longo de cinquenta anos, esses processos deram origem a importantes e novas categorias de agentes escolares no Canadá e nos Estados Unidos. Esses agentes ocupam diferentes espaços organizacionais à margem do ensino regular e da classe tradicional, e contribuem de diferentes maneiras na missão educativa da escola: orientação e apoio pedagógico aos professores, formação para as novas orientações curriculares, orientação dos alunos, ajuda psicológica, ajuda à aprendizagem, apoios técnicos diversos, etc. As funções administrativas ligadas à gestão escolar também foram fortemente marcadas por fenômenos semelhantes, particularmente nos estabelecimentos secundários e nas unidades de gestão dos sistemas de ensino como os conselhos escolares.

Que importância numérica têm esses agentes nos sistemas norte-americanos de ensino, que contam – Canadá e Estados Unidos misturados – cerca de 55 milhões de alunos e quase três milhões e meio de professores? Iniciemos pelo caso americano. Em seu relatório de maio de 2001, dedicado aos alunos e ao pessoal do ensino público nos Estados Unidos, o *National Center for Education Statistics* indica que os professores regulares (Teachers) representam, atualmente, apenas um pouco mais da metade dos funcionários escolares (51,7%), sendo a outra metade constituída por pessoal de apoio aos professores e alunos e pessoal administrativo (quadro 2). Em doze estados americanos (quase um quarto de todos os estados), esses agentes são até mais numerosos do que os professores regulares, chegando a formar 55% do pessoal escolar.

Quadro 2 – Número de pessoal empregado nos sistemas públicos elementar e secundário e porcentagem do pessoal total, por categoria

Teachers	2.906.554	51.7%
Student/other support staff	1.329.253	23.7%
Instructional aides	621.385	11.1%
Administrative support staff	383.920	6.8%
School administrators	133.011	2.4%
Guidance counselors	95.697	1.7%
Librarians	53.661	1.0%
School district administrator	55.245	1.0%
Instructional coordinators and supervisors	38.671	0.7%

Fonte: National Center for Education Statistics, Statistics in Brief, May 2001, Public School Student, Staff and Graduate Counts by State, School year 1999-2000.

Note-se que as categorias 2 e 3 representam sozinhas quase 35% de todo o pessoal escolar. Trata-se, contudo, de categorias bastante ambíguas, pois se referem a grupos diferentes sob diversos aspectos: formação, função, salário, *status*, identidade, etc. O que distingue fundamentalmente essas duas categorias é a relação para com o ensino, mais precisamente, a instrução dos alunos. Por exemplo, a categoria "Student/other support staff" se refere a todo o pessoal que presta aos alunos serviços não educativos, como bibliotecários, psicólogos, assistentes sociais, etc., mas também engloba motoristas de ônibus, empregados de manutenção, inspetores, etc. Em síntese, trata-se de uma categoria diversificada em que se misturam técnicos, operários e profissionais. Por outro lado, a categoria "Instructional aides" se refere aos agentes que, sob a supervisão dos professores, contribuem de uma maneira ou outra à instrução dos alunos. Todavia, suas tarefas são variadas. Por exemplo, eles supervisionam os alunos na hora do lanche, durante o intervalo da recreação, etc., mas também os ajudam na realização de seus trabalhos e deveres em classe, monitoram-nos nas tarefas de grupo. No secundário, alguns "Instructional aides" se especializam no apoio ao ensino de algumas matérias. Mas, além dessas tarefas de instrução, eles também preparam equipamentos de informática para os professores e cuidam do bom funcionamento e utilização do material pedagógico, etc. Esses agentes têm uma formação secundária e metade deles trabalha junto aos alunos com necessidades especiais ou dificuldades de aprendizagem e de comportamento. O mesmo fenômeno encontra-se bastante no Canadá e no Quebec no que diz respeito à forte presença de funcionários técnicos junto aos alunos em dificuldade. Enfim, os "Instructional aides" assumem as tarefas[1] "técnicas" e "administrativas" do trabalho docente – o que E. Hugues (1996) chamava "sale boulot" –, o que permite aos professores concentrar-se na parte mais "nobre" ou mais "profissional" de seu trabalho, ou seja, a organização do ensino, o planejamento das aulas e a gestão da matéria na classe.

No Canadá, a situação global é mais difícil de avaliar por causa dos vários modos de análise e classificação do pessoal escolar de uma província e de um território para outro[2]. O quadro 3 apresenta dados recentes provenientes do *Statistique Canada* sobre essa questão. À primeira vista, comparando globalmen-

---

1. O inglês dispõe do termo "clerical" para designar esse gênero de tarefas tanto técnicas, de supervisão, de apoio e de administração mas de nível inferior.

2. Lembramos que no Canadá a educação é sujeita à jurisdição provincial e que, consequentemente, cada província possui seu Ministério da Educação que produz seus próprios dados em função de suas necessidades administrativas. O *Statistique Canada* apenas junta esses dados em seguida.

te os quadros 2 e 3, a situação parece bastante diferente no Canadá, onde o corpo docente constituiria 86% de todo o pessoal escolar (contra 51,7% nos Estados Unidos).

Quadro 3 – Proporção de professores no Canadá – Ano de referência 1998-1999

Províncias	Corpo docente	Pessoal escolar	Proporção %
Alberta	26.868	30.556	88
B.C.	29.236	34.934	84
Manitoba	10.552	11.913	89
N.B.	6.943	7.620	91
N.S.	8.102	9.611	84
N.W.T.	1.148	1.335	86
Nfld.	5.417	6.523	83
Ontario	98.606	116.555	85
P.E.I.	1.244	1.455	85
Quebec	63.932	69.920	91
Sask.	9.773	11.502	85
Yukon	407	469	87
Canada	261.079	302.392	86

Fonte: *Statistique Canada* (2002). Relatório do Centro de estatísticas sobre a educação Statistique Canada.

Infelizmente, esses dados canadenses deixam fora todo o pessoal de apoio administrativo, o pessoal de suporte técnico, etc. Além disso, esses mesmos dados incluem na categoria "corpo docente" os representados, nos Estados Unidos, de um lado, pelos agentes técnicos (os "Instructional aides", ou seja, o pessoal não especializado que tem uma formação pré-universitária e que ajuda os professores a instruir os alunos, bem como os demais técnicos) e, de outro lado, pelos profissionais não docentes (por exemplo, o pessoal especializado que garante serviços aos alunos para apoiar seu programa de estudos: os supervisores, os bibliotecários, os orientadores pedagógicos, etc.).

Ora, essas inclusões e exclusões provocam distorções importantes. Por exemplo, o quadro 2 indica que no Quebec o corpo docente representa 91%

do pessoal escolar, quando na realidade, se considerarmos o pessoal administrativo, agentes técnicos em constante crescimento há 15 anos e profissionais não docentes, essa proporção cai pelo menos a 60% (TARDIF & LESSARD, 1999, parte 3). Consequentemente, se no Canadá adotássemos as mesmas categorias e as mesmas classificações que nos Estados Unidos, é provável que a proporção do pessoal escolar não docente crescesse consideravelmente e se aproximasse ao menos dos 40%, como é o caso no Quebec.

Contudo, a divisão do trabalho escolar não se reduz apenas à distribuição dos agentes em função da diversidade de postos de trabalho. Ela marca, também, a organização cognitiva e simbólica do currículo escolar, que se divide em programas, estes, por sua vez, estruturados em matérias especializadas, que exigem uma espécie de especialização dos professores dos níveis secundário e primário em que, nas últimas décadas, apareceram diversos especialistas (professores de língua estrangeira, educação artística, educação física, orientação pedagógica, etc.). Esse processo de especialização curricular e de funções docentes concomitantes deu origem, por sua vez, a outra especialização, por força da pressão ambiente, de uma boa parte de professores regulares que passaram a ser cada vez mais vistos como especialistas da pedagogia das matérias fundamentais (principalmente da língua-mãe e de matemática) junto às crianças dos cursos regulares. Enfim, o âmbito tradicional de trabalho do professor titular da classe e do pedagogo generalista que leciona todas as matérias a todos os alunos ficou consideravelmente restringido ao primário.

3.1.1. *A separação do espaço escolar e sua réplica fora da escola*

Para além disso, como vimos nos Estados Unidos, no caso dos "Instructional aides", e no Quebec, com os técnicos, constata-se na América do Norte a aparição ou o importante crescimento, sobretudo nos últimos 15 anos, de categorias de agentes que se pode denominar "técnicos", que assumem diferentes missões e tarefas na escola e ao redor dela, que não estão necessariamente em relação direta com a aprendizagem realizada em classe ou, pelo menos, não são trabalho do docente em classe: supervisores de alunos, encarregados dos alunos portadores de necessidades especiais, técnicos em documentação, em educação especial, em serviço social, em trabalhos práticos, em audiovisual, em entretenimento, em organização escolar, em psicometria, em escritura em braile, em eletrônica, em artes gráficas, em formação profissional, etc.

Parte desses agentes, principalmente no secundário e nos quarteirões mais pobres ou difíceis, assumem tarefas de proteção e monitoração dos estabelecimentos e executam, desse modo, uma função que se poderia qualificar como parapolicial. Em algumas zonas e quarteirões, ao menos, além das tarefas tradicionais de instrução assumidas pelos professores e das tarefas educativas assumidas pelos animadores e profissionais, as escolas exigem mais e mais tarefas policiais que requerem a utilização de novos agentes preparados para essa finalidade. Embora seja verdade, como afirma Ballion (1996), que "a escola estaria [...] evitando tornar-se exclusivamente um lugar de vida intelectual ou de inserção social para constituir-se um ambiente de vida", ou seja, um ambiente contíguo à classe, mas ao mesmo tempo independente dela na medida em que são realizadas também atividades não acadêmicas, precisamos reconhecer que está acontecendo uma fragmentação do espaço escolar.

Esta fragmentação ultrapassa, contudo, uma divisão entre o ambiente intelectual e o ambiente de vida do espaço escolar. Com efeito, ao absorver mais e mais os problemas sociais, a escola não pode mais dedicar-se exclusivamente à instrução dos alunos e à animação da vida escolar: ela passa a ter que controlar fisicamente os alunos, "policiá-los" no forte sentido do termo. Em algumas zonas urbanas dos Estados Unidos, existe uma verdadeira ruptura entre o espaço da escola e o espaço das classes. Os corredores das escolas são invadidos pelas "leis da rua" (violência, droga, roubos, prostituição, etc.) e as autoridades escolares mantêm um sistema tecnológico e paramilitar para controlar os alunos antes que entrem nas salas: detectores de metal, vigias, câmeras, revistas frequentes, controle de identidade, etc.

Além dessa evolução interna do pessoal escolar, observa-se também a existência de passarelas e ramificações institucionais cada vez mais numerosas entre a escola e outras organizações públicas ou parapúblicas (serviços de polícia, serviços sociais, orientação da juventude, serviços médicos, mas também centros de lazer, instituições culturais e artísticas, etc.), cujos empregados se encarregam ou complementam a atividade dos agentes escolares sob a forma de prestação de diversos serviços oferecidos aos alunos. Ora, uma importante parcela desses serviços tem finalidades educativas, em sentido amplo, através de atividades não pedagógicas (lúdicas e recreativas) mas com efeitos benéficos sobre a aprendizagem, favorecendo por exemplo o desenvolvimento das competências linguísticas, da imaginação, da atenção, da participação, etc. Procura-se, portanto, desenvolver qualidades que possam provocar efeitos positivos na aprendizagem, mas de maneira diversa da escolar.

Nota-se, assim, uma divisão do trabalho entre agentes centrados em atividades de aprendizagem propriamente escolares e agentes orientados mais para a educação no sentido amplo do termo. Ora, essa divisão do trabalho, na medida em que está encarnada em diferentes espaços institucionais – dentro e fora da escola – não se reduz a simples questão da delimitação das tarefas. Diz respeito, igualmente, à própria legitimação do trabalho escolar. Podemos nos perguntar, com efeito, se todas essas atividades educativas fora da escola, que oferecem um certo suporte aos alunos, não seriam indício de uma eventual ineficácia do trabalho escolar e pedagógico tradicional, de sua dificuldade e, quem sabe, incapacidade para responder às dimensões propriamente educativas da formação? Na França, GLASMAN (1992) demonstrou que, no caso dos alunos oriundos dos meios populares ou imigrados, os que realizam serviços sociais conseguiriam, melhor que os professores, fazê-los gostar da escola, fazer emergir neles projetos de vida relacionados à escolarização. Sua eficácia consistiria muito mais nisso do que na contribuição para um melhor desempenho escolar dos alunos. Provavelmente esses trabalhadores sociais fazem mais pela escolaridade das crianças em dificuldades do que os professores (GLASMAN, 1992:162). Ademais, os pais entrevistados por Glasman consideram essencial que seus filhos se deem bem na escola, mas estimam que os primeiros responsáveis por esse êxito são, não os professores, mas os agentes escolares que trabalham fora da sala de aula.

3.1.2. *As tendências originais da divisão do trabalho escolar*

As reflexões precedentes demonstram que a divisão do trabalho escolar nem de longe corresponde a um mecanismo racional baseado numa simples lógica de gestão e de planejamento. Antes, ela parece desdobrar-se segundo uma multiplicidade de tendências e lógicas que estariam em suas origens. A divisão do trabalho se inscreve, portanto, numa dinâmica histórica complexa. Retraçar sua gênese requer levar em conta diversos fatores convergentes e muitas tramas sócio-históricas. Quatro, todavia, parecem particularmente importantes.

A duração da escolarização e a massificação da escola

Durante uma longa história – alguns séculos, primeiro da história europeia e, em seguida, da norte-americana – a multiplicação dos agentes, das funções e dos espaços do trabalho escolar parece estar diretamente ligada à questão da escolarização. Esta, entendida como um amplo processo de inclusão institucional, desde o século XVII na Europa, teve a tendência de abrir e diminuir o espaço escolar, impor-lhe continuamente limites, tornar a forma escolar o modo fundamental e comum de aprendizagem e de educação nas sociedades modernas. Com efeito, desde alguns séculos, aprender, saber, conhecer, educar, todos esses atos elementares que estão na base da cultura foram progressivamente absorvidos e legitimados pela e na escola. Nesse sentido, ser culto e ter instrução passam a ser, aos poucos, a mesma coisa. Esse processo de inclusão transforma, pouco a pouco, a escola numa espécie de *continuum* institucional cada vez mais longo, mais e mais ramificado e complexo que absorve, atualmente, tanto as crianças (jardim de infância, maternal, pré-escola) quanto os adultos ingressados com idade avançada (educação continuada ou permanente, andragogia ou educação de adultos, educação cíclica, universidade para terceira idade, *life long learning*).

Assim, gradualmente, a escola se abre a tudo e a todos. Analisando esse processo de abertura na escola norte-americana desde o século XIX, processo que se acelera no século XX, constatamos que, pouco a pouco, ele absorve no âmbito escolar as moças, os pobres das cidades, os filhos dos camponeses, enfim, os idosos excluídos e, mais recentemente, todos os "demais excluídos": os portadores de necessidades especiais, os deficientes, os "perturbados", os delinquentes, etc. Ora, boa parte dessas novas "clientelas" escolares provocará o surgimento de serviços particulares e a contratação de pessoal especializado que se situará no entorno do ensino regular ou vem apoiá-lo de uma forma ou outra.

Uma democratização escolar relacionada a novos direitos e serviços

Esse processo de inclusão escolar se mantém pela instauração de um novo sistema de direitos (igualdade, democratização, integração das minorias, etc.) que se traduz na necessidade, do sistema escolar, de oferecer serviços cada vez mais diversificados a uma clientela cada vez mais diferenciada. Esse sistema de direitos, cujos fundamentos se encontram explicitados pela filosofia iluminista, se encarnará durante os séculos XIX e XX, pela instauração, às vezes difícil, do princípio da obrigatoriedade escolar que será aplicado, por sua vez, a crianças com idade sempre maior. Contudo, a aplicação desse novo sistema de direitos, da qual a escola participa ativamente, se inscreve num vasto processo histórico que remonta, pelo menos, ao século XVII, e segundo o qual, sendo esse um valor supremo da civilização ocidental, o indivíduo tende a tornar-se um fim em si mesmo para as instituições sociais que precisam garantir sua proteção (ROSANVALLON, 1981), sua construção enquanto sujeito (TOURAINE, 1997) ou ainda favorecer a atualização de suas forças vitais (MARCUSE, 1970), sua liberação dos imperativos categóricos ou dos sistemas morais por demais opressores (LIPOVETSKY, 1983). Neste sentido, a democratização escolar, com sua lógica de integração de todos no aparato escolar, constitui uma das modalidades da realização do indivíduo na modernidade avançada.

No século XX, a democratização escolar se mistura com o surgimento da escola de massa onde se encontram juntos o primário e o secundário considerados o fundamento da educação básica. Ora, poderíamos formular a hipótese de que a democratização escolar, a partir dos anos 1990, atinge uma nova fase em seu desenvolvimento. Se, nos anos 1940 a 1980, importava permitir um acesso massivo aos estudos a toda uma geração em idade escolar e, desse modo, uma certa ascensão social num contexto escolar uniforme e impessoal, se, portanto, o objetivo da democratização se definia em termos sociais, hoje ele consiste em fornecer serviços educacionais que atendam especificamente às diferentes necessidades dos alunos, daí a importância da diversificação do trabalho docente e do trabalho escolar. Nos discursos oficiais dos ministros da Educação, dos gestores e dos diretores de escola, o êxito da democratização não se mede mais pela bitola da mobilidade social de uma geração de alunos, apenas, mas também pelos serviços acadêmicos, educacionais, pessoais e psicológicos que a escola pode oferecer ao maior número de alunos.

Duração da escolarização e transformações organizacionais

A escolarização massiva tem impactos importantes sobre as organizações e os agentes escolares. A partir dos anos 1940, o ensino se torna uma indústria necessitada tanto de mão-de-obra quanto de grandes recursos financeiros. Por toda parte, na América do Norte, o financiamento público duplica nas décadas seguintes à Segunda Guerra Mundial. Observa-se a mesma evolução pela análise dos gastos dos Estados em função de suas grandes missões (governamentais e administrativas, econômica, educativa e cultural, social, na saúde, etc.). Essa injeção de financiamentos massivos no sistema escolar se traduz na diminuição do número de pequenas escolas (geralmente de uma só classe), na concentração de população escolar nos estabelecimentos de tamanho médio ou grande, que oferecem, sobretudo no secundário, o conjunto dos serviços associados ao conceito norte-americano de polivalência e na eliminação das pequenas escolas, principalmente primárias. A concentração das unidades de trabalho teve consequências significativas para os professores. Esses se integraram, assim, em grupos cada vez mais amplos e cada vez mais burocratizados, não apenas no âmbito de seus estabelecimentos, mas também dos organismos escolares (conselhos escolares, *schools board*, municípios, etc.) unindo vastos territórios. Essas transformações organizacionais contribuíram para acentuar a divisão do trabalho e também para aumentar os problemas de coordenação do aparelho escolar. Com efeito, o desenvolvimento das funções de controle burocrático provoca mudanças no *status*, nos papéis, nos espaços, nas qualificações e nas especialidades reivindicadas pelos agentes (BOUDON, 1992). Desse modo, a divisão do trabalho mostrou-se portadora de anomia em seu dinamismo, demandando um mecanismo de controle destinado a controlá-la: normas, direitos, convenções, tribunais, arbitragem, etc.

Uma nova ordem de saberes

Com a modernização da escola (1950-1980), novos profissionais diplomados em pedagogia, psicologia, avaliação e orientação acedem a novos postos nos estabelecimentos escolares, então em plena expansão, e se esforçam para impor sua visão do mundo, da escola, da infância, da pedagogia, da adaptação, etc. Esses grupos criam novos ambientes de trabalho ou transformam os antigos (MELLOUKI & LEMIEUX, 1992). Eles se apropriam de partes do trabalho docente tradicional ou propõem novos serviços educacionais. A inserção desses novos especialistas no sistema educativo procede, em parte, da edificação de uma nova ordem de saberes "universitarizados", as ciências sociais e humanas, bem como as ciências da educação, essas últimas, ao menos na origem, amplamente fundamentadas na psicologia e nas técnicas que nela se originaram.

Todavia, um dos problemas dessas novas formações reside na fraca identidade epistemológica que caracteriza o conhecimento dos agentes escolares, pelo menos daqueles que trabalham com os alunos. Parece-nos difícil reconhecer a existência de saberes específicos e bem delimitados ligados ao trabalho do psicólogo escolar, do educador especializado, do conselheiro pedagógico, do professor regular, do orientador, etc. Pelo contrário, cada um desses agentes escolares recorre a saberes que, em maior ou menor grau, os demais agentes escolares também possuem. Esses saberes, portanto, têm fronteiras porosas, permeáveis, flexíveis, mutáveis. Ora, essa ausência de especificidade e essa indeterminação das fronteiras significam que a divisão do trabalho escolar não se fundamenta logicamente numa divisão dos saberes, mas, ao contrário, é a divisão do trabalho como fenômeno social, tendência global, que leva progressivamente grupos de indivíduos a distinguir-se no plano do saber. A divisão do saber aparece, não como causa, mas como resultado da divisão do trabalho. A divisão do saber em disciplinas, em campos de especialidade, em tipos de competências, etc., em nossa opinião, não é apenas um fenômeno cognitivo ou científico, mas também um fenômeno eminentemente sociológico. Ela não resulta de uma necessidade epistemológica ou de uma decisão refletida ou racional decorrente de um progresso do conhecimento mas, simplesmente, de pressões sociais e da ação estratégica dos grupos. É porque no século XX a organização escolar, como as demais organizações sociais, se encontra submetida ao processo e às pressões da divisão do trabalho, que os agentes dessa organização se dotam de saberes especializados, graças, principalmente, às etapas de formação que eles controlam, mas também a outros instrumentos de identificação simbólica: revistas comuns, associações profissionais, congressos, etc.

Nesse espírito, um desafio relacionado ao saber dos trabalhadores escolares parece existir nos eternos conflitos de interpretações que perpassam e estruturam os discursos dos diferentes agentes escolares quanto a suas especialidades, suas tarefas, seus campos de atuação e suas respectivas responsabilidades. Se o "quem faz o que" não repousar no "quem sabe o que", então os campos de competências entre os agentes escolares serão necessariamente objeto de contestações, de disputas, de negociações, etc. Por exemplo, a divisão das tarefas entre os psicólogos escolares, os professores especialistas em adaptação, os técnicos e os professores não se fundamenta em nenhuma divisão lógica ou científica entre saberes bem definidos. Pelo contrário, os próprios saberes, da mesma forma que as ações e o estatuto desses diferentes grupos, são objeto de negociações, enfim, de elaborações coletivas, para retomar uma expressão de Crozier & Friedberg (1980). É somente a partir do processo de segmentação e de diferenciação do trabalho escolar que grupos de agentes se mobilizam, através de sua formação, a adquirir saberes que alegam serem específicos em relação à sua prática e sua função.

3.2. Dinâmicas de poder na organização escolar

Os quatro fenômenos anteriores interagem simultaneamente, criando um ambiente escolar dinâmico e maleável no plano organizacional. Mellouki (1991: 93) põe em evidência dois modos operatórios pelos quais o processo global de diferenciação do trabalho escolar se institucionaliza:

> Dois modos operatórios atuam no processo de diferenciação por que passa o trabalho escolar durante o período que se pode situar entre os anos 1930 e o fim dos anos 1960. O primeiro modo, que podemos qualificar como modo de invenção do domínio, consiste na formulação de novos campos profissionais baseados num conjunto de atividades a partir de antigos campos profissionais da educação. Os conteúdos concretos e simbólicos do domínio criado – formação de agentes, modalidades dos atos profissionais, normas que regem a prática, natureza e ritual da relação do profissional com o cliente, etc. – serão definidos e remodelados em função de um saber e de um conhecimento justificados como científicos e mais apropriados à satisfação das necessidades de clientelas escolares até então ignoradas. [...] O segundo modo é o da reconversão de um antigo domínio de

> atividades, já ocupado por um corpo de profissionais, em diversos domínio dotados cada um de um conjunto de saberes e conhecimentos considerados, pelos que se beneficiam com a conversão, como sendo mais modernos, especializados e apropriados à satisfação das necessidades de clientelas escolares definidas ou potenciais.

No plano organizacional, esses modos operatórios se inscrevem numa divisão técnica do trabalho que comporta dimensões horizontais e verticais que provocam entre os grupos relações marcadas, ao mesmo tempo, por controles e colaborações recíprocas, por conflitos e negociações sobre os espaços de intervenção, sobre a própria intervenção e sobre a gestão do trabalho escolar. Por exemplo, o docente generalista viu aparecerem diversos especialistas ao seu redor, com quem ele estabelece relações de colaboração, mas também de controle, de proximidade mas de distanciamento, de trocas e de conflitos; no mesmo sentido, o diretor da escola acompanhou o surgimento de diversos especialistas que se instalam em torno dele e o ajudam em seu trabalho, ao mesmo tempo em que se apossam de parte da sua tarefa de animação e supervisão pedagógica. No plano vertical, as hierarquias entre os grupos se multiplicaram: o diretor da escola tornou-se um subalterno numa organização mais ampla que possui inúmeras escalas hierárquicas, principalmente nas comissões escolares. Os espaços organizacionais intermediários foram povoados de grupos e subgrupos dentro das burocracias das comissões escolares, no Ministério da Educação, nos sindicatos de professores, nas grandes escolas secundárias, nas universidades, etc.

Esses fenômenos não ocorreram sem provocar diversas tensões e lutas entre os grupos com conflitos de identidade, precedentes ou consequentes, usurpação dos territórios de trabalho, em suma, de lutas de poder no local de trabalho. É sobre essa questão dos poderes que iremos agora nos estender.

3.2.1. Organização do trabalho e relações de poder

Numa perspectiva inspirada outra vez em Freidson (1986), podemos entender que a organização do trabalho escolar ultrapassa a escola propriamente dita. Ela pode ser vista como um campo socioprofissional expandido no qual intervêm diferentes grupos de dentro e de fora da escola. Freidson identifica três grandes grupos: os gestores, os produtores de saber e os práticos. Cada um desses grupos exerce um certo controle sobre o campo expandido, bem como sobre os outros dois grupos. Seguindo o modelo de Freidson, a organização do trabalho escolar ultrapassa a organização escolar propriamente dita e abarca outras organizações e grupos, como se vê no quadro 4.

Quadro 4 – O campo profissional expandido inspirado em Freidson (1986)

<table>
<tr><th></th><th>Os produtores de saber</th><th>Os práticos</th><th colspan="2">Os gestores</th></tr>
<tr><td>Organizações</td><td>As universidades</td><td>A escola</td><td colspan="2">O ministério, as comissões escolares, etc.</td></tr>
<tr><td>Grupos</td><td>Os professores universitários formados em ciências da educação</td><td>Os professores</td><td>Os outros agentes escolares</td><td>Os administradores do sistema de ensino</td></tr>
</table>

Essas distinções de Freidson podem ser úteis porque levam a considerar também grupos de administradores ou de gestores públicos que intervêm, não apenas nas escolas, mas também nas unidades administrativas mais amplas, no Ministério da Educação ou em outras organizações que não são escolas, mas que pertencem de uma forma ou de outra ao sistema escolar. Os administradores ou gestores do sistema educacional tomam muitas decisões que influenciam diretamente o trabalho escolar e sua organização; com efeito, como afirmávamos, eles têm um papel crítico na alocação de recursos, por definição raros e insuficientes, dos quais a organização dispõe. De fato, a administração escolar é, em si, um campo de trabalho razoavelmente dividido, porque aí se encontram vários subgrupos de administradores, que pertencem a organizações diferentes, ou, mesmo, que atuam em diferentes patamares do sistema educacional. Esta divisão do trabalho pode muito bem provocar conflitos de poder entre diferentes segmentos do pessoal administrativo. Por exemplo, os gestores das escolas ou dos agrupamentos de escolas municipais ou estatais e os gestores do Ministério da Educação podem opor-se em questões importantes; por sua vez, os diretores de escolas podem muito bem estabelecer embates com os gestores desses agrupamentos. Além disso, a administração escolar, tendo-se afastado progressivamente do universo dos práticos do ensino, já passou a constituir um campo profissional distinto, com sua formação específica, seus modelos de carreira e seus benefícios próprios.

Por sua vez, os professores universitários formados em educação se assemelham, segundo o modelo de Freidson, aos produtores de saberes profissionais. Eles formam os práticos, e produzem conhecimentos legítimos através da pesquisa e das publicações. Eles exercem, portanto, um controle significativo sobre os práticos, pela única razão de serem eles que os qualificam. Historicamente, a formação dos professores dependia, em certa época, das escolas normais, que se baseavam bastante numa pedagogia normativa e na experiência dos professores de profissão. Ora, os professores universitários formados em ciências sociais e humanas contestaram essa pedagogia normativa e os saberes experimentais dos professores de profissão. Propuseram abordagens "racionais" da educação, da formação, da infância, etc. Em suma, eles são ao mesmo tempo aliados e representantes da modernização da educação. Graças a seus trabalhos e a sua crença no valor da "ciência, da racionalidade e da modernidade", eles trouxeram novos saberes para dentro da pedagogia tradicional, e contribuíram para uma divisão dos saberes cada vez mais nítida, baseada na especialização da pesquisa e da formação.

O modelo de Freidson, contudo, ainda é muito simplificado pois não permite pensar de modo suficientemente preciso as dinâmicas de poder no seio da organização escolar. Dentro da escola, podemos nos situar na hipótese de que as relações entre grupos e subgrupos de agentes escolares funcionam de acordo com diversos tipos de relações de poder. Em outros termos, a organização do trabalho escolar também é uma estrutura dinâmica em que se combinam vários tipos de poderes. Nesse sentido, os fenômenos como a divisão do trabalho, a especialização das tarefas, o aumento dos saberes, a maior duração da formação não podem ser analisados unicamente pelo ângulo de uma racionalização do trabalho, porque esta também está sujeita a poderes que tentam impor sua maneira de ver a escola e o trabalho escolar. Portanto, se queremos analisar a escola, é importante nos perguntarmos: quem controla o que e como? Que alianças existem entre grupos e subgrupos e em torno de quais questões?

Além disso, essa questão engloba também os alunos e os pais de alunos, pois eles são os usuários do sistema escolar que, enquanto tais, são atores importantes para compreender a dinâmica de estruturação dos poderes na escola. Muitas vezes, os alunos e os pais quase não têm poder sobre a escola e na escola (TOMLINSON, 1982). Apesar disso, de uns vinte anos para cá, graças a diversas reformas e mudanças legislativas, procura-se dar um lugar aos pais na escola e passar-lhes um certo poder, que lhes permita atuar verdadeiramente no projeto educacional do estabelecimento de ensino. Isto nem sempre é pacífico para alguns professores, para quem as relações com os pais são sempre potencialmente conflituosas (cf. a obra clássica de WALLER, publicada em 1932).

De qualquer forma, de acordo com nossa abordagem teórica, postulamos que a escola e, mais globalmente, as organizações de interações humanas, não podem ser analisadas do mesmo modo que as indústrias, quer dizer, sempre e exclusivamente em função de poderes econômicos. Esta visão concorda com algumas teses de Roemer (1982), de Wright (1985) e de Bourdieu (1982; 1989), teses que nos parecem um caminho de análise interessante, desde que adaptadas ao nosso propósito. Em sua obra *A General Theory of Exploitation and Class*, Roemer (1982) considera, como bom marxista, que a exploração econômica está na base material da exploração, ou seja, da distribuição desigual do que ele chama os "productive assets" (privilégios, poderes, trunfos, etc. ligados à economia, à produção). Contudo, ele introduz também a ideia de que a exploração econômica é apenas um caso específico dentro do sistema da exploração baseado na distribuição desigual dos "skill/credential assets" (habilidades, saberes, qualificações) e das "organization assets". Wright (1985), em *Classes*, retomou essas teses e tornou-as mais refinadas. Sua ideia é que a exploração no nível das burocracias implica não apenas uma dimensão econômica, mas também dimensões organizacionais e simbólicas. Esses tipos de exploração se combinam entre si. Encontramos aí algumas ideias caras a Bourdieu. Na verdade, para este último, o capital econômico não é mais que uma forma de capital entre outras. É preciso ainda integrar na análise outras formas de capitais: capital cultural, capital relacional ou social, etc. Essas ideias sugerem, portanto, que a análise de uma organização em termos de poder – a organização do trabalho escolar que aqui nos interessa – não poderia limitar-se a uma única forma de poder, o dos dirigentes econômicos, por exemplo.

Para satisfazer o nosso propósito, podemos considerar importantes quatro tipos de poderes que influenciam na organização do trabalho escolar:

- O poder de agir sobre a organização do trabalho escolar propriamente (controlando as relações entre os grupos, o planejamento do trabalho, o tempo, o espaço organizacional, etc.);
- O poder de agir diretamente sobre seu posto de trabalho (controlando a execução, a duração e a natureza da atividade, os métodos, os instrumentos de trabalho, etc.);
- O poder de controlar a formação e a qualificação (protegendo-as através de um diploma e um título, retendo-as por meio de uma corporação, etc.);
- O poder sobre os conhecimentos do trabalho (proibindo sua utilização por outros, monopolizando-os, tornando difícil o acesso a eles, etc.).

Inspirando-nos nos autores precedentes, podemos conceber um quadro (quadro 5), que nos parece constituir uma matriz interessante e flexível para analisar o fenômeno da divisão do trabalho como construção social definida por diferentes relações de poder entre grupos de agentes escolares diversos, que atuam fora e dentro da escola. Este quadro ilustra, ao mesmo tempo, a fraca posição dos professores nas redes de poder em vigor.

Quadro 5 – Os diferentes poderes dos grupos na organização do trabalho escolar

Grupos de agentes/Tipos de poder	Poder sobre a organização escolar	Poder sobre o posto de trabalho	Poder sobre a formação	Poder sobre os saberes
Administradores e gestores	Sim	Sim	Sim	Sim
Profissionais (psicólogos escolares, orientadores, etc.)	Pouco	Sim	Sim	Sim
Semiprofissionais (professores regulares, pedagogos, etc.)	Não	Pouco	Pouco	Não
Técnicos (readaptação, leitura, etc.)	Não	Não	Não	Não
Operários/pequenos funcionários (secretários, empregados de manutenção, etc.)	Não	Não	Não	Não
Pais de alunos	Pouco	Não	Não	Não
Alunos	Não	Não	Não	Não

Os escalões superiores do sistema educacional podem mudar as regras de suas organizações e controlam, na maior parte do tempo, suas esferas de formação, seu posto de trabalho e seus saberes (principalmente através de diplomas e títulos profissionais como o famoso MBA: *Master Business Administration*). Contudo, também eles estão submetidos a exigências, sobretudo as que vêm da classe política e de diferentes grupos sociais que contestam, como acontece na educação atualmente, seus poderes, sua gestão burocrática, o direcionamento das reformas a seu favor segundo um planejamento *top and down*, etc.

Os profissionais, raros na educação, controlam seus territórios de formação e uma parte de seu posto de trabalho, mas não as organizações nas quais atuam. É o caso, por exemplo, dos psicólogos escolares. Seus saberes são relativamente esotéricos e protegidos por suas corporações. Contudo, os profissionais nunca conseguiram impor-se realmente na escola, principalmente porque o modo de trabalhar da escola é definido em relação ao ensino que, como dizíamos, é um trabalho feito com coletividades regidas por padrões gerais próprios a organizações de massa burocratizadas. O trabalho dos profissionais, por sua vez, rege-se por um modelo de serviço especialista/cliente, que implica custos organizacionais importantes e uma autonomia dificilmente compatível com a atual organização do trabalho escolar.

Os semiprofissionais (professores, orientadores pedagógicos, orientadores escolares, etc.) se definem pela falta de poder organizacional no plano individual e coletivo. Suas organizações profissionais não possuem a eficácia das organizações das profissões bem estabelecidas. No plano da formação, os semiprofissionais se caracterizam pelo controle ou o monopólio de um segmento do mercado em base a um diploma, que constitui uma barreira protetora para esses grupos. Todavia, o controle de um segmento do mercado de trabalho não implica necessariamente numa maior autonomia no local de trabalho. Os semiprofissionais possuem saberes de fronteiras muito permeáveis, que não lhes permitem reivindicar o título de especialistas nem opor-se, em nome dessa especialidade, às mudanças importantes na organização de suas tarefas ou no seu *status*. Note-se, contudo, que seus sindicatos e associações profissionais constituem um contrapeso importante diante do direito de gestão dos administradores, mesmo tendo contribuído significativamente, historicamente falando, para a burocratização das relações de trabalho na escola.

Por sua vez, os colarinhos-brancos, técnicos, empregados de manutenção, secretários, escriturários, etc., não controlam nem a organização, nem seu posto de trabalho, nem sua formação. Eles são protegidos por códigos trabalhistas internos à organização escolar e por seus sindicatos. Contudo, os técnicos que atuam junto aos professores e/ou dos alunos podem aproveitar bastante das transformações da organização do trabalho para estender seu território, pois eles constituem uma solução de reserva economicamente rentável num contexto de aperto orçamentário e quando é possível reduzir parte da tarefa dos professores a "atividades técnicas" que eles podem assumir. É principalmente isto que se vê na recente evolução da educação especial.

Os pais de alunos, como grupo, têm um poder sobre a organização através de sua participação às comissões escolares; individualmente, têm pouca influência sobre um ou outro aspecto apresentado no quadro 5. Contudo, a cerca de dez anos, a maioria das reformas do aparelho escolar empreendidas no Ocidente visam aumentar o lugar e o poder dos pais e, em nível local, das comunidades nas quais os estabelecimentos escolares se situam. Em certos casos, por exemplo nos Estados Unidos e em algumas províncias do Canadá, a descentralização foi tão longe que introduziu uma verdadeira lógica de mercado nas relações entre os pais e as escolas. Alguns pais "se intrometem" no trabalho dos professores, o que não deixa de criar tensões entre eles.

Os alunos, enfim, não controlam praticamente nada na escola, exceto através de resistências passivas às medidas da organização: se têm algum poder, trata-se de um poder informal e geralmente negativo. Mas, como veremos quando analisarmos as interações em classe, o poder dos alunos é uma realidade bem mais importante e, na verdade, incontornável para os professores que os encaram no trabalho interativo.

Esta construção teórica, no fundo, propõe a ideia de que a organização do trabalho escolar não tem nada de estático, mas é constantemente mobilizada e investida por atores sociais que estão em relação de poder uns para com os outros, e que procuram conquistar aí um lugar e beneficiar-se dela para atingir os seus próprios objetivos. Esses atores utilizam diversos recursos para impor seus pontos de vista e promover seus interesses. Além disso, constata-se, nem todos esses atores possuem os mesmos recursos.

Esses elementos de análise indicam com suficiente clareza a crescente complexidade da organização do trabalho escolar que, historicamente, englobou o trabalho docente. Estamos, agora, distantes da classe como célula única, embora ela ainda esteja presente nos grandes sistemas de ensino. Os professores trabalham, agora, em organizações mais complexas e mais amplas, nas quais precisam aprender a funcionar com diferentes grupos de agentes. A negociação, as transações com tais grupos tornou-se parte integrante do trabalho. Parte da tarefa e do tempo disponível foi desviada dos alunos para atender a colaboração/negociação com esses grupos. O trabalho dos professores tornou-se mais integrado num conjunto e, nesse sentido, é mais controlado, ao menos no plano da formalização das regras que regem o ambiente de trabalho. Tal formalização é necessária, pois a multiplicação dos grupos e a diferenciação dos campos de atuação levam, como vimos, à anomia, uma vez que as fronteiras e as identidades se multiplicam, ameaçando continuamente misturar os limites do trabalho dos respectivos agentes escolares

Numa palavra, a burocratização se traduz numa especialização muito maior do que o trabalho escolar, um aumento de complexidade das organizações e um nítido crescimento do formalismo na gestão das tarefas. O trabalho docente passa, inevitavelmente, por esses fenômenos, ele próprio especializando-se e tornando-se mais complexo, o que exige uma formação mais longa; sua execução se rege por regras burocráticas. Além disso, todos esses elementos atuam num sistema escolar que se transformou em escola de massa, acolhendo milhares, ou mesmo milhões de alunos, durante períodos mais e mais longos, a fim de formá-los para conhecimentos mais complexos e variados do que no passado. Esta evolução torna complexo também o trabalho docente, levando os professores a trabalhar com clientelas heterogêneas, com padrões, necessidades e expectativas muito mais variadas que outrora.

Considerando a escola sob o ângulo do que foi dito, constatamos a presença de dispositivos organizacionais bastante diferentes. Com efeito, a escola atual conserva sempre ainda uma estrutura celular básica, *a classe padrão*, que exige e permite uma certa autonomia dos professores ao mesmo tempo em que subtrai deles o controle direto dos agentes situados fora da sala de aula. Contudo, a classe atual está plenamente inserida num aparato burocrático bastante complexo, no seio do qual os professores se confrontam com diversos grupos que procuram controlar seu trabalho. Desse modo, tanto a autonomia quanto o controle burocrático constituem dimensões inerentes à organização do trabalho escolar e docente, tal como os conhecemos hoje. *Ensinar é trabalhar num ambiente organizacional fortemente controlado, saturado de normas e regras e, ao mesmo tempo, agir em função de uma autonomia importante e necessária para a realização dos objetivos da própria escola*. Essas ideias sugerem que a escola, enquanto organização de trabalho, apresenta uma forma híbrida, ela é uma organização única, provavelmente diferente de todas as demais. Vejamos como essas ideias permitem progredir em nossa compreensão do trabalho docente e do quadro organizacional que lhe serve de sustentáculo.

3.3. A escola como organização de serviços humanos

Que tipo de organização é a escola? Podem as análises e descrições precedentes oferecer elementos interessantes para responder a esta pergunta?

3.3.1. *Anarquia e burocracia na escola*

Como aponta o quadro 6 inspirado nas ideias de Firestone & Herrickt (1982), podemos dizer que a escola, enquanto organização, oscila entre dois modelos extremos: uma burocracia racional conforme Weber e uma organização anárquica.

Nenhum desses modelos existe, realmente, em estado puro; eles representam extremos, mas esses modelos podem servir para colocar em evidência traços empíricos existentes, em diferentes níveis, nas escolas reais.

Quadro 6 – Dois modelos de organização escolar

Dimensões da organização	Modelos	
	Burocracia	**Anarquia**
1. Explicitação e consenso sobre os objetivos	Forte	Fraca
2. Comunicação hierárquica	Forte	Fraca
3. Regulamentos formais	Muitos	Poucos
4. Centralização	Forte	Fraca
5. Influência dos administradores	Forte	Fraca
6. Autonomia dos professores	Fraca	Forte
7. Ambiente aberto	Pouco	Muito

Inspirando-se em Weber (1971) e Merton (1957), Firestone & Herriockt (1982) identificam diversos aspectos da burocratização da escola. Esses aspectos representam o "tipo ideal" de uma organização perfeitamente burocratizada, que possuísse as seguintes características:

• Os objetivos da organização são definidos com precisão e clareza e seu conteúdo visa orientar sem confundir os agentes.

• Os administradores transmitem aos seus subordinados esses objetivos, que se tornam para eles tarefas precisas a serem executadas. Os administradores certificam-se de que os objetivos e as tarefas estejam claramente articulados entre eles e que a divisão de responsabilidade entre os agentes esteja bem definida. A articulação dos objetivos e das tarefas é um problema técnico. Os administradores verificam, inicialmente, o máximo de informações disponíveis e tomam suas decisões com conhecimento de causa, segundo uma lógica de resolução de problemas.

• A escola burocrática possui um sistema formal de controle, incluindo as normas que regem o comportamento dos agentes. Leis, códigos, regras definem os programas de ação na escola.

• Há uma ordem hierárquica de funções que cria uma estrutura de autoridade baseada em normas legais que definem o poder e a responsabilidade de cada um, um sistema de controle, por parte dos superiores, dos conflitos entre os agentes e o estabelecimento de linhas de autoridade e de comunicação regulamentar.

• Há um alto grau de integração e de coordenação entre os membros da organização. Os membros trabalham em função de tarefas diferenciadas exigindo competências especializadas, mas essa especialização e essa diferenciação são bem integradas, graças, principalmente, à centralização das decisões e a uma execução planejada.

• Finalmente, a organização escolar se comporta como um sistema fechado ou, ao menos, relativamente fechado. A burocracia escolar não se mistura com política e realiza suas tarefas em função de uma neutralidade ética.

Pode-se afirmar que esses diferentes aspectos burocráticos, existentes em graus variados nas escolas, não são impostos artificialmente, mas decorrem das exigências da própria missão da escola sobre a organização escolar. Com efeito, a escola é responsável pela produção de um resultado uniforme de uma certa qualidade (BIDWELL, 1965). Como também afirmam Henriot *et al.* (1987: 75), o problema central da organização escolar é "confrontar uma dupla exigência: eficácia e universalismo, que são acompanhados facilmente por uma certa despersonalização nas relações humanas e de uma socialização das novas gerações, que requerem cada vez mais um tratamento individualizado e o espírito comunitário". Ela precisa formar milhões de alunos de acordo com padrões comuns, a fim de que eles se adaptem a um papel que terão que cumprir mais tarde. Isso impõe organizar e atingir um nível mínimo na formação dos alunos. Ora, as levas de alunos apresentam um vasto leque de diferenças. Portanto, se a escola quer produzir um resultado uniforme, ela precisa ser capaz de reconhecer essas diferenças. Ela deve rotinizar a variabilidade de seus serviços. Deve trabalhar com as diferenças individuais, mas por meios gerais. Além disso, a socialização das crianças e dos adolescentes para os papéis adultos é massiva e complexa. A escola trabalha com alunos durante longos períodos de tempo e deve oferecer serviços educativos em etapas coerentes considerando diferenças progressivas e exigindo tarefas de socialização diferenciadas. Note-se também que o "ofício" de aluno tornou-se mais complexo com o tempo.

Ademais, como vimos, nas sociedades modernas, a dimensão temporal da escola se conjuga com uma divisão da infância em classes etárias. Esse fenômeno é típico da escola moderna. Quando essa se burocratiza e se rotiniza, os alunos precisam integrar-se e passar pelo sistema em grupos ou levas; eles não podem mais integrar-se na escola segundo critérios individuais ou por outro modo senão pela idade, o que é um critério abstrato, burocrático, universal. Em suma, vê-se que a burocratização das escolas deve-se em muito à sua natureza e à complexidade de sua missão.

Mas, do lado oposto desse modelo burocrático, agora inspirando-se em March (1976), Firestone & Herriockt (1982) identificam também um modelo anárquico de organização escolar, que forma, por sua vez, um "tipo ideal":

• Os objetivos da organização são mal definidos, ambíguos. Os agentes atuam segundo diversas preferências sem muita coordenação. Os objetivos são, geralmente, definidos de improviso, quando a ação está em andamento. Eles são elaborados nas emergências. Servem, então, de racionalização a posteriori da ação.

• A articulação das tarefas dificilmente se realiza e cada um trabalha ao seu modo. A independência é máxima entre os agentes. Os administradores podem dar conselhos, mas não ordens. De fato, grande parte do que realmente se faz escapa completamente a seu controle.

• A estrutura de autoridade passa pela autonomia dos agentes e, consequentemente, implica em relações de confiança desenvolvidas entre eles. Essa confiança não se baseia em regras objetivas, mas na legitimidade atribuída aos agentes enquanto profissionais, ou mesmo como pessoas.

• Finalmente, essas organizações anárquicas dão origem a ambientes de trabalho conturbados e abertos, nos quais poucas interfaces estabelecem contatos, sem que haja objetivos gerais.

Como a precedente, também esta descrição da escola anárquica está de acordo com uma certa realidade. É verdade, por exemplo, que os professores são amplamente autônomos em suas classes, que alguns entre eles não seguem os programas e as diretivas. É verdade, igualmente, que algumas escolas funcionam sem objetivos coletivos, cada grupo da organização esforçando-se para impor sua maneira de ver as coisas. De fato, a escola burocrática e a escola anárquica constituem os polos extremos de um *continuum* organizacional que possui inúmeras variantes nas quais se intercambiam, com variação de graus, os aspectos burocráticos e anárquicos da escola.

Parece-nos que essa situação organizacional de duas faces é portadora de tensões que se refletem em todos os níveis da organização escolar, tanto nos trabalhos em classe com os alunos quanto na alta hierarquia escolar. Exatamente como o ensino, que é sua razão de ser, também as escolas são, portanto, organizações compostas, oscilantes entre estruturas organizacionais codificadas e flexíveis. Essa realidade significa que as organizações escolares não podem ser entendidas por uma ou outra lógica, e certamente também não segundo uma lógica estritamente instrumental e burocrática, pois os fatores humanos predominam nela; eles constituem, com efeito, o material básico dessas organizações, seja no plano do pessoal, das tecnologias utilizadas, ou nos "produtos" resultantes dos serviços prestados pelo pessoal.

3.3.2. *A escola como organização do tipo clientes/serviços*

Esta última demonstração aproxima-se das ideias defendidas por uma corrente da teoria das organizações que estuda as organizações de serviço como as escolas, os hospitais, os serviços sociais, a polícia, etc. Para Hasenfeld (1983), seis características fundamentais distinguem as organizações do tipo clientes/serviços, como as escolas, os hospitais, os serviços sociais, a polícia, etc. das demais formas de organização das sociedades industriais avançadas. Essas seis características permitem perceber os elementos fundamentais próprios das organizações escolares e que influenciam diretamente sua missão básica, como também, por tabela, a missão de trabalho dos professores.

1) *Os materiais básicos da escola são seres humanos*, depositários de valores culturais e dotados de uma identidade social e moral. Ora, esses seres humanos são capazes de ter iniciativas: podem opor-se ou colaborar com a organização e seus mandatários. Eles não são, portanto, determinados apenas por aquilo que a organização lhes impõe, mas também por seus próprios desejos, suas motivações, suas atitudes e suas aprendizagens anteriores. Em suma, são dotados de autonomia e de uma certa "liberdade". Assim, para ser eficaz e atingir seus fins, é preciso que a escola desenvolva mecanismos de "controle" das capacidades de iniciativa dos alunos, a fim de garantir que eles não atuem no sentido de neutralizar e tornar ineficaz o funcionamento e os projetos da organização.

2) Na organização escolar, como acabamos de ver, *a definição dos objetivos é, na maior parte do tempo, problemática e ambígua*. Com efeito, esses objetivos remetem necessariamente a valores e a ideologias a propósito dos quais não é fácil obter um consenso social e em torno dos quais alguns dilemas fundamentais podem provocar, dentro da organização e no trato com o ambiente, conflitos, tensões e "incoerências" difíceis de gerir. Estratégias e processos de negociação, de compromisso, de busca de equilíbrio estão, portanto, sempre em atuação para permitir que a organização escolar tenha um mínimo de coerência, de visão e de direção.

3) *As tecnologias utilizadas pela organização escolar são por demais indeterminadas*. Aqui, três fatores são importantes. Primeiramente, o caráter mais ou menos tangível e bem definido dos resultados desejados. Com efeito, ao contrário, por exemplo, das organizações industriais e de um bom número de organizações de serviço (segurança, bancos, etc.), os resultados do processo escolar (a instrução, a educação, etc.) são realidades intangíveis e difíceis de definir operacionalmente. Eles são raramente observáveis de modo direto e, geralmente, se realizam após o término da escola. Em segundo lugar, observa-se também

que os "materiais humanos" básicos da escola são relativamente instáveis e diferentes: ao contrário da maioria dos produtos do trabalho, eles não são seriais mas individuais. Enfim, os conhecimentos disponíveis na organização não necessariamente fornecem um controle técnico significativo aos agentes. Por exemplo, é raro que os professores disponham de conhecimentos causais precisos que possam orientá-los nas suas decisões. Com relação a essas três variáveis, Hasenfeld (1983) afirma que as organizações de serviço são caracterizadas por um alto grau de incerteza e indeterminação. O mesmo vale para a escola. As tecnologias, os conhecimentos e os produtos do trabalho dos agentes escolares são muito diferentes dos utilizados pelos trabalhadores da indústria, os técnicos e os profissionais que trabalham em situações bem definidas, do tipo "resolução de problemas". Na educação, lamenta-se as mais das vezes o *problem setting* definido por Schön (1987).

4) *O osso duro das atividades da organização escolar está nas relações entre o pessoal e os clientes, ou seja, entre os professores e os alunos.* A interação professor/aluno cumpre simultaneamente uma função de mudança do cliente e uma função de controle. Ora, os alunos são obrigados a irem à escola; a atividade escolar não tem uma função central em sua vida, mas é, muitas vezes, um fardo. Quer eles a amem ou não, a escola deve abrigá-los. Há aí alguns elementos de fundamental ambivalência porque, para o professor, é preciso ao mesmo tempo "manipular" o aluno de maneira a transformá-lo de acordo com os objetivos da organização e com os meios disponíveis e moralmente aceitáveis, e também controlá-lo para que colabore, se possível, plenamente, nesse trabalho de transformação. O aluno tenta, às vezes, subtrair-se a um poder percebido como muito grande e procura negociar sua colaboração. Essa interação, além de tudo, não goza de grande visibilidade e não é facilmente acessível aos agentes do controle e da supervisão que dependem bastante, no cumprimento de sua tarefa de enquadramento, das retroações fornecidas pelo próprio pessoal, sob forma oral ou em dossiês mais ou menos definidos e padronizados. Para os docentes, a estrutura celular do trabalho reforça ainda o lado fechado e quase secreto de sua atividade, que se desenvolve ao abrigo dos olhares externos. De modo geral, os docentes não gostam nem um pouco de ser, na classe, objeto de olhares inquisidores vindos das autoridades da organização ou de colegas.

5) *Esse tipo de organização se apoia mais e mais em um pessoal profissional.* Esse pessoal traz à organização o prestígio do profissionalismo e, graças a uma reconhecida autonomia, permite ao todo da organização aumentar a sua própria autonomia. As organizações de serviço variam conforme o nível de profissionalização de seu pessoal, mas todas elas têm um corpo de agentes que desenvolve

estratégias a esse respeito, seja de defesa do território, seja de promoção e de reconhecimento de seu trabalho. Hasenfeld (1983) aponta, quanto a isso, um perigo de "superprofissionalização", que se traduziria numa nítida preferência por clientes de classe média e bem instruídos, em detrimento dos clientes das camadas populares, aqueles que têm mais necessidade dos melhores serviços da organização. A análise recente proposta por Darling-Hammond & Sclan (1996) sobre a situação americana expõe um problema semelhante. Esses autores mostram a existência de um recrutamento "bimodal" de novos professores nos Estados Unidos: as regiões e os setores mais ricos da sociedade americana recrutam professores bem formados, que possuem especialização pedagógica reconhecida conforme padrões nacionais e beneficiados, às vezes, por bônus de excelência e de produtividade, enquanto as regiões e setores não tão bem providos (zonas rurais, quarteirões urbanos pobres, guetos, subúrbios, etc.) recrutam professores sem nenhuma formação pedagógica, com qualificações fracas. Essa situação – típica também de vários outros países do hemisfério sul e das sociedades neoliberais – ameaça provocar uma polarização do corpo docente e das organizações escolares quanto à qualidade da oferta de formação e enquadramento dos alunos.

6) Enfim, a sexta característica das organizações de serviço é a *ausência de medidas confiáveis e válidas de eficácia*. Nesse sentido, a afirmação da competência daqueles que cumprem a missão fundamental da organização é difícil de demonstrar de uma maneira indiscutível e, num contexto em que a pressão da opinião pública para a imputabilidade é forte, até a legitimidade da organização pode estar em jogo. De uma maneira mais geral, a avaliação do rendimento e da eficácia das organizações escolares é um verdadeiro problema político, de tanto que as opiniões, em cada época, são divergentes e muitas vezes completamente contraditórias.

Desse conjunto de características depreende-se que as organizações de serviço como a escola não obedecem e não podem submeter-se a uma racionalidade puramente instrumental, do tipo que prevaleceu no desenvolvimento das organizações com base na produção material. Seria, contudo, um erro concluir que elas não disponham de tecnologias de trabalho, que não possam desenvolvê-las, que estejam condenadas a realizar sua tarefa num "toque artístico" constante, em suma, que elas sejam "irracionais" e "não racionalizáveis". Com efeito, elas não existiriam se não fossem dotadas de uma certa racionalidade, ou seja, de uma estabilidade de funcionamento que remete a elementos regulares, a modelos correntes, oriundos de atitudes intencionais. Contudo, é a complexidade e a variabilidade do "material humano" básico que torna extremamente difícil a racionalização do trabalho segundo os modelos tradicionais em vigor nas indústrias ou outras grandes organizações estáticas. Por outro lado, esta complexidade e esta variabilidade suscitam também, por parte das autoridades governamentais e escolares, diversos dispositivos e cenários de controle visando atingir fins educacionais.

Nesse sentido, naquilo de que aqui nos ocupamos, podemos dizer que a escola representa uma organização de trabalho estruturada por tensões centrais entre os "materiais humanos" na base do processo do trabalho e os componentes instrumentais ou burocráticos que interferem necessariamente na gestão e no controle do trabalho escolar. Ela busca objetivos gerais, mas, ao mesmo tempo, as tecnologias, os saberes e o processo de trabalho que tornam possível a realização desses objetivos são irremediavelmente marcados pelas dimensões ambíguas, indeterminadas, variáveis do "humano", que está no coração do trabalho escolar.

Embora as considerações precedentes se situem num nível bastante genérico, visto se tratar de características formais das organizações de serviço, elas também são pertinentes para nosso estudo da organização do trabalho docente. Por exemplo, Lessard (1991:20-23), inspirando-se em Hasenfeld (1983) e em Schön (1983), propõe a ideia de que o atual movimento de profissionalização do ensino se refere a dois modelos ligados às dimensões precedentes por mais de um aspecto: um modelo tecnológico e um modelo que ele denomina orgânico. O modelo tecnológico, como seu nome indica, põe o acento principalmente nas funções de controle de técnicas pedagógicas atestadas, na eficácia das intervenções e na performance dos alunos, no domínio dos conteúdos curriculares, etc. É muito evidente que tal modelo, colocando o acento no controle e o êxito da atividade docente, é dominado por uma lógica do tipo instrumental. Ora, é exatamente esse modelo tecnológico que encontramos mais frequentemente na base das abordagens tecnocráticas e burocráticas do trabalho docente e da organização escolar. Levado ao limite, esse modelo acaba, geralmente, num corte sistemático do universo das tarefas cotidianas; ele desemboca num dispositivo de gestão hierárquica do trabalho docente, um agravamento do currículo. Na América do Norte, os anos 1980 e 1990 parecem ter introduzido vários aspectos desse modelo tecnológico na organização do trabalho docente. O controle do ensino acentuou-se graças, sobretudo, a novos programas que se assemelham a verdadeiros modelos tayloristas de aprendizagem, com uma infinidade de objetivos, e também pelo estabelecimento de sistemas de padrões nacionais. Além disso, o trabalho docente, como vimos, tornou-se mais especializado, perdendo funções para outros grupos de profissionais ou de técnicos. Enfim, os administradores, tanto locais quanto nacionais, acentuaram seu direito de gerência sobre a escola e sobre o pessoal escolar.

O modelo que Lessard (1991) denomina orgânico procede, por sua vez, de novas abordagens reflexivas do trabalho e põe o acento sobre a autonomia dos práticos, as abordagens colaborativas, a partilha dos saberes empíricos e a descentralização do poder. Ele favorece uma visão mais colaborativa e consensual do trabalho. Substitui o modelo taylorista por um modelo participativo, que dota os trabalhadores de uma competência indiscutível e incontornável, pressionando ainda os dirigentes escolares a integrá-lo nas estruturas e nos mecanismos decisórios e a introduzir, desse modo, na escola uma abordagem horizontal ou participativa do poder. Alguns dos elementos desse modelo se encontram na escola atual. De fato, como se vê nos trabalhos recentes na área da sociologia do trabalho (TRÉPOS, 1992; STROOBANTS, 1993), esses modelos existem também nas organizações industriais e no setor de serviços.

Antes de dar continuidade em nossa análise do trabalho docente, vamos retomar os resultados obtidos até o presente. Os capítulos 2 e 3 permitiram deixar algumas coisas definidas. Primeiramente, falando da gênese histórica da organização escolar e de suas características, vimos que a escola possuía uma estrutura relativamente estável com um impacto significativo sobre o trabalho docente. Em segundo lugar, após termos identificado a classe como uma unidade escolar básica, vimos como, em torno e a partir dessa unidade, veio ajuntar-se uma organização burocrática mais e mais complexa, no seio da qual se desenvolvem relações de poder entre grupos que possuem recursos diferentes. Enfim, em terceiro lugar, utilizamos alguns modelos teóricos que ajudaram a entender a escola atual como organização. Percebemos que, enquanto uma organização do tipo clientes/serviços, a escola se baseia fundamentalmente no trabalho docente junto aos alunos, que formam o material básico dessa organização.

Dentro da organização escolar, o professor ocupa uma posição de "executante autônomo". Sua atividade se insere num conjunto inteiro de controles e de regras institucionalizadas e burocratizadas. Contudo, ele próprio precisa definir os meios educacionais e o processo de trabalho na classe, sem deixar de levar em conta finalidades imprecisas, ambíguas e muito difíceis ou impossíveis de avaliar. Precisa ainda agir ignorando os efeitos últimos de sua ação. Além de tudo isso, ele trabalha com um "objeto" capaz de subtrair-se à sua ação e do qual ele tem apenas um controle parcial. Considerando que a escola persegue fins heterogêneos, o professor precisa triar e escolher as finalidades que ele acha que deve privilegiar na ação concreta, em função dos recursos disponíveis, das necessidades dos alunos, de suas crenças, valores, etc. Ao mesmo tempo que segue padrões gerais, o professor precisa considerar as diferenças individuais. Como agente da organização escolar, ele deve ainda agir de modo personalizado com os alunos. Integrado num quadro burocrático de trabalho, ele deve se comportar, ao mesmo tempo, como um profissional autônomo. Em suma, vê-se que ensinar é assumir todas essas exigências juntas e tentar satisfazê-las, sem jamais ser capaz de fazê-lo plenamente. Portanto, a escola, como todo local de trabalho, não é apenas um ambiente neutro ou acessório; sua própria estrutura ocasiona para os professores tensões que estão no âmago de sua profissão.

O propósito desse capítulo e do precedente eram justamente identificar esta estrutura nos seus traços mais estáveis que afetam diretamente o serviço prestado pelos docentes. Contudo, esta primeira abordagem precisa ser complementada por um estudo das condições reais que regem o trabalho docente. É a esta bela tarefa que se dedicam os capítulos 4 e 5. Eles permitirão ver melhor os conteúdos mais concretos da organização do trabalho docente, como também as atividades que eles são chamados a executar diariamente.

4
A carga de trabalho dos professores

A escola não mudou o suficiente para a criança de hoje. Tem-se uma criança nova numa escola velha (um professor do secundário).

Nos dois capítulos precedentes, foram analisadas as características da organização escolar a fim de ver como elas marcavam o trabalho docente. Contudo, toda uma parte da realidade foi deixada em suspense, a saber, as tarefas concretas que são atribuídas aos professores. Com efeito, o que faz um professor, exatamente? Quais são as condições de sua carga de trabalho? E como ele a vê? O objetivo desse capítulo é fornecer elementos de resposta a essas questões.

Pode-se analisar a carga de trabalho dos professores de um ponto de vista "administrativo", ou seja, definida em conteúdos e duração pela organização escolar em função das normas oficiais (decretos, leis, convenções coletivas, etc.) emanadas geralmente do governo e negociadas com as associações e sindicatos de professores. Pode-se também analisá-la sob o ângulo das exigências reais do trabalho cotidiano. Esses dois pontos de vista traçam a distinção, já usual na ergonomia (DURAND, 1996), entre a tarefa prescrita, tal como é definida pelos "patrões" e objeto de regras explícitas (normalmente escritas) e a tarefa real tal como se realiza no processo concreto do trabalho. As análises que seguem procuram considerar estas duas perspectivas complementares, sobretudo registrando o ponto de vista dos professores sobre seu próprio trabalho.

Além disso, o que chamamos as "condições de trabalho", dos professores corresponde a variáveis que permitem caracterizar certas dimensões quantitativas do ensino: o tempo de trabalho diário, semanal, anual, o número de horas de presença obrigatória em classe, o número de alunos por classe, o salário dos professores, etc. Essas variáveis servem habitualmente para definir o quadro legal no qual o ensino é desenvolvido; elas são utilizadas pelos estados nacionais para contabilizar o trabalho docente, avaliá-lo e remunerá-lo. São estas mesmas variáveis que organismos como a Ocde ou Unesco utilizam para fazer comparações entre os professores de diferentes países. Contudo, é importante deixar claro que essas condições não devem ser vistas unicamente como exigências que determinam unilateralmente a atividade docente; elas são, do mesmo modo, recursos utilizados pelos atores para chegar a seus fins. Nesse sentido, a análise do trabalho docente não pode limitar-se a descrever condições oficiais, mas deve também empenhar-se em demonstrar como os professores lidam com elas, se as assumem e as transformam em recursos em função de suas necessidades profissionais e de seu contexto cotidiano de trabalho com os alunos.

Este capítulo compreende duas seções. A primeira seção procura inicialmente definir a carga de trabalho docente bem como seus componentes e suas condições, segundo um ponto de vista principalmente quantitativo. Esta análise mostra que as relações dos professores com os alunos constitui o âmago de sua tarefa, tanto em termos de tempo quanto de investimento subjetivo. A segunda seção, portanto, estuda os pontos de vista dos professores sobre suas relações com os alunos.

4.1. A carga de trabalho dos professores

Quais são, hoje, as condições de trabalho de um professor, sua carga de trabalho, suas tarefas concretas, suas diferentes durações, sua variedade? Responder a essas questões não é nada simples. Com efeito as condições de trabalho dos professores são muito variáveis de um país a outro, mesmo que nos limitemos a indicadores gerais como o número de horas trabalhadas, ao tamanho das classes e os salários. Além disso, como vimos em diversas ocasiões, o ensino é um trabalho burocratizado cuja execução é regulamentada, mas que também repousa sobre a iniciativa dos atores e que requer de sua parte uma certa autonomia. Neste sentido, esse trabalho é definido por regras administrativas, mas depende igualmente, ou mais ainda, da atividade responsável e autônoma dos professores e de seu envolvimento com a profissão. Como muitas ocupações desse gênero, semiprofissionais, relativamente autônomas, baseadas em relações humanas e que exigem um envolvimento pessoal do trabalhador, principalmente no plano afetivo, a docência é um trabalho de limites imprecisos e variáveis de acordo com os indivíduos e as circunstâncias, e também segundo os estabelecimentos e os quarteirões e localidades.

Desse ponto de vista, a docência é um trabalho que podemos denominar *parcialmente flexível*, do qual alguns limites quantitativos e qualitativos dependem de muitos fatores. Dissemos "parcialmente elásticos" (e não completamente), porque algumas tarefas têm uma duração legal bem determinada pela organização escolar (as aulas, a vigilância na hora das recreações, etc.).

Outras tarefas podem variar quanto à duração e à frequência (encontros com os pais, reuniões, preparação da aula, correções, etc.), pois elas dependem da experiência do professor, de sua relação com o trabalho, etc. Note-se ainda que as tarefas flexíveis são regidas por certas normas. Por exemplo, os diretores de escola, quando dividem as tarefas entre os professores, parecem considerar um "tempo médio", dedicado pelos professores experientes a algumas tarefas regulares como as correções, a preparação, etc., em função do nível de ensino, dos grupos de alunos, da matéria ensinada, etc. Enfim, outras tarefas parecem mais residuais e não têm limites precisos. Por exemplo, pensar em seus alunos de noite, ver um filme para adolescentes para assimilar a cultura "jovem", etc.

De fato, como em qualquer outra profissão, alguns professores fazem exata e unicamente o que é previsto pelas normas oficiais da organização escolar, ao passo que outros se engajam a fundo num trabalho que chega a tomar um tempo considerável, até mesmo invadindo sua vida particular, as noites, os fins de semana, sem falar das atividades de duração mais longa, como cursos de aperfeiçoamento, de formação específica, atividades paraescolares ou sindicais, das associações profissionais, dos clubes esportivos para jovens, etc. Para além, todavia, dessas variações individuais que traduzem diferentes relações com o trabalho, procuremos fixar-nos nas linhas gerais da carga do trabalho docente.

Note-se, antes de tudo, que essa noção "carga de trabalho" é complexa porque remete a diversos fenômenos – dos quais vários não são quantificáveis – que se intercruzam sem cessar e cuja influência recíproca é difícil ou mesmo impossível de separar completamente. Eis os principais fatores que devem ser considerados na determinação da carga de trabalho dos professores:

- Fatores materiais e ambientais, como a natureza dos lugares de trabalho e os recursos materiais disponíveis. Por exemplo, a insuficiência de material adequado, a falta de equipamento informático, a pobreza das bibliotecas, a dependência dos horários de transporte (em regiões distantes), a insuficiência de recursos financeiros são fatores muitas vezes descritos pelos docentes de todos os países e, obviamente, no Brasil, pois eles tornam muito pesada ou difícil a carga de trabalho.
- Fatores sociais, como a localização da escola (em meio rural ou urbano, num quarteirão rico ou pobre, etc.), a situação socioeconômica dos alunos e de sua família, a violência reinante no quarteirão, a venda de drogas entre crianças, etc.

• Fatores ligados ao "objeto de trabalho", tais como o tamanho das turmas, a diversidade das clientelas, a presença de alunos com necessidades especiais e com dificuldades de adaptação e de aprendizagem, a idade dos alunos, o sexo, o nível de maturidade, etc.

• Fenômenos resultantes da organização do trabalho: o tempo de trabalho, o número de matérias a dar, o vínculo empregatício (regular, precário, por contrato, etc.), a diversidade das outras tarefas além do ensino (a recuperação, as atividades paradidáticas, a tutoria ou a disciplina, a supervisão, etc.), as atividades à noite, nos fins de semana, nas férias, etc.

• Exigências formais ou burocráticas a cumprir: observância dos horários, avaliação dos alunos, atendimento aos pais, reuniões obrigatórias, tarefas administrativas, etc.

• Enfim, há ainda os modos como os professores lidam com esses fenômenos e as estratégias que eles elaboram para assumi-los ou evitá-los. Aqui temos que levar em conta a idade e o tempo de profissão dos professores, sua experiência, como eles enxergam seu papel e sua missão, seu sexo, pois as mulheres, que são a maioria do corpo docente, muitas vezes têm que encarar uma dupla tarefa, no trabalho e em casa, etc.

Ora, esses fatores não somam-se, simplesmente. *Eles também atuam em sinergia, para criar uma carga de trabalho complexa, variada e portadora de tensões diversas.* Além disso, constata-se que vários desses fatores remetem a tarefas invisíveis que demandam igualmente a afetividade e o pensamento dos professores. Por exemplo, o fato de trabalhar com crianças pequenas, com alunos com dificuldades de aprendizagem, adolescentes delinquentes ou violentos provoca exigências específicas que afetam a carga de trabalho. Diante dessas realidades com que os professores se defrontam, pode-se falar ainda de "carga mental" de trabalho, resultado de dois fatores complementares: a natureza das exigências objetivamente exercidas pela tarefa e as estratégias adotadas pelos atores para adaptar-se a elas. Essas estratégias podem gerar um esgotamento quando os professores não controlam seu ambiente de trabalho e se vêem submetidos, por exemplo, a mudanças repentinas no número de alunos, uma redução dos recursos disponíveis, etc.

É impossível, no quadro desse capítulo, tratar com profundidade todos esses fenômenos. De fato, *apenas no fim desta obra é que poderemos ter realmente uma visão de conjunto da carga real de trabalho dos professores.* Para fazer isto, nesta primeira seção, analisamos a carga de trabalho em seus aspectos quantitativos e conforme seus diversos componentes.

4.1.1. O tempo de trabalho e o número de alunos

Na maior parte dos países industrializados, o trabalho docente é administrado segundo um quadro legal bastante preciso em convenções coletivas firmadas entre os sindicatos de professores (ou outras associações representativas) e as autoridades públicas. O estudo desse quadro nos permite ter uma primeira ideia da tarefa docente em função do tempo de trabalho, das tarefas prescritas pela convenção, do tamanho e da composição das turmas de alunos. Contudo, devemos lembrar que esses elementos são apenas parcialmente impostos, uma vez que são objeto de negociações tanto em nível nacional (acordo provincial entre os agrupamentos sindicais e o governo, decretos, leis, políticas educativas, alocações de recursos, cortes orçamentários, etc.) quanto em âmbito local (negociações com a prefeitura, a direção da escola, etc.).

Embora a carga de trabalho de um professor varie dependendo de diversas variáveis (país, regiões, ordenamento do ensino, qualificações, categoria, etc.), esse trabalho comporta em toda parte a mesma estrutura básica. Em todo lugar, duas variáveis – o tempo de ensino e o tamanho das turmas – são objeto de discussões, negociações e regulamentações, pois, com os salários pagos ao pessoal da educação, elas constituem os parâmetros básicos a partir dos quais se estimam os custos da educação e se avalia a carga de trabalho dos professores. Estima-se também que elas têm efeitos sobre a educação dada às crianças, efeitos que nem sempre são simples, diretos e lineares.

Para representarmos e avaliarmos o trabalho docente – em termos quantitativos – a comparação entre os docentes de diversos países pode ser útil. Evidentemente, como diz o adágio, *toda comparação é malfeita*, e isto é ainda mais verdadeiro quando se comparam dados brutos, tirados de pesquisas macroestatísticas, sem considerar o ambiente de trabalho, variações, muitas vezes, importantes e inúmeros fatores que influenciam o serviço do pessoal escolar. Sem contar os problemas de homogeneização dos dados que nem sempre remetem a categorias idênticas e que não foram elaborados necessariamente segundo os mesmos procedimentos. É importante também constatar que esses dados são, na maioria dos países, negociados ou, no mínimo, discutidos; determiná-los é algo que se insere, portanto, num conjunto mais amplo que, às vezes, dá uma certa coloração ao valor atribuído às características do trabalho docente. Desse modo, por exemplo, em alguns casos, aceita-se turmas maiores de alunos se for prevista uma compensação financeira. Ademais, o ensino ocupa relativamente poucas horas, mas é para turmas proporcionalmente mais volumosas; em outros casos, a carga de trabalho é globalmente pesada, mas os salários são mais elevados, etc. *Portanto, é muito provável que haja um equilíbrio geral das condições de trabalho e de emprego que dão sentido ao valor das variáveis rela-*

tadas aqui. Não é nosso propósito explicitar aqui esse equilíbrio, geralmente fruto do que os anglo-saxãos chamam de "trade-offs"; basta-nos lembrar que ele existe, ou, pelo menos, que é estudado pelos professores e suas associações sindicais e profissionais.

Apesar disso, os dados que pudemos levantar são interessantes, pois permitem situar melhor a carga de trabalho dos professores de diversos países uns em relação aos outros. É importante assinalar que eles consideram apenas normas que definem o trabalho prescrito (em oposição ao trabalho real) e que se trata em todo caso de médias nacionais, podendo variar, quem sabe consideravelmente, de uma região a outra num mesmo país. Fora isso, os dados estatísticos a nossa disposição limitam-se a alguns indicadores gerais: tamanho das turmas, a razão aluno/professor, o tempo de ensino, a duração da semana e do ano escolar. Eles não permitem, portanto, obter uma ideia precisa e refinada do conjunto dos componentes da carga de trabalho real dos professores. Interessa-nos aqui o tempo de ensino e o tamanho das turmas, duas dimensões fundamentais da carga do trabalho docente.

O tempo dedicado ao ensino com os alunos

O tempo dedicado ao ensino propriamente dito, ou seja, ao trabalho em aula com os alunos (independentemente da forma pedagógica utilizada), constitui o âmago da tarefa docente. No quadro 7 reunimos as informações mais recentes fornecidas pela Ocde a esse respeito. O quadro 8, por sua vez, apresenta a organização do tempo de trabalho docente segundo diversas durações: dias, semanas, etc.

O quadro 7 indica que, no ano 2000, conta-se entre os países representados nessa amostragem em média 792 horas de curso por ano para o ensino primário (802 horas em 1996), 720 horas por ano para o 1º ciclo do secundário (728 horas em 1996) e 648 horas para o 2º ciclo do secundário (674 horas em 1996). O tempo legal de ensino, portanto, diminui em toda parte na medida em que se passa das "pequenas" classes do primário às do 2º ciclo do secundário: 792 horas a 648 horas. Essas médias confirmam uma diferença importante entre o ensino primário e o ensino secundário. Com efeito, no primeiro caso, o ensino é geralmente em classe, em interação com os alunos, enquanto no secundário o trabalho em classe é mais intermitente e globalmente menos volumoso no que diz respeito ao ensino formal propriamente dito.

A partir da leitura do quadro 7, constata-se também que o tempo legal de ensino em presença dos alunos (o que se chama as aulas) varia consideravelmente de um país a outro. É verdade que o que constitui o primário e o secundário – em termos de anos e de idade dos alunos – varia de um país a ou-

Quadro 7 – Número de horas de ensino por ano (1996 e 2000)*

	Primário			Primeiro ciclo do secundário			Segundo ciclo do secundário fileira geral		
	2000	1996	Índice de variação 1996-2000	2000	1996	Índice de variação 1996-2000	2000	1996	Índice de variação 1996-2000
Suécia	a	624	m	a	576	m	a	528	m
México	800	800	n	1 182	1 182	n	m	m	m
Islândia	629	m	m	629	m	m	464	m	m
Japão	635	m	m	557	m	m	478	m	m
Turquia	639	m	m	a	a	m	504	m	m
Noruega	713	713	n	633	611	4%	505	505	n
Portugal	815	783	4%	595	644	-8%	515	574	-10%
Finlândia	656	m	m	570	m	m	527	m	m
Coreia	829	m	m	565	m	m	545	m	m
Espanha	880	900	-2%	564	m	m	548	630	-13%
Hungria	583	551	6%	555	473	17%	555	473	17%
Dinamarca	640	640	n	640	640	n	560	560	n
França	907	900	1%	639	947	-1%	611	m	m

* Tempo de contato líquido expresso em número de horas por ano nos estabelecimentos públicos, por nível de ensino e índice de variação entre 1996 e 2000.

	Primário			Primeiro ciclo do secundário			Segundo ciclo do secundário fileira geral		
	2000	1996	Índice de variação 1996-2000	2000	1996		2000	1996	Índice de variação 1996-2000
Itália	748	748	n	612	612	n	612	612	n
Rep. Tcheca	650	635	2%	650	607	7%	621	580	7%
Áustria	684	684	n	658	658	n	623	623	n
Grécia	780	780	n	629	629	n	629	629	n
Média dos países	792	802	Nn	720	728	Nn	648	674	n
Bélgica (fr.)	804	808	-6%	728	734	-1%	668	677	-1%
Bélgica (fl.)	831	841	-1%	716	724	-1%	671	679	-1%
Suíça	884	871	1%	859	850	1%	674	669	1%
Alemanha	783	772	1%	732	715	2%	690	671	3%
Irlanda	915	915	n	735	735	n	735	735	n
Austrália	882	m	n	811	m	m	803	m	m
Holanda	930	930	n	867	867	n	867	867	n
Escócia	950	975	-3%	893	m	m	893	917	-3%
Nova Zelândia	985	985	n	968	968	n	950	950	n
Estados Unidos	1 139	958	19%	1 127	964	17%	1 121	942	19%

Fonte: OCDE. Ver as notas, fontes e metodologias no anexo 3 (www.oecd.org/els/education/eag2002).

tro, exatamente como a base de dados a partir da qual os pesquisadores da Ocde fizeram seus cálculos, mas é preciso reconhecer uma grande variação entre os países arrolados. Assim, se a Hungria exige 583 horas de ensino de seus professores do primário, os Estados Unidos, conforme a Ocde, exigem 1.139, o que vai do simples ao dobro. No primário, os países se situam entre extremos: um grupo de países (França, Irlanda, Holanda, Escócia, Nova Zelândia e Estados Unidos) exige um tempo de trabalho em presença dos alunos de mais de 900 horas por ano dos seus professores, enquanto outro grupo está abaixo de 700 horas para a mesma atividade (Hungria, Islândia, Japão, Turquia, Dinamarca, República Tcheca, Finlândia e Áustria). Temos sensivelmente os mesmos grupos, com alguma variação, no primeiro e no segundo ciclo do ensino secundário. É preciso, provavelmente, ser muito prudente na interpretação desses dados e no referir-se às diversas situações nacionais a fim de compreender bem o que esses números nos revelam sobre a tarefa dos professores.

A esse respeito, note-se que o tempo de contato com os alunos (que é o indicador básico do quadro 7) não corresponde ao número de horas dispensadas pelos professores porque em diversos países a duração das aulas inclui a preparação e acompanhamento das lições (sobretudo a correção de trabalhos dos alunos). Além disso, também o número de matérias ensinadas e o número de anos durante os quais os mesmos professores se ocupam com os mesmos alunos são fatores importantes a se considerar na avaliação da carga de trabalho dos professores. Por exemplo, um professor que muda de turmas de alunos a cada ano precisa necessariamente tomar um tempo suplementar para conhecê-los melhor. O mesmo acontece com o professor (geralmente os mais jovens) que tenham que preparar várias matérias ao longo de uma semana normal de trabalho.

Ademais, o quadro 7 nos permite ver que o tempo de trabalho em presença de alunos não passou por nenhuma evolução entre 1996 e 2000 exceto na Hungria (+6% para o primário e +17% para os dois ciclos do secundário), a República Tcheca (+7% para todo o secundário), a Espanha (-13% para o segundo ciclo do secundário) e Portugal (-8% e -10% para o primeiro e o segundo ciclo do secundário).

Quanto ao Brasil, infelizmente, não nos foi possível encontrar dados seguros sobre o tempo passado pelos professores em presença dos alunos. O único dado confiável reportado pela Ocde diz respeito ao tempo de ensino previsto para os alunos (o que, com certeza, é diferente do número de horas que os alunos passam com seus professores), ou seja, 800 horas por ano no Brasil, enquanto a média dos países da Ocde é de 829 horas. Sabemos, contudo, que a situação dos professores brasileiros é muito mais contrastante, pois a maioria deles não tem contrato de horário integral como os professores dos países da Ocde (que trabalham de 35 a 40 horas semanais com contrato exclusivo), mas dois ou até três contratos de 16 a 20 horas semanais cada um. Além disso, por causa desses contratos de meio período, diversos professores brasileiros precisam ensinar ao menos em dois estabelecimentos escolares para obter um salário minimamente decente. Isto significa, portanto, que precisam adaptar-se com vários grupos e tipos de alunos, com diversos estabelecimentos e grupos de colegas, sem falar das diferentes matérias a preparar. Em suma, podemos supor, embora sem dispor de dados comparativos, que a carga de trabalho dos professores brasileiros é mais pesada que a de seus colegas da maioria dos países da Ocde.

O quadro 8 apresenta, por sua vez, dados anuais sobre o número de semanas, de dias e de horas de ensino, sobre o tempo de trabalho na escola em horas e o tempo de trabalho legal em horas.

Este quadro 8 revela que a organização do tempo de trabalho dos professores é mais uma vez muito variável conforme os países, pois ele depende da legislação em vigor em cada país: alguns não estabelecem qual o tempo obrigatoriamente passado em classe, ao passo que outros definem também o tempo passado na escola; outros países definem a divisão do tempo entre as demais atividades (correções, planejamento, reuniões, etc.) e as aulas em presença dos alunos. Em vários países (por exemplo o Japão, a Coreia, etc.) os professores são considerados como funcionários e seu tempo de trabalho corresponde ao dos demais empregados do setor público sem maior precisão a respeito da duração de suas várias atividades. Em diversos outros países, o tempo de trabalho é regulamentado em âmbito infranacional e comporta inúmeras variações entre as regiões, estados ou províncias, como no Canadá e no Brasil. Notam-se, igualmente, variações por estabelecimento e pelas tradições locais (prefeituras, conselhos escolares, distritos, etc.).

Apesar destas variações, o quadro 8 fornece informações úteis para estimar o tempo de trabalho docente de diversos países e para analisar a situação do professorado brasileiro quanto a isso. Pode-se extrair as seguintes informações:

- Em média, o número de semanas de ensino no primário e no secundário é de 38 por ano, o que situa o Brasil acima da média com 40 semanas anuais; apenas o México e a Dinamarca o ultrapassam nesse ponto.
- No que tange o número de dias de ensino por ano, a média no primário é de 189 dias e de 187 dias no secundário. Contudo, alguns países como a Dinamarca e o México estão com mais de 200 dias por ano, e a Coreia atinge até 220 dias de trabalho anual. Mesmo assim, verifica-se que a Co-

Quadro 8 – Organização do tempo de trabalho dos professores (2000)

	Número de semanas de ensino		Número de dias de ensino		Número líquido de horas de ensino			Tempo de trabalho na escola em horas			Tempo de trabalho legal em horas		
	Primário	Secundário	Primário	Secundário	Primário	Primeiro ciclo do secundário	Segundo ciclo do secundário, programa geral	Primário	Primeiro ciclo do secundário	Segundo ciclo do secundário	Primário	Primeiro ciclo do secundário	Segundo ciclo do secundário
Austrália	40	40	196	196	882	811	803	a	a	a	1.310[2]	1.310[2]	1.310[2]
Áustria	38	38	187	187	684	658	623	m	m	m	a	a	a
Bélgica (fl.)	37	37	178	179	831	716	671	m[3]	m[3]	m[3]	a	a	a
Bélgica (fr.)	38	38	182	182	804	728	673	871[3]	734[3]	673[3]	a	a	a
Rep. Tcheca	40	40	197	197	650	650	621	650[3]	650[3]	621[3]	1.700	1.700	1.700
Dinamarca	42	42	200	200	640	640	560	a	a	a	1.680[1]	1.680[1]	1.680[1]
Inglaterra	38	38	190	190	a	a	a	a	a	a	1.265[2]	1.265[2]	1.265[2]
Finlândia	38	38	190	190	656	485-656	428-627	964[3]	905[3]	901[3]	a	a	a
França	35	35	m	m	907	639	611	907[3]	639[3]	611[3]	a	a	a
Alemanha	39	39	188	188	783	732	690	a	a	a	1.702-1.760[1]	1.702-1.760[1]	1.702-1.760[1]

	Número de semanas de ensino		Número de dias de ensino		Número líquido de horas de ensino			Tempo de trabalho na escola em horas			Tempo de trabalho legal em horas		
	Primário	Secundário	Primário	Secundário	Primário	Primeiro ciclo do secundário	Segundo ciclo do secundário, programa geral	Primário	Primeiro ciclo do secundário	Segundo ciclo do secundário	Primário	Primeiro ciclo do secundário	Segundo ciclo do secundário
Grécia	40	38	195	185	780	629	629	1000[3]	798[3]	798[3]	1.500[1]	1.425[1]	1.425[1]
Hungria	37	37	185	185	777	555	555	a	a	a	1.664[1]	1.664[1]	1.664[1]
Islândia	38	38	170	170	629	629	464	a	a	a	1.800[1]	1.800[1]	1.800[1]
Irlanda	37	33	183	167	915	735	735	a	735[3]	735[3]	1.036[2]	a	a
Itália	34	34	m	M	748	612	612	m[3]	m[3]	m[3]	a	a	a
Japão	35	35	193	193	635	557	478	a	a	a	1.940[5]	1.940[5]	1.940[5]
Coreia	37	37	220	220	829	565	545	a	a	a	1.613[5]	1.613[5]	1.613[5]
México	42	42	200	200	800	1 182	M	a	a	m	900[2]	1.680[1]	m
Holanda	40	40	195	195	930	867	867	a	a	a	1 659[1]	1.659[1]	1.659[1]
Nova Zelândia	39	39	197	192	985	968	950	985[3]	968[3]	950[3]	a	a	a
Noruega	38	38	190	190	713	633	598	a	a	a	1.718[1]	1.718[1]	1.718[1]

Portugal	34	34	163	163	815	595	515	815[3]	595[3]	515[3]	1.596[1]	1.596[1]	1.596[1]
Escócia	38	38	190	190	950	893	893	1.075[2]	1.075[2]	1.075[2]	1.153[1]	1.153[1]	1.153[1]
Espanha	37	36	176	171	880	564	548	1.110	1.080	1.050	1.418[2]	1.418[2]	1.418[2]
Suécia	a	a	a	a	a	a	a	1.360[2]	1.360[2]	1.360[2]	1.767[1]	1.767[1]	1.767[1]
Suíça	38	38	m	m	884	859	674	884[3]	859[3]	674[3]	m	m	m
Turquia	38	a	180	180	639	639	504	639[3]	639[3]	504[3]	a	a	a
Estados Unidos[6]	36	36	180	180	1.139	1.127	1.121	1.353[4]	1.371[4]	1.371[4]	1.353[4]	1.371[4]	1.371[4]
Argentina	38	38	m	m	765	850	755	m	m	m	m	m	m
Brasil	40	40	m	m	800	800	800	m	m	m	m	m	m

1. Os professores com período integral trabalham um número de horas determinado por semana para receber seu salário completo. Seu tempo de trabalho compreende o ensino e as outras atividades (a preparação das aulas, as provas, as reuniões e as tarefas administrativas) realizadas na escola e fora dela.

2. Os professores com período integral são obrigados a estar presentes na escola durante um número determinado de horas por semana para receber seu salário completo. Seu tempo de trabalho compreende o ensino e as outras atividades (a preparação das aulas, as provas, as reuniões e as tarefas administrativas). Um número de horas determinado deve ser passado na escola.

3. Os professores com período integral são obrigados a estar presentes nos estabelecimentos apenas durante um número determinado de horas (as horas de ensino e os intervalos entre as aulas). Não estão submetidos a nenhuma exigência relacionada ao tempo que dedicam às outras atividades além do ensino.

4. O tempo de trabalho dos professores é determinado em nível individual, em nível local ou em nível de estabelecimento. Compreende o ensino e as outras atividades.

5. Tempo de trabalho legal dos trabalhadores do setor público. Na Coreia o tempo de trabalho é calculado unicamente por ano escolar.

6. O número de semanas de ensino foi estimado com base na média do PISA. O tempo de trabalho escolar é calculado com base na declaração dos professores quanto ao número de horas nas quais sua presença na escola era obrigatória.

Fonte: Ocde. Ver as fontes e metodologias no anexo 3 (www.oecd.org/els/education/eag2002).

reia está abaixo da média no número de semanas, que é 37. De fato, os professores coreanos trabalham no verão, mas no seu ritmo.

• Por número líquido de horas de ensino anual, sobe a 802 no primário, a 729 horas para o primeiro ciclo do secundário e a 748 horas para o segundo ciclo do secundário. Trata-se, aqui, do tempo passado em contato com os alunos. O Brasil, com 800 horas em todos os níveis, situa-se acima da média nos dois ciclos do ensino secundário. Como no quadro 7, observam-se ainda aqui variações importantes, principalmente com os Estados Unidos, que impõem 1.100 horas a seus professores no primário e no secundário.

• Faltam, infelizmente, dados de diversos países para avaliar corretamente o tempo de trabalho escolar em horas numa base anual. A partir dos dados disponíveis, as médias são de 936 horas no segundo ciclo do secundário. Trata-se aqui de horas de presença obrigatória na escola. Observa-se que alguns países (Estados Unidos, Escócia, Grécia, etc.) exigem de seus professores um número obrigatório de horas de presença na escola depois das aulas, enquanto outros países (Dinamarca, França, Portugal, etc.) não impõem exigências desse tipo: os professores podem deixar seu estabelecimento após o término das aulas com os alunos. Isto significa que eles têm a liberdade de terminar suas outras tarefas (correções, projetos pedagógicos, etc.) em casa.

• Finalmente, os últimos dados concernentes ao tempo de trabalho legal em horas anuais, que é de 1.541 no primário e no primeiro ciclo do secundário e de 1.526 horas no segundo ciclo do secundário. Se dividirmos estas horas pelo número de semanas anuais, obteremos uma média de trabalho de 40,5 horas semanais para o conjunto dos países.

Com estes dados sobre o tempo de trabalho, abordaremos o outro grande fator que influencia diretamente a carga de trabalho dos professores, a saber, o tamanho de suas turmas e o número de alunos aos quais eles precisam ensinar.

O tamanho das turmas de alunos

Os dados que obtivemos do relatório mais recente da Ocde (2002) são apresentados no quadro 9 e no quadro 10. De maneira geral, analisando os relatórios da Ocde sobre esse indicador (o tamanho das turmas), observamos que a média diminuiu desde uns 20 anos, resultado tanto da evolução demográfica em queda nos países da Ocde quanto, também, das prioridades dos professores na negociação e determinação de suas condições de trabalho junto aos empregadores. Na França, por exemplo, o tamanho médio das classes das escolas elementares públicas passou de 30 em 1960 a 23 em 1994 e menos de 20 em 2004, o que representa uma diminuição substancial.

Quadro 9 – Tamanho médio das classes nos estabelecimentos públicos e privados, por nível de ensino (2002)

Cálculos baseados no número de estudantes e de classes								
	Educação primária				**Primeiro ciclo do secundário (programa geral)**			
	Instituições públicas	Instituições privadas dependentes do governo	Instituições privadas independentes	TOTAL: Instituições públicas e privadas	Instituições públicas	Instituições privadas dependentes do governo	Instituições privadas independentes	TOTAL: Instituições públicas privadas
	(1)	(2)	(3)	(4)	(5)	(6)	(7)	(8)
Países da OECD								
Austrália[1]	24,9	25,9	a	25,0	23,6	22,2	a	23,5
Áustria	20,0	21,2	m	20,1	23,8	24,8	x(6)	23,9
Bélgica	m	m	m	m	m	m	m	m
Bélgica (fr.)	20,0	21,0	a	20,4	21,1	21,9	a	21,6
Canadá	m	m	m	m	m	m	m	m
República Tcheca	21,3	16,8	a	21,3	23,3	20,9	a	23,3
Dinamarca	19,4	16,7	a	19,1	19,1	17,5	a	18,8
Finlândia	m	m	a	m	m	m	a	m

Cálculos baseados no número de estudantes e de classes								
	Educação primária				Primeiro ciclo do secundário (programa geral)			
	Instituições públicas	Instituições privadas dependentes do governo	Instituições privadas independentes	TOTAL: Instituições públicas e privadas	Instituições públicas	Instituições privadas dependentes do governo	Instituições privadas independentes	TOTAL: Instituições públicas privadas
	(1)	(2)	(3)	(4)	(5)	(6)	(7)	(8)
Países da OECD								
França	22,3	23,9	n	22,6	24,1	25,0	13,1	24,3
Alemanha	22,2	23,7	x(2)	22,2	24,6	26,0	x(6)	24,7
Grécia	17,2	a	21,5	17,5	22,9	a	26,0	23,0
Hungria	20,5	19,5	a	20,4	21,2	21,7	a	21,3
Islândia	17,9	18,8	n	17,9	19,2	17,7	n	19,1
Irlanda	24,2	m	m	m	21,4	m	m	m
Itália	18,1	a	20,1	18,3	20,7	a	21,4	20,8
Japão	28,7	a	34,3	28,8	34,2	a	36,7	34,3
Coreia	35,7	a	34,8	35,7	37,3	36,5	a	37,1
Luxemburgo	15,6	21,3	17,6	15,7	19,9	20,5	18,8	19,9

México	20,6	a	23,8	20,8	29,9	a	28,7	29,8
Holanda	x(4)	x(4)	x(4)	23,9	m	m	m	m
Nova Zelândia	m	m	m	m	m	m	m	m
Noruega	m	m	m	m	m	m	m	m
Polônia	21,1	12,4	12,1	20,9	24,5	24,6	14,1	24,3
Portugal	18,7	a	23,0	19,1	18,0	a	18,2	18,1
República Eslava	20,8	20,3	a	20,8	23,3	23,8	a	23,3
Espanha	19,4	24,9	22,5	20,9	24,4	28,2	23,5	25,4
Suécia	m	m	m	m	m	m	m	m
Suíça	19,7	14,9	16,6	19,6	18,7	18,5	16,2	18,6
Turquia	29,6	a	20,2	29,4	a	a	a	a
Reino Unido	26,0	a	m	m	24,7	m	m	m
Estados Uni-dos	22,0	a	19,6	21,7	23,2	a	18,8	22,6
Média dos países	**21,9**	**20,1**	**22,2**	**21,8**	**23,6**	**23,3**	**21,4**	**23,7**

Cálculos baseados no número de estudantes e de classes								
	Educação primária				**Primeiro ciclo do secundário (programa geral)**			
	Instituições públicas	Instituições privadas dependentes do governo	Instituições privadas independentes	TOTAL: Instituições públicas e privadas	Instituições públicas	Instituições privadas dependentes do governo	Instituições privadas independentes	TOTAL: Instituições públicas privadas
	(1)	(2)	(3)	(4)	(5)	(6)	(7)	(8)
Países da OECD								
Países associados								
Brasil[1]	27,2	a	18,6	26,1	34,7	a	27,0	33,7
Chile	32,8	36,0	24,0	32,9	32,3	35,5	25,3	32,6
Egito	41,5	36,7	35,6	40,9	44,3	41,0	32,0	43,5
Índia	x(4)	x(4)	x(4)	40,0	x(8)	x(8)	x(8)	40,0
Israel	25,6	a	a	25,6	31,0	a	a	31,0
Jamaica	34,3	m	m	m	32,4	m	m	m
Jordânia	28,8	a	27,8	28,5	30,7	a	30,2	30,6
Malásia[1]	32,9	a	a	32,9	37,1	a	a	37,1

Paraguai[1]	18,1	22,1	16,7	18,3	27,7	27,5	19,4	26,3
Peru[1]	19,5	30,5	17,0	19,5	35,2	37,9	23,2	33,3
Filipinas	40,3	a	32,4	39,7	53,7	a	44,9	51,6
Federação Russa	16,1	a	9,8	16,1	20,7	a	10,7	20,6
Sri Lanca	26,2	m	n	m	29,8	m	n	m
Tailândia	23,2	52,1	a	25,1	36,6	32,7	a	36,3
Tunísia	28,3	a	25,1	28,2	33,5	a	19,8	33,1
Uruguai[1]	19,1	a	m	m	29,5	a	26,4	29,0

Nota: x indica que os dados estão em outra coluna. A referência à coluna aparece entre parêntesis depois do "x", i. é. x(2) significa que os dados estão incluídos na coluna 2.

1. Ano de referência 2001.

Estabelecimentos públicos apenas.

Estão incluídas as classes que agrupam mais de um ano.

Os países estão classificados em ordem decrescente do tamanho médio das classes no primeiro ciclo do ensino secundário.

Fonte: Ocde. Quadro D2.1. Ver as notas no anexo 3 (www.Ocde.org/els/education/eag2002).

Quadro 10 – Número de alunos por professor nos estabelecimentos de ensino públicos e privados, por nível de ensino e expressos em período integral equivalente (2000)

	Pré-primário	Primário	1º ciclo do secundário	2º ciclo do secundário	Conjunto do secundário
	(1)	(2)	(3)	(4)	(5)
Austrália[1]	m	17,3	m	m	12,6
Bélgica	15,0	15,0	9,7	9,7	9,7
Canadá	18,1	18,1	18,1	19,5	18,8
República Tcheca	13,1	19,7	14,7	11,5	13,1
Dinamarca	6,6	10,4	11,4	14,4	12,8
Finlândia	12,2	16,9	10,7	17,0	13,8
França	19,1	19,8	14,7	10,4	12,5
Alemanha	23,6	19,8	15,7	13,9	15,2
Grécia	15,8	13,4	10,8	10,5	10,7
Hungria	11,6	10,9	10,9	11,4	11,2
Islândia	5,4	12,7	12,7	9,7	m
Irlanda	15,1	21,5	15,9	15,9	15,9
Itália	13,0	11,0	10,4	10,2	10,3
Japão	18,8	20,9	16,8	14,0	15,2
Coreia	23,1	32,1	21,5	20,9	21,2
Luxemburgo[2]	20,2	15,9	X(5)	X(5)	9,2
México	22,4	27,2	34,8	26,5	31,7
Holanda	16,8	16,8	17,1	17,1	17,1
Nova Zelândia	7,5	20,6	19,9	13,1	16,3

1. Compreende apenas os programas gerais para o 1º e 2º ciclos do secundário.

2. Estabelecimentos públicos, apenas.

Noruega	m	12,4	9,9	9,7	m
Polônia	13,1	12,7	11,5	16,9	15,5
Portugal	16,4	12,1	10,4	7,9	9,0
República Eslava	10,1	18,3	13,5	12,8	13,2
Espanha	16,1	14,9	11,9	11,9	11,9
Suécia	M	12,8	12,8	15,2	14,1
Turquia	16,0	30,5	M	14,0	14,0
Reino Unido*[1]	21,0	21,2	17,6	12,5	14,8
Estados Unidos	18,7	15,8	16,3	14,1	15,2
Média dos países	*15,5*	*17,7*	*15,0*	*13,9*	*14,3*
Argentina[2,3]	19,9	22,7	13,2	9,0	11,2
Brasil[3]	18,5	26,6	34,2	38,7	35,6

O tamanho das classes é uma questão importante em todos os países da Ocde. De maneira geral, as classes menos numerosas são privilegiadas pelos professores porque sua carga de trabalho torna-se menor e, sobretudo, eles podem dar mais atenção a cada aluno. Onde os pais podem escolher o estabelecimento, as classes menores constituem, geralmente, o fator que eles consideram. Contudo, é preciso ter muita consciência que toda redução do número de alunos por turma traduz-se num aumento de custos da educação, pois é necessário envolver mais professores. Obviamente, o tamanho das turmas de alunos deve ser relativizada à luz de outros fatores, como o recurso mais generalizado a professores auxiliares qualificados. Além disso, quando alunos em dificuldades de aprendizagem ou com problemas de comportamento se integram nas classes regulares, a tarefa do professor se altera, mesmo que o número de alunos continue o mesmo ou até diminua.

Para o primário, o tamanho médio das classes varia muito conforme os países da Ocde: passa de 36 alunos por classe na Coreia a menos de 20 alunos na Dinamarca, na Grécia, na Islândia, na Itália, em Luxemburgo e na Noruega. No primeiro ciclo do ensino secundário, a média fica entre 38 alunos por

---

3. Ano de referência: 1999.

turma na Coreia e menos de 20 alunos na Dinamarca, na Finlândia, na Islândia, em Luxemburgo e na Suíça (ver o quadro 10).

Também se pode observar que o número de alunos por classe aumenta em média duas unidades do ensino primário para o primeiro ciclo do ensino secundário. Na Espanha, na Grécia, no Japão e em Luxemburgo, a média de alunos por classe aumenta mais de quatro unidades entre esses dois níveis de ensino, enquanto a Austrália, a Dinamarca, a Irlanda, a Suíça e o Reino Unido apresentam uma diminuição do número de alunos por classe do primário ao primeiro ciclo do secundário (cf. o quadro 9). Em 9 dos 20 países da Ocde, as classes do setor público contam, ao menos, três alunos a mais do que as do setor privado no primário. As diferenças são menos acentuadas no secundário, embora o tamanho seja menos importante nos estabelecimentos privados.

Além disso, como indicado no relatório da Ocde (2002, p. 316):

> No ensino primário, o número de alunos por professor em equivalente período integral varia de 32 alunos na Coreia a 10 na Dinamarca, sendo a média da Ocde de 18 alunos por professor neste nível. As disparidades na taxa de enquadramento entre os países são ligeiramente mais acentuadas no ensino secundário. Assim, contam-se mais de 21 alunos por professor em equivalente período integral na Coreia e no México, mas menos de 11 alunos por professor na Bélgica, na Grécia, na Itália, em Luxemburgo e em Portugal. No ensino secundário, a taxa de enquadramento médio da Ocde é de 14 alunos por professor, o que se aproxima das taxas observadas na Alemanha (15), nos Estados Unidos (15), na Finlândia (14), no Japão (15), na Polônia (15), no Reino Unido (15), na Suécia (14) e na Turquia (14).

Enfim, note-se que no ensino pré-primário o número de alunos por professor é, geralmente, inferior ao do ensino primário, mas levemente superior ao do ensino secundário.

Reconheçamos que é difícil tirar conclusões precisas do conjunto dos dados apresentados nos gráficos e quadros precedentes sobre a carga de trabalho dos professores nos diversos países da Ocde. Como já dissemos anteriormente, é provável que a carga de trabalho dos professores acabe equilibrando-se por causa de fenômenos como a remuneração, a relação entre os grupos mais pesados e a duração do ensino, etc. Fiquemos com os seguintes pontos: os professores do primário passam mais tempo em classe, ao passo que, quanto mais subimos para os ciclos do secundário, mais esse tempo diminui; o tempo legal de ensino varia de maneira considerável de país a país, indo do simples ao dobro se considerarmos os casos extremos; enfim, desde uns vinte anos, a média de alunos por classe tem diminuído na maioria dos países da Ocde.

4.2. Os componentes da tarefa dos professores

Os dados acima são ainda muito globais para dar uma ideia exata da carga de trabalho. Com efeito, o ensino é uma ocupação cada vez mais complexa que remete a uma diversidade de outras tarefas além das aulas em classe. É, portanto, necessário tentar avaliar o impacto desse fenômeno sobre a carga de trabalho. Infelizmente, não foi possível obter dados quantificáveis e recentes a respeito de todas as tarefas docentes. Essa ausência de dados se explica, principalmente, porque existem poucas pesquisas precisas sobre esse assunto. Explica-se também, como dissemos, pelo caráter parcialmente elástico da tarefa dos professores que é, por definição, difícil de quantificar. Por exemplo, o fato de um professor pensar num aluno em dificuldades num fim de semana ou em problemas disciplinares que ele experimenta com um grupo de alunos dificilmente é mensurável em termos de quantidade, mas não deixam de constituir exemplos de carga informal de trabalho. Enfim, essa ausência de dados também se explica pela resistência manifestada pelos professores e suas associações diante de uma visão muito quantitativa e parcial de seu trabalho: por definição, a reivindicação de uma autonomia profissional é amplamente refratária à mensuração quantitativa do tempo e ao enquadramento preciso do trabalho; trata-se de um comportamento básico que orienta toda a relação com a profissão e a relação com o tempo contável.

4.2.1. *Tarefas diversificadas*

Tanto ao longo de uma jornada típica de trabalho quanto durante um ano escolar, um professor é convocado a realizar diversas outras tarefas além das aulas. Essas tarefas são, principalmente: a recuperação, as atividades paraescolares, a tutoria ou o enquadramento disciplinar, a vigilância, o papel de conselheiro pedagógico, a supervisão de estagiários no magistério, a supervisão de professores em treinamento, a liberação para atividades sindicais e o tempo à disposição da escola. Seria necessário acrescentar a esta lista as seguintes tarefas: os encontros com os pais, os períodos de preparação das aulas, a correção e a avaliação, a participação às jornadas pedagógicas, o aperfeiçoamento, bem como outras atividades prescritas pela convenção coletiva, como a participação em diferentes comissões, até mesmo o voluntariado. Passemos a uma descrição sucinta dessas diversas tarefas.

As aulas em classe com presença dos alunos

Na maioria dos países, o ato de ministrar aulas em classe é o único elemento comum a todos os docentes do primário e do secundário. Embora esse ato constitua o âmago da tarefa docente, seria um engano achar que trata-se de uma atividade simples, unificada e linear. Como veremos mais em detalhe nos capítulos 6 e 7, dedicados a esta questão, uma aula é uma atividade complexa, dinâmica, na qual interferem diferentes tarefas, às vezes, implicadas umas nas outras. Tradicionalmente, essas tarefas são divididas em duas grandes categorias (DOYLE, 1986; SHULMAN, 1987).

Uma primeira categoria engloba as atividades ligadas à gestão da classe. Nault (1994:102ss.) dá uma descrição sistemática sobre isso. Esta categoria aborda, primeiramente, as tarefas que correspondem à *organização social da classe*, ou seja, a realização de rotinas e o cumprimento de regras que asseguram o funcionamento coletivo dos alunos. Por exemplo, o professor define suas expectativas em relação aos alunos, bem como o seu papel: indica claramente as medidas que serão tomadas se as regras não forem respeitadas, distribui os lugares dos alunos, apresenta o programa de trabalho etc. Em segundo lugar encontram-se as tarefas que correspondem à *organização didática e material da aprendizagem*: as formas de trabalho (em grupo, individual, etc.), os momentos de dar as notas, a divisão do trabalho, a utilização de livros, cadernos, etc. Enfim, em terceiro lugar, há as tarefas relacionadas ao controle da turma e de suas atividades. Por exemplo, o professor se desloca frequentemente na sala, percorre-a com o olhar, intervém imediatamente em caso de problemas disciplinares, escreve claramente as instruções, acompanha a transição nas mudanças de atividades, etc. Nault elenca, assim, 70 atividades desta natureza.

Uma segunda categoria de tarefas diz respeito ao ensino e à aprendizagem da matéria (MALO, 1997; NAULT, 1994). Ela engloba o planejamento a longo, médio e curto prazos (ano, período, dia) da matéria, sua separação em sequências hierárquicas, as transformações da matéria conforme o planejamento e a aprendizagem que consideram as preocupações afetivas dos alunos, sua motivação, seu nível, sua heterogeneidade, etc. Encontram-se aí, também, tarefas como a escola de exemplos, a reflexão sobre os principais conceitos, a preparação de tarefas adequadas, a consideração dos conhecimentos anteriores dos alunos, etc.

Na realidade, é difícil, para o docente, separar essas duas categorias de tarefas (a gestão do grupo e o ensino da matéria propriamente dito), pois elas estão estreitamente ligadas durante o desenvolvimento de uma aula. Como ela é "transmitida" a uma coletividade de alunos em interação com um professor, a matéria a ensinar deve ser "interativa" (SHULMAN, 1986) a fim de que, uma vez transformada, passe a ser matéria ensinada (CHEVALLARD, 1985). Além disso, as interações com os alunos cobrem um amplo espectro de atitudes: físicas, verbais, emocionais, cognitivas, morais, etc. Nos capítulos seguintes, voltaremos a essas tarefas com mais detalhes.

A preparação das aulas

Se o ensino propriamente dito ocupa o essencial do tempo do professor, é preciso vincular a essa atividade central a preparação das aulas. Na América do Norte, o tempo de preparação é, em geral, de 30 a 40min/dia para o primário, mas ele varia conforme as escolas. As convenções coletivas permitem, muitas vezes, aos diretores de escolas agirem de acordo com seu discernimento no que tange a alocação de períodos de preparação. A média é de um período por dia nas escolas que funcionam em regime semestral e de dois períodos sobre oito nas escolas cujo regime não é semestral.

O tempo de preparação pode transformar-se rapidamente em intercâmbio com os alunos ou em comunicação com os colegas ou pais. Assim, conforme a ordem de prioridade estabelecida, os professores do secundário podem ser obrigados a ceder seu tempo de preparação para atender a outras urgências. Além disso, um percentual mais elevado de professores que de professoras, em todos os tipos de ensino, afirmam dispor de tempo suficiente de preparação durante o dia, embora todos e todas, na maioria das escolas, gozem de um período semelhante. Essa diferença entre os homens e as mulheres remete claramente à sobrecarga de trabalho das últimas, que continuam a assumir as responsabilidades familiares.

As tarefas escolares fora das horas normais de trabalho: o trabalho elástico e o trabalho invisível

À noite, nos fins de semana, ou nas férias, muitas vezes os professores se ocupam com diversas atividades ligadas a seu trabalho: preparam aulas, deveres de casa, documentação, o material pedagógico e as provas, assumindo, ao mesmo tempo, a correção dos trabalhos dos alunos. Procuram também os pais, para solicitar sua colaboração. Muito poucos professores afirmam não fazer nenhuma correção; no Canadá, 25% dedicam mais de 11 horas por semana às tarefas escolares depois das aulas, 30% lhes dedicam de uma a cinco horas e 40%, de seis a dez horas. Além disso, a fim de manter a atenção dos alunos em classe, os professores precisam também familiarizar-se com suas preferências e seus gostos. Para isso, entre outras coisas, precisam olhar alguns programas televisivos e assistir filmes para crianças e adolescentes. Essa atualização do gosto das crianças e dos jovens permite atrair o interesse dos alunos. Nesse sentido, o trabalho fora do horário das aulas se justifica por diversas razões, sobretudo para a adaptação constante do ensino para torná-lo mais interessante e mais pertinente. Ademais, devido aos componentes emocionais da relação com os alunos, nem sempre é fácil ou mesmo possível desembaraçar-se completamente de alguns cuidados fora do tempo de trabalho.

As atividades paraescolares

O tempo que passam com os alunos fora da classe fornece aos professores ocasião de interagir de maneira informal com eles e de desenvolver relações positivas e enriquecedoras com eles. No Canadá, 40% (primário) a 45% (secundário) dos professores participam dessas atividades: esportes diversos, lazer, atividades culturais, campeonatos, competições diversas, etc. Por outro lado, estas atividades não podem tornar-se excessivas. As horas e a energia empregadas a essas atividades somam-se às exigidas por todas as outras obrigações associadas ao ensino.

A avaliação dos alunos

Não dispomos de dados quantificáveis sobre esse aspecto do trabalho. Contudo, os dados de nossas entrevistas e observações permitem identificar uma constatação geral quanto à avaliação dos alunos: não se trata, absolutamente, de uma atividade mecânica que consista unicamente em contabilizar notas; pelo contrário, a avaliação parece corresponder a um processo social bastante complexo em que o julgamento profissional dos professores se confronta com uma multidão de critérios, expectativas, necessidades, normas e dificuldades. Nesse sentido, a avaliação é uma operação difícil. Ela faz apelo a critérios socialmente partilhados.

Inicialmente, existem tensões entre os professores e os outros grupos (pais, o mundo dos negócios, direção, alunos, etc.) em razão dos diferentes modos como estes interpretam e utilizam as notas dos alunos. O processo de avaliação força os professores a encontrar um justo equilíbrio entre essas demandas e as necessidades dos alunos. Por exemplo, as expectativas dos pais sobre seus filhos aparece claramente no momento da entrega dos boletins escolares.

Em seguida, os professores indicam que utilizam diversos critérios no momento de avaliar os alunos e que os adaptam conforme o ciclo de ensino e, no caso dos ciclos superiores, de acordo com os planos de estudo para depois do secundário. A maneira de avaliar os alunos seria, amplamente, função do encaminhamento escolar previsto ou antecipado pelo e/ou para o aluno. No maternal, os professores se baseiam em larga medida na observação para avaliar os alunos e tendem a privilegiar o método de registro ocasional do comportamento do aluno para informar aos pais. No segundo ciclo do primário (4º a 6º ano), os professores tendem a considerar uma variedade maior de fatores na sua avaliação: o esforço do aluno, os exames, os deveres de casa, as atividades de classe e os cadernos de exercício. O comportamento em classe (participação, colaboração e atitude) também é importante para 60% entre eles. Além disso, os professores têm a tendência a ver a aprendizagem da língua materna e das matemáticas como a base do desenvolvimento das competências nos alunos, atribuindo, portanto, uma importância maior a essas matérias. Esse último ponto é corroborado pelos dados que temos a propósito dos programas escolares e da hierarquia entre as matérias.

No início do secundário (7° ao 9° ano), em todas as matérias, a maioria dos professores consideram que o esforço tem um papel maior na avaliação dos alunos que os resultados objetivos dos controles e das provas. Os professores do primeiro ciclo do secundário, que entram em classe por turnos, se confrontam com o desafio de encontrar um método de avaliação apropriado ao fato de que suas relações com cada um dos alunos são menos frequentes. Finalmente, no fim do secundário (10° ao 11° ou 12° ano), os professores ponderam diferentemente o conjunto dos fatores anteriormente identificados. Os resultados das verificações e dos exames cumprem um papel mais importante no processo de avaliação dos alunos que se dirigem à universidade. Quando avaliam os alunos do segundo ciclo do secundário que não estão se preparando para estudos universitários, os professores têm em conta um conjunto de fatores semelhantes aos aplicados pelos do 7° ao 9° ano. Dão mais importância às atividades sociais, mais particularmente no domínio da música, da educação física e das artes.

Acrescentemos a esses elementos de análise o fato de que as atividades de avaliação variam também conforme as matérias. No secundário, por exemplo, os professores da língua materna devem corrigir grandes quantidades de textos e fazer vários comentários e indicações a fim de fornecer aos alunos retornos significativos e proveitosos sobre seu aprendizado, seu progresso e seus erros. Mas em outras matérias (ciências, matemáticas, etc.), a avaliação se limita, às vezes, a provas padronizadas, em que basta somar os pontos.

Em resumo, verifica-se, portanto, que as atividades de avaliação não se limitam a dar notas em alguns momentos determinados pela burocracia escolar. Trata-se, pelo contrário, de atividades complexas, contínuas, que tomam formas diversas; elas se baseiam em diferentes critérios e dão lugar a tratos significativos com os alunos, os pais, os administradores escolares e a sociedade em geral, pois, ao serem registradas, essas avaliações servem para comparações de rendimento das escolas.

O aperfeiçoamento

Outra atividade importante na qual os docentes investem muito tempo é o aperfeiçoamento. Os professores da maioria dos países têm acrescido de modo significativo sua escolaridade ao longo das últimas décadas. Por exemplo, no Canadá, no espaço de apenas 20 anos, o conjunto do corpo docente aumenta sua escolaridade em média 0,88 ano; os progressos mais importantes se realizam no primário (1,22 ano), seguidos do maternal (0,86) e do secundário (0,65). Em 1965, a escolaridade média do pessoal docente era de 15,4 anos; em 1986, era de 16,4 anos, ou seja, um pouco mais do que um primeiro ciclo universitário; no secundário, está muito perto de chegar aos 17 anos (16,9). Em 2002, ela é de 17 anos para todos os novos professores. Em suma, percebe-se que os professores, além de sua semana normal de trabalho, têm investido um tempo considerável em sua formação ao longo das décadas. Fenômenos semelhantes se encontram na maior parte dos países, pois em toda parte as exigências básicas para a formação docente estão subindo. Seu aperfeiçoamento acontece de diversas formas: jornadas pedagógicas, congressos, colóquios ou conferências, aperfeiçoamento universitário, estágios, autoformação, aprendizado com os colegas, etc.

O auxílio profissional mútuo

Também o auxílio profissional mútuo faz parte da tarefa dos professores, embora, geralmente, de um modo informal. É preciso incluir nestas atividades de mútua ajuda profissional o apoio aos professores novos e a supervisão dos estagiários. Essas atividades, quando cumpridas com seriedade, demandam muita disponibilidade, empatia e habilidade da parte dos professores encarregados que recebem estagiários ou ajudam seus colegas. Segundo os comentários levantados pelos professores, o acompanhamento de estagiários seria uma tarefa pesada e envolvente do ponto de vista da responsabilidade profissional. Esta também é uma tarefa diversificada, uma vez que, além do enquadramento cotidiano dos estagiários, compreende diversas atividades diferentes: avaliação das atividades dos estagiários, colaboração com os supervisores universitários, participação em atividades de formação, encontro com os professores associados, encontros com a direção da escola, gestão dos orçamentos de estágios, etc. Os que entrevistamos nesta pesquisa lamentam também, em alguns casos, o pouco apoio oferecido pela universidade e a pouca ajuda dada pela direção da escola. Eles insistem ainda que a definição de seu papel se caracteriza pela falta de precisão. Mas a pesquisa também mostra que os professores se sentem, em geral, valorizados por essa participação na formação dos estagiários e que gostariam que sua contribuição fosse mais reconhecida. Uma síntese dos estudos britânicos, canadenses e europeus confirma tal situação (RAYMOND & LENOIR, 1997) a respeito do papel dos profissionais docentes na formação inicial.

À guisa de conclusão desta parte 1 do capítulo 4, o quadro 11 apresenta o conjunto das atividades com as quais os professores podem confrontar-se, conforme nossos dados e os documentos consultados. Como já visto anteriormente, essas atividades não formam um conjunto disparate; repartem-se em blocos de importância desigual. Os professores não realizam todas essas atividades em cada um dos blocos. Algumas delas ocupam a grande maioria dos professores (ensino, recuperação, vigilância, etc.), ao passo que outras só dizem respeito a uma pequena minoria (atividades sindicais, conselhos pedagógicos, chefes de equipe, etc.). Além disso, precisamos levar em conta que os professores muitas vezes fazem coisas diferentes dependendo do momento de sua carreira (por exemplo, os mais velhos ajudando os mais jovens, os novos dedicando-se mais na preparação das aulas ou no aperfeiçoamento, etc.). Enfim, devemos levar em conta o caráter obrigatório ou facultativo de certas atividades.

Quadro 11 – Os diferentes blocos de atividades dos professores

Bloco 1 - As atividades com os alunos			
Administração de aulas	Tutorado	Vigilância	Recuperação
Manutenção da disciplina	Organização de atividades paraescolares	Participação em atividades paraescolares	Outras (intervenções pontuais junto aos alunos, etc.)
Bloco 2 - As atividades para os alunos			
Encontros com os pais	Preparação pedagógica das aulas	Correções e avaliações	Preparação do material
Bloco 3 - As atividades com ou para os colegas			
Supervisão de estagiários no magistério	Apoio a outros professores	Supervisão de professores em fase probatória	Intercâmbios pedagógicos com os pares
Bloco 4 - As atividades de formação e de desenvolvimento profissional			
Participação nas jornadas pedagógicas	Formação oficial (aperfeiçoamento)	Formação pessoal (leitura, etc.)	Participação em associações profissionais
As atividades ligadas à organização escolar			
Liberação para atividades sindicais	Participação em diferentes comissões	Conselho pedagógico	Chefe de grupo ou responsável de matéria

Este quadro permite pôr em relevo o modo de organização da atividade docente segundo as relações que eles estabelecem com os diversos componentes de sua tarefa:

- O essencial da tarefa dos professores gira em torno da relação com os alunos, na medida em que o ensino (com as tarefas conexas de preparação e de avaliação), a vigilância, as atividades de recuperação, a participação na organização de atividades paraescolares, os encontros com os pais e o tutorado ou a manutenção da disciplina dizem respeito em primeiro lugar aos alunos. A maioria dessas atividades é obrigatória (principalmente aquelas que decorrem da convenção coletiva), ao passo que outras apresentam um caráter incontornável. As atividades de ensino têm uma duração fixada pela convenção, enquanto as outras são mais ou menos flexíveis.

- Um segundo bloco de atividades, de importância menor, se refere à relação com os pares: supervisão de estagiários e de professores em inserção profissional, a ajuda a outros professores e intercâmbios pedagógicos entre os colegas. Estas atividades não são obrigatórias. Uma minoria de professores se dedicam às duas primeiras, enquanto as outras duas geralmente dão lugar a práticas informais.

- Um terceiro bloco de atividades são aquelas ligadas à formação e ao desenvolvimento profissional. Exceto pelas jornadas pedagógicas, elas não são obrigatórias, mas uma boa maioria de professores participam regularmente delas.

- Enfim, um último bloco compõe-se, sobretudo, da participação dos professores na organização escolar, como as várias comissões, o papel do chefe de equipe, bem como as atividades sindicais. Tais tarefas não são obrigatórias e são realizadas por uma pequena minoria de professores.

Os dados quantificáveis que pudemos recolher são muito limitados para formular um julgamento preciso sobre o tempo de trabalho dos professores. Contudo, eles permitem elaborarmos algumas hipóteses. Globalmente, podemos dizer que a semana normal de trabalho da vasta maioria dos professores dos países da Ocde gira, atualmente, em torno de 37 a 40 horas, sendo 27 horas obrigatórias de presença na escola, 5 a 8 horas em casa, o resto do tempo estando ocupado com outras atividades na escola ou em outro lugar (atividades paraescolares, formação, etc.). A partir dessas informações podemos, então, perceber que a carga de trabalho, analisada pelo número de horas semanais, realmente não mudou nos últimos trinta anos. Se houve um aumento nessa carga, este é, antes, qualitativo.

Contudo, na avaliação da carga real de trabalho, é importante ter presente a composição sexual do corpo docente, que é 85% feminino no primário e 55% no secundário na maioria dos países. Ora, com todos os dados atuais sobre essa questão, sabemos que as mulheres assumem também uma carga de trabalho na família claramente maior do que os homens. Neste sentido, a semana média de 37 a 40 horas dos professores não é mais que a ponta do *iceberg* de seu trabalho pessoal, que é em parte um trabalho invisível aos olhos das autoridades escolares, sejam patronais ou sindicais.

Pudemos constatar que o trabalho docente é bastante diversificado. Mesmo assim, apesar dessa diversidade, quando nos defrontamos com as grandes categorias de atividades e seus objetos, *a docência permanece essencialmente uma prática centrada nos alunos, em torno dos alunos, para os alunos*. Neste sentido, não devemos exagerar nessa diversidade de tarefas dos professores, pois a maioria delas têm um denominador comum: sua relação com os alunos. Em nossa opinião, a diversidade do trabalho docente está mais da multiplicidade de ações que os professores precisam realizar com os alunos. Se o trabalho docente é complexo, não é tanto por causa de sua divisão interna em tarefas diferentes, senão devido à própria natureza da relação com os alunos. Em outros termos, a complexidade dessa profissão decorre de seu objeto de trabalho – seres humanos que precisam cooperar na tarefa – mais que a soma e a variedade das tarefas. Portanto, é esse aspecto central do trabalho docente que abordaremos agora.

4.3. As relações com os alunos

A ideia central que orienta esta obra é que ensinar é trabalhar com seres humanos, sobre seres humanos, para seres humanos. Esta impregnação do trabalho pelo "objeto humano" merece ser problematizada, pois ela é o coração da profissão docente. Que significa, para os professores, trabalhar com jovens seres humanos no objetivo de formá-los e instruí-los? Quais são as exigências e as características inerentes a um trabalho com e sobre um tal "objeto"? Como este objeto afeta o mandato dos professores? Quais são os desafios, as significações e as consequências decorrentes do fato de seu objeto de trabalho cotidiano corresponder a seres humanos com os quais instauram relações de diversas modalidades: profissionais, pessoais, afetivas, sociais, culturais, de linguagem, etc. Como os professores enxergam os alunos e as relações que estabelecem com eles?

Vimos na seção precedente deste capítulo que os alunos se situam no coração da tarefa dos professores, da qual eles constituem, por assim dizer, o "objeto" central do trabalho. Esta segunda seção estuda este "objeto" através das representações veiculadas pelos professores que interrogamos a respeito de suas relações com os alunos, suas dificuldades e satisfações, bem como sobre suas expectativas. Trata-se de, a partir do material empírico que tiramos das entrevistas e observações, centrar e precisar o objeto de trabalho tal como o percebem e definem os professores. Veremos que a relação dos professores com os alunos revela-se complexa, variada e comporta tensões, dilemas importantes; é ainda uma relação determinada por fatores ambientais (pobreza, violência, origem étnica, etc.).

4.3.1. *Uma relação mais complexa do que outrora*

Para falar da relação dos professores com seus alunos de hoje comecemos adotando um ponto de vista mais amplo sobre a sociedade e a escola. Esse ponto de vista mais amplo é o dos professores com quem nos encontramos, porque eles nos falaram justamente das transformações profundas da sociedade e de seus múltiplos impactos sobre as crianças e os jovens. Em suma, não podemos compreender a relação atual entre os jovens e os professores sem situá-la antes num contexto social mais vasto que modifica seu teor.

Em sua obra *Changing Teachers, Changing Times. Teachers' Work and Culture in the Postmodern Age* (1994), Hargreaves afirma que nossa sociedade atual está numa fase de transição entre a modernidade e a pós-modernidade e esta fase de transição afeta profundamente a missão da escola e o trabalho docente. Para esse autor, a sociedade atual – pós-moderna – se desenvolve a partir das sete dimensões seguintes: 1) a flexibilidade ocupacional e a complexidade tecnológica, maximizando a rapidez de adaptação e a produtividade, mas engendrando também uma maior desocupação, sobretudo dos jovens, e ocultando o debate sobre os usos da tecnologia; 2) a globalização das economias, dos intercâmbios e das comunicações que gera insegurança e semeia a dúvida sobre as identidades nacionais existentes num contexto mais e mais diversificado e multicultural; 3) a incerteza moral e científica que reduz a confiança nos saberes e na expertise; Hargreaves fala da necessidade de que cada um, especialmente os professores, desenvolvam "certezas ancoradas" (*situated certainties*), em oposição às certezas científicas; 4) a fluidez organizacional que Hargreaves expressa pela imagem do "mosaico movediço"; 5) a ansiedade pessoal e a busca de autenticidade num mundo sem raízes morais profundas e seguras, a construção de si mesmo como trabalho da vida inteira; 6) um refinamento e uma complexidade tecnológica que criam um mundo de imagens instantâneas e de aparências artificiais; 7) a compressão do tempo e do espaço que pode significar uma flexibilidade maior e uma comunicação melhor, mas que pode também provocar sobrecargas de inovação e de mudanças, uma certa superficialidade e a perda de sentido e de direção (HARGREAVES, 1994: 83-85).

O mundo dos jovens muda mais depressa que a escola

Diante desses fenômenos, o sistema escolar parece um verdadeiro dinossauro. Elaborado na época da sociedade industrial, ele segue seu caminho como se nada houvesse e parece ter muita dificuldade para integrar as mudanças em curso. Em resumo, ele parece uma estrutura erguida uma vez por todas, como uma organização fossilizada. Mas, na verdade, essas mudanças afetam a missão dos professores. Na realidade, podemos colocar a hipótese de que a condição e a profissão docentes estão atualmente em fase de mutação. Essa mutação deve-se essencialmente ao surgimento de novas definições e à extensão de novos usos do conhecimento em nossas sociedades pós-industriais, que modificam as missões e os papéis tradicionais da escola em geral e dos professores em particular, afetando os fundamentos de sua formação e de sua competência profissional, bem como as bases do "saber-ensinar".

Os professores não são indiferentes a esses fenômenos, longe disso, pois eles os vivem por dentro, embora sem possuir necessariamente uma visão de conjunto das mudanças em curso. Podemos pensar que, através da mediação desses fenômenos, toda a relação dos professores com seus alunos se transforma, atualmente. Vejamos como eles percebem e reagem a isso.

Para os professores com quem conversamos, e dos quais citamos aqui as palavras, o monopólio da escola como instância de legitimação, junto aos alunos, dos conhecimentos socialmente úteis parece agora seriamente colocado em questão.

> O aluno está mais consciente de que a escola não é o único lugar onde ele aprende. Antes a escola era mais mitificada, era o estabelecimento onde se dava e recebia o saber. Hoje, os jovens percebem mais que a escola só faz uma parte de seu aprendizado, que não é o único lugar onde se pode aprender. Aprende-se na escola, sim, mas também se aprende muito fora dela.

Disso decorre uma certa desvalorização da formação escolar, ligada principalmente à inflação de diplomas e ao surgimento de novas modalidades de formação, exteriores à escola.

> A criança que está em contato com a era da informática e da televisão durante grande parte de sua vida está acostumada com espetáculos, viaja, diferentemente da criança de 30 anos atrás que, enfim, saía muito pouco de sua cida-

> de. Nossos alunos vão em duas semanas para a Inglaterra. Eles fazem intercâmbios. Em todo caso, a criança de hoje sentar-se por 75 minutos a escutar um professor que possui o saber, isso é bem difícil. Ela se desliga facilmente, seu tempo de atenção e de motivação é muito limitado.

Hoje fala-se até de uma sociedade "sobre-educada", instruída demais, o que causa espanto e perturbação em relação à antiga moral de instrução dos anos do pós-guerra.

Em várias etapas de formação, os diplomas atuais ainda valem alguma coisa?

> É certo que alguém que tivesse um segundo ciclo em minha época era, quem sabe, melhor visto do que um segundo ciclo de hoje, ou um primeiro ciclo, quem sabe. Em minha época, um primeiro ciclo universitário já era alguma coisa. Hoje existem muito mais primeiros ciclos universitários. As normas também não são mais as mesmas. Será que eles continuarão a ser o que são? É uma questão que se coloca em todos os níveis do ensino: no nível colegial, no nível secundário. Será que vai continuar sendo a mesma coisa, será que isso terá o mesmo valor reconhecido por todos? Isto também é uma escola da sociedade. Pode ser que dentro de alguns anos, para ser porteiro na escola, será preciso ter um primeiro ciclo. Quem sabe. Ou talvez será necessário um diploma de colegial; eu não sei como isso vai evoluir.

A recente evolução da economia e do emprego mostra que o retorno dos saberes escolares na vida profissional não é mais garantido, hoje: já não existe "transação natural e automática", nem de correspondência, para retomar num sentido mais amplo a expressão de Bowles & Gintis (1977), entre a escola e o emprego, entre a escola e a promoção ou a mobilidade social, entre a escola e a aquisição de uma expertise. Em suma, os professores já não podem prometer a todos os alunos que a formação que oferecem é a chave do sucesso.

Tudo leva a crer que esta evolução vai continuar. Já não basta ficar muito tempo na escola, é preciso também aprender outras coisas em outros lugares, dotar-se de trunfos raros num mercado de qualificações e competências cada vez mais exigentes. A televisão, a extensão da auto-estrada eletrônica e do "ciberespaço" fazem prever mudanças ainda mais consideráveis:

> A sociedade oferece tantas coisas às crianças que elas podem ter tudo o que querem; é preciso ser muito bom para conseguir concorrer com os vídeos e equipamentos eletrônicos, o computador, as quatro rodas, etc.

> As crianças mudaram porque são muito mais instruídas do que antes por todo tipo de intervenções, a televisão, os computadores, isto deixa as crianças espertas.

Os professores não podem mais se comportar como simples transmissores de conhecimentos estáveis ou invariáveis e de uma cultura "eterna": a cultura escolar, como também a cultura da sociedade, são envolvidas por um turbilhão. A multiplicação de inovações e de técnicas, a velocidade sempre maior com que são colocados em circulação e desaparecem objetos e saberes, certezas e ideias, provocam nos professores o sentimento de estar sendo continuamente ultrapassados. Em suma, a escola fica para trás.

> A escola não mudou o bastante para a criança de hoje. Tem-se uma criança nova numa escola velha.

Todos esses fenômenos modificam profundamente o *continuum* tradicional de formação baseado na sequência "família-escola". Eles instauram fora da família e da escola novos campos de transmissão e de circulação de saberes sociais suscetíveis de se cristalizar, nos jovens, como modelos de vida que escapam ao controle das autoridades paternas e escolares. Por exemplo, a televisão, os jogos eletrônicos, o cinema, o mundo das vedetes do *rock*, o universo do consumo, etc. tornaram-se fontes de modelos de vida entre os jovens e os menos jovens.

> São crianças da imagem. Bom, porque grande parte delas não são, talvez, muito ricas, mas veem televisão a cabo e os vídeos, então são crianças da imagem, que devoram, devoram e devoram, que estão, provavelmente, saturadas, e depois temos que constatar que aqueles que melhor se desenvolvem e que têm melhor rendimento, muitas vezes, são crianças para quem a televisão é limitada. "Esse programa, sim, e depois você desliga", e pronto.

Se, tradicionalmente, o professor servia de mediador entre o aluno e os conhecimentos sociais transformados em conhecimentos escolares, essa mediação, hoje, tende a se pluralizar e relativizar-se: o professor é um mediador de conhecimentos entre muitos outros. Os conhecimentos não se limitam mais aos conhecimentos escolares. As crianças estão mais informadas sobre toda espécie de assuntos.

> As crianças sabem muito mais, hoje, do que sabiam antes. Muito mais sobre assuntos variados.
>
> Claro, as crianças de hoje também discutem muito mais. Elas querem saber o porquê das coisas. Elas não vêm simplesmente à escola para receber.
>
> São crianças, mas são mais abertas. A televisão as tornou mais abertas.

> As crianças podem lhe falar, por exemplo, de coisas que você ignora. Eu tinha uns garotinhos na terceira série do primário no ano passado que me falavam dos dinossauros, que sabiam todos os nomes deles, que eu mesmo não sabia, e um menino há sete ou oito anos não saberia, porque são os livros e a televisão que trouxeram a informação.

Esta dimensão não é somente negativa. A mídia, principalmente, segundo alguns professores, permite que as crianças sejam mais bem informadas e mais abertas. Mas os professores também constatam que estabeleceu-se uma distância entre sua cultura e a das crianças. Elas não sabem mais o que as crianças vivem, sentem e pensam. No fundo, as crianças não mudam, é o "sistema" que muda, é a sociedade que se transforma e essa evolução é responsável pelas dificuldades que os professores experimentam para manter e renovar uma relação especificamente pedagógica com as crianças. Os professores insistem muito no fato de que as crianças estão mais ansiosas que antes, mais sujeitas a todo tipo de experiências, que elas amadurecem muito rápido.

> Os alunos são nitidamente mais pragmáticos do que eram. Muito mais inquietos, também, do que eles eram. Consequentemente, mais impacientes, mais estressados do que eram. O que eu chamaria de estresse dos alunos, seu pragmatismo, suas inquietações, tudo está aumentando.
>
> As crianças são mais difíceis. As crianças têm muito mais necessidade de calor, de amor. Ficam sozinhas muito cedo, quase todos os pais trabalham.
>
> A gente sente que os alunos ouvem menos, são, talvez, menos capazes de concentrar-se. Eles têm muitas outras coisas externas que os perturbam, mais do que tinham há uns vinte anos, por exemplo.

A fragilização dos modelos estáveis de educação – familiares e escolares – faz com que, muitas vezes, os jovens não saibam mais muito bem a que e a quem voltar-se. Sendo deixados a si mesmos, eles podem se comportar como tiranos, o que Arend já havia mencionado em *La crise de la culture* (1972). Em alguns casos, a criança se torna rei e senhor.

> Muitas vezes eu sinto que há crianças que são senhoras de si em casa; isto se percebe em suas reações, no modo como os pais reagem com elas. Muitas vezes, não são os pais que decidem, mas a criança é que decide quase tudo o que faz e o que acontece na casa, depois a gente sente um pouco isso até na escola.

No fundo, são as próprias bases da aprendizagem escolar que se encontram, agora, fragilizadas. O que é importante aprender? O que é preciso conhecer, hoje? Está ficando cada vez mais difícil de responder a estas perguntas; na verdade, elas estão no centro de todas as reformas escolares desde trinta anos. Todos os debates sobre a cultura escolar, a formação fundamental, a formação geral, os blocos de competências, fazem parte da mesma problemática, uma problemática cada vez menos capaz de levar ao estabelecimento de um consenso.

Alunos mais pragmáticos e utilitaristas

Outro fenômeno importante para os docentes diz respeito ao que podemos chamar de "pragmatização" dos conhecimentos, da formação e da cultura. A função dos professores não consiste mais, talvez, em formar indivíduos segundo a velha imagem orgânica da cultura geral, mas em equipá-los, prevendo a impiedosa concorrência do mercado de trabalho numa sociedade totalmente orientada para o funcional e o útil. O professor seria menos um formador e mais um mediador entre o aluno e conhecimentos cujo valor está na utilidade. O tempo consagrado a aprender torna-se sinônimo de investimento que precisa, como todo investimento, se rentabilizar.

No mesmo sentido, podemos fazer a hipótese de que os conhecimentos transmitidos pela escola e os professores se regem, agora, ao menos para uma parte dos alunos, por uma lógica de mercado: os saberes são bens de consumo, os mestres devem vender as disciplinas que ensinam a alunos que exercem o poder de consumidores, muitas vezes, em função do valor de utilidade das disciplinas. A pedagogia, desse modo, é a arte de vender aos alunos e a seus pais conhecimentos e formação úteis, para não dizer utilitárias. Esta lógica do mercado ainda é conciliável com o antigo ideal de uma escola como ambiente de cultura?

> Os alunos são bastante materialistas como os adultos o somos. A gente quer ter a vida ideal, um bom emprego, a gente viaja, não tem filhos, não tem parceiros porque isso incomoda [...]. A gente quer ser bem visto.
>
> Os alunos têm muitas coisas para fazer; para eles, a escola é apenas um *hobby* [...]. Um problema para a escola hoje, ela é menos importante do que antes.
>
> Para a clientela do secundário que temos neste momento é quase normal que no fim do ano eles precisam ter um emprego; então eles trabalham também de noite depois dos estudos e mesmo nos fins de semana.

O desabamento das antigas morais autoritárias ou absolutas deu lugar a um relativismo moral que afeta o trabalho docente, na medida em que os professores não sabem mais ao certo quais valores transmitir e ensinar. Enquanto "*métier* moral", o ensino se torna mais aleatório, mais complexo e difícil.

> Havia também, talvez, a bagagem da tradição, e eu não entendo isso pejorativamente; às vezes é preciso sacudir o pó, mas existem, ainda assim, princípios que não mudam. Com a Revolução tranquila muitas coisas foram descartadas; como se diz, jogamos fora o bebê com a água do banho; não deveríamos ter feito isso, há coisas que não mudam.

Todas as sociedades ocidentais conheceram ou estão conhecendo essa revolução. Ora, a docência é particularmente afetada por esse fenômeno, porque se trata de uma profissão largamente fundada na inculcação de valores, a socialização das crianças e dos adolescentes aos costumes sociais, e a transmissão de conhecimentos considerados importantes. Não faz muito tempo, ainda, os professores tinham que ter uma conduta moral acima de qualquer suspeita; eles eram julgados tanto por suas competências quanto por seus valores morais. A pedagogia das escolas normais e os programas escolares tradicionais propunham uma imagem de mundo e de valores coerentes e unificados. Há trinta anos, todo esse universo simbólico tradicional se fende, se rompe e cai, agora, em ruínas.

Enquanto, outrora, os professores dispunham de um "saber magistral" (teologia, filosofia, racionalismo, pedagogia, ciência, valores estáveis, etc.) que definia a natureza do ensino, do professor e do aluno, atualmente os professores não dispõem mais de tal recurso simbólico para legitimar sua ação. Pelo contrário, o etnopluralismo, o relativismo cultural, a dispersão dos valores, a dificuldade de definir uma formação fundamental, a desqualificação progressiva dos conhecimentos escolares, tudo isto obriga os professores a assumirem por si mesmos contradições insolúveis, um mundo de "certezas mortas" (*dead certainties*) (HARGREAVES: 1994).

Desde então, é a sua experiência íntima e sua personalidade que se tornam progressivamente recursos simbólicos com poder de justificar suas ações e balizar o processo de construção de sua identidade. Em nossa opinião, é neste sentido que se deve compreender, em parte, ao menos, a propensão de alguns professores a só confiar em si mesmos, em sua experiência, em sua vivência ou em sua personalidade. Como diz Giddens (1987), a propósito das rotinas diárias, a experiência da profissão se torna uma garantia da "segurança ontológica" do professor que se confronta com uma selva de opiniões, mas que, ao mesmo tempo, precisa formar crianças e jovens. *Como não pode mais contar com autoridades e valores estabelecidos, ele deve encontrar em si mesmo os recursos suscetíveis de orientá-lo em suas atitudes.* A própria pessoa do professor (sua personalidade, sua experiência pessoal, seus valores, sua vivência, etc.) se tornam, assim, um padrão de medida para definir seu trabalho e suas relações com os alunos. Esse fenômeno vai ao encontro das análises propostas por Dubet

(1994) e Touraine (1997) a respeito da multiplicidade de lógicas sociais que dividem, por dentro, os atores sociais e os levam a viver experiências contraditórias às quais, agora, só eles podem dar sentido.

Enfim, as bases de conhecimento sobre as quais os professores se apoiavam tradicionalmente estão comprometidas ou fragilizadas: religiões, tradições, experiências, arte de ensinar, ciências da educação ou nova pedagogia, tudo isto se encontra, agora, marcado pelo selo da incerteza. Além disso, a pesquisa em educação fornece poucas respostas precisas ou ideias diretamente utilizáveis pelos praticantes.

Estas transformações afetam toda a esfera do trabalho, e não apenas o ensino. Todas as profissões de relações humanas são atingidas por fenômenos semelhantes. Os terapeutas, os servidores sociais, os psicólogos, os médicos etc., trabalham cada vez mais num ambiente de frágil legitimidade simbólica e normativa. Já não podem vincular suas atividades a uma visão de mundo e da pessoa partilhadas por toda uma comunidade, nem mesmo por toda a sociedade. Pensemos, por exemplo, nas questões atualmente tão controversas do suicídio assistido, do aborto, do enorme consumo de remédios, da distribuição e utilização dos recursos financeiros no mundo médico, para perceber que a prática profissional dos médicos também é invadida e abalada por questões, problemas e desafios que demonstram a ausência de consensos. Além disso, a biologia, a química, a genética nunca nos dirão se é preciso interromper um tratamento, praticar um aborto, etc. Desse modo, a prática profissional dos médicos se encontra, agora, confrontada por questões que os próprios devem resolver sem ajuda das ciências mas também, hoje, sem ajuda de uma ética consensual ou de uma visão de mundo partilhada pela comunidade médica ou o conjunto da sociedade. É, principalmente, por essa razão que a racionalidade econômica e contábil toma cada vez mais espaço no mundo médico e em todas as profissões que lidam com relações humanas: falta de normas comuns, falta de uma visão ética do mundo, agora é a arbitrariedade econômica que impõe sua lógica e decide custos e benefícios ligados a suas práticas.

De qualquer modo, a escola e os professores parecem-nos, sobretudo, coenvolvidos e afetados por essas mudanças, ademais, sempre em curso. Dois motivos podem ser lembrados aqui para justificar essa última asserção.

Inicialmente, existe o papel central desempenhado pelos conhecimentos, pela escola e pelos professores. Queiramos ou não, a organização escolar se define de acordo com os saberes sociais que ele, por missão, deve selecionar e adaptar às formas concretas da transmissão e da aprendizagem escolar. Desse modo ela é, portanto, particularmente sensível às transformações que afetam "a ordem do discurso", para retomar a expressão de Foucault (1970). Face a esta situação de mudanças, bom número de países ocidentais se lançaram, há uns quinze anos, a importantes reformas na formação dos professores e da profissão docente. Ora, essas reformas são marcadas por duas ideologias contraditórias.

De um lado, assistimos a um aumento dos controles e da burocratização da escola e do trabalho escolar. Trata-se de racionalizar ao máximo o ensino, de torná-lo eficiente e instrumental. Diversos meios são utilizados: agravamento do currículo, multiplicação das avaliações, competição, lógica de mercado entre as escolas, salário por mérito, tratamento tecnológico do trabalho baseado numa pretensa base de conhecimentos, etc. De outro lado, tem-se uma visão aparentemente mais comunitária e humanista do ensino. Privilegia-se o retorno à base, o investimento na comunidade local como polo de decisão e a imputabilidade dos atores (*empowerment*, profissionalização dos docentes), a descentralização, o desenvolvimento de projetos de estabelecimento e a concessão de uma margem de manobra importante, inclusive sobre o plano curricular.

O outro motivo reside, parece-nos, na clientela particular da escola, ou seja, as crianças e os jovens. Diferentemente da educação dos adultos, a formação das crianças e dos jovens possui uma forte dose de socialização, devido a princípios e regras firmes. De modo geral, as crianças e os jovens são mais sensíveis a um ambiente social e escolar perturbado ou confuso, na medida em que eles ainda não interiorizaram os princípios de orientação normativa e cognitiva a partir dos quais eles próprios podem se guiar.

Mas essas considerações são gerais e devem ser completadas por uma leitura mais fina das relações entre os professores e os alunos, que analisaremos a seguir.

4.3.2. *As relações com os alunos*

Ensinar, dizíamos, é trabalhar com seres humanos, sobre seres humanos e para seres humanos. Como os professores veem essas crianças e esses jovens com os quais trabalham? No fim da seção precedente vimos como a relação com esse objeto de trabalho veio tornando-se mais complexa há algumas décadas. Agora iremos levar mais longe esta análise e procurar compreender melhor as relações dos professores com seu objeto de trabalho.

Como documentado na seção 4.1, quantitativamente as relações com os alunos nas classes e fora delas ocupam o essencial do tempo de que os professores dispõem, e formam assim o nó central de sua missão profissional. Mas a relação com os alunos não se resume a uma questão de tempo passado com eles. Ela também é formada por todas as tensões e as alegrias dessa profissão, bem como da identidade profissional daqueles e daquelas que a realizam. Depois de ter descrito as dimensões positivas da relação professor/aluno, abordaremos as dificuldades do *métier*. Em conclusão a esta seção, tentaremos apresentar algumas grandes constatações inspiradas nesses dados.

Ensinar, um trabalho emocional

Profissão impossível, dizia Freud a respeito da educação; certo, mas ensinar é também a mais bela profissão do mundo: todos aqueles e aquelas que a exerceram o podem confirmar. Tentemos ver por que é assim, apoiando-nos no que dizem os professores que interrogamos e observamos.

O amor das crianças e dos jovens é um tema com significados de diferentes nuances, mas, apesar disso, recorrente na fala dos professores. *A relação de inúmeros professores com os alunos e com a profissão é, antes de tudo, uma relação afetiva.* Eles amam os jovens e gostam de ensiná-los. Este sentimento brota, geralmente, da história pessoal e escolar dos indivíduos. Muitos professores nos disseram que, quando eram alunos, já gostavam de ajudar os outros. Alguns professores "gostam dos problemas, escolheram uma carreira com as crianças que têm problemas, fizeram opção por uma clientela com graves dificuldades de aprendizagem. É isto que lhes interessava". Outros, simplesmente, gostam das crianças e da atmosfera da escola.

> Tem uma coisa que eu gosto muito, é o contato com as crianças. Ano passado, nas tarefas que eu realizava, eu tinha muito contato com as crianças, e acho que a criança nos dá um retorno imediato que o adulto não dá.
>
> Eu também gosto muito de me ocupar com os alunos. Tento ajudá-los em sua trajetória. São alunos muito sofridos. Eles têm muitos problemas familiares e sociais. Se eu puder salvar ao menos um, muito que bem! Hoje essa é minha principal motivação.
>
> Gosto de trabalhar com os adolescentes, eu acho isto estimulante, há uma espécie de independência, de liberdade, no fundo nem é um trabalho.

O amor pelas crianças, às vezes, aparece como constitutivo de uma vocação, ou, pelo menos, como uma disposição favorável, e mesmo necessária, para orientar-se à docência. Esta tarefa, dificilmente, pode ser exercida sem um mínimo de engajamento afetivo para com o "objeto do trabalho": os alunos. Em alguns professores, esse sentimento faz lembrar da própria infância; ensinar era um sonho que tinham na infância:

> Eu diria que é mesmo uma vocação, pois eu sempre gostei de crianças.

Outros professores têm o sentimento de contribuir para a formação de seres que formarão, mais tarde, a sociedade. Eles têm o gosto de transmitir coisas aos jovens (mostrar, explicar, etc.). Outros, ainda, sempre gostaram de ensinar aos jovens. Às vezes, alguns fizeram apenas uma tentativa na docência e gostaram do contato com os jovens.

> Eu tinha vontade de transmitir coisas; sempre tive esse desejo, que voltava, que me dizia "mostrar coisas, ensinar coisas, explicar coisas".
>
> Eu gostava de ensinar, de transmitir coisas, mostrar alguma coisa a alguém, ensinar alguma coisa a alguém. Eu gosto das crianças.
>
> O que eu gosto é, antes de tudo, o contato com os jovens. A atmosfera que reina entre os professores, os titulares, eu gosto desse mundo todo.

A relação com os alunos também é o que move a motivação dos professores:

> Mesmo que algumas vezes eu fico muito chateada, se estou enjoada de fazer sempre a mesma coisa, eles estão lá, eles vivem, eles riem, eles choram. A gente está em contato emocional com eles.
>
> Eu fiquei doente e isto me ajudou a perceber o quanto os alunos me faziam falta.
>
> O que me dá energia são os alunos.

Esta relação, geralmente, é sem máscaras, direta, autêntica, como Rousseau a descrevera em seu *Émile* (1966), no qual não dá para envolver-se pela metade:

> O que eu quero dizer é que se você faz um trabalho de uma maneira muito monótona, em algum momento alguma coisa vai acontecer. E se existe alguma coisa que não se pode fazer de conta é com as crianças, pois elas sentem.
>
> As crianças não mentem. Se elas não acharem você gentil, você logo saberá, e se acharem, você também saberá.

É claro que as relações com os alunos na classe, como lugar em que o professor tem o controle, também são importantes:

> Eu acho maravilhoso quando eu chego no início do ano, é como uma recompensa. É como viver plenamente. É assim que vivemos na classe.
>
> É graças às crianças que a gente continua nessa profissão. Ela demanda muita energia, mas há muitas recompensas,

> é muito valorizador, é um mundo tão puro, espontâneo, honesto.

Esta relação é uma relação ética animada por um ideal de serviço, onde é preciso apoiar, até mesmo "salvar" o outro, acreditar nele e fazer aparecer seu potencial:

> E há os momentos fortes, com as crianças, que é quando acontece uma explosão de sentimentos ou de conhecimentos. Eles são de tal modo espontâneos, sabe, a criança que descobre alguma coisa, que corre e pula nos seus braços, sabe, eu já fui quase jogada no chão. Mas também, claro, eu lembro de um que nunca vou esquecer. Foi terrível! Ele me absorveu o ano inteiro e tive-o o ano inteiro, um menino muito muito difícil. Eu cuidei dele, fiz tudo por aquele menino. Não me esqueço dele. Não, mas espero um dia receber boas notícias, saber dele em algum lugar, seria muito bom.

Mas o amor ao ofício não se resume ao amor pelas crianças. Para vários professores, o fato de fazê-los aprenderem sua matéria é ainda mais importante:

> É o potencial dos alunos que me interessou. Ou seja, eu não ensinava rudimentos de economia para gente que dificilmente viria a usar disso um dia. Eu podia realmente mergulhar na teoria econômica sabendo que estava estabelecendo bases para algo mais. É isto que me fez decidir, realmente, este é o principal atrativo deste emprego.

Tensões e dilemas na relação com os alunos

Quanto às dificuldades e tensões que marcam a relação com os alunos, alguns temas aparecem de maneira recorrente. Primeiramente, os professores apontam que as crianças de hoje são, geralmente, mais difíceis do que outrora. Mencionam problemas ligados à falta de respeito pelas pessoas e pelo material, crianças que amadurecem muito rápido, que são desabusadas, corrompidas.

> Eu acho que as crianças crescem mais depressa. Também têm problemas de adultos mais rápido. Problemas de comunicação, problemas de relação, problemas de dinheiro, necessidades de adulto muito rapidamente.

> Muitos alunos me parecem corrompidos. Há uma espécie de desinteresse com relação aos bens. Tenho a impressão que isso gera alunos acostumados a ter o que pedem, tanto no nível material quanto em termos de pergunta e resposta, serviços, por exemplo, parece que temos que dar-lhes tudo.

Por todas essas razões, as crianças e os jovens de hoje parecem mais difíceis de "motivar":

> Crianças que, pequenas, parecem já desabusadas, um pouco, do contexto escolar, onde é que vão se achar mais tarde, o que é que vão fazer?
>
> É principalmente uma mudança quanto à motivação, ela diminuiu muito. O aluno tem mais consciência de que a escola não é o único lugar onde se pode aprender.
>
> Eu os vejo corrompidos. Muitas vezes falta-lhes um esforço. A noção de esforço. Aí me pergunto: sou eu que envelheci, que vejo isto diferentemente? É difícil entender.

Além do problema da motivação, numa ótica mais psicológica, os professores identificam dificuldades de concentração, uma falta de estímulo de alguns alunos por seu ambiente familiar, e diversos problemas (depressão, pobreza) que os inquietam:

> As crianças não compreendem, têm dificuldades para entender o que leem. Têm dificuldades para concentrar-se. Elas se concentram, mas dura pouco.
>
> Eu acho extenuante também quanto ao que os alunos passam. Sabe, os alunos têm muitos problemas: a menininha depressiva, anoréxica.
>
> Quando você fala de crianças com depressão, eu sei o que é isso.

A disciplina na classe é a dificuldade mais vezes mencionada, a principal fonte de insatisfação dos professores.

> É algo assustador, repito, o desperdício de recursos humanos que se permite em nossas escolas. [...] É isto que é mais duro para um professor, como dizíamos, quando ele tem vocação. Você não consegue nem fazer com eles o trabalho que precisa fazer.

Às vezes os problemas de disciplina são menores, e se trata apenas de fazer que se calem, por exemplo, grupos barulhentos com pouco interesse na matéria ensinada.

> Eles não estão interessados em ciências de qualquer modo, de fato, a maioria não está interessada em absolutamente nada mais que passar para o secundário! E a gente os obriga a assistir aulas de ciências. Aqui é obrigatório, então, fica um curso muito difícil. A gente se ocupa, principalmente, com a disciplina.

Os problemas de disciplina acabam, às vezes, em violência, nos quarteirões pobres, onde a delinquência, a droga, a prostituição estão presentes.

> Foi-se o tempo em que havia mais consumo de drogas em tais ambientes, entre os jovens. Quando eu estava na escola X, ocorria fenômenos de prostituição, de meninas, mas também de muitos garotos. Eu sempre me atormentava por esse papel de agente de serviço social que, na verdade, acabava fazendo.

Os professores constatam que, nos quarteirões pobres, as clientelas são claramente mais difíceis, embora todos os ambientes pareçam atingidos em graus diversos.

> Os alunos aqui (oriundos de ambientes mais ricos) têm problemas socioemotivos, tanto quanto os alunos da outra escola (oriundos de ambientes pobres). Mas eles são diferentes, porque o ambiente social é diferente, falando de modo geral.

No total e em graus diversos, a disciplina apresenta muitas vezes problemas e exige um investimento considerável e contínuo por parte do professor, que precisa constantemente socializar o aluno de novo, inclusive no final do secundário:

> Eu achei isso difícil, a questão da disciplina com meu grupo. Alguns alunos eram muito agressivos. Para mim, era muito difícil ensinar a essa clientela.
>
> A disciplina, e eu tinha esperanças, ideais que não podia atingir ou conseguir com uma clientela como aquela. Como eu sempre fui do tipo que se envolve e se preocupa, todos os dias era um peso ir para o trabalho.

Esta confrontação causa uma certa deterioração e uma tensão nervosa, que levam, às vezes, ao esgotamento profissional, e mesmo à dúvida sobre a capacidade de continuar a exercer essa profissão.

> Eu não sei se sou capaz de me aposentar, na verdade.
>
> Eu sempre me atormentava por esse papel de agente de serviço social, que, na verdade, acabava fazendo.
>
> Eu tinha casos realmente pesados, era assustador, batalhas entre os Negros e os Brancos na classe, eu não estava preparada para tudo isto. Eu não queria isso. Acabei tirando licença para tratar-me.

Esses fenômenos e essas dificuldades provocam tensões entre os professores e engendram, inclusive, um sentimento de impotência para atender às necessidades dos alunos.

> Mas meu trabalho não é de serviço social, é de professor. Estou pronto a escutar, a acompanhar, mas a psicologia do adolescente não é meu domínio.

> Você os ouve, tenta fazer um certo acompanhamento. Eu me sinto um pouco responsável, mas nem sempre sei como intervir. O que nos é pedido, em termo de disciplina, de acompanhamento dos alunos em dificuldades pessoais e tudo isso, eu acho muito pesado.

Mas alguns professores decidem mesmo assim intervir e se envolvem "no campo social" embora isto não seja *stricto sensu* de sua responsabilidade profissional.

> Eu estou bastante centrado nos problemas sociais que aquelas crianças viviam. Eu percebia que faltava fazer muita coisa no campo social.

Existe, portanto, uma tensão em torno da responsabilidade profissional: eu devo intervir? Se sim, até aonde? Se não, o que fazer então? Quem pode intervir em meu lugar? Também há uma tensão na própria gestão da classe e dos indivíduos que a compõem: deve-se priorizar o grupo ou os indivíduos com problemas? Até que ponto deve-se investir em indivíduos que têm, claramente, necessidade de ajuda, se isso puder comprometer o trabalho com os demais? Pode-se falar aqui de conflito de responsabilidade, ou seja, de comprometimentos éticos da profissão:

> Nesta idade, eles têm muitas necessidades afetivas, de muita atenção. Segundo as circunstâncias, eu não sei se algum conselho me teria, realmente, ajudado. Eu não conseguia aceitar o fato de existirem necessidades que eu não pudesse atender.
>
> O fato de sempre haver seis ou sete alunos que tomam, que pedem tanta atenção a ponto de, no fim, você ter que abandonar todo mundo, todos os outros, este desafio, eu não conseguia lidar com isso e ficava aflito.

O problema das crianças sempre é difícil de viver, mesmo sendo uma realidade básica na profissão. Um professor reconhece o impacto do problema repetitivo sobre a motivação dos alunos e sobre a percepção deles próprios: problemas provocam problemas e as dificuldades de aprendizagem geram dificuldades afetivas.

> E depois, quando um garotinho chega a você e diz "eu não sou bom", não é nada engraçado, é realmente triste.

Assim, é preciso lutar contra o problema, quebrar o círculo vicioso, dar esperança, "salvar" o aluno:

> Essas crianças, que fracassaram muitas vezes, elas têm que conseguir dizer que são boas; você deve fazê-las esquecer todos os fracassos, ajudá-las a ter sucesso para que esqueçam todas as derrotas que tiveram nos anos prece-

> dentes, para que, com isso, elas cheguem a dizer: eu também sou bom.

Mas chega um momento em que também é preciso tomar consciência de seus limites:

> Diante do fracasso, minha primeira reação é: existe um modo de fazê-lo entender. Ele vai aprender, custe o que custar! E eu procuro, realmente, por todos os meios interessá-lo, fazê-lo entender. Mas se vejo que se trata de uma real falta de aptidões, então eu me digo que o tempo é que fará seu trabalho.

Essas diversas tensões também se traduzem numa confusão potencial e em dilemas nos papéis do professor: ele é mesmo um professor, alguém cuja profissão é fazer aprender, ou um trabalhador social, um trabalhador de rua, um psicólogo, um grande irmão, um policial, um pai, um adulto complacente ou autoritário? O professor precisa, então, fazer malabarismos com uma multidão de papéis, o que necessariamente causa contradições diante do mandato principal: ensinar e fazer aprender. Ao mesmo tempo, porém, os professores podem, simplesmente, deter-se exclusivamente em seu mandato? Na realidade, em algumas escolas secundárias difíceis, é impossível realizar este mandato sem atuar também nos outros papéis, sem fazer malabarismo profissional.

Síntese do capítulo 4

Resumamo-nos. O objeto desse capítulo era, principalmente, fornecer uma ideia global do quadro de trabalho quantitativo dos professores e dos diversos componentes de sua tarefa, e ao mesmo tempo precisar as percepções dos professores a propósito dos alunos. De nossas análises podemos reter, à guisa de síntese, os elementos seguintes:

- A docência é um trabalho parcialmente flexível que varia, temporalmente falando, em função de um grande número de fatores. A tarefa gira, normalmente, em torno de 37 a 40 horas de trabalho semanal. Um pequeno número de professores apenas cumprem essas exigências, ao passo que outros, mais numerosos, se comprometem a fundo na profissão sem contar as horas.
- O essencial da tarefa se articula em volta da relação com os alunos e, em seguida, em menor medida, nas relações com os pares e, enfim, numa medida nitidamente menor, nas atividades mais "administrativas" com outros agentes educacionais.

• Embora o ensino propriamente dito forme o nó central da tarefa, os professores têm ainda um trabalho diversificado, que necessita de sua participação em várias atividades diferentes.

• As principais tarefas dos professores são o ensino, a vigilância, as atividades de recuperação e a participação na organização de atividades estudantis. Trata-se, em todo caso, de atividades centradas nos alunos ou desenvolvidas em presença deles.

• Ao lado dessas tarefas, encontram-se outras tais como a preparação das aulas, as atividades fora do trabalho, a participação no que diz respeito aos alunos, as atividades paraescolares, a atualização e o aperfeiçoamento, a interação com os colegas, a supervisão de estagiários, o enquadramento dos professores em fase probatória, etc.

• As variações da tarefa dos professores são difíceis de se avaliar, considerando que elas incluem muitas atividades informais e sofrem muita influência de diferentes fatores associados ao sexo, ao *status* empregatício, ao tamanho da escola, à região, aos alunos, ao tamanho da turma, etc.

• Além disso, a própria definição das tarefas é suscetível de interpretações e de negociações em função dos atores locais, das tradições próprias dos estabelecimentos, das relações de poder entre as diretorias e os professores, etc.

• Tanto do lado das percepções subjetivas dos professores quanto dos fenômenos objetivos que ocorreram nas últimas décadas, a carga de trabalho aumentou, não no número de horas, mas em dificuldade e em complexidade. A docência tornou-se, certamente, um trabalho mais extenuante e mais difícil, sobretudo, no plano emocional (alunos mais difíceis, empobrecimento das famílias, desmoronamento dos valores tradicionais, etc.) e cognitivo (heterogeneidade das clientelas com necessidade de uma diversificação das estratégias pedagógicas, multiplicação das fontes de conhecimento e de informação, etc.).

Esses diferentes elementos de análise sugerem, portanto, que as condições de trabalho dos professores se tornaram mais graves e complexas com o tempo. Contudo *esse agravamento e essa complexificação não se traduzem, necessariamente, num prolongamento significativo do tempo de trabalho, mas antes numa deterioração da qualidade da atividade profissional*: os professores estão mais enquadrados e a relação com os alunos tornou-se mais difícil por causa de vários fatores que já descrevemos anteriormente.

Gostaríamos de fechar esse capítulo indicando, ainda, algumas constatações básicas decorrentes dos dados analisados precedentemente.

1) Antes de tudo, pela leitura dos extratos precedentes das falas dos professores, constatamos que suas relações com os alunos podem tanto ser enriquecedoras quanto difíceis. Os professores investem muito, emocionalmente falando, em seu trabalho: trata-se de um *trabalho emocional* "consumidor" de uma boa dose de energia afetiva, e decorrente da natureza interpessoal das relações professor/alunos. Na verdade, dificilmente os professores podem ensinar se os alunos não "gostarem" deles ou, pelo menos, não os respeitarem. Desse modo, suscitar esse sentimento dos alunos é uma parte importante do trabalho.

Além disso, é certo que esse tipo de trabalho, com forte envolvimento afetivo, foi, geralmente, uma atribuição das mulheres e das ocupações femininas. Nas falas citadas, embora algumas vezes os homens e os professores do secundário falem do amor que sentem pelos alunos, é inegável que esse discurso é mais amplamente o das mulheres e dos professores do primário. Entre os homens, a emoção com relação aos alunos é frequentemente mediatizada pela matéria ensinada, enquanto para as mulheres ela leva mais diretamente sobre a pessoa dos alunos, sobre o que eles são, mais que sobre o que podem aprender. Parece, ainda, que a dimensão de "relação de ajuda" seja mais vezes predicado das mulheres. Hargreaves (1994) menciona também a importância da ética do *care* (cuidado, ajuda) no ensino e, sobretudo, no ensino primário assumido majoritariamente por mulheres.

Em seu estudo sobre a tarefa das professoras do primário, Messing *et al.* (1995) põem em evidência a implicação afetiva das professoras que procuram remediar os problemas da sociedade e transformá-la através das crianças: ensinar a harmonia racial, desenvolver atitudes não sexistas, trabalhar a catequese garantindo um tratamento igualitário às crianças não católicas. As professoras escutam, ainda, os problemas pessoais de todos e cada um, elas consolam, ensinam os comportamentos sociais básicos, etc.

A relação afetiva com os alunos, mesmo quando é positiva, depende de múltiplos fatores não afetivos: a pobreza, a dificuldade dos grupos, a idade dos alunos. Enfim, a afetividade não é somente da ordem das coisas sentidas subjetivamente; constitui também, em nossa opinião, um dos recursos utilizados pelos atores – os professores e os alunos – para chegar a seus fins durante suas diversas interações. Na realidade, não existe educação possível sem um envolvimento afetivo ou emocional dos alunos na tarefa. O que chamamos de "motivação" não é nada mais do que tal envolvimento. Ele pode ser suscitado de diversas maneiras (recompensas, punições, etc.), mas, em todo caso, não se trata de um processo estritamente racional e faz apelo a emoções "positivas" ou "negativas" das pessoas presentes.

2) Não existe relação típica, uniforme e universal dos professores com os alunos. Muito pelo contrário, essa relação geralmente varia de um professor a outro e depende de múltiplos fatores: idade, nacionalidade e sexo dos professores e dos alunos, recursos disponíveis, dificuldades das turmas, número de alunos por classe, situação socioeconômica dos alunos, matéria ensinada, momento da carreira, época do ano, etc., tudo isso influencia de uma maneira ou de outra a relação professor/alunos. Esse fenômeno não tem nada de surpreendente, pois está em conformidade com as diversas nuances que marcam inevitavelmente uma profissão centrada no humano. De tanto trabalhar, dia após dia, com crianças, jovens, durante anos, é natural viver uma larga gama de emoções e relações com eles. Mesmo assim, veremos mais à frente, pode-se também identificar temas recorrentes que permitem captar, sob a variedade das relações possíveis, certas modalidades típicas da relação professor/alunos.

3) Como o mandato de trabalho dos professores é duplo, a um tempo orientado por tarefas formais e regulamentadas de instrução e tarefas de educação mais globais, implícitas e flexíveis, também as relações com os alunos são duplas, marcadas sempre por uma mesma tensão central que já identificamos no capítulo 3: a relação com os alunos é, ao mesmo tempo, a principal fonte de satisfação do *métier*, e a fonte dos desafios, das dificuldades de todo tipo; muitas vezes ela é também ocasião de descoberta de seus limites pessoais e profissionais.

Como vimos, vários fatores explicam, em nossa opinião, esta ambivalência dos professores nas suas relações com os alunos. Mas convém, outra vez, notar que essa ambivalência parece típica de um trabalho que absorve o essencial da atividade profissional nas relações humanas, onde o elemento emocional, afetivo ocupa necessariamente um lugar de destaque. Estando quase sempre com os alunos, é normal que os professores experimentem para com seu objeto de trabalho relações ora prazerosas, ora decepcionantes, sacudidos que são entre as expectativas da instituição e o prazer de estar em relação com crianças e jovens.

4) Como para seu mandato de trabalho, a relação com seu objeto traz, para os professores, dilemas para os quais eles não têm soluções simples, nem mesmo, em alguns casos, soluções possíveis ou realizáveis: diante de crianças, de jovens seres humanos, toda decisão pode comportar custos na medida em que os professores não controlam jamais seu objeto de trabalho, que lhes escapa de mil maneiras. Alguns professores se sentem, portanto, completamente submersos por sua missão, que os obriga, às vezes, a baixar o braço diante de situações revoltantes vividas por crianças, por jovens. Não podendo, porém, con-

tentar-se em cumprir um mandato estritamente reduzido à instrução, eles assumem a educação por sua conta e risco, já que, às vezes, são confrontados com situações (econômicas, familiares, sociais, culturais, etc.) que reduzem a nada seus esforços. Mas, apesar de tudo, não lhes cabe escolher e precisam fazer o seu possível, mesmo sabendo que pode ser inútil.

Um outro dilema central de sua tarefa diz respeito à equidade do tratamento que os professores devem garantir a todos os alunos, apesar de suas diferenças individuais, sociais e culturais. Esse dilema é a consequência permanente e inevitável de um trabalho dirigido a uma coletividade, mas que, para ser eficaz, deve dizer respeito aos indivíduos e considerar suas diferenças para fazê-los progredirem. A fala do professor aos alunos de outras culturas, os alunos de contextos desfavorecidos, os alunos lentos ou em dificuldades, reflete esse dilema crucial: como conciliar o ensino a um grupo com as diferenças dos indivíduos que o compõem? Não existe solução lógica ou natural a esse dilema; pelo contrário, trata-se, achamos, de um problema logicamente insolúvel, mas que todo professor resolve à sua maneira concretamente, optando por algumas práticas pedagógicas que favorecem um ou outro dos termos presentes.

É isto que faz Perrenoud (1993) dizer que, talvez, se trate de uma profissão impossível, sem garantia de êxito e em que o praticante precisa combinar sem cessar a obrigação de decidir e a eventualidade de um revés. Citemos um de seus textos mais pertinentes:

> Na prática pedagógica se encontram cada dia contradições impossíveis de ultrapassar de uma vez por todas: esquecer-me pelo outro ou pensar em mim? Privilegiar as necessidades do indivíduo ou as da sociedade? Respeitar a identidade de cada um ou transformá-la? Avançar com o programa ou atender às necessidades dos alunos? Fabricar hierarquias ou praticar uma avaliação formativa? Desenvolver a autonomia ou o conformismo? Implicar-se pessoalmente na relação ou permanecer o mais neutro possível? Impor para ser eficaz ou negociar longamente para obter a adesão? Sacrificar o futuro ou o presente? Colocar a tônica nos saberes, nos métodos, na instrução, ou nos valores, na educação, na socialização? Valorizar a competição ou a cooperação? Dar a cada um a impressão de que é competente ou levar a uma maior lucidez? Preferir a estruturação do pensamento e da expressão ou encorajar a criatividade e a comunicação? Pôr o acento numa pedagogia ativa ou uma pedagogia de domínio? Respeitar a equidade formal ou proporcionar a cada um conforme suas necessidades? Amar todos os alunos ou deixar que falem suas simpatias e antipatias? (PERRENOUD, 1993:9-10).

A profissão não pode escapar a esses dilemas. Não existe *one best way* para resolvê-los; há professores que procuram um caminho próprio seu, uma via de afirmação de uma identidade e de uma competência, uma via de compromisso continuamente reconstruída.

5) Enfim, a relação com os alunos se insere num contexto escolar e social, num ambiente mais global que pesa gravemente sobre sua natureza e sua qualidade. Sobre esse aspecto, questões como a violência, a pobreza, as transformações do tecido social e cultural são fatores importantes geralmente invocados pelos professores. Carpentier-Roy & Pharand (1992:19) dizem a propósito disso:

> Ansiedade muito generalizada também quanto aos valores sociais que mudaram e as mutações no tecido social do Quebec como a monoparentalidade, as famílias desfeitas, a pobreza, o aumento das "crianças a chave"[1], o aumento do número de crianças afetadas por problemas de ordem afetiva ou intelectual (aprendizagem), etc. Contudo, a ansiedade não está numa relação simples e direta com os novos dados sociais. Ela provém do fato de não lhes darmos os meios adequados para gerir esses problemas e, então, eles temem não estar à altura, e isto é que causa ansiedade.

Definitivamente, tenha-se presente que a relação dos professores com os alunos é complexa e multidimensional; ela comporta tensões e dilemas importantes; enfim, ela é determinada por fatores ambientais: pobreza, violência, etc. Ela suscita nos professores sentimentos ambivalentes, como fonte de gratificação e alegrias, por um lado, e provações e lugar de dificuldades de todo tipo, por outro.

Neste capítulo estudamos as representações dos professores com relação aos alunos. Mas eles não apenas têm uma imagem dos alunos: eles trabalham diretamente com eles e é nestas interações com seu objeto que suas imagens adquirem sentido. Convém-nos, portanto, examinar agora as interações.

---

1. A "criança a chave" é uma criança pequena que volta sozinha para casa depois das aulas, pois os pais estão ausentes e lhe deixaram uma chave em determinado lugar.

5
Os trabalhos e os dias

No capítulo anterior, fazíamo-nos a pergunta: o que, exatamente, faz um professor? Com o intuito de trazer alguns elementos para uma resposta, foram examinadas variáveis, sobretudo quantitativas, como o tempo de trabalho, a diversidade de tarefas e o tamanho das turmas. Ora, outra maneira de considerar a tarefa dos professores consiste em tomar por base a análise da jornada de trabalho e seguir passo a passo as atividades que nela se desenvolvem: é o que faremos agora, com exceção das aulas, que serão analisadas mais particularmente no capítulo 7. Nos interessaremos, igualmente, pelas diferentes formas de trabalho coletivo entre os professores, ou seja, a sua colaboração cotidiana nos estabelecimentos e nas classes.

Enquanto o capítulo 4 privilegiava uma perspectiva analítica, quantitativa e classificatória, o presente capítulo procura registrar as dimensões qualitativas do trabalho, percorrendo, por assim dizer, o chão da escola, nos seus múltiplos atos cotidianos e nas várias tarefas realizadas no dia a dia pelos docentes. *Já não se trata mais, aqui, de partir de um modelo de trabalho definido por categorias codificadas, mas sim daquilo que os professores fazem para tentar identificar, desse estudo, a realidade de seu trabalho, nos seus modos de organização próprios, seus conteúdos e suas condições.*

Iniciaremos por uma breve análise da típica jornada de trabalho dos professores por profissão. Em seguida, abordaremos os conteúdos dessa jornada, ao passo que as aulas, como dissemos, serão objeto do capítulo 7. Concluiremos este capítulo com a análise do trabalho coletivo entre os professores.

5.1. A típica jornada de trabalho

Quando se estuda as jornadas de trabalho dos professores, um fenômeno salta aos olhos: todos os eventos cotidianos estão encaixados em ritmos e atividades relativamente uniformes, que compõem a jornada de trabalho. Tais ritmos e atividades correspondem aos ritos básicos da escola ou, se preferirmos, às grandes rotinas coletivas que estruturam o trabalho docente no dia a dia. Com efeito, a típica jornada de trabalho dos professores funciona segundo alternâncias de atividades relativamente uniformes: a jornada começa, habitualmente, por um breve período de contato com os colegas, na sala de professores; segue-se, muitas vezes, um tempo de preparação das atividades do dia e do material necessário; na sequência, uma atividade de acolhida dos alunos, seguida por uma alternância de lições ou outras atividades de aprendizagem, marcadas por períodos de intervalo para recreação e almoço, durante os quais os professores dão prosseguimento a várias tarefas, ao mesmo tempo em que descansam; enfim, a jornada se completa com a partida dos alunos e, geralmente, mais uma atividade: a preparação para o dia seguinte, uma reunião, correções, etc. As noites, muitas vezes, são ocupadas com algum trabalho de preparação ou de correção. Nesse sentido, com exceção de algumas ocasiões excepcionais (uma saída, uma visita, um espetáculo, etc.) as jornadas de trabalho são todas muito semelhantes para os professores, se nos restringirmos, como aqui fazemos, às linhas gerais das atividades diárias. Através dessas ocupações encontram-se, também, de acordo com um calendário em geral preestabelecido, períodos de disponibilidade, dedicados a atividades como preparação, correção, encontros, sobretudo com os pais, as jornadas pedagógicas, etc.

Essencialmente, se reduzirmos este primeiro nível de análise à sua expressão mais simples, ele comporta atividades *com* os alunos (acolhida, ensino, vigilância, saída dos alunos), que ocupam a maior parte da jornada, atividades *em vista da relação* com os alunos (preparação, etc.) e períodos de repouso *para* os alunos (recreação, almoço), durante os quais os professores continuam de um modo ou de outro interagindo com os alunos. Portanto, constata-se mais uma vez que a estruturação do tempo e das atividades cotidianas gira em torno dos alunos, ficando as demais atividades (discussão com os colegas, encontros improvisados, pais, reuniões, etc.) às margens desse nó central do trabalho cotidiano. Além disso, nesse nível de análise, as jornadas de trabalho são uniformes e repetitivas, formando um círculo continuamente retomado de aulas e intervalos, de preparação, ensino e avaliação. Pouco importa o momento do ano ou mesmo da carreira, parece que o trabalho da grande maioria dos professores segue, *grosso modo*, esse esquema básico.

Tal esquema expressa a estruturação das atividades dos professores no seio da escola: *ele corresponde a uma organização imposta do tempo, do espaço e das tarefas, na qual se situa a ação concreta dos atores*. Esse esquema também comporta inúmeros aspectos informais, decorrentes menos de um planejamento refletido que de um ritualismo ou uma "rotinização" das atividades dos agentes escolares, bem como da própria cultura organizacional da escola, com suas maneiras características: campainhas, alunos em fila, deslocamentos controlados, etc.

Eis um exemplo da ritualização da ação de um professor observado, que se repete dia após dia de maneira muito parecida (quadro 12):

Quadro 12 – A ritualização do trabalho escolar

07h50	Sala dos professores, café.
08h10	Sinal. Espera pelos alunos entre o 1° e o 2° andar. Entrada na classe do professor e dos alunos em fila e em silêncio.
08h10-08h20	Vestimentas, bolsas esvaziadas e colocadas em ordem nos armários, entrega dos deveres, posicionamento nos lugares.
08h20-09h50	Período de aula.
09h50-10h10	Sinal do recreio: os alunos seguem pelo corredor em fila como entraram de manhã, a professora os acompanha até a saída no pátio; ela se dirige à sala dos professores, exceto no seu dia de vigilância no pátio.
10h10-11h30	Sinal e retorno dos alunos em fila, espera pelos alunos no corredor, como de manhã, período de aula.
11h30-12h55	Sinal e saída em fila para o almoço; a professora os acompanha até o salão do térreo.
12h55-14h15	Sinal, mesmo ritual que de manhã, período de aulas.
14h15-14h35	Sinal para o recreio; como no recreio da manhã.
14h35-15h15	Sinal, mesmo ritual que de manhã, último período: exercícios e início dos deveres.
15h15	Sinal para avisar do fim da jornada. Saída em fila, acompanhados pelo professor até a saída (nos dias em que deve olhar pelos ônibus escolares, a professora deixa sua turma sair sozinha e vai posicionar-se perto do primeiro ônibus, onde os alunos se posicionam em duas filas, uma para cada ônibus. Uma fila de cada vez se dirige ao seu ônibus. Quando os dois ônibus partirem a professora retorna ao seu lugar).
15h15-16h15	Trabalho na escola, preparação das aulas seguintes, do material pedagógico.

Esta organização da jornada de trabalho em grandes blocos de ação ininterrupta repetida, demanda alguns comentários importantes no plano teórico, os quais permitirão completar a visão organizacional da escola apresentada no capítulo 2 e registrar sua dimensão temporal e dinâmica.

Primeiramente, esta organização parece remeter a um tempo social, a um tempo coletivo na estruturação do trabalho escolar, tanto o dos alunos quanto o dos professores. Todas as escolas e todas as classes reproduzem, por alto, esse *pattern* básico. Por isso, pode-se dizer que elas se parecem; elas possuem períodos de trabalho em classe, intervalos e atividades de preparação para os professores. Esse *pattern* básico ilustra perfeitamente a dimensão rotineira e institucionalizada do trabalho escolar que, por todo o sistema de ensino, reproduz fielmente uma mesma estruturação das atividades. *Juntamente com a organização celular do trabalho dos professores, esse* pattern, *sendo recorrente no tempo e no espaço, constitui uma poderosa demonstração da estabilidade da organização do trabalho na escola.*

Tal *pattern* atende a várias necessidades: serve para controlar a ação diversificada dos atores do dia a dia, encerrando-o em unidades e períodos relativamente rígidos; permite a gestão coletiva das tarefas, sejam as dos professores, sejam as dos alunos, uniformizando suas atividades, fixando-as em tempos e espaços determinados; torna possível o isomorfismo institucional, quer dizer, as comparações e intercâmbios entre os elementos do sistema escolar; enfim, assegura a estabilidade e a familiarização necessárias para a renovação do mundo vivido diariamente, oferecendo aos atores referências espaciais e temporais que marcam a existência mesma do ordenamento escolar encarnado no conjunto das práticas cotidianas. Esse *pattern* reproduz-se praticamente da mesma maneira há várias décadas, e até séculos. Ele é a cristalização das grandes rotinas coletivas que estão na base da escola moderna e do trabalho escolar: sua própria existência permite a perpetuação e a integração no tempo e no espaço das ações de inúmeros atores, de milhares de professores e milhões de alunos.

Esta organização do trabalho reproduz de modo bastante fiel o modelo usineiro e burocrático padrão que está na base do trabalho coletivo em nossas sociedades industriais avançadas. Quando a comparamos com o trabalho numa usina ou num hospital, essa organização garante do mesmo modo um tratamento coletivo às suas produções. Assim, todos os alunos conhecem perfeitamente o ciclo cotidiano e repetitivo do trabalho escolar, com suas alternâncias de aulas e pausas. *Esse ciclo é o tempo instituído da escola*: com o tempo, todas as aulas, todos os recreios, todos os professores acabam ficando parecidos e se confundindo, formando uma espécie de imagem *prototípica* da vida escolar e do tempo passado nos bancos da escola.

Quando o encaramos formalmente, ou seja, como uma forma de gestão do tempo escolar sem vínculo com os conteúdos transmitidos ou aprendidos, esse ciclo constitui, por sua vez, uma das questões nevrálgicas da aprendizagem escolar do período empenhativo ou exigente que prepara para a vida adulta e o mundo do trabalho. Opõe-se às temporalidades concretas, encarnadas, que são o tempo dos desejos infantis e juvenis (o tempo da satisfação imediata, o tempo das brincadeiras, o tempo dos lazeres, o tempo festivo, o tempo familiar e o tempo vivido, durante o qual cada um dispõe de sua vida como bem quer. Ir à escola é, portanto, viver uma experiência temporal nova, é integrar-se num universo ritmado como um relógio, cadenciado por campainhas, lições e recreios. Um pouco como os prisioneiros, os alunos precisam aprender a "dar tempo ao tempo" e tomar seu tempo ocupando-se com diversas coisas *que, em princípio, não lhes interessam no plano emocional nem existencial*. Dito de outra forma, o trabalho escolar imposto às crianças traduz-se não apenas na imposição de conteúdos simbólicos, mas também num modo de simbolização do tempo escolar imposto igualmente a todos e no qual todos devem inserir-se, ajustando aí seus próprios ritmos.

Esta organização corresponde ainda a uma estruturação relativamente dinâmica dos acontecimentos escolares. Com efeito, do ponto de vista dos atores, dos professores e dos alunos, essa organização das unidades de trabalho se apresenta como uma estrutura, mas também como um desdobramento, um processo. Esse processo é o dos dias que se sucedem segundo os mesmos *ritmos e ritos* básicos, é o dos meses, dos semestres, dos anos, enfim, que se alinham uns após outros em sua relativa uniformidade. Ocorre aí, portanto, um fenômeno de *fluidez* própria do trabalho escolar. Essa fluidez do tempo parece regida ao mesmo tempo pela lentidão e pela velocidade próprias da escola. A lentidão vem, ao mesmo tempo, da repetição da própria organização, com a sensação de sempre fazer a mesma coisa, de não progredir, e dos tempos mortos, que marcam constantemente o desdobramento das atividades. Tais tempos surgem sem cessar na descontinuidade das atividades: as aulas começam e terminam, os alunos se instalam e saem, as campainhas tocam, marcando o fim ou o começo de uma nova atividade... Também nasce do tratamento uniforme aplicado a alunos diferentes, donde deriva, consequentemente, uma ação uniformizada que vem abater-se, inevitavelmente, ao menos em parte, sobre as diferenças reais entre os alunos: ensinar, portanto, é fundamentalmente repetir, repetir, para avançar, progredir, mas repetindo. Enfim, tais tempos mortos resultam também do objeto humano do trabalho docente, que introduz constantemente nas rotinas da classe algumas irrupções, paradas, desvios, rupturas, brechas que os professores precisam preencher a fim de dar continuidade à ação em andamento.

Contudo, apesar desses múltiplos fatores que o tornam lento, a fluidez do trabalho escolar – tanto o dos professores quanto o dos alunos – é também dotado de uma velocidade de navio cruzeiro, uma espécie de roda vida cotidiana e anual na qual as coisas chegam depressa: os dias e os anos escolares são cheios de marcadores temporais – aulas, intervalos, inspeções, exercícios, provas, comemorações, férias, etc. – que formam uma trama de ação na qual acontecimentos se produzem sem cessar, convocando os atores a antecipar-se, a preparar-se, forçando-os a imprimir em sua vida escolar, desse modo, um ritmo intenso e empenhativo, sempre cheio de expectativas. O caráter rotineiro e repetitivo das grandes atividades escolares exerce nesse plano o papel de acelerador do tempo, pois é próprio das rotinas introduzir na ação humana elementos de automaticidade que se executa sem nem pensar. A esse respeito, as atividades rotineiras têm de particular que elas *fluidificam* a ação, fazendo-a correr nas formas instituídas que não ferem a consciência dos atores, os quais, caso contrário, precisariam parar, refletir, marcar intervalos e, consequentemente, recuar diante de suas próprias atividades. Nesse sentido, o trabalho escolar é a reprodução, em seu desdobramento e sua organização, das formas rotineiras da atividade humana organizada, que constituem as bases da vida social. Ir à escola, trabalhar na escola, desse modo, é entrar num tempo fortemente socializado e aprender a interiorizá-lo, ou seja, torná-lo suportável e praticável para as novas gerações. Nesse espírito, a própria estruturação dos dias que se sucedem corresponde a um processo de aprendizagem e de socialização num tempo instituído pela sociedade.

Enfim, uma última nota diz respeito à vida dos professores na escola. A carreira docente, diz-se muitas vezes, não tem relevo, ela é *chata*. Obviamente, isto vem de coisas como a ausência de possibilidades de promoção ou a fraca diversificação das posições de trabalho, mas decorre também da organização temporal do trabalho que acabamos de descrever. Ensinar, de certo modo, é fazer sempre a mesma coisa, todos os dias, durante 25, 30 ou 35 anos. Em suma, trata-se de um trabalho muito rotineiro, apesar da presença importante do elemento humano e das variações contínuas que ele introduz necessariamente nas situações de trabalho. Esta dimensão rotineira acarreta uma tensão interna, na medida em que ela recobre situações, pessoas e eventos que se transformam dinamicamente. Levada ao limite, a rotinização do trabalho se fossiliza em formas padronizadas de ação, em comportamentos repetitivos, atitudes formais, gestos mecânicos. Graças à sua estrutura rotineira cotidiana, o trabalho dos professores é dotado de uma estabilidade, de uma recursividade e uma segurança ontológicas (GIDDENS, 1987), mas ao mesmo tempo amarga as muitas situações austeras, os acontecimentos turbulentos, a qualidade muito variável das pessoas que compõem o material básico do trabalho. Desse modo, todo professor sempre está envolvido num processo de rotinização de seu trabalho, embora devendo permanecer disponível, alerta e aberto às mudanças. Esta tensão também forma a relação dos professores com seu objeto de trabalho. Veremos que ela desemboca em problemas de harmonização e de ajuste da ação coletiva na escola (seção seguinte) e na classe (capítulo 7).

5.2. A construção cotidiana das situações de trabalho

A seção precedente pôs em evidência a estruturação rotineira do trabalho cotidiano dos professores. Mas quando nos aprofundamos mais especificamente nas atividades que preenchem concretamente as grandes unidades precedentes, descobrimos que as rotinas e os ritmos escolares não são mais suficientes para explicar o trabalho docente. Esse segundo de organização corresponde às tarefas – tão numerosas e tão diversificadas – executadas pelos professores em cada uma das grandes unidades de atividades. Corresponde ainda às numerosas variações internas das grandes unidades de trabalho em função de inúmeros critérios: a matéria ensinada, a ordem e o nível de ensino, os alunos (idade, número, força e fraqueza, sexo, etc.), a situação material, as atividades previstas (lições, atividades especiais, exames.), etc. Em suma, estamos falando de um patamar bem mais concreto da organização do trabalho que o precedente.

Mas como analisar as situações escolares (uma aula, a vigilância de um período de recreio, etc.) tais como efetivamente acontecem no dia a dia? já dissemos várias vezes: trata-se de "situações sociais" caracterizadas por "interações" entre seres humanos. Qualificar essas situações como "sociais", não exige muita justificativa, parece-nos. Com efeito, a escola e o ensino não têm absolutamente nada de situações "naturais"; uma e outra derivam de um processo sócio-histórico de institucionalização das organizações modernas. Além disso, mesmo deixando de lado esses aspectos sócio-históricos, é inegável que a escola e o ensino repousam em práticas coletivas institucionalizadas, portanto, sociais. Como já visto, as crianças não vão naturalmente à escola, mas vão porque a sociedade as obriga; por sua vez, os professores são trabalhadores cujas atividades são amplamente determinadas por obrigações e recursos coletivos. Enfim, pode-se considerar o ensino de muitíssimas maneiras, mas não deixa de ser verdade que é, essencialmente, uma atividade social no pleno sentido do termo, ou seja, uma atividade entre parceiros cujas ações se definem umas em relação às outras, o que caracteriza a própria essência da situação social.

Ora, para a sociologia, a interação é a unidade elementar de toda situação social (HABERMAS, 1987a; WEBER, 1971; ROCHER, 1969). Do ponto de vista sociológico, a interação necessita, antes de tudo, por parte dos atores, da capacidade de agir em relação a objetivos (quaisquer que sejam) e interpretar os objetivos dos outros atores (quer estes estejam presentes ou não). Esta capacidade é, ela mesma, social: ela remete a competências adquiridas pela socialização. Além disso, aqui falamos de condutas significativas, quer dizer, dotadas de sentido para aqueles que as cumprem e aqueles que as percebem como parceiras da interação. É por isso que nunca é suficiente descrever, mesmo que detalhadamente, tudo que se passa numa escola ou numa classe, para compreender a ordem das interações; é preciso também compreender as interpretações, significações e intenções dos parceiros da ação.

Além disso, a interação remete à maneira com que, nos espaços escolares cotidianos, os indivíduos constroem situações consistentes (aulas, recreação, estudo, exercício, etc.) e "normais" para eles, ou seja, situações em que as identidades dos parceiros são estáveis e um tanto definidas, e onde as ações dos diferentes atores presentes são relativamente previsíveis, regulares, "normais". Nos centraremos, portanto, na presente seção, na construção de situações escolares cotidianas, na tentativa de identificar, ao mesmo tempo, os contextos e as ações significativas dos atores que contribuem na sua definição. Acreditamos que esta maneira de considerar as coisas pode fazer com que vejamos claramente a riqueza e a complexidade que caracterizam as situações escolares.

Como na seção anterior, retomaremos mais uma vez a jornada de trabalho como base analítica mas levando em conta, desta vez, as atividades mais refinadas entre os atores escolares. O estudo das aulas, dada a sua importância, será assunto de um capítulo à parte (capítulo 7).

5.2.1. *A chegada à escola e os intervalos*

O material analisado aqui são informações tiradas de observações das atividades dos professores na sua chegada à escola e durante os intervalos ou nos períodos de disponibilidade. As cenas do dia a dia descritas se caracterizam por seu aspecto familiar, sua banalidade: são questões do humor, troca de piadas, às vezes, de futilidades, mas também dos alunos, dos pais, do tempo e das pressões que ele exerce sobre os professores; encontram-se também alguns comentários sobre a sociedade, a infância, a escola... Como interpretar situações assim, que se encontram praticamente tais e quais em todas as salas de professores nos intervalos? Em que sentido elas refletem o mundo do trabalho docente e, mais amplamente, a vida na escola? Para que esse material diga algo e para colher dele elementos de inteligibilidade úteis à compreensão do trabalho docente iremos destacar quatro aspectos internos a propósito das situações relatadas:

1) Antes de tudo, o aspecto familiar e a banalidade das situações relatadas testemunham que estamos diante de um mundo vivido partilhado por todos os parceiros das interações diárias. Esta ideia de mundo vivido, que tomamos emprestada da fenomenologia (LEBENWELT), remete à partilha cotidiana de significações entre atores que vivem as mesmas situações, que se referem espontaneamente às mesmas evidências de fundo e que permutam e ajustam constantemente seus pontos de vista sem distanciamento crítico, ou seja, *de modo natural ou espontâneo*. O mundo vivido, portanto, é o mundo de *reflexividade*, no sentido de Garfinkel (1984) e de Giddens (1987), ou seja, o mundo onde cada um mostra e diz aos outros que os entende sem mais problemas, simplesmente agindo *normalmente, naturalmente, espontaneamente*. A noção de reflexividade significa que os saberes, as competências, as significações e as interpretações dos parceiros de interações são sistematicamente reinvestidos na própria interação e contribuem, desse modo, ao seu desenvolvimento. No caso do material com que nos ocupamos, o mundo vivido aflora ao menos a partir de quatro sinais:

O caráter amplamente não problemático dos conceitos intercambiados. Nota-se, por exemplo, a ausência de discussões críticas, o aspecto absolutamente não teórico das trocas, as conivências, as evidências partilhadas entre os parceiros das interações. Em suma, as pessoas parecem estar de acordo sobre tudo, inclusive sobre o que é problemático no trabalho: a falta de tempo, a sufocação burocrática, as crianças problemáticas, os pais inoportunos, etc.

O humor, as piadas, a ironia que perpassam os diversos lugares e que indicam como as pessoas em interação partilham um mesmo universo familiar, rindo e sorrindo com espontaneidade. O humor é um indício poderoso da pertença a uma mesma cultura profissional, visto que as piadas não têm sentido senão em referência a um conhecimento partilhado de um contexto de trabalho.

Os fios condutores das conversas, a partir dos quais as trocas de conceitos continuam de um intervalo a outro, a respeito dos mesmos assuntos: fala-se daquilo de que já se falou, continuando uma discussão entrecortada e sem fim. A conversação (ACKERMANN et al., 1985; LAHIRE, 1992; PHARO & QUÉRÉ, 1990) é o suporte da vida social de um grupo: por ela se orienta o posicionamento respectivo dos membros do grupo.

O processo de integração dos pesquisadores à vida do grupo, através de intercâmbios familiares a respeito da vida da escola e dos alunos (assim, eles inseridos nos assuntos), e de assimilação das referências dos professores, que os orientam e os situam em função de seus interesses (dessa forma, eles são situados em terreno conhecido ou partilhável).

Para bem compreendermos o sentido e a importância desses "microeventos", que podem facilmente passar despercebidos, é importante relembrar que os períodos de atividades aos quais eles se referem se repetem várias vezes por dia, todos os dias da semana e durante o ano inteiro, às vezes, durante várias décadas para os professores da mesma escola. Em outras palavras, apesar de, ou, antes, por causa de seu caráter familiar, informal, os conceitos e as situações relatadas aqui *testemunham a vivência profissional dos trabalhadores que partilham o mesmo mundo de trabalho, que conhecem a fundo as situações da vida cotidiana e que conversam e se compreendem espontaneamente*. É próprio do mundo da convivência justamente tornar compreensível aos membros da interação aquilo que não é familiar para os de fora; e, também, tornar não pertinente o distanciamento próprio dos conhecimentos teóricos e críticos. A esse respeito, é preciso notar que os professores não discutem, ou discutem muito raramente, teorias pedagógicas; menos ainda trocam críticas sobre sua própria atividade docente. Significa, isto, que todo conhecimento está ausente dessas situações?

2) Um segundo aspecto refere-se, justamente, à troca, entre os parceiros das interações, dos *conhecimentos práticos* relativos aos alunos e aos pais. Tais conhecimentos são utilizados pelos professores para atingir os objetivos de seu trabalho e solucionar os problemas que encontram. Diferentemente dos conhecimentos teóricos que recaem sobre objetos a conhecer, eles recaem sobre objetivos a atingir ou realizar, bem como sobre ações a empreender ou concluir. Neste sentido, pode-se dizer que se trata de "conhecimentos-utilitários", voltados, orientados para a solução dos problemas cotidianos.

Por exemplo, os professores fazem diversos intercâmbios de informações sobre coisas muito específicas (sobre os alunos, sobre seu comportamento, sobre os pais dos alunos, etc.) e que não têm sentido senão dentro do universo de trabalho que é o deles. A esse respeito, os conhecimentos práticos dos professores são conhecimentos do trabalho, conhecimentos de homens e mulheres de profissão que falam de seu objeto e de suas condições de trabalho. Trata-se, também, de conhecimentos no trabalho, *de saberes aplicados*, que levam as marcas do lugar de sua produção, no sentido de que seus objetos e fins se definem em relação ao contexto do trabalho docente. Como mostrado alhures (TARDIF, 2002), daí decorre que os conhecimentos práticos dos professores devem ser pensados em relação direta com seu espaço de ação, de enunciação, de utilização e de validação, ou seja, dentro do mundo do trabalho, do mundo vivido da escola.

3) Outro aspecto que chama à atenção são os valores partilhados pelos professores. Essencialmente, os valores expressos em suas falas de professores traduzem o sentimento *daquilo que se faz e daquilo que não se faz com os alunos ou do*

que os alunos não devem fazer. Os julgamentos de valor dos professores e do diretor do estabelecimento levam a marca do local de trabalho – um ambiente favorecido, em que o dinheiro existe e é importante – e do objeto de trabalho – a educação de um grupo de crianças. A docência aparece aqui como uma *profissão moral*; de fato, a moralização, a socialização, em suma, a educação em sentido amplo, constitui uma parte significativa do trabalho docente. Os julgamentos morais dos professores ilustram esse problema educativo próprio do seu trabalho: educar crianças, em parte contra ou apesar de valores, às vezes, contraditórios dos pais, dos adultos, da sociedade de consumo.

4) Enfim, um último aspecto que merece ser mencionado é a porosidade dos limites do tempo escolar, quer dizer, a invasão do repouso pelo trabalho, a penetração de pausas pelas atividades, a fluidez dos limites entre não ensinar e ensinar, o extravasamento do objeto de trabalho – os alunos, no espaço reservado aos professores. Antes de tudo, os professores devem lidar com o horário da escola, um horário previsto em função dos alunos e ao qual eles estão sujeitos. De acordo com os professores entrevistados na sala dos professores, isto é o mais difícil de suportar, ao longo dos anos; alguns chegam a dizer que isso vai ficando mais e mais oprimente com o tempo. Esses horários são planejados minuto a minuto para os alunos e exigem uma diversidade de tarefas por parte dos professores, tanto na escola como em suas classes. Outro fator que aumenta as dificuldades é sua necessidade de estar presentes entre as crianças pequenas, pelas quais eles têm inteira responsabilidade enquanto estão entre os muros da escola. A organização escolar também coloca os professores numa situação de trabalho na qual se encontram continuamente em ação profissional, dado que é o horário dos alunos que determina o seu. Por exemplo, as crianças vêm diretamente para a sala dos professores para receber cuidados. Enquanto observávamos, efetivamente aconteceu que três alunos, ao menos, durante o recreio, vieram pedir cuidados: uma bolada na orelha, um machucado no braço, um tombo na quadra.

Este aspecto diz respeito, portanto, mais especificamente à extensão da tarefa ou aquilo que denominamos antes de caráter maleável do trabalho docente. Isso verifica-se nos seguintes elementos:

Primeiramente, segundo nossas observações, os professores realizam uma atividade relacionada ao ensino durante cerca de 60 minutos dos 80 minutos do "intervalo do almoço". As fichas preenchidas pelos professoras nos informam que, de 15 intervalos para o recreio no período da manhã, elas utilizaram, em parte ou totalmente, 8 para a docência.

Em seguida, os professores passam boa parte de seus intervalos discutindo sobre o trabalho, mais especificamente, sobre os alunos e tudo que se refere a eles, sem contar a intervenção do diretor que relembra pontos ligados ao trabalho.

Além disso, as falas dos professores revelam que as pausas passam depressa, como que aspiradas pelo trabalho. A respeito disso, uma professora menciona a dificuldade de seguir os horários rígidos da escola. O grupo constata que o mesmo acontece durante as jornadas pedagógicas: "De tanto nos enclaustrar, nos compartimentar, acabamos nos adaptando."

Enfim, os professores precisam revezar-se para acompanhar as crianças durante os intervalos do recreio. Ora, eles acontecem duas vezes por dia, cinco dias por semana, e também são ocasiões de trabalho, principalmente de educação e de socialização dos alunos, além de vigilância.

5.2.2. *As atividades de preparação e de realização*

Depois da chegada na escola, normalmente segue-se um período em que os professores preparam sua jornada de trabalho. Além disso, uma boa parte das pausas e dos períodos de disponibilidade também é dedicado a atividades de preparação. A análise do nosso material indica que a preparação corresponde a atividades tais como estas: preparar os centros de atividades e prever o material pedagógico necessário; preparar a sala de aula e os textos; reproduzir os textos para distribuir aos alunos; escrever o horário do dia no quadro; entregar nas outras classes os bilhetes de autorização para uma excursão pedagógica; responder a um telefonema de um pai; lembrar os colegas sobre uma reunião; rever as lições do dia, etc.

Bom número de jornadas de trabalho começam com estas atividades, seja imediatamente após uma curta pausa na sala de café, seja durante tal pausa. Duas coisas merecem ser contempladas mais longamente entre essas tarefas cotidianas: os instrumentos de trabalho e o trabalho feminino.

Os instrumentos de trabalho

Em primeiro lugar, nota-se o lado sempre bastante artesanal do trabalho docente. Isto se deve, principalmente, ao fato de que os professores preparam, por um lado, seu local de trabalho e não se contentam em entrar nele, como se fosse um ambiente pronto e definido em si mesmo; por outro lado, eles constroem, preparam e organizam uma porção importante de seus instrumentos de trabalho. Esses instrumentos – material pedagógico, textos, bilhetes, horário, desenhos, planos, etc. – não têm, aqui, uma realidade objetiva, independente dos trabalhadores, que se limitariam a tomá-los numa caixa de instrumentos onde eles já existissem à disposição. Pelo contrário, são fabricados, muitas vezes, pelos próprios professores. Provavelmente, os recursos dos professores dificilmente podem ser concebidos e utilizados fora do local de trabalho, pois, em boa parte, eles são *funcionais* e *significativos* no contexto concreto e variável do trabalho docente no cotidiano. Mesmo quando os docentes utilizam instrumentos já elaborados por outros – manuais, programas, material didático, etc. – eles os retrabalham, os interpretam, os modificam a fim de adaptá-los aos contextos concretos e variáveis da ação cotidiana e às suas preferências. Isto permite compreender, entre outras coisas, por que os professores são tão ávidos por novos materiais pedagógicos, novas habilidades, novos procedimentos, pois seus instrumentos se gastam na medida em que são usados, perdem sua força de impacto e precisam, portanto, ser remodelados, substituídos, adaptados. Enquanto o martelo continua intacto depois do golpe, o livro, o filme, o exercício, o desenho, uma vez passados aos alunos, normalmente têm seu valor de uso reduzido a nada e tornam-se logo obsoletos. Esse fenômeno de amortização das ferramentas ainda é mais exacerbado pelas inúmeras mudanças que, de acordo com os professores, têm afetado os alunos ao longo dos últimos anos.

Novamente, para bem compreender a importância dessas pequenas tarefas, é preciso considerar que elas ocorrem com frequência, que se repetem dia após dia o ano inteiro e durante anos. Dessa maneira, constituem uma parte significativa do trabalho. Além disso, devemos considerar também o seguinte fenômeno: enquanto praticamente todos os outros campos de trabalho sofreram uma profunda reorganização, no último século, devido à introdução constante de novos instrumentos e novas tecnologias, o ensino continua largamente idêntico ao que era, como se os novos utensílios e as novas técnicas, quando apareceram, tivessem sido simplesmente absorvidos pela organização do trabalho, sem que ela fosse substancialmente modificada. Aqui levanta-se a questão da natureza, do estatuto e do modo de utilização dos utensílios e das técnicas básicas do ensino. Abordaremos mais adiante, nesta obra (cf. capítulo 7). No momento, gostaríamos apenas de sugerir que a tecnologia do ensino foi e continua sendo sempre uma tecnologia de interações humanas, uma *tecnologia interativa*, e que, devido a isso, esses verdadeiros utensílios e técnicas são antes de tudo simbólicos, relacionais, de linguagem. É por isso que não evoluem segundo a lógica de ampliação do poder e da eficácia que comandam a evolução das tecnologias materiais, lógica esta que leva à constante substituição de artefatos de maior performance. Ontem como hoje, a arte de gerir um grupo de alunos, de fazer compreender um problema, de controlar alunos turbulentos, de motivar a classe, etc., continua sendo sensivelmente o mesmo, ao menos quanto às suas estratégias e seus meios básicos: autoridade, persuasão, sedução, etc.

Um trabalho feminino

Em segundo lugar, essas pequenas tarefas continuamente assumidas, essas tarefas que desaparecem na medida em que vão sendo realizadas, não acontecem sem lembrar duas dimensões tradicionalmente típicas do trabalho feminino, tema que já abordamos algumas vezes nos capítulos precedentes.

Ainda hoje, 85% dos professores do primário e do secundário são mulheres. Ora, de diversas maneiras, essas tarefas lembram as tarefas domésticas, os preparativos da organização e da realização das coisas de casa, antes de as crianças acordarem e de chegarem de volta. Existe como que uma continuidade entre o trabalho doméstico tradicionalmente feminino e essas pequenas tarefas efetuadas pela professora da escola primária (CARPENTIER-ROY & PHARAND, 1992). Com efeito, também elas têm um caráter cíclico, devendo ser sempre retomadas e nunca concluídas; elas também são preparativos para outra coisa, não tendo valor senão em função daquilo que vem em seguida; enfim, muitas vezes, trata-se de coisas invisíveis – como o trabalho das mães de família – que, na verdade, não contam na avaliação do ensino, que constituem coisas à parte e pelas quais o empregador não tem particular consideração, apenas espera que elas sejam realizadas, como habitualmente. Manter a classe em ordem, cuidada, "fazer o ordinário", preparar como é preciso atividades e material, eis aí *qualidades tradicionais* das professoras de profissão e das mulheres em geral, como testemunham as antigas recomendações morais para aceitar mulheres no ensino.

Além disso, o fato de essas tarefas serem raramente consideradas na avaliação do trabalho e dos resultados do ensino lembra ainda o antigo fundamento religioso da profissão docente, bem como a importância tradicional de *virtude*, como o devotamento, o altruísmo, a disponibilidade, a generosidade. Obviamente, a docência já se transformou consideravelmente desde então. Mesmo assim, essas virtudes ainda impregnam a mentalidade e as expectativas, particularmente entre as profissões femininas ditas de relações humanas. A retórica profissional chama isso de ideal de serviço. Essas profissões se caracterizam pelo fato de não produzirem algo tangível, um resultado mensurável, mas atuarem para e com alguém, o que exige, ao menos em parte, uma abstração de si mesmo e o envolvimento para com outrem. As tarefas invisíveis, o investimento afetivo, a ausência de resultados facilmente mensuráveis ou reconhecidos, a centralização no outro constituem traços típicos do trabalho tradicional das mulheres em nossas sociedades, tanto as mulheres do lar quanto as que trabalham no ensino, na saúde e em outros "serviços de ajuda".

5.2.3. *A acolhida dos alunos*

Até aqui foram descritas as atividades sem presença dos alunos, ou, ao menos, sem a presença oficial deles. Ora, a partir de agora, eles entram em cena: estamos na iminência dos primeiros contatos diários entre eles e os professores. O que acontece? O que se produz? Todo novo professor e até os experientes, principalmente no início do ano escolar, sabem que esse primeiro contato é importante e particularmente cheio de ansiedade. Alguns professores se sentem mal ou ficam até *doentes* antes de entrar na sala (nervosismo, vômito, etc.); outros entram acuados, temerosos; a maioria sente um pouco de febre, um grau maior ou menor de estresse segundo cada pessoa. Por que é assim?

Na docência, profissão de relações humanas, trabalho com coletividades e ao mesmo tempo centrado nas pessoas, a acolhida dos alunos se reveste de uma importância particular, como no estabelecimento de toda relação humana. Com efeito, diferentemente dos objetos que nunca se encontram, mas que, no máximo, podem se tocar externamente, *os seres humanos tornam-se realmente presentes uns aos outros, são co-presentes numa situação instaurada pelo seu encontro*, portadores que são de expectativas, de perspectivas, de motivações, de interesses, que devem ser, de certo modo, agendados, negociados e precisados para produzir a possibilidade de uma ação em comum.

Portanto, é desde a acolhida que se produz o que denominaremos aqui como *enquadramento* da situação escolar, inspirando-nos em Goffman (1991). Para o professor, enquadrar é, dentro de um processo de interação com os alunos, determinar os limites, as significações e as orientações da situação que o grupo de alunos se prepara para viver. É colocar pontos nos "is", consignar tarefas, registrar funções, definir condutas, para gerar um quadro situacional que permitirá o trabalho escolar propriamente dito, ou seja, o processo de ensino e aprendizagem. Fundamentalmente, aqui o trabalho consiste em deslanchar uma ação coletiva, quer dizer, organizar, coordenar e orientar as condutas de vários indivíduos – os alunos – na direção escolhida pelo professor. Devido a isso, portanto, o trabalho suscita obrigações e lógicas estratégicas de ação coletiva (CROZIER & FRIEDBERG, 1981).

Eis, concretamente, alguns exemplos de tarefas típicas que percebemos sobre esse assunto entre os vários professores observados:

- Ajudar as crianças a se instalarem; observar o cuidado que têm com seus objetos pessoais e suas interações.
- Acertar a data no calendário; conversar sobre o tempo, as notícias, e provocar a participação dos alunos; observar (anotar, se for o caso) a participação de cada um e seu grau de interesse.

• Fazer a chamada e preencher diversas tarefas administrativas.

• Pedir que os alunos copiem o "pensamento do dia" em seus cadernos de exercícios; verificar sua escrita; animar a discussão.

• Dirigir os procedimentos; lembrar o horário, recolher o dinheiro para a excursão pedagógica; escolher a atividade em função da capacidade de raciocínio.

• Fazer a chamada e receber os bilhetes dos alunos; discutir os últimos exercícios com cada aluno, responder as perguntas.

• Estando sentados à sua mesa, deixar que os alunos se instalem; intervir junto a alguns, conversar com eles.

• Distribuir o planejamento de trabalho da semana e as folhas fotocopiadas para alguns exercícios.

• Acolher as crianças no primeiro andar, subir para a sala, instalar os alunos. Dar instruções; intervir rapidamente junto a vários alunos; lembrar as tarefas, a disciplina.

• Iniciar a aula. Recolocar alguns alunos no lugar. Fazer anotações daqueles que atrasam a entrega de seus trabalhos.

• De pé diante da classe, dar o "Bom-dia. Vamos sentar". Pedir um rápido silêncio no corredor e alertar por estarem demorando muito para se sentar, e que devem resolver seus problemas antes. Retomar o comportamento no museu, falar do trabalho a ser feito para o projeto, apresentação do programa, a leitura de *A história sem fim*. Chamada da atenção sobre seu comportamento.

Que sentido deve ser dado a essas tarefas? Esse intercâmbio, como indicam nossas observações, alternam condutas verbais e não verbais (franzimento de testa, olhada para um aluno em particular, deslocamento pela sala, etc.), e são tecidos *conjuntamente* pelos professores e os alunos. Num célebre estudo sobre o funcionamento das classes, Mehan (1978) mostra justamente como a ordem é instituída na classe[1], como a situação se enquadra a partir de

1. Lembremos mais uma vez que a noção de ordem é usada aqui no sentido moral e não normativo do termo: trata-se de uma estruturação da situação que permite prosseguir a atividade coletiva. Nesse sentido, a ordem numa sala de aula, aos olhos de um observador externo, pode parecer caótica, se julgar a partir de alguns critérios normativos: alunos em fila, em silêncio, etc. Esses critérios são inoperantes, pois basta considerar as classes libertárias – ao estilo das Crianças livres de Summerhill – para ver que ali reina uma ordem de interações, apesar de tudo.

tais interações entre os alunos e os professores. Ele evidencia diferentes tipos de atos que qualifica como "elicitations, directives e informatives" (1978: 41)[2] que traduzimos pelos termos explicitações, diretivos e informativos. Os atos de explicitação evocam os interlocutores a apresentar fatos, opiniões, interpretações, ou a fundamentar seus raciocínios; os atos informativos demandam a atenção dos interlocutores; os diretivos requerem que interlocutores empreendam ações procedimentais como mover cadeiras, apontar lápis ou abrir livros. Segundo Mehan, os atos diretivos e os informativos acontecem nas fases de fechamento e de abertura da atividade, ao passo que as explicitações predominam na fase propriamente educativa.

Esses tipos de atos, normalmente, são realizados pelo professor, seja diretamente, seja em resposta ao ato de um aluno (gesto ou palavra). Eles se sucedem aos pares (ato/réplica, ato/réplica, etc.), o par seguinte sendo a retomada da réplica do par anterior. Se a réplica não vier após a instigação, a interação continua até que ela venha. A pessoa que fez a colocação empregará diversas estratégias para obtê-la (MEHAN, 1978: 42). Por exemplo, o professor intervém até o consentimento dos alunos; um aluno dará continuidade à sua atividade até a intervenção do professor, etc.

Esse tipo de análise "interacionista" traduz bastante bem a dinâmica interna do acolhimento dos alunos. Apoia-se também em trabalhos que abordam os atos de linguagem (em linguística pragmática e em filosofia da linguagem; cf. LATRAVERSE, 1987), que demonstram que algumas colocações e alguns sinais não verbais, quando são ditos ou executados em determinadas circunstâncias bem precisas, correspondem a atos (em termos técnicos, a atos elocucionais ou performáticos: RECANATI, 1981), a partir dos quais as situações são criadas e instituídas. Um exemplo simples é o seguinte: *a aula está começando!* Esta frase não enuncia um estado de fato, ela não é a proposição de um conteúdo empírico, mas ao contrário, institui um fato: com ela, a aula começa. Aqui a linguagem, portanto, não tem uma função de representação, mas de instituição da ação: suas funções representativas são colocadas à parte em benefício das funções pragmáticas e procedimentais. *As palavras e os gestos dos*

---

2. Mehan (1978: 45): Elicitation acts call for respondents to provide factual information, opinions, interpretations, or the grounds of their reasoning; informatives acts ask respondents to pay attention; directive acts require respondents to take procedural actions such as moving chairs, sharpening pencils, or opening books (p. 41). Directives and informatives occur in the opening and closing phases, while elicitation sequences predominate in the instructional phase. In effect then, the exchange of academic information that comprises the interior of lessons is framed by directives and informatives.

professores servem mais para fazer com que os outros, um indivíduo ou um grupo, façam alguma coisa do que para dizer alguma coisa.

Com efeito, o trabalho docente se dirige para e sobre outrem, um outro coletivo, com o qual o professor precisa contar para realizar suas tarefas, ou seja, sua aula. Da mesma maneira que o professor cria seus próprios instrumentos, cabe a ele enquadrar seu objeto de trabalho: *seu objeto de trabalho não lhe é dado objetivamente, como se bastasse tomá-lo nas mãos e manipulá-lo como bem quisesse. É-lhe dado através de sua própria ação de construí-lo, enquadrá-lo, adaptá-lo e prepará-lo para a tarefa a realizar. Se essa ação malograr não haverá ação coletiva.*

É por isso que essa tarefa – o enquadramento da situação, a organização da atividade coletiva – é um dos nós que asseguram o trabalho docente, pois nisso é que se distinguem os "noviços" e os "experientes", é aí que se manifesta e se confirma a capacidade de resistir aos grupos e conduzi-los pela direção correta; enfim, é disso que depende, geralmente, na acolhida, a continuação do clima do dia, da semana, até mesmo do ano, quando se trata das atividades de acolhimento dos primeiros dias do semestre. Inúmeras pesquisas mostram que o professor experiente estabelece rapidamente regras de ação logo no início do ano e que essas regras parecem ter um impacto certo sobre os alunos para o resto do ano (CRUICKSHANK, 1990; GOOD, 1990; EVERTSON, 1989; DOYLE, 1990).

Estudamos essas sessões iniciais em três anos. Os primeiros dias e as primeiras semanas do ano escolar (de quatro a cinco, normalmente) são repletas de ações de enquadramento, os professores impõem suas normas, seus limites, sua tolerância, seu estilo; é aí também que eles criam e projetam expectativas com os alunos, traçando em longo prazo os dias e as tarefas que estão por vir. Pode-se extrair os seguintes elementos no caso dos professores que observamos:

• O primeiro dia escolar é o momento que dá o tom de como será o ano escolar entre os professores e seus alunos. Também os professores tentarão passar diferentes mensagens aos alunos. Darão o tom do tipo de intercâmbio que pretendem instaurar, do clima no qual gostariam de trabalhar. Vão, ainda, dar a entender aos alunos a sua margem de manobra quanto à disciplina. Tentarão, o mais rapidamente possível, integrar os alunos no grupo e deixá-los tranquilos.

• Os professores controlam a situação do começo ao fim do período. Fazem com que os alunos se disponham no local como lugar previsto para o ano, que se sintam à vontade, que recebam toda a informação para compreender suas expectativas na relação com eles, que eles se sintam sob o cuidado de alguém responsável que já pensou em tudo e em quem podem confiar. Eles se esforçam para fazer com que o espírito seja positivo, que reine uma atmosfera de prazer, colorida de humor, nos novos grupos que se formam e durante o ano escolar que começa.

• Os professores guardam um lugar para os ausentes, de modo que não fiquem excluídos durante esta primeira jornada e para não lhes impor as decisões tomadas na sua ausência. Também levam todos em consideração quando explicam, por exemplo, a maneira de dispor as carteiras e os alunos; demonstram um cuidado pela equidade na distribuição dos lugares.

• Os professores estabelecem as regras do jogo fixando o quadro de interação: os alunos têm sempre o direito de intervir, mas devem respeitar a seguinte regra: levantar a mão e aguardar serem convidados a falar. O grupo tem precedência sobre indivíduo e o grupo não exclui os ausentes. Contudo, os professores mostram aos alunos que eles também participam totalmente do estabelecimento de relações mais personalizadas, com uma certa complexidade, quando as circunstâncias o permitem.

Além disso, a acolhida dos alunos não se reduz ao período inicial da jornada, mas é necessário, na verdade, cada vez que a aula é interrompida por um período mais longo (recreio, almoço, saída, etc.) e exige ser enquadrada novamente. Num período de tempo mais longo constata-se duas coisas: as primeiras semanas do ano são dedicadas mais aos procedimentos de enquadramento que, embora continuem sendo frequentes, tornam-se mais espaçados em seguida, se o professor conseguiu assumir o domínio de seu grupo. Enfim, lembremos que a definição do quadro do trabalho escolar cotidiano é uma atividade bastante longa; os professores observados dedicavam-lhe, muitas vezes, vinte, trinta ou mesmo quarenta minutos. Disso decorre que boa parte do trabalho não é empregado a tarefas de aprendizagem do conteúdo, mas antes a tarefas de enquadramento e de controle das atividades dos alunos.

Com os alunos mais novos (os três primeiros anos do primário), o enquadramento da situação representa uma tarefa de socialização das crianças às regras da instituição escolar e da vida em classe. Essa tarefa alterna constantemente o suporte afetivo, a fim de dar segurança aos alunos, e a repetição das regras de funcionamento que eles precisam interiorizar. Com os alunos mais velhos (fim do primário e começo do secundário), o enquadramento parece uma atividade mais verbal, alternando explicações, advertências, com procedimentos de recompensas (gratificações, reforços, etc.) e de punição. Enfim, com os alunos do fim do secundário, as explicações e a motivação do grupo ocupam o essencial da acolhida. Essas poucas indicações sobre o enquadramento, contudo, deixam margem a uma grande diversidade de estratégias conforme a natureza dos grupos, a idade dos alunos, suas dificuldades, a experiência e as preferências dos professores, etc. Parece que a literatura sobre esse assunto tenha conseguido isolar e descrever ações típicas de professores experientes que parecem mais eficazes (GAUTHIER et al., 1997).

O período de acolhida dos alunos, por mais importante que seja, não é um fim em si mesmo: ele se conclui com o início da aula propriamente dita. Seu fim é indicado, normalmente, por atos que marcam o início de uma nova atividade: por exemplo, o professor senta-se e abre um livro; ou diz bom-dia e começa a aula, etc. Esses atos são importantes, pois servem de marcadores situacionais: indicam ao grupo que vai começar uma nova fase da atividade, um novo segmento da situação.

5.2.4. *As atividades do fim do dia*

Como as atividades de acolhida dos alunos, também as atividades relacionadas à sua partida parecem importantes no que diz respeito ao controle da situação.

Essas atividades são consagradas principalmente a preparar os dias seguintes e manter a ordem na classe, para que esteja organizada na manhã seguinte. Os professores dão instruções aos alunos para os deveres, para os pais e para tarefas que precisam cumprir. Eles podem, ainda, fazer um balanço do dia. Enfim, após a saída da classe, os alunos são ou acompanhados pelo professor ou vigiados por ele (ou por vários outros).

Eis algumas atividades que observamos nessa etapa do dia:

- Permanecer na escola para ligar aos pais.
- Verificar e preparar o material pedagógico para o dia seguinte.
- Terminar o planejamento e a anotação dos fichários em casa.
- Retornar a ligação de um pai a respeito de seu filho.
- Telefonar aos pais para falar da seleção do curso.
- Preparar os trabalhos para fazer em casa.
- Atividade de lazer com alunos (esporte).
- Permanecer na escola para planejar as aulas do dia seguinte e corrigir as provas e os trabalhos dos alunos.
- Participar de reuniões dos professores.
- Trocar ideias com os colegas.
- Falar com colegas sobre vestuário e acessórios para uma comédia musical.

Mais uma vez, constata-se que a maioria das atividades se relacionam aos alunos, mesmo na ausência deles. O sentido dessas atividades está no que dizíamos antes sobre os instrumentos e os locais de trabalho: eles não existem prontos, objetivamente, mas, pelo contrário, requerem um trabalho, uma preparação, uma responsabilização. Essas atividades também demonstram a sutileza que caracteriza os limites do trabalho docente. Precisa-se contar os intercâmbios informais com os colegas entre as tarefas? Precisa-se levar em conta as reflexões feitas de noite a propósito de uma atividade do dia seguinte? Um livro lido em casa é um elemento do trabalho? Essas questões levantam o problema das lacunas e das tensões entre os modelos regulares do trabalho e o trabalho real, mais extenso. Isto dito, também não devemos exagerar essas lacunas. Em todo caso, todo professor, como um bom número de trabalhadores, precisa aprender a gerir seu trabalho, senão ele terá problemas para equilibrar os diversos componentes de sua vida e o investimento que dedica a eles.

5.3. O trabalho coletivo

Iremos agora completar esse estudo do trabalho cotidiano analisando as formas e práticas de colaboração entre os professores nas escolas e classes. As relações entre os professores remetem a todo um jogo sutil de delimitações e negociações dos respectivos papéis nas interações concretas dentro de um estabelecimento. Cada professor exerce uma determinada função pessoal que se atualiza no "espaço privado da classe", na relação com seus alunos; mas há também um papel público na coletividade de trabalho e na escola. Essa coletividade comporta aspectos formais (encontros, reuniões, comissões, tarefas comuns, participação em jornadas pedagógicas, supervisão de estagiários, etc.) e informais (conversa na sala de professores, troca de ideias ou de materiais pedagógicos, projetos pessoais de dois ou mais professores, etc.). Os limites entre os aspectos formais e informais, evidentemente, nem sempre são claros e óbvios, pois a vida concreta de um estabelecimento repousa tanto sobre relações codificadas quanto sobre amizades, conflitos pessoais, colaborações pontuais, intercâmbios imprevistos, etc. Além disso, as relações entre os pares comportam ainda uma importante dimensão histórica: em algumas escolas, os professores estão atuando há muitíssimo tempo e partilham com seus colegas, como vimos nas seções anteriores, um universo arquifamiliar. Essa familiaridade pode facilmente acabar em reações de solidariedade entre os "antigos" e contra os "novos" que vêm tomar o lugar de seus camaradas, por exemplo, por ocasião de uma reestruturação de lugares. A historicidade das relações com os colegas pode traduzir-se igualmente num esgotamento de alguns professores em relação à coletividade de trabalho à qual pertencem: alguns professores não conseguem suportar seus "velhos" colegas que parecem, aos seus olhos, terem-se tornado verdadeiros "móveis" na escola.

5.3.1. *As relações cotidianas entre os docentes*

Muitos professores nos falaram da colaboração com seus colegas. Sem dúvida nenhuma, existe em seu discurso traços de uma retórica da cooperação que parece forçosamente boa. Contudo, de modo geral, a colaboração é mais desejada pelos professores que verdadeiramente presente e mantida ao longo das diferentes atividades escolares

No primário, a colaboração mais frequente acontece entre os professores do mesmo nível e, às vezes, como é o caso para toda professora do maternal, com os professores do nível seguinte. Como todos os professores do primário ensinam as mesmas matérias, é normal que sua colaboração seja feita com os professores do mesmo nível. Apesar disso, parece que os professores do primário pedem mais vezes ajuda à direção do que a seus próprios colegas. Aparentemente, o tamanho pequeno dos estabelecimentos, as relações mais personalizadas entre a direção e os professores, bem como o *leadership* pedagógico geralmente assumido por essa direção explicariam tais constatações. Veremos mais à frente que a falta de confiança em si, ou, ainda, a percepção de rivalidades entre os professores poderiam ser fatores que levam os professores a preferir a ajuda da direção à dos colegas.

No secundário, a colaboração se faz, sobretudo, entre professores da mesma matéria e, às vezes, do mesmo grau. A combinação por graus entre professores de diferentes matérias leva, principalmente, a regulamentos gerais aplicáveis a todas as classes. Além disso, no secundário, os professores que, geralmente, se deslocam de uma classe a outra, dispõem de um escritório num lugar comum. Esses lugares são partilhados seja pelos professores do mesmo nível, seja pelos de uma mesma matéria, mas isso varia segundo as escolas. Parece que o princípio da distribuição dos professores nesses locais esteja, para muitos, no tipo de colaboração entre os professores, como também no tempo de que dispõem entre os períodos em classe, pois, então, os professores se encontram juntos e podem interagir entre si (HARGREAVES, 1994).

Os professores descrevem diferentes formas de colaboração entre si. Algumas visam ao trabalho em comum, enquanto outras têm antes como objetivo o apoio pedagógico dado ou recebido de um colega. Segundo os professores, as formas de colaboração entre colegas parece que são *interações que, em geral, não implicam a presença do colega na classe*. Por exemplo, os professores que entrevistamos e observamos se referem ao planejamento do ensino, à construção e à preparação do material pedagógico ou à divisão de tarefas. Os professores noviços parece que pedem e recebem mais o suporte pedagógico, tanto para o planejamento quanto para a preparação do material. Em suma, essencialmente, na educação dos jovens em ambiente escolar trata-se de uma colaboração para o cumprimento de tarefas que lhes são confiadas, mais que a participação coletiva num trabalho comum. Esta nuança é importante e revela que a colaboração de que os professores falam e que *eles reconhecem como necessária não questiona a estrutura celular do ensino*. Vê-se, portanto, que o trabalho coletivo une-se estreitamente à estrutura celular da organização: desprende-se para fora das células-classes reservadas aos professores tomados individualmente sem invadi-las; mesmo os espaços concretos da escola (locais, escritórios, corredores, salas de aula, etc.) reproduzem fielmente essa organização celular, pois a colaboração se realiza em espaços comuns mas não nos espaços privados da classe. Olhemos, porém, mais precisamente as diversas formas de colaboração entre os professores.

Uma primeira forma de colaboração parece ser bastante comum entre os professores que entrevistamos. É a *colaboração para o planejamento do ensino entre os professores do mesmo grau (no primário) e do mesmo grau e mesma matéria (no secundário)*. Contudo, essa colaboração para o planejamento do ensino não significa proceder de maneira idêntica em classe: é fixado um quadro comum, mas cada um mantém sua margem de manobra, sua zona de autonomia e de liberdade profissional.

Vários professores dizem ter-se beneficiado, no início da carreira ou na atribuição de uma nova função, *com o suporte de um colega de experiência, com uma espécie de mentor informal*. Essa colaboração parece ter sido extremamente preciosa para esses professores. Às vezes, os noviços procuram um professor experiente para pedir dicas ao seu planejamento, sua pedagogia, seu modo de trabalhar. Em certos casos, os professores experientes precisam ajudar os jovens a preencher as lacunas de sua formação universitária. Sobre isso, os jovens professores falam muitas vezes de apoio moral ou de suporte em sentido geral, que soa como uma forma de *encorajamento*. Já os professores com experiência, parecem apreciar esse gênero de colaboração. Notemos que *os professores parecem também colaborar mais facilmente entre si quando são noviços*, talvez por terem necessidade de um intercâmbio que lhes assegure e ajude a dominar as exigências da profissão, ou ainda por eles serem mais disponíveis e dinâmicos do que os professores mais velhos.

Outra forma de colaboração mencionada pelos professores diz respeito à *divisão de tarefas pedagógicas*. Às vezes, professores colaboram entre si instaurando entre suas duas classes um sistema de divisão de tarefas. Por exemplo, um professor assume como tarefa principal o ensino da língua e das ciências, enquanto seu colega ensina as matemáticas e a história. Chamemos atenção para o fato de que, mesmo nesse tipo de colaboração, o ensino continua sendo, apesar de tudo, uma atividade individual, uma vez que a colaboração entre colegas parece que nunca, ou raramente, é uma "co-prestação" de ensino diante dos alunos. Divide-se antes e depois do ensino, mas cada um é o mestre em sua classe. *No fundo, o que é partilhado é a tarefa do ensino, mas não a atividade em si mesma*: cada um assume isoladamente uma parte da carga de trabalho do outro nas matérias em que é mais competente.

Os professores com quem conversamos identificaram diferentes fatores que favorecem ou facilitam o trabalho de equipe ou a colaboração e fatores que dificultam essa colaboração. Os fatores têm natureza e importância diversas.

Um primeiro fator diz respeito ao tamanho do estabelecimento escolar. Mesmo que trabalhem, primeiramente e antes de tudo, em suas classes, os professores participam também da vida de um estabelecimento no interior do qual eles constroem relações com outros professores. O tamanho da escola e a organização física dos locais de trabalho são fatores importantes no desenvolvimento das colaborações. Por exemplo, em algumas pequenas escolas primárias, os professores não têm outro lugar para trabalhar senão dentro de suas salas de aula. Mas existe uma sala multifuncional onde se encontram todos no momento dos intervalos ou na hora da refeição do meio-dia. Já nas escolas grandes é mais difícil de se estabelecer contato com colegas que os professores encontram raramente. A maioria dos professores têm contatos com seus colegas apenas na hora do almoço e nos intervalos.

Um segundo fator está na estabilidade do grupo de professores. Para que haja colaboração é igualmente necessário que exista uma certa estabilidade na equipe escolar. Quando os professores mudam de colegas todo ano, as relações entre eles são difíceis de estabelecer e de manter. Com efeito, pode ser difícil colaborar com um professor que, no ano seguinte, estará ocupando nosso próprio posto.

Um terceiro fator remete à qualidade das relações pessoais na escola. Os contatos sociais na escola favorecem laços que podem levar a colaborações profissionais e ao desenvolvimento de um espírito de equipe. A qualidade das relações sociais no interior de uma escola é mencionada como um fator importante para permitir um bom ambiente de trabalho. A necessidade de contato com adultos é mencionada por alguns deles. A colaboração entre professores, às vezes, parece construir-se a partir de uma amizade ou se desenvolver em forma de amizade. E, do contrário, *os conflitos pessoais*, que também fazem parte da vida de uma escola, podem estar na origem de algumas resistências à colaboração. Quando é a gestão da diretoria que divide a equipe da escola, nenhuma colaboração é possível entre os professores. Para que a colaboração seja possível é preciso que os professores tenham confiança em si mesmos e naquilo que fazem; é preciso também que não se sintam ameaçados nem desvalorizados pelos "achados" de seus vizinhos. O ideal é quando se instala uma atmosfera de camaradagem na escola. Mas isso não significa, também, que haja uma real colaboração entre os professores no plano pedagógico. Camaradagem e partilha de ideias, tudo bem, mas também, conforme Lortie (1975), partilha de custos e de recompensas psíquicas relacionadas ao ensino. Nesse sentido, o trabalho de equipe permite, às vezes, tranquilizar-se quanto a seu próprio ensino. Alguns professores confessam, contudo, que há quem evite falar de suas dificuldades, com medo de colocar em dúvida suas competências; essa insegurança é um obstáculo evidente para o trabalho de equipe.

Enfim, um último fator vem da existência do projeto coletivo na escola. Para haver colaboração no conjunto escolar é preciso que sejam instituídas uma filosofia orientada para o trabalho de equipe e projetos coletivos. Os professores jovens partilhariam mais essa orientação. Às vezes, a colaboração é possível apenas com alguns professores, mas outras vezes é o conjunto da equipe escolar que partilha de um projeto comum. O espírito de equipe poderia chegar até numa forma de cogestão no interior da escola. O espírito de equipe pode se conjugar no plural, pois, na mesma escola, podem coexistir diversas equipes bem integradas. A motivação dos professores permitiria que se criem verdadeiras equipes na escola. O estabelecimento de um projeto coletivo no interior de uma escola, contudo, parece que continua sendo algo mais difícil de se implantar do que a colaboração entre dois ou três professores. Com efeito, é mesmo difícil conseguir unanimidade no interior de uma escola quando se trata de erigir um projeto comum. Parece difícil também encontrar tempo para elaborar projetos coletivos. A tarefa dos professores é pesada e poucos dentre eles tomam tempo para estabelecer contatos com toda a equipe ou aceitam investir mais tempo ainda, depois das horas normais de trabalho.

5.3.2. O individualismo docente

Esses elementos de análise levantam a questão do individualismo docente que se debate há muito tempo. Com efeito, como acabamos de ver, embora os professores colaborem uns com os outros, tal colaboração não ultrapassa a porta das classes: isso significa que o essencial do trabalho docente é realizado individualmente. Mas, seria esse individualismo uma consequência da organização do trabalho ou um traço da personalidade dos professores, daqueles e daquelas que escolhem tal profissão pelo gosto de trabalhar em solidão diante de um grupo de alunos: dedicação à classe, recusa de serem observados durante o trabalho, vontade de assumir sozinhos o fardo da tarefa?

De acordo com alguns professores, muitos deles seriam individualistas por temperamento ou por opção estratégica. Nem todo mundo gosta de trabalhar em equipe: mais da metade dos professores interrogados consideram, embora o lamentem, que o individualismo é uma característica importante dos professores. Resta-nos saber, como já dissemos, se o individualismo dos professores está na origem da falta do espírito de equipe ou se é a falta de um projeto coletivo que está na origem desse individualismo. É uma estratégia de adaptação de professores zelosos num ambiente de trabalho sob pressão e cobranças? Muito provavelmente. Nesse caso, não seria necessário, de acordo com Hargreaves (1994), distinguir vários tipos de individualismo: *um individualismo forçado, um individualismo estratégico e um individualismo eletivo?* Além disso, não seria preciso estabelecer uma distinção entre *individualismo e individualização ou individualidade?* Essas questões merecem ser colocadas e tal distinção vale a pena ser feita, pois nos ajudam a não superestimar a colaboração e atribuir-lhe virtudes que, na realidade, são aleatórias ou passageiras.

Um estudo de Carpentier-Roy & Pharand (1992) defende um ponto de vista interessante sobre esse assunto. Segundo esse estudo, o individualismo não é uma característica pessoal dos professores, mas antes uma consequência da organização do trabalho que não permite a colaboração. No quadro da atual organização do trabalho docente, o individualismo seria uma estratégia de defesa:

> A respeito desse individualismo, diversos professores interiorizaram a ideia de que ele seria uma tendência particular dos professores um pouco como se viessem a encontrar-se nessa profissão indivíduos com tendência individualista. Não é nada disso. O que é preciso entender é que as condições de trabalho que advêm da organização do trabalho docente, que não permitem a construção de grupos de trabalho – como vimos –, o individualismo torna-se uma última posição de defesa em relação a um trabalho que é mais fonte de sofrimento que de prazer. Quando não é possível criar coletivamente mecanismos de defesa e de catarse para o sofrimento, o professor se defende individualmente; quer dizer, o sofrimento faz parte da carga de cada sujeito-professor que precisa encontrar por seus próprios meios a capacidade de manter sua saúde mental apesar das agressões do ambiente de trabalho. Então se entende que o individualismo é o produto do so-

> frimento psíquico, o produto de uma organização de trabalho que atomiza os indivíduos, os isola e desmotiva-os, etc. Assim, não se pode mais dizer, simplesmente, que o individualismo é a causa da desmobilização desse corpo profissional (p. 52-53).

O ponto de vista de Lortie (1975) é mais matizado, e nos parece mais conforme à realidade. Segundo esse autor, os professores estariam numa situação de conflito entre a necessidade de partilhar coletivamente os custos do ensino e o desejo de conservar para si os benefícios ou as recompensas psíquicas, quando elas existem. Estariam também encurralados entre o desejo de ajudar os colegas (principalmente quando há dificuldades e problemas a serem resolvidos) e a busca por uma autonomia no cumprimento de sua tarefa. Enfim, eles hesitariam entre a participação numa equipe e o desenvolvimento de sua individualidade. O caráter artesanal da docência, a indeterminação dos critérios de êxito, o tipo de socialização profissional que leva os professores a se virar sozinhos, a organização celular do ensino, tudo isso contribui, segundo Lortie, para reforçar um individualismo que é, certamente, um *habitus*, mas um *habitus* induzido e reforçado pelas próprias características do trabalho. A profissão engendra o individualismo e este, por sua vez, mantém na docência seus traços solitários e pouco colegiais.

Perrenoud (1993a:13), de sua parte, entende que um bom número de professores estão a meio caminho entre uma ideologia favorável à colaboração e um *habitus* individualista:

> Não é uma aventura solitária: a cultura profissional comum a muitos professores os leva a não acreditar que o todo é mais que a soma das partes, que o tempo dedicado à negociação não é puro desperdício, que a discussão nem sempre é expressão de conflitos entre pessoas ou por poder. Os que se envolvem em trabalhos de equipe gostariam de ser otimistas, mas uma observação atenta de várias equipes indica que esse otimismo é frágil, que é facilmente minado por algumas experiências desfavoráveis, que o retorno ao cada um por si nunca está muito longe, ao ponto de se poder dizer com uma certa consciência: você está vendo bem que isso nunca vai dar certo.

De qualquer modo, tanto em Carpentier-Roy & Pharand (1992), quanto em Lortie (1975) ou Hargreaves (1994), vemos que o individualismo docente parece prudente e reservado, muitas vezes velado por uma retórica formal de cooperação, apregoando ausência de conflitos. Segundo Lortie (1975:210) "o individualismo do professor não é auto-suficiente e nem garantido, subjetivamente falando; ele mais parece hesitante, incômodo e duvidoso"[3]. Tal individualismo ambíguo exprime, no fundo, as pressões contraditórias que se colocam sobre os professores. Deles se exige que assumam sozinhos suas classes e que sejam inteiramente responsáveis pelo sucesso de seus alunos, e se lhes pede, ao mesmo tempo, que participem da vida da escola, que se envolvam nas diversas atividades coletivas e trabalhem para alcançar fins comuns e publicamente reconhecidos. Esse individualismo exprime igualmente, até certo ponto, atitudes pessoais, na medida em que essas se produzem numa dupla socialização: por um lado, a socialização no papel de aluno, onde os futuros mestres já interiorizam, como alunos, os modos individualizantes do trabalho de seus professores; por outro lado, a socialização no papel de professor, que, ainda hoje, vem geralmente de uma aprendizagem por conta própria, sem ajuda nem acompanhamento, que, consequentemente, deixa os professores entregues a si próprios.

De certa maneira, cada professor se considera único nas suas relações com os alunos, pois é bem "ele", esse "si mesmo profissional", que entra em relação com eles; sua personalidade permite estabelecer o "contato". Os custos desse investimento pessoal no trabalho – que pode transformar-se, finalmente, em sofrimentos pessoais e dúvidas importantes relacionadas à sua própria personalidade (sou mesmo feito para essa profissão? Será que eu ensino, realmente, alguma coisa aos jovens? Tenho forças para realizar essa profissão?) – fazem com que o trabalhador se considere pessoalmente responsável pelo seu trabalho, tanto pelos fracassos quanto pelos sucessos. Constata-se mais uma vez como a docência assemelha-se aqui a um *trabalho artesanal*, a meio caminho entre o trabalho dos operários *substituíveis* da cadeia de montagem e a atividade dos artistas *insubstituíveis* na criação da obra. No plano da gestão da organização do trabalho, todos os professores são de certo modo substituíveis, como o mostra, ademais, a grande mobilidade intraprofissional; mas na relação com os alunos e na vida concreta de um estabelecimento, cada professor é uma pessoa única e cuja personalidade conta muito.

Gostaríamos de fechar esse capítulo precisando aquilo que parece-nos ser sua principal contribuição para o estudo do trabalho docente. Nossas análises mostram que a escola e a classe aparecem como espaços sociais já ordenados, organizados, estruturados, controlados, nos quais os professores dispõem sempre de alguns recursos e dispositivos organizacionais que servem, ao mesmo tempo, para enquadrar, orientar e facilitar (em certa medida) seu trabalho, mas que exigem, igualmente, por sua vez, intervenções constantes

---

3. "Teacher individualism is not cocky and self-assured; it is hesitant and uneasy".

para se manterem e se renovarem. Em outros termos, a escola e a classe são, ao mesmo tempo, organizações de trabalho estáveis assentadas em normas e controles institucionais, como também em interações entre os professores e os alunos, entre os professores e os outros atores do cotidiano, a começar pelos colegas.

Esta natureza dual da organização do trabalho parece-nos derivar, outra vez, da predominância de um "material humano" que constitui o objeto do trabalho e condiciona todas as ações dos trabalhadores. Já o dissemos diversas vezes: os materiais básicos da escola são seres humanos dotados de iniciativa, eles podem opor-se ou colaborar com a organização e seus mandatários; eles são, portanto, determinados pela organização e também por sua própria capacidade de ação. Esse fenômeno permite individualizar as características e as exigências induzidas pela organização das tarefas cotidianas:

1) *Sua forte dimensão interativa*. O trabalho docente repousa quotidianamente sobre inúmeras e variadas interações com os alunos, mas também com os outros atores escolares, começando pelos colegas. Essas interações possuem um duplo aspecto: são reguladas por regras estabelecidas, padronizadas, rotineiras, mas exigem, ao mesmo tempo, uma capacidade de adaptação contínua dos professores, que precisam agir de maneira, simultaneamente, rotineira e improvisada. A rotinização do ensino parece inerente aos dispositivos cotidianos do trabalho na escola e na classe: a estruturação dos espaços e do tempo escolar é um controle das rotinas coletivas e individuais dos professores e também dos alunos. Mas ao mesmo tempo, como vimos, essa estruturação rotineira não esgota a realidade das interações cotidianas, no seio das quais os professores devem improvisar e se adaptar a situações variáveis e contingentes.

2) *Com os alunos, a tarefa exige a capacidade de adaptar rapidamente as condutas de todos ao programa de ação do professor*. O trabalho docente desencadeia um problema de poder, que os pesquisadores em educação chamam de "gestão da classe". Ensinar é tomar o poder no contexto de uma ação coletiva, de modo a orientar o grupo de alunos em função do programa dominante da ação, que é o do professor. Esse poder parece repousar sobre três coisas: sobre o estabelecimento de rotinas, ou seja, a imposição pelo professor de procedimentos padronizados de ação; sobre sanções, geralmente simbólicas (advertências, ameaças, ironia, etc.); enfim, sobre a capacidade dos professores de fazer os alunos aderirem subjetivamente à tarefa com ajuda de diversos meios, correspondentes ao que chamamos de "tecnologias da interação", que estudaremos no capítulo 7.

3) *O trabalho dos professores possui um caráter altamente normativo*. Já mencionamos em diversas ocasiões: a docência escolar é uma "profissão moral" na medida em que grande parte das atividades com os alunos são atividades de socialização e de "normalização" das situações cotidianas. Ensinar é necessariamente impor "valores", normas, tanto oficiais e regulamentares (da escola, do projeto coletivo, etc.) quanto informais e pessoais (do professor, as decorrentes da disponibilidade de recursos: divisão do tempo e da atenção, etc.).

4) *Observa-se um papel maior exercido pela estruturação da linguagem simbólica das situações*. Ensinar é trabalhar na linguagem, com a linguagem. É comunicar-se constantemente com os outros, os alunos, obviamente, mas também com os colegas, com a direção, os pais. Ainda mais profundamente, é dividir na classe e na escola um mesmo universo de significados com as demais pessoas presentes.

5) *A responsabilidade profissional do professor diante dos alunos*. A organização do trabalho faz com que os professores devam aprender a realizar toda uma série de tarefas outras, além da docência propriamente dita. A responsabilidade de um grupo-classe ultrapassa amplamente o ambiente da classe. Os professores, de certo modo, fazem as vezes dos pais, assumindo diversas tarefas, e educando ao mesmo tempo, segundo um programa institucional preestabelecido. Entre outras coisas, como vimos, os professores vigiam o pátio e a entrada dos alunos no ônibus escolar, eles têm que seguir o ritual silencioso das idas e vindas das filas no corredor, nas escadas, no pátio. Precisam cuidar dos alunos durante os recreios ou em suas salas de aula. Supervisionam as saídas da escola e outras atividades exteriores à classe. Ao cumprirem todas essas tarefas, e garantirem a autoridade da escola, não podem jamais deixar de preservar sua imagem de profissionais em ação. Como dizia uma professora observada, quando se entra na escola de manhã, entra-se na pele de uma professora e deixa-se essa pele ao sair de tarde. Mesmo jogando bola com as crianças na quadra na hora do recreio, ela precisa manter sempre uma atitude profissional a fim de estar pronta a qualquer intervenção.

6) *Tarefas múltiplas e interligadas*. A organização do trabalho não permite nenhuma flexibilidade para as necessidades pessoais dos professores, exceto na hora do recreio dos alunos, o que exclui os dias em que lhes cabe vigiar o pátio. Durante nossas observações, soubemos que os professores podem utilizar parte do tempo destinado às aulas para fazer certas tarefas administrativas, como pôr em dia suas correspondências (a papelada administrativa, cartas aos pais, etc.), corrigir cadernos de exercícios, preparar o traba-

lho do dia seguinte, etc. Geralmente, eles executam essas tarefas enquanto os alunos fazem trabalhos individuais ou em equipes. Também pudemos constatar que não existe nenhum tempo morto e várias tarefas são realizadas ao mesmo tempo. Durante a hora do almoço, os professores fazem correções, mas também dão reforço a alguns alunos que não entenderam bem as explicações ou que as perderam por algum motivo.

Esse conjunto de obrigações e exigências torna, assim, o trabalho docente cotidiano complexo, dinâmico, fluido, em que o elemento humano predomina pelas interações personalizadas com os alunos. Além disso, vimos que tais interações acontecem dentro de um mundo de vivências, onde os professores e os alunos partilham saberes comuns, uma cultura comum. O mesmo vale para as relações com os outros professores e a vida na escola: uma escola é um ambiente de vida no qual os atores dividem um mundo profissional comum que estrutura suas trocas e sua identidade. O trabalho dos professores é, ele próprio, ancorado nesse mundo vivencial, donde extrai seu sentido para aqueles e aquelas que o realizam.

Ademais, no trabalho cotidiano, as formas de colaboração entre os professores revelam-se um tanto quanto ínfimas, e nota-se que elas não põem em causa a organização celular do ensino; elas raramente implicam na copresença dos professores diante dos alunos. É evidente também a presença de traços de uma retórica de colaboração como também a existência de fatores que facilitam ou freiam a cooperação entre professores. Tais fatores nem sempre são da mesma natureza, ou têm a mesma importância. Às vezes positivos, às vezes negativos, esses fatores remetem a características estruturais (tamanho da escola, sua estrutura em departamentos, sua organização física, as regras na determinação das tarefas e a estabilidade das equipes escolares), além de a necessidades individuais dos professores (necessidade de socializar-se entre os adultos, de partilhar os custos psíquicos da docência, de conservar para si o prazer de ensinar e enfrentar rivalidades) ou a características culturais da comunidade escolar (o espírito de equipe ou a mobilização coletiva em torno de um projeto educativo singular ou plural, a solidariedade para com os alunos, os pais, os papéis típicos, etc.); enfim alguns fatores remetem a recursos importantes no cumprimento do trabalho, como o tempo e a energia disponíveis.

Os professores parecem desejar ao mesmo tempo a cooperação e o respeito à sua individualidade. A seus olhos, não se trata de escolher uma coisa em detrimento da outra: as duas dimensões parecem necessárias. Tudo se passa como se os professores quisessem ao mesmo tempo a maior ajuda possível de seus colegas para enfrentar as dificuldades e resolver os problemas com os quais se confrontam e também a maior autonomia ou, se preferirmos, o maior respeito à sua individualidade. Eles desejam, por um lado, a partilha dos problemas e custos associados à sua solução e, de outro, a manutenção de uma zona de liberdade pessoal, inclusive no modo de trabalhar privadamente em classe, com os alunos, quando tudo parece controlado, o que é uma fonte de prazer e de valorização.

6
Os fins do trabalho docente

Eu pensava que fosse instruir, mas não instruo. Eu educo, eu partilho, sobretudo, e aprendo (uma professora do primário).

Nos capítulos precedentes deixamos praticamente à sombra um aspecto importante da docência: seus fins. Todo trabalho humano possui fins, que se manifestam sob diversas formas no decorrer da ação: motivos, intenções, objetivos, projetos, planos, programas, planejamento, etc. Esses fins podem ser formalmente declarados e apresentados, ou nascer durante a ação, por exemplo, pela pressão das circunstâncias. Além disso, os fins dificilmente são dados de uma vez por todas. Sendo por natureza temporários, situando-se entre a antecipação e a realização, eles mudam com o tempo da ação, modificam-se durante o trabalho, principalmente no contato com o objeto de trabalho, mas também em função dos recursos disponíveis, bem como das obrigações e contingências que não deixam de aparecer no decorrer do trabalho. Os fins também vão se transformando com a experiência adquirida pelo trabalhador. Essa experiência não se limita à produção de resultados, mas é também um processo de formação e de aprendizagem que modifica os conhecimentos e a identidade do trabalhador, e suas próprias relações com o trabalho (SCHWARTZ, 1988).

Os fins, consequentemente, não são uma dimensão acessória do trabalho humano. Como o mostra uma venerável tradição teórica que remonta a Aristóteles, passando por Kant, Marx e, hoje, Habermas e Giddens, os fins constituem um modo fundamental de estruturação da atividade humana em geral e da atividade laboral em particular, concebidas enquanto ações *finalizadas, temporais, instrumentais, teleológicas*. Como dizia Marx em *A ideologia alemã*, o próprio do trabalho humano – o que o distingue das realizações da formiga, da abelha e do castor –, é que o trabalhador elabora uma representação mental de seu trabalho antes de realizá-lo e a fim de realizá-lo. O mesmo serve para o ensino.

No contexto dos estabelecimentos escolares atuais, a questão dos fins educativos é inseparável das lógicas de ação que modelam essas mesmas organizações. Tais lógicas – negociação, conflito, colaboração, proteção de território, etc. – levantam, inicialmente, o difícil problema da coordenação dos fins entre o sistema escolar e os diferentes atores que trabalham nele. Como visto no capítulo 3, os atores escolares ocupam posições diferentes na escola e também dispõem de poderes diferentes. Apesar disso, eles precisam colaborar entre si no seio de uma mesma organização e, portanto, em certa medida, perseguir fins comuns, o que gera o problema da coordenação de suas atividades coletivas e individuais. Esse problema pode conduzir, como indicam os modelos de escola examinados no capítulo 4, a uma burocratização da organização escolar ou, no outro extremo, a modos anárquicos de trabalho, onde cada grupo de atores e cada ator persegue seus próprios fins, esforçando-se por subtrair-se ao controle alheio.

Essas lógicas levantam, em seguida, um segundo problema igualmente espinhoso, a saber, a articulação entre os fins das organizações escolares e seus ambientes. Tais ambientes não são espaços naturais mas sociais; aí se encontram, portanto, outras organizações, outros grupos e atores que se esforçam para influir de diversas maneiras na escola, impondo-lhe seus próprios fins. Por exemplo, todos os estudos dedicados a essa questão há vários anos põem em evidência que os diferentes grupos socioeconômicos (as classes, as camadas, os estratos, etc.) abordam a escolarização segundo visões diferentes, perseguindo objetivos diferentes em sua origem e utilizando estratégias variadas para atingir esses fins (BIHR & PFEFFERKORN, 1996). Como a história das reformas escolares desde a Segunda Guerra Mundial o mostra, esses dois problemas (coordenação dos fins na escola e relação da escola com a sociedade) têm sido, muitas vezes, a pedra de tropeço na qual já se chocaram as intenções mais louváveis, os projetos mais bem elaborados.

Mas, para além dessas considerações, pode-se dizer que o ensino no meio escolar consiste em perseguir objetivos, ao mesmo tempo, de socialização e de instrução, num contexto de interação com os alunos, servindo-se de alguns "instrumentos" de trabalho: diretivas do Ministério da Educação, programas, orientações pedagógicas, manuais, etc. que especificam a natureza dos fins e oferecem em princípio meios para atingi-los. Desse ponto de vista, a docência é o que se chama uma *atividade instrumental*, ou seja, uma atividade estruturada e orientada para objetivos a partir dos quais o ensino compreende, planeja e executa sua própria tarefa, utilizando e coordenando vários meios adequados para realizá-la. Em suma, ensinar é agir em função de objetivos no contexto de um trabalho relativamente planejado no seio de uma organização escolar burocrática.

Mas o professor não é o único que persegue objetivos. A organização escolar também é dominada por finalidades instrumentais. Periodicamente ela põe em ação um planejamento geral, no interior do qual o ensino escolar é concebido em função de programas oficiais. Tais programas são discursos formalmente codificados que apresentam as grandes orientações da ação pedagógica definida pelas autoridades escolares, bem como diversos objetivos e séries de aprendizagem. Além disso, eles comportam diversas divisões e subdivisões (por nível, por matéria, por campo, etc.) que traduzem a complexidade do ensino de massa e se direcionam a clientelas diversificadas num tempo cada vez mais longo.

Consequentemente, é importante compreender bem como essa dimensão instrumental intervém concretamente no interior do processo de trabalho dos professores e da organização do trabalho na escola. Daí derivam várias questões: quais são os objetivos dos professores? Como os professores os interpretam? Eles aderem às finalidades da escola? A todas elas ou a algumas apenas? Eles estabelecem uma hierarquia entre essas finalidades e, caso sim, qual é? Ressentem tensões com relação às diferentes finalidades existentes? Será que algumas lhes parecem difíceis de conciliar, ou mesmo extremamente inconciliáveis? Como eles se situam em relação aos programas e às matérias escolares, aos seus objetivos, etc.? Consideram-nas de qualidade, apropriadas e pertinentes ou, pelo contrário, muito rígidas, pesadas, inaptas? Qual a margem de manobra de que dispõem com relação a elas? Como conseguem, no dia a dia, conciliar as obrigações e as contingências de seu próprio trabalho com as exigências do ministério, os inúmeros, variados e complexos objetivos dos programas? Em suma, como os professores veem e experimentam seu mandato de trabalho em relação à tarefa recebida da escola e de seu "objeto humano" de trabalho?

Neste capítulo interessa-nos não os vários objetivos pessoais buscados por cada um dos professores singularmente, mas antes *o mandato básico de sua atividade profissional coletiva e a maneira como eles assumem esse mandato*. É evidente que esse mandato depende estritamente das finalidades da escola, na medida em que os professores são os principais mandatários dessa organização. Em outras palavras, é graças a seu trabalho que a escola consegue atingir seus fins; eles estão, assim, no centro das transações entre a organização escolar e seus principais "clientes", os alunos. Desse modo, espera-se uma certa convergência entre os fins da escola e o mandato dos professores. Veremos que esse é o caso. Contudo, veremos também que existem divergências entre essas duas ordens de objetivos, os da organização e os dos professores. Por outro lado, também vimos que o trabalho docente comporta uma dupla face; é um trabalho regulado e flexível, um trabalho controlado e que requer, ao mesmo tempo, uma boa dose de autonomia e de responsabilidade pessoal. Quais são as consequências desse fenômeno? Significa que os fins do ensino são constantemente abalados pelas diretivas burocráticas permeadas de controles rígidos e os solavancos mais ou menos importantes devidos à iniciativa e à autonomia dos atores? Com relação a seu mandato oficial, onde se aloja a autonomia dos professores?

Esse capítulo traz elementos de resposta a essas várias perguntas e isto, considerando três níveis de análise: 6.1) os objetivos gerais da educação tais como são definidos pelas autoridades escolares; 6.2) os programas escolares que definem objetivos de trabalho mais específicos para os professores; 6.3) os objetivos dos professores na ação cotidiana a fim de precisar de que modo os professores respeitam, adaptam e transformam tanto os objetivos gerais da educação quanto os programas escolares em função do processo concreto de suas interações com os alunos.

6.1. Os objetivos gerais da escola

Os professores trabalham em escolas. Ora, essas organizações perseguem diferentes objetivos e têm diferentes expectativas quanto aos resultados da escolarização, *que pode ser considerada como o produto do trabalho dos professores*. Vimos sumariamente no capítulo 1 que esses objetivos possuem algumas características formais próprias destas organizações: são objetivos, ao mesmo tempo, ambiciosos e bastante genéricos, heterogêneos e difíceis de conciliar, e ambíguos e pouco dados a uma avaliação precisa e quantitativa. Contudo, essas características são formais, sendo necessário, pois, completá-las com uma análise mais concreta.

Quais são os objetivos da escola? Que mandato seguem essas organizações? Definir os objetivos da escola de modo geral não é fácil, uma vez que eles são histórica e socialmente muito variados. De fato, trata-se de uma tarefa propriamente política. Tentemos, mesmo assim, esclarecer essa questão, pois ela tem consequências importantes para a compreensão do trabalho docente.

Segundo Bidwell (1965), que se inspira na teoria das organizações, o objetivo geral das escolas é a socialização técnica e moral dos jovens. Elas visam a preparar os jovens para a vida adulta, formando-os para os saberes e as habilidades necessárias à vida profissional, educando-os moralmente em função das orientações básicas do *status* de adultos. Em suma, são organizações orientadas a uma dupla missão: educar e instruir, socializar e formar. Veremos um pouco à frente como essa dupla missão afeta particularmente o trabalho dos professores.

De qualquer maneira, trata-se de objetivos explícitos e muito genéricos. Pode-se ainda afirmar, numa perspectiva crítica, que a escola cumpre outros fins, ou antes, funções implícitas. Essas funções não são, para bem dizer, "objetivos", pois resultam de mecanismos sociais oriundos da organização social na qual a escola está imersa. Por exemplo, se dirá que a função da escola é reproduzir a hierarquia social e os poderes dominantes (BOURDIEU & PASSERON, 1970), ou ainda, numa perspectiva próxima, que ela tem uma função seletiva e de exclusão das crianças das classes pobres (BAUDELOT & ESTABLET, 1977; BOWLES & GINTIS, 1977; BIHR & PFEFFERKORN, 1995). Na concepção funcionalista (DURKHEIM, 1980; PARSONS, 1959), se falará, antes, de funções de integração e de especialização da escola, a qual transmite uma cultura comum e saberes especializados que correspondem à organização funcional do mercado de trabalho. Outros autores (PETITAT, 1982; TOURAINE, 1973) acentuarão a dimensão produtiva da escola e sua capacidade de contribuir para a institucionalização de novas relações sociais. Pode-se também insistir na dimensão cultural e cognitiva da escola (YOUNG, 1971; FORQUIN, 1989), entendida como uma organização baseada na transmissão dos conhecimentos e de modelos culturais. Enfim, sobre esse assunto, há ainda outros pontos de vista possíveis (por exemplo, o filosófico, o antropológico, o econômico, etc.).

Todos esses pontos de vista mostram, mais uma vez, que os fins da escola atual não são "claros" e "evidentes", quer dizer, dados de uma vez por todas, mas que se trata, ao contrário, de verdadeiros problemas *hermenêuticos* que abrem espaço, por exemplo, a reformas escolares, a grandes debates ideológicos e políticos. Não há nada de surpreendente nisso, pois a escola é uma organização social tão importante que é normal que esteja no centro de um "conflito de interpretações": ela não é um lugar de maior poder para o controle e o desenvolvimento da sociedade? Desse ponto de vista, vê-se que o caráter "aberto" e "variável" dos fins da escola não tem nada de acidental, mas, ao contrário, trata-se de uma característica intrínseca a esse tipo de organização prestadora de serviços a seres humanos em função de valores e finalidades sociopolíticas.

Além disso, convém colocar brevemente em relevo também alguns fenômenos que, desde a Segunda Guerra Mundial, têm afetado profundamente os fins da escola na vasta maioria dos países ocidentais, repercutindo bastante no trabalho docente:

Tradicionalmente, a escola garantia a instrução e partilhava com as famílias e as comunidades, sobretudo religiosas, a missão de moralização e educação dos jovens. Ora, a evolução da família e da sociedade faz com que uma parte crescente da educação – às vezes, no sentido mais elementar desse termo: asseio, trato, cortesia, etc. – e da moralização recaia mais e mais sobre a escola, que precisa, deste modo, assumir não apenas a formação para as aprendizagens propriamente escolares, mas também uma formação para as "competências sociais", pelo menos de algumas categorias de alunos. Por exemplo, como dizem os professores com quem conversamos: "Já não é educação, é verdadeira criação, a gente educa para o asseio, para o modo de apresentar devidamente seus deveres, o asseio na classe, o asseio no seu armário, a limpeza, tudo isso!"; e ainda, "os pais são muito dependentes da instituição. O que percebemos é que não damos apenas educação, mas também criamos as crianças". Como dizíamos no capítulo 1, na medida em que ela deixou de funcionar, a convergência tradicional entre os modelos de autoridade da escola, da familiar e da comunidade obriga a escola a tomar a responsabilidade sobre um espectro bem mais amplo e complexo de aprendizagens.

O impulso da escolarização obrigatória transformou as missões tradicionais dos níveis de ensino primário e secundário. O primário foi considerado, durante muito tempo, como um nível terminal que deveria fornecer aos alunos uma base mínima de conhecimentos válidos para a vida inteira. Hoje, esse não é mais o caso, pois o secundário preenche em parte essa função, tornando-se um umbral básico para toda a população. Isto significa concretamente que as aprendizagens e as matérias escolares podem ser adquiridas numa duração mais longa, apelando dessa maneira uma diferenciação por etapas e objetivos ao longo de todo o primário e o secundário e, às vezes, até nos níveis pós-secundários.

A escolarização obrigatória transformou substancialmente, também, o nível secundário, que, durante bastante tempo, foi reservado a uma elite e que tornou-se, atualmente, uma escola de massa. As formas e os conteúdos do ensino secundário tradicional, consequentemente, tiveram que ser repensados em função da heterogeneidade das novas clientelas escolares. O mesmo processo vemos acontecer igualmente nos níveis pós-secundários desde algumas décadas, enquanto também a universidade tende a se massificar e a dedicar uma parte importante dos estudos do primeiro ciclo a aprendizagens fundamentais. Em certos casos, pode-se falar de uma "secundarização" do ensino universitário do primeiro ciclo.

Durante muito tempo, os objetivos e os programas escolares tiveram um caráter relativamente imutável, definido em parte pela tradição do humanismo clássico centrado na aquisição de uma cultura verbo-intelectual e literária, e dos modelos normativos das competências individuais e sociais: cortesia, modos de expressar-se, etc. Ora, na maioria dos países, constata-se que as finalidades escolares e curriculares ampliaram-se consideravelmente desde os anos 1960, procurando, por um lado, integrar os saberes contemporâneos (ciências sociais e humanas, tecnologias e ciências naturais, etc.) e, por outro, adaptar a escola às inúmeras e frequentes alterações da economia, o que se traduziu pela introdução de novas matérias (informática, estatística, etc.) e de novas técnicas de aprendizagem (ensino a distância, ensino programado, etc.).

Em consequência, desde cerca de trinta anos constata-se também, muitas vezes, uma vontade tanto política quanto social de transformar os objetivos e os programas escolares. Por exemplo, no Quebec, desde os anos 1960, foram realizadas ao menos três reformas maiores nos programas escolares (e outra está em curso) sem falar das inúmeras reformas particulares de uma ou outra matéria. A mesma coisa pode-se dizer da França (ISAMBERT-JAMATI, 1990; HIRSCHHORN, 1993; DURAND-PRINBORGNE, 1991). Nos Estados Unidos, as reformas da educação são fenômenos recorrentes. Aos olhos da sociedade e das autoridades políticas, o nível curricular parece sempre atrasado em relação às muitas mudanças sociais; é por isso que convém reformá-lo periodicamente. Ora, todas essas reformas, embora interpelem os professores e os obriguem a se apropriar de novos saberes e de novos métodos pedagógicos, são, geralmente, concebidas segundo uma lógica burocrática do *top and down*: os professores raramente são consultados, eles são colocados diante dos fatos prontos.

Finalmente, através dessas reformas e dessas mudanças, é a própria natureza do saber escolar que parece modificada. Retornaremos a esse importante tema no capítulo 7. Agora, basta mencionar que o saber escolar funciona hoje na ausência de um referencial social e epistemológico seguro: ele não é mais o reflexo de um conhecimento fundamental (filosofia, ciência, religião, etc.) considerado imutável, mas parece antes uma construção híbrida, uma espécie de *patchwork*, de caleidoscópio que tenta integrar bem ou mal um universo epistemológico e cultural mais e mais destroçado. Há trinta anos, as numerosas reformas curriculares representam, a esse respeito, uma espécie de fuga para a frente: embora todas alardeiem princípios da integração e da coerência dos conhecimentos, da formação fundamental, de uma rede unificada e integradora de competências básicas, elas culminam todas numa visão esfacelada, relativista e continuamente modificável do saber escolar. Ora, essa visão não está de acordo com as produções científicas e culturais de nossa época, qualquer que seja o nome que recebam: modernidade avançada, pós-modernidade, etc.?

Dito isto, uma vez deixados claros esses fenômenos que constituem de certo modo o pano de fundo dessa problemática, abordemos agora os objetivos perseguidos hoje oficialmente pela escola primária e secundária. Esse ponto de partida possibilita percebermos melhor o mandato legal que orienta, atualmente, o trabalho dos docentes e o qual estes precisam levar em consideração em suas diversas atividades: ele nos leva diretamente ao coração de seu trabalho. Que incidência têm esses objetivos gerais no trabalho docente? Eles exercem um papel essencial, pois afetam a natureza de sua tarefa. Uma maneira interessante de caracterizar seu impacto é fazer uma comparação entre o ensino e o trabalho industrial.

Tal comparação pretende ser heurística e didática, porque permite, comparando duas formas de trabalho humano, extrair as especificidades do ensino no que tange seus fins e resultados. Procurará, porém, ampliar-se numa perspectiva de construção de um tipo-ideal, os traços característicos das atividades existentes. No capítulo 7 retomaremos essa mesma comparação a propósito do objeto de trabalho.

No trabalho industrial – por exemplo, um operário trabalhando numa cadeia de produção de vidros de conserva –, *quando se aborda seu trabalho sob o ângulo da definição de sua tarefa prescrita*, seus objetivos parecem relativamente precisos, operatórios, circunscritos e de curto prazo: ele realiza um ato e, em princípio, pode observar o resultado de sua ação bastante rapidamente e com uma certa objetividade, uma vez que o produto de seu trabalho é um objeto material tangível independente dele. Por exemplo, ele corta peças de metal servindo-se de uma máquina e cada um desses gestos se traduz na produção de uma tampa de vidro de conserva. Em princípio, o trabalhador industrial age, portanto, em função de objetivos precisos e coerentes que ele sabe poder atingir concretamente se adotar meios operatórios eficientes. Além disso, os objetivos de seu trabalho são integrados num conjunto de objetivos relativamente coerentes e hierarquizados que estrutura a tarefa coletiva na usina.

Obviamente que essas características definem a *tarefa prescrita* e não necessariamente a *atividade real* realizada pelo trabalhador. Na realidade, sabe-se hoje que mesmo o trabalho industrial mais "racionalizado" que reflete uma exagerada taylorização nunca corresponde à tarefa prescrita (AMALBERTI et al., 1991; STROOBANTS, 1993; TEIGER, 1993). Por exemplo, os operários da indústria não têm, na verdade, um mandato tão claro e tão isento de ambiguidade; também eles precisam interpretar seu trabalho, dar-lhe um sentido, etc. Mas não pretendemos aqui iniciar uma discussão sobre a natureza do trabalho industrial, mas compará-lo com a docência a fim de esclarecer as características dessa última. Por isso, basta permanecermos na tarefa prescrita. Além de tudo, essa tarefa prescrita não é apenas uma invenção dos "patrões e dos engenheiros do trabalho"; ela também corresponde a obrigações e normas às quais os operários da indústria precisam seguir.

E o que podemos dizer, por comparação, dos objetivos do professor do primário e do secundário?

Os objetivos escolares definem uma tarefa coletiva, complexa e temporal com efeitos incertos e ambíguos. O que choca, inicialmente, nos objetivos precedentes, é que eles evocam a ação coletiva de vários agentes (os professores) mais ou menos coordenados entre si, que atuam sobre uma grande massa de indivíduos (os alunos), durante vários anos para obter resultados incertos que nenhum agente pode atingir sozinho e que a maioria deles não verão se realizarem. A socialização das crianças e dos adolescentes para a vida adulta é massiva, longa e complexa. A escola trabalha com massas de alunos durante um longo período de tempo e deve oferecer-lhes serviços educacionais que incluem sequências mais ou menos coerentes de instrução com progressão e diferenciação, além de tarefas diversas de socialização. Mas tais tarefas são executadas individualmente pelos professores, que se esforçam, bem ou mal, para realizar os objetivos escolares coletivos no quadro dos contextos particulares de ensino e em menos tempo do que dura o percurso dos alunos.

Por seu lado, Durand (1996:47) insiste na ideia de que a tarefa docente tem um "retorno em longo prazo", que ela remete a "processos cuja evolução é 'lenta e subterrânea' particularmente difíceis de apreender [...], a modificação das atitudes dos alunos, aprendizagens complexas, desenvolvimento psicomotor [...] não são diretamente observáveis". Nesse sentido, os professores dificilmente podem avaliar seu progresso em atingir objetivos que têm, no máximo, uma função de enquadramento geral das tarefas. As ideias de Schön (1983) sobre as atividades profissionais permitem ainda dizer que tais objetivos, na execução das tarefas concretas, fazem forte apelo às suas capacidades de construção e definição de problemas (*problem setting*) mais que às capacidades de resolver problemas (*problem solving*). Com efeito, o professor não age em função de situações cujos objetivos são imediatos e precisos, mas, sim, ele se baseia em antecipações, horizontes de ação que dependem de sua própria iniciativa e de suas decisões atuais. Desse ponto de vista, a tarefa docente comporta, quanto aos objetivos gerais, um componente fortemente dinâmico e histórico, pois segue menos um programa de ações já anteriormente definido que torna o futuro de algum modo possível realizando-o.

Os objetivos escolares são gerais, imprecisos e não operatórios. Outra característica dos objetivos escolares mencionada pelos mesmos autores e que tem um impacto sobre a tarefa docente é o caráter geral, impreciso e não operatório. Pelo fato em si, eles exigem dos professores uma adaptação constante às circunstâncias particulares das situações de trabalho, notadamente em classe com os alunos, mas também na preparação das aulas e das avaliações. No caso dos programas escolares, mesmo os objetivos terminais possuem inúmeras imprecisões e bom número deles não são operacionalizáveis (HENSLER et al., 1986). Disso decorre que os professores funcionam de acordo com finalidades de trabalho na maior parte do tempo imprecisas, que exigem escolhas e decisões sobre a maneira de compreender e realizar seus objetivos.

Por esse motivo, seria um erro pensar que a tarefa dos professores se resuma ao "como", ao passo que os objetivos definiriam o "quê" e o "por quê". A própria imprecisão dos programas e objetivos exige que os professores os interpretem, lhes deem, eles mesmos, um sentido. Visto dessa forma, o trabalho curricular não se reduz a ajustamentos técnicos relativos a finalidades educacionais, mas traz consigo essas finalidades.

Os objetivos escolares são muitos e variados. Como também já constatamos antes, os objetivos da escola são muitos e variados. Seu número aumenta demasiadamente quando se consideram também os objetivos dos programas escolares, os objetivos das disciplinas escolares e de outros serviços da escola. Esse número e essa variedade provocam, naturalmente, problemas de heterogeneidade e de compatibilidade entre os objetivos. Uma situação assim tem por efeito tornar a atividade profissional consideravelmente pesada, exigindo que os professores fiquem atentos, ao mesmo tempo, a vários fins, ainda por cima pouco hierarquizados entre si. Uma das críticas mais constantes dirigidas à escola é justamente o fato de ela seguir objetivos demais ao mesmo tempo e ter assumido tudo, sendo que os professores precisam atirar para todos os lados: é a escola "cafeteria" ou a escola "supermercado" (POWELL et al., 1985). Mais uma vez, objetivos que tenham tais características contam com a iniciativa e a responsabilidade dos agentes, pois exigem ser interpretados para serem postos em prática.

Além disso, o número e a variedade dos objetivos colocam vários problemas de ética e equidade aos professores. A organização escolar lhes passa o cuidado de selecionar e hierarquizar quotidianamente os objetivos em relação aos alunos. Ora, esse trabalho de seleção e hierarquização provoca, com certeza, o abandono de alguns objetivos considerados pouco realistas ou impossíveis de realizar no tempo disponível. Ademais, como eles precisam fazer seu grupo progredir, têm que considerar e decidir se alguns alunos poderão realmente atingir certos objetivos, sem prejudicar o progresso coletivo. Na América do Norte e na Europa, a integração massiva dos "alunos com dificuldade de adaptação e de aprendizagem" nas classes regulares provoca diversos problemas desse tipo para os professores

Os objetivos escolares precisam ser transformados e ajustados para serem realizados. Por causa de sua própria natureza, os objetivos educacionais demandam constantemente uma interpretação e uma adaptação aos contextos variantes do trabalho. Eles obrigam os professores a defini-los em função das necessidades das situações, como o tempo e os recursos disponíveis, a evolução dos alunos, etc. Contudo, a indefinição própria dos objetivos gera um superávit de trabalho em relação ao que seria necessário para realizar uma tarefa bem definida. *Nesse sentido, os objetivos escolares podem ser percebidos como favoráveis à autonomia dos professores mas também como exigências que aumentam sua carga profissional* (DURAND, 1996). Objetivos flexíveis e ambiciosos dão muito espaço a quem precisa atingi-los, mas ao mesmo tempo aumentam seu engajamento num trabalho de tradução e de precisão, e deixam-lhe o sentimento de impotência que, muitas vezes, os objetivos irrealistas causam.

Parece, portanto, que os fins do ensino não correspondem nada a objetivos operacionais, mas que se trate de *fins de natureza hermenêutica*: seu significado não está dado, mas exige um trabalho de interpretação por parte dos atores que lhes dão sentido, tanto por sua própria subjetividade como pelas situações vividas. Voltaremos a isso mais à frente.

Os resultados do trabalho docente. Em alguns ofícios ou profissões de relações humanas, sempre é possível emitir um julgamento relativamente claro sobre o objeto do trabalho e seu resultado: o advogado ganhou ou perdeu uma causa, o músico executou ou não a peça, o paciente ficou curado ou ainda está doente, etc. Mas em muitas outras atividades humanas, como no caso da docência, é difícil ou até impossível precisar claramente se o objetivo do trabalho foi mesmo realizado. Por exemplo, a socialização dos alunos acontece durante anos e seu resultado pode aparecer muito depois que o percurso escolar tenha terminado; um paciente segue uma terapia durante vários anos, mas é difícil de avaliar e até, simplesmente, de constatar as mudanças provocadas: às vezes, o próprio paciente é incapaz de precisar a natureza das mudanças que se produziram. No mesmo sentido, um número incalculável de nossas aprendizagens escolares se apagam com o tempo e é muito difícil, para um adulto, especificar se a maioria de seus conhecimentos originou-se, mesmo, na escola.

Disso podemos concluir que o trabalho docente, do ponto de vista de seus resultados ou de seu produto, tem um alcance relativamente indeterminado no sentido que todo professor toma os alunos no pé em que estão e espera-se que no fim do ano estejam num nível superior. Ademais, nenhum professor pode dizer que ele, sozinho, iniciou ou completou a educação de um aluno. Além disso, o trabalho docente é interdependente no tempo, é um trabalho coletivo de longa duração; paradoxalmente, porém (vimos no capítulo 1), o professor trabalha quase exclusivamente só, de maneira autônoma.

Há ainda outros fatores que contribuem a essa indeterminação do resultado do trabalho docente. O trabalhador industrial pode observar diretamente seu produto; esse é física e materialmente independente do trabalhador: um automóvel, um computador, um vidro de conserva podem ser observados, manipulados, avaliados, medidos, e isto, na ausência do trabalhador e fora de seu local de produção; eles podem ainda ser consumidos de modo totalmente separado do trabalhador e do local de produção. No caso da docência, as coisas são mais complexas.

Primeiramente, a "consumação" (aprender) acontece, normalmente, ao mesmo tempo que a "produção" (ensinar: fazer aprender). Portanto, é difícil separar o trabalhador do resultado de seu trabalho e observar separadamente esse último de seu local de produção. Em seguida, o próprio produto da docência parece intangível. Dificilmente se pode medi-lo e avaliá-lo. Por exemplo, como definir a socialização de modo claro e preciso? Como estabelecer graus na socialização, na educação? O mesmo pode-se dizer da aprendizagem, em que abundam teorias contraditórias. Enfim, a simples observação da docência pode atrapalhar o desenvolvimento do processo de trabalho, que requer uma certa "intimidade" entre o professor e os alunos. Não se concebe como os professores, dada a estrutura celular do trabalho e a necessidade de estabelecer um contato repetido, frequente, personalizado com os alunos, poderiam ser observados como se fossem trabalhadores numa cadeia de montagem de vidros de conserva sem que o processo de trabalho escolar fosse profundamente perturbado.

Resumindo, constata-se que os objetivos gerais da escola são muitos e variados, gerais e não operacionais, e tocam ao mesmo tempo dimensões de formação pessoal, social e de instrução. Esses objetivos induzem, no trabalho docente, uma tarefa dinâmica com efeitos imprecisos e longínquos que requerem a iniciativa dos professores; estes precisam interpretá-los e adaptá-los constantemente aos contextos movediços da ação pedagógica. Ensinar é agir na ausência de indicações claras e precisas sobre os próprios fins do ensino escolar; isso requer necessariamente a autonomia e a responsabilidade dos professores, que, de certo modo, precisam construir os objetivos antes de realizá-los. Essa autonomia, porém, também é uma tarefa dupla, na medida em que os objetivos escolares podem parecer ilusórios e irrealistas, engendrando, assim, um sentimento de impotência ou de derrota. Além disso, os professores dificilmente podem medir e avaliar os resultados de seu trabalho e saber com certeza se realizaram seus objetivos. Abordemos, agora, o segundo nível da análise.

Examinamos até aqui os objetivos gerais, as grandes finalidades do sistema educacional. Contudo, apesar de sua importância, esses objetivos permanecem por demais distantes em relação ao mandato cotidiano dos professores. São os programas escolares que permitirão pôr em prática e efetivar os grandes princípios, fornecendo aos professores um quadro de trabalho mais preciso a partir do qual poderão buscar objetivos particulares nas diferentes matérias. Os programas se situam de algum modo num nível intermediário entre os objetivos gerais e a ação cotidiana, entre o sistema e os atores.

6.2. Os objetivos curriculares

Os programas de ensino constituem o quadro no qual os professores se dedicam. Tal quadro é muito exigente, pois determina horas de ensino, objetivos, aprendizagens, avaliações, etc. Por isso, eles pertencem ao mandato dos professores, pois ensinar na escola, naturalmente, é seguir um programa e tentar realizar seus objetivos. Esses quadros impõem ainda certas ideologias, uma vez que veiculam, bem ou mal, valores pedagógicos, culturais, intelectuais, sociais.

Além disso, os programas são feitos em função das matérias ensinadas na escola. Ora, os programas por matéria (língua pátria, matemática, etc.) correspondem a uma separação analítica e ideológica dos saberes escolares, que tende a privilegiar algumas matérias impondo ao conhecimento ensinado limites e divisões, geralmente artificiais, puramente escolares. Os programas por matéria afetam ainda a identidade dos professores no trabalho, em sua dimensão estatutária, pois eles tendem a induzir, a partir da hierarquia escolar das matérias, uma hierarquização do que é ensinado. A separação por matérias também envolve estratégias pedagógicas diferentes de uma matéria a outra, sem falar das relações difíceis que provoca entre os professores e os alunos menos motivados ante certas matérias ou mesmo entre os professores e os pais, desejosos de verem seus filhos terem sucesso sobretudo nas matérias importantes (língua pátria, matemática...).

Os programas escolares também são instrumentos cognitivos úteis que permitem aos professores organizarem sua ação em função de objetivos, de expectativas, de sequências, de cronologias, etc. Sem os programas, o ensino atual perderia sua unidade; além disso, cada professor teria que inventar integralmente seu planejamento, sua didática, seus objetivos, etc. a cada vez. Os programas exercem, portanto, um papel importante, unificando a ação coletiva dos professores e orientando-a para os conteúdos e objetivos comuns. Eles permitem atingir padrões comuns e gerais. Contribuem para homogeneizar as organizações e as práticas escolares. Servem, enfim, para avaliar e comparar os conhecimentos escolares transmitidos a todos os alunos.

Contudo, sendo instrumentos, eles dependem também da experiência dos professores, bem como das situações em que são aplicados. Por exemplo, os professores experientes têm mais liberdade com os programas do que os noviços. Os programas, na verdade, não são utilizados e aplicados mecanicamente, pois dependem da margem de manobra e da experiência dos professores que os utilizam. Na realidade, um programa, por mais preciso que seja, é sempre apenas um programa, ou seja, um projeto; sempre haverá uma distância entre o programa e a sua realização concreta em classe, as diferenças entre os alunos, os recursos disponíveis, o tempo que passa... Os professores, queiram ou não, são obrigados a interpretar os programas e adaptá-los continuamente às situações cotidianas.

Encontramos aqui também, no plano dos programas, uma tensão entre os aspectos codificados, fixos, burocráticos do ensino e a autonomia permitida aos professores na execução de sua função. Esses devem seguir o programa, mas adaptando-os e transformando-os, ao mesmo tempo, em função das exigências do dia a dia. Sua autonomia e sua responsabilidade se situam assim bem no centro da tarefa codificada e programada.

Quais são os impactos dos fenômenos que estudamos com relação aos programas escolares sobre o trabalho dos professores? Muito estranhamente, poucos estudos se dedicaram à questão da relação entre os currículos, as matérias ensinadas e a tarefa dos professores. Com efeito, o ensino das diversas matérias e as estratégias pedagógicas diversificadas que delas derivam. O fenômeno de hierarquização das matérias e seus laços com a tarefa e a situação, a gravidade dos programas, a percepção dos alunos e dos pais com as pressões que eles exercem sobre os professores, o impacto dos valores da sociedade sobre o ensino das matérias valorizadas e pouco valorizadas, etc. continuam sendo assuntos pouco tratados na literatura especializada, mais interessada na "gestão da classe", a "didática" ou a crítica dos "fundamentos filosóficos do currículo". Limitamo-nos aqui a elucidar algumas constatações resultantes de nossas pesquisas.

- Os programas escolares atuais são muito pesados, muito detalhados, com uma multidão de objetivos que os professores devem, em princípio, respeitar.

- Os julgamentos dos professores a respeito dos programas são, todavia, bastante variados. Embora esses pareçam em geral bastante exigentes e sufocantes, eles fornecem aos professores uma ajuda segura no planejamento do ensino e das normas a serem respeitadas.

- Os professores se empenham em respeitar os programas; a liberdade que tomam é mais na organização concreta do trabalho em classe: eles podem, com o tempo, jogar com certos objetivos, certas atividades pedagógicas previstas, sem abandonar os programas.

• Suas principais críticas recaem, sobretudo, sobre o ambiente curricular: a implantação muito prematura e burocrática dos programas, a ausência de consulta aos professores ou o pouco peso acordado a suas concepções curriculares, a falta de tempo para cobrir todo o conteúdo, a ausência de suporte material, o problema da competência para ensinar matérias previstas no programa constituem os principais obstáculos para o bom desenvolvimento dos programas na ação do dia a dia.

• No que tange os programas das disciplinas, os professores mencionam a acentuada ausência de vínculo entre elas, a compartimentalização existente e os problemas relativos a algumas matérias em particular.

Esses pontos indicam, portanto, que o trabalho curricular dos professores consiste fundamentalmente em intermediar o programa oficial com a sua concretização prática, suas limitações temporais, os recursos limitados dos quais dispõem, esforçando-se, sim, para respeitar o espírito dos programas, mas não exatamente à letra. A organização curricular do ensino levanta, consequentemente, a questão da autonomia e do controle do trabalho docente.

Ora, das análises precedentes percebe-se claramente que a autonomia dos professores diante dos programas está principalmente na classe e no planejamento temporal, enquanto o controle deriva da burocratização dos programas e da acentuada racionalização dos recursos alocados à sua efetivação. Aqui encontramos mais uma vez um fenômeno ligado à organização celular do trabalho docente: a organização escolar se burocratizou, os programas tornaram-se pesados, mas a classe permanece sempre um espaço de manuseio para os professores.

A organização interna dos programas se traduz em uma hierarquia quantitativa das matérias: umas têm muito mais peso do que outras, principalmente a língua pátria e a matemática. No primário, essa hierarquia leva os professores a privilegiarem tais matérias, mesmo em detrimento das outras. Em relação à questão da especialização do trabalho, que abordamos no capítulo 2, isso faz com que os professores do primário sejam especialistas nessas duas matérias, enquanto as demais são deixadas às mãos de especialistas: professores de educação física, de educação artística, de religião, etc.

Mas a hierarquia das disciplinas também revela outra realidade. Como analisado por Bernstein (1975; 1996), a hierarquização das matérias e dos currículos escolares testemunha ainda o poder de alguns grupos e indivíduos na definição do que é um conhecimento importante. Tal fato leva ao problema existente no estabelecimento do modo com que os conhecimentos são hierarquizados e a partir de quais critérios. A hierarquização remete a questões de prestígio (valor social do conhecimento) e de acesso a alguns conhecimentos que serão destinados unicamente a alguns alunos. Ainda segundo Bernstein, poderíamos demonstrar que uma maior diferenciação do currículo é a condição necessária para que certos grupos cheguem a dar um valor maior ao seu conhecimento e sua formação. A hierarquização dos conhecimentos escolares remete, assim, a critérios sociais e a questões relativas àqueles que têm o poder de impor-se. Ora, a análise dos poderes que intervêm na organização escolar, análise que esboçamos no capítulo 2, mostra que os professores têm pouco poder no que diz respeito, sobretudo, à organização dos currículos escolares e a hierarquização das matérias. Se estas últimas determinam a tarefa e a identidade dos professores, elas lhes conferem, ao mesmo tempo, o estatuto de executantes e transmissores de conhecimentos e valores ideológicos, culturais e cognitivos sobre os quais exercem muito pouco controle.

6.3. Transformações dos objetivos na prática de cada dia

Nas sessões anteriores, para que pudéssemos compreender melhor o mandato dos professores, abordamos sucessivamente os objetivos gerais da escola e os programas escolares, tornando claro o impacto desses fenômenos sobre seu trabalho. Iremos completar esse estudo vendo como os professores se apropriam dos objetivos e programas escolares, transformando-os conforme as situações concretas. Essa análise situa nosso propósito no campo do trabalho cotidiano. Ela visa descobrir, partindo do trabalho real, como e em que sentido os professores assumem seu mandato de trabalho com relação a objetivos e programas que devem seguir e respeitar.

Há diversos trabalhos dedicados às atividades de adaptação e transformação que os professores por profissão trazem para os programas e objetivos escolares. Essa temática de pesquisa se une ou retoma os trabalhos sobre o currículo oculto (*hidden curriculum*), sobre a transposição didática (CHEVALLARD, 1985), sobre a sociologia do currículo (para sínteses: FORQUIN, 1989; TROTTIER, 1987), sobre o conhecimento pedagógico da matéria (SHULMAN, 1986; 1990), sem esquecer as pesquisas mais antigas oriundas da etnometodologia e do interacionismo simbólico, que trataram de questões semelhantes ou relacionadas. Outros trabalhos, pertencentes à corrente de pesquisa anglo-saxã sobre o *knowledge base* e a eficiência do ensino, também abordaram esse assunto, notadamente com os temas do planejamento do ensino, da gestão da matéria, dos conhecimentos curriculares e disciplinares dos professores, etc. (CLARK & PETERSON, 1986; TOMIC, 1992; SHAVELSON, 1983;

ROY, 1991; REYNOLDS, 1992). Enfim, existe nos Estados Unidos também um imenso campo de pesquisa sobre a avaliação e a construção do currículo, que toca um pouco essa questão (NADEAU, 1988). Além disso, lembremos que a noção de *curriculum* para os anglo-saxãos remete a alguma coisa de muito mais vasta que a noção francesa de *programa escolar*, pois aquela designa a cultura escolar em sentido amplo (PINAR et al., 1995).

Pode-se concluir dessa literatura, entre outras coisas, a seguinte afirmação: os professores não aplicam nem seguem os programas escolares mecanicamente; ao contrário, apropriam-se deles e os transformam em função das necessidades situacionais que encontram, das suas experiências anteriores, bem como de muitas outras condições, como seu entendimento da matéria, sua interpretação das necessidades dos alunos, os recursos disponíveis, o andamento da turma, suas preferências e valores, etc. Nesse sentido, quanto aos objetivos e programas escolares, pode-se descrever o trabalho curricular dos professores *como um contínuo vai e vem entre as exigências dos programas e as obrigações da realidade da matéria. Esse vai e vem supõe da parte deles uma interpretação hierarquizada dos programas, quer dizer, uma interpretação que retém os elementos considerados importantes ou necessários para os alunos e as avaliações da escola.* Os professores, portanto, nunca têm uma visão completa do programa. Eles nunca realizam todos os objetivos previstos: o que fazem fica, a um tempo, aquém e além disso. Por outro lado, essa interpretação não é apenas um jogo de linguagem, mas traduz-se concretamente nas escolhas de ensino e das estratégias pedagógicas pelas quais os objetivos e os programas escolares se transformam e modelam segundo as situações pedagógicas e a compreensão que os professores têm delas. São esses os fenômenos que gostaríamos de descrever agora, comentando e analisando seu impacto no trabalho docente.

Na sequência, apoiando-nos em dois estudos e outras entrevistas com professores, iremos analisar sucessivamente três atividades: o planejamento, o ensino propriamente dito e a avaliação do ensino, atividades chamadas, muitas vezes, de fases "pré-ativa, ativa e pós-ativa" do ensino. Descreveremos as principais tarefas realizadas nessas atividades e procuraremos evidenciar os fatores que parecem influenciá-las. Completaremos os resultados dessas pesquisas referindo-nos a outros estudos sobre o mesmo assunto.

6.3.1. O planejamento do ensino

Vimos no capítulo 3 que a preparação das aulas constituía uma tarefa importante e regular dos professores. Ela corresponde a várias atividades: o planejamento de longo, médio e curto prazos de aprendizagem, a efetivação de uma sequência de conteúdos, a adaptação da matéria em função das preocupações afetivas dos alunos, de seus interesses, de sua idade, de seus conhecimentos anteriores, a escolha dos exemplos, a preparação dos exercícios e do material pedagógico, etc.

A literatura identifica *grosso modo* essa atividade com o *planejamento do ensino*, ou seja, uma fase (pré-ativa) de estruturação da matéria a ser ensinada, de organização das atividades de ensino e aprendizagem, bem como de preparação do material pedagógico. Essa fase acontece em diversos momentos do ano escolar: no começo do ano, nos períodos importantes, antes de cada aula, nas novas atividades, etc. Ora, o planejamento mantém laços estreitos com os programas e os objetivos escolares. Com efeito, "a função mais evidente do planejamento do ensino é transformar e modificar o programa a fim de moldá-lo às circunstâncias únicas de cada situação de ensino" (CLARK & PETERSON, 1982:262, citado por GAUTHIER et al., 1997)[1]. Essa função depende do professor, pois "a decisão final do que é ensinado pertence ao professor" (TOMIC, 1992:44).

Durante o planejamento, os professores devem considerar diversos elementos:

- Seu conhecimento dos alunos, suas diferenças, suas habilidades e seus interesses, seu comportamento em classe e seus hábitos de trabalho, bem como os "casos-problema", para os quais devem prever medidas especiais de educação: alunos com dificuldades de aprendizagem, de comportamento, etc.;
- As atividades anteriores e posteriores, pois elas definem as etapas em que os alunos se encontram;
- A natureza da matéria a ser ensinada, seu grau de dificuldade, seu lugar no programa, as relações a estabelecer com as outras matérias, etc.;
- As atividades de ensino: exposição, exercícios, trabalho em equipe, perguntas aos alunos, retroações, etc.;
- Os recursos e as obrigações: o tempo disponível, o tamanho do grupo, a arrumação do local, o material pedagógico, etc.

Nas observações de Ouellet & Tardif (1994), o planejamento das atividades é semanal e é distribuído a cada aluno no início da semana. Para cada dia da semana o plano de estudos define o que os alunos devem fazer de leitura, de ortografia, de gramática e de conjugação. Ele define, conforme o caso, o

---

1. "The most obvious function of teacher planning in American schools is to transform and modify curriculum to fit the unique circumstances of each teaching situation".

que deve ser feito em aritmética, em ciências humanas, em ciências da natureza, em inglês e em catequese. Enfim, indica que números dos deveres de matemática e de língua pátria devem ser feitos. Esse planejamento se realiza em conjunto com uma professora titular do 4º ano, ambas professoras experientes, com mais de vinte anos de profissão. Elas se encontram e discutem modificações a serem efetuadas, se houver lugar. Elas utilizam *grosso modo* o mesmo planejamento cada ano, mas revisando, modificando, retirando ou acrescentando elementos para o ano em curso. A base é sempre a mesma, uma vez que se segue o programa do Ministério da Educação. Elas aprendem com os anos a ser mais flexíveis e a ir de tempo em tempo ao essencial. Elas percebem que não podem cobrir todo o programa. Os ajustamentos são feitos, sobretudo, por causa das limitações do tempo. À medida que as semanas passam, elas se mantêm informadas sobre o andamento do programa e se esperam para trabalhar no mesmo ritmo.

Este planejamento é da ordem do "que" e do "quando" ensinar. Esse planejamento, para retomar a fala de um professor que resume bem a fala de todos, *permite ver claramente, permite ver com tempo, permite pensar antes, permite que eu esteja mais preparado quando a hora chegar [...]. Porque já tenho em mente o que vou fazer*. Esse planejamento é sucinto, uma vez que não indica o como, mas também bastante detalhado, pois cobre o conjunto dos objetivos para cada matéria, para cada etapa. Esse planejamento, portanto, tem um papel importante. Como nos dizem os professores, ele permite preparar-se mentalmente, permite antecipar-se, ter uma visão de conjunto. Mas trata-se de um modelo e os professores não têm que restringir-se a ele, ou seja, devem fazer as modificações que julgarem oportunas fazer. Modificações tais como ensinar um conteúdo uma semana mais cedo, uma semana mais tarde, passar mais tempo num, suprimir outro. Esse tipo de planejamento é flexível o suficiente para permitir esse tipo de modificações.

Pode-se chamar a atenção, igualmente, para a existência de um planejamento a longo, médio e curto prazos. O planejamento a longo prazo pode englobar a preparação do ano escolar ou de longos períodos de tempo (sessões, etapas importantes do programa, períodos de avaliação, etc.). Sua natureza depende da personalidade e da experiência do professor. Alguns professores preparam, muitas vezes, durante as férias, um planejamento minucioso do ano, enquanto outros, baseando-se nas aquisições de anos anteriores e em seus conhecimentos dos programas, atêm-se a esboços mais simples. Esse planejamento a longo prazo serve, sobretudo, para reestruturar os programas escolares em função das futuras atividades e dos objetivos considerados os mais importantes.

O planejamento a médio prazo cobre etapas mais curtas, que correspondem a partes ou a blocos dos programas. Os professores organizam, então, a sequência de suas aulas em função dos conteúdos que vão apresentar aos alunos semana após semana, ou dia após dia. Esse planejamento está nas mais das vezes escrito e pode ser muito preciso: em tal aula, tal dia, tal matéria será dada, e assim por diante. Enfim, os professores acham importante, igualmente, um planejamento a curto prazo, seja do dia, seja antes de algumas lições. Esse planejamento a curto prazo é muitas vezes mental; consiste, por exemplo, em reler o programa ou o manual que será utilizado, fazer alterações de última hora, introduzir no último momento uma ideia nova, etc.

Esses três tipos de planejamento são, obviamente, estreitamente ligados e dependem um dos outro até certo ponto. Parece que o planejamento a médio prazo, por etapas, é o mais importante. Pois é aí que os professores decidem o que vão ensinar e como vão ensinar, embora possam aportar modificações menores em seguida, no planejamento diário.

Contudo, por mais minucioso que seja o planejamento, os professores precisam, necessariamente, alterá-lo ao longo do ano, das etapas e dos dias, porque as coisas raramente acontecem como previstas. No fim das contas, o planejamento não passa de um plano, um mapa geográfico do ensino; portanto, é normal que, em contato com o território real do trabalho, esse mapa seja modificado, especificado, adaptado. Em geral, os professores por profissão, modificando seu planejamento, se esforçarão por respeitar suas linhas gerais, os objetivos mais importantes, por exemplo, os que serão avaliados nos exames ou nas provas. Eles conservam, assim, o essencial, a configuração básica, mas podem mexer nos prazos, deslocando conteúdos para uma outra aula, abandonando objetivos considerados secundários, etc. Diferentes fatores entram aqui em consideração nesse trabalho de ajuste e de transformação curricular.

A experiência do trabalho curricular

Uma primeira certeza brota das pesquisas de Ouellet e Tardif e das de Malo, a saber, a existência de uma relação forte entre experiência e trabalho curricular. Segundo os professores perguntados, a maneira de aplicar os programas é diferente se temos uma experiência acumulada ou se somos novatos na carreira. Com efeito, a experiência torna o professor mais flexível e mais apto para adaptar os programas a suas necessidades. Os professores experientes conseguem organizar e ajustar seu tempo e, contudo, respeitar o programa a ser seguido.

Com relação a isso, um dos maiores problemas encontrados pelos professores noviços ou menos experientes é conciliar o horário e o programa, esforçando-se ao mesmo tempo para não omitir nada e garantir que todas as crianças alcancem seu aprendizado (NAULT, 1994). Os noviços dificilmente admitem que serão confrontados com os imprevistos que aparecem muitas vezes num dia de trabalho e que, portanto, precisam aprender a lidar com eles. O tempo de ensino disponível torna-se seu principal inimigo, pois ficam com a sensação de ter um programa detalhado que não considera acontecimentos imprevisíveis nem o tempo que os alunos levarão para aprender. Com a experiência, adquirem, assim, maior capacidade de dominar o ensino, de tê-lo como aliado, e não mais vê-lo como uma ameaça que lhes pode sobrevir de repente. A experiência se traduz na capacidade de relacionar melhor os diferentes conteúdos do curso, inclusive entre as matérias, de tal sorte que surge um todo orgânico "administrável" e menos estressante no ensino. Para os professores, relacionar melhor consiste em ser mais capazes de oferecer um ensino que apresente os conteúdos de uma matéria formando um todo. Mas tais relações não acontecem apenas dentro de uma matéria, mas também entre as diferentes matérias ensinadas. Essa capacidade de estabelecer vínculos parece benéfica para o professor, que verá sua tarefa mais leve. Além disso, essa capacidade parece ser proveitosa do ponto de vista emocional, pois alguns professores conseguiram ficar menos estressados e tomaram mais consciência, ao longo dos anos, de que não era necessário estressar-se.

A experiência curricular baseia-se não apenas na duração, mas também na diversidade de situações vividas ao longo de sua carreira. Por exemplo, o fato de ter ensinado várias matérias e a diferentes séries ajuda os professores a fazer relações entre as diversas partes do currículo. Essa constatação do papel da experiência na gestão pedagógica dos programas se confirma nas pesquisas sobre os professores experientes (cf. TOCHON, 1993, para uma síntese).

O conhecimento dos programas

Na medida em que o planejamento e as alterações que operam precisa respeitar os programas é preciso que os professores os conheçam bem, para poderem avaliar o que é essencial e o que não é, para cobrir o conjunto das matérias necessárias para que as exigências de avaliação sejam atendidas. Como dizíamos no capítulo anterior, os objetivos principais dos programas precisam ser absolutamente dominados pelos alunos, enquanto os objetivos intermediários deixam uma margem de manobra aos professores, já que serão retomados nos anos seguintes. Os professores podem, portanto, jogar com essa última categoria de objetivos para privilegiar os primeiros.

Entre os professores abordados por Lessard & Tardif (1996), um bom número deles conhecem suficientemente bem o programa a ponto de não precisarem reportar-se a ele. Ensinando a mesma matéria a um mesmo grau durante vários anos, os professores não lêem mais o programa. Utilizam, antes, seu próprio material pedagógico, seu modelo de preparação curricular. Por outro lado, alguns professores admitem não seguir todo o programa: eles consideram os objetivos principais, mas definem eles mesmos seu próprio caminho, muitas vezes baseando-se em seu conhecimento dos antigos programas, que se contentam em adaptar ao novo currículo.

O conhecimento da matéria

Os conhecimentos curriculares, ou seja, os conhecimentos relativos às matérias, não parecem ser problemáticos para a grande maioria dos professores interrogados na pesquisa de Lessard & Tardif (1996). Ouellet & Tardif (1994) e Malo (1997) constatam a mesma coisa. Os poucos casos problemáticos relacionam-se ao ensino de uma matéria nova ou para a qual o professor teve pouco tempo de formação. No primário, contudo, há professores que se dizem pouco interessados em algumas matérias, seja porque a dominam mal, seja porque a consideram pouco importante.

Pode-se propor várias hipóteses para explicar esse fenômeno. Antes de tudo, pode-se afirmar que a transposição didática (CHEVALLARD, 1985), fundamentada na distância que separa o saber da comunidade científica, o saber transmitido pelos professores e o saber social (sobretudo o saber dos pais de alunos e o dos alunos), ainda não é um problema. Os professores têm, realmente, a impressão de saber mais do que seus alunos e os pais deles: eles não duvidam de sua competência disciplinar (nível secundário), ou essa competência não parece uma questão importante (nível primário). Em seguida, pode-se fazer a hipótese de que as relações com os alunos e a gestão das classes ocupam de tal modo a visão pedagógica que os saberes a transmitir são deixados de lado em relação aos problemas realmente urgentes, como os de relações humanas e de realização de objetivos pedagógicos num contexto, muitas vezes, difícil. Enfim, pode-se colocar a hipótese de que a transposição curricular dos saberes escolares é mais importante do que os próprios saberes: aos olhos dos professores não é tanto o saber escolar que é problemático, mas sua "formatação" pelos programas. Os professores preferem dedicar-se mais aos programas que à sua própria competência disciplinar.

6.3.2. *O trabalho curricular em classe*

O planejamento é colocado à prova na hora de ensinar. Num mesmo dia, os professores têm que levar em conta períodos maiores ou menores de receptividade, de atenção dos alunos, bem como de assimilação da matéria. Algumas situações são mais complicadas ou imprevisíveis que outras: dia de vacinação, acontecimentos isolados que afetam os alunos, como a gravação de canções para o *show* do fim do ano, etc. Será necessário, portanto, no momento de executar uma atividade, adaptá-la às circunstâncias, produzir, se necessário, um efeito calmante, como realizar alguns exercícios ou ler em silêncio. Conforme o professor, essas mudanças de atividade e de ritmos num lapso de tempo, às vezes, bastante curto são possíveis, apenas, com muitos anos de experiência e graças à familiaridade com a escola, com seu funcionamento, com os funcionários e à experiência com soluções alternativas.

Nault (1994) evidencia também a dificuldade representada pelas fases de concatenação e de transição durante uma aula, fases em que o professor precisa modificar rapidamente o andamento do programa e adaptá-lo aos imprevistos.

Saber modificar o programa é, entre outras coisas, reunir atividades para realizar certas atividades pontuais, como projetos especiais, visitas escolares, etc. Um elemento fundamental vai se delineando com os anos: a capacidade e a vontade de adaptar a forma de ensinar à personalidade do professor. A maneira de transmitir a matéria é própria de cada um deles; ela evolui de acordo com as experiências anteriores e a personalidade deles. Enquanto alguns seguirão o programa à letra, outros irão experimentar diversas formas de transmissão, mesmo respeitando o programa, sem perder de vista o essencial das noções a transmitir e das habilidades a desenvolver.

Manter o interesse e, assim, a atenção dos alunos é uma das tarefas centrais dos professores. Ora, esse interesse é afetivo, e traduz a capacidade, o desejo dos alunos para envolver-se e continuar numa tarefa.

Saber ajustar a matéria para que os alunos compreendam é também ser capaz de abordar temas em função de seus interesses. A professora que observamos procura fazer com que os alunos participem da aula, ela aceita que o grupo manifeste sua presença de vários modos. Ela se serve de uma atividade, a recitação de poemas, para ensiná-los a fazer a crítica da performance oral. Durante nossa observação, assistimos a um período de recitação. A professora se instala no fundo da sala e um aluno de cada vez se coloca diante da classe e recita um poema de sua escolha. Aquele que termina seu poema dá a palavra a dois alunos que levantaram a mão e que fazem uma apreciação de sua performance: "um pouco rápido demais"; "estava bonito, sem hesitação"; "um pouco rápido"; "muita entonação", etc. Em seguida, a professora acrescenta ou esclarece algumas críticas.

O trabalho em classe é dinâmico e, mesmo possuindo uma estrutura estável e rotineira, também está sujeito a inúmeros imprevistos: um aluno faz perguntas, uma equipe trabalha mal, a aula é interrompida por uma causa externa, um conteúdo precisa ser revisto, um problema retomado, etc. Tais imprevistos, que fazem parte da textura das interações na classe, obrigam os professores a ajustar os programas e os objetivos. Aí, também, parece que a principal estratégia dos professores consiste em manter as exigências centrais do programa, deixando para trás o que consideram como acessório, por exemplo, os objetivos intermediários.

O tempo do ensino e o tempo das aprendizagens: dois tempos diferentes

Os programas escolares oficiais são lineares e cumulativos, enquanto que ensinar é, em boa parte, repetir, retomar, redizer, rever, voltar atrás, dar voltas para chegar ao mesmo lugar...

Em decorrência disso, é necessário que os professores façam uma "boa gestão do tempo", com relação a programas percebidos como sendo muito rígidos. No primário, os tempos previstos pelo Ministério da Educação são demarcados quase em minutos para cada matéria. Os professores precisam conhecer essa contagem e o tempo destinado às diferentes matérias ao longo do ano. Tal marcação do tempo lhes serve de referência para avaliar diariamente a situação e tomar uma decisão a cada dia em função, sobretudo, do que os alunos compreendem, sempre respeitando o programa ou, conforme a necessidade, adaptando-o. Segundo uma professora:

O trabalho curricular é muito difícil de separar das tarefas de controle disciplinar e da socialização dos alunos, principalmente no primário. Mas mesmo no secundário a exposição da matéria raramente é independente do controle do grupo. Se admitirmos, como afirma Shulman (1986), que a matéria é "interagida" pelo professor e os alunos, dificilmente podemos dizer: isto é instrução, isto é gestão da classe, isto é socialização, etc. Já dissemos várias vezes, as ações do ensino têm muitas faces: um franzimento de testa pode acompanhar uma pergunta; fazer entender um problema de matemática pode adentrar na gestão da classe, introduzindo, por exemplo, um novo modo de trabalhar em equipe; uma transição da matéria requer manter a atenção dos alunos, etc. Em outros termos, é difícil dissociar o currículo real da gestão da classe e das atividades normativas ligadas à socialização dos alunos. Os professores de profissão raramente separam as duas coisas, e a sua preparação das aulas cobre simultaneamente esses dois aspectos, que são obrigados a assumir simultânea e integralmente em classe.

A avaliação do ensino não se limita à avaliação dos alunos; embora esta seja muito importante, pois visa a medir o impacto do ensino sobre a aprendizagem, ela é apenas uma parte daquela. A avaliação do ensino corresponde aos diferentes julgamentos que o professor faz sobre seu trabalho com os alunos. Trata-se do que Schön (1983) chama de "reflexão sobre a ação". Esta reflexão depende muito, portanto, dos acontecimentos que se produzem em classe durante a ação. Ordinariamente, ela permite que o professor obtenha uma impressão geral do andamento da aula: satisfação das expectativas e dos objetivos do programa, realização dos pontos importantes do planejamento, apreciação das atitudes dos alunos, busca de causas da perturbação. Em função desses diversos fatores, o professor traçará algumas estratégias de intervenção seja junto aos alunos, seja na sua abordagem.

Esta "reflexão sobre a ação" visa, assim, essencialmente a fazer ajustamentos menores no planejamento a fim de adaptá-lo e, se for o caso, transformá-lo em função do currículo real. Esta fase acompanha, consequentemente, a do planejamento do ensino. Em termos mais amplos, esta reflexão pode levar a ajustamentos maiores do ensino. Por exemplo, no fim do ano, o professor faz um balanço de sua prática e projeta algo para o ano seguinte. No limite, ele se confunde com uma reflexão sobre a prática do ensino, sobre o que pode provocar o desejo de mudança ou de renovação. Diversos professores perguntados por Lessard & Tardif (1996) mencionaram exatamente o fato de que seus cursos de aperfeiçoamento (formação ao longo da carreira) tinham a ver com a necessidade de buscar recursos, encontrar novas ideias, refrescar sua prática de ensino.

Contudo, na maioria dos casos, a avaliação do ensino é uma atividade bem pouco formalizada: o professor faz uma reflexão pessoal orientada, essencialmente, pelas preocupações práticas relacionadas a problemas concretos que ele precisa resolver no dia a dia. Veremos na última parte da obra que essa avaliação também é social, pois ela expõe as opiniões dos outros atores da educação, junto de quem, por vezes, o professor precisa justificar ou negociar sua competência.

6.3.3. O trabalho curricular: um ciclo contínuo de adaptação e de transformação

Como compreender e caracterizar o ensino em relação a esses fatores e aos ajustamentos e transformações que eles requerem no plano das práticas curriculares dos professores?

Os objetivos do ensino são parte integrante da tarefa. Eles são modelados e modificados pelas obrigações e situações características do processo de trabalho. Não são algo destoante amarrado às tarefas como finalidades ideais, mas estão estreitamente integrados e unidos a elas, ao mesmo tempo em que, por retroação, ficam profundamente marcados pelas exigências e características da tarefa. Desse ponto de vista, o trabalho curricular aparece como um ciclo contínuo de adaptação e de transformação dos programas e dos objetivos escolares em função das tarefas diárias, dos acontecimentos semanais e anuais e da avaliação da carreira.

Por isso, é importante conservar em mente que as três fases precedentes (pré-ativa, ativa e pós-ativa) não têm nada de estanque nem de rígido. No ensino cotidiano, elas são cíclicas e funcionam de diversas maneiras. Por exemplo, um professor pode avaliar seu trabalho antes do fim de uma aula e começar logo a prever o conteúdo da próxima. Além disso, é difícil dissociar o planejamento cotidiano da avaliação, pois aquele depende dos julgamentos dos professores a respeito da jornada de trabalho com os alunos.

Apesar disso, esse ciclo parece ser marcado pelo mesmo fenômeno do que analisamos várias vezes na primeira parte da obra, a saber, uma alternância entre rotinas e improvisações. Com efeito, como vimos, a maioria dos professores desenvolve, pouco a pouco, um conhecimento concreto do programa em relação às tarefas diárias do ensino. Essa familiaridade curricular ocorre tanto com a matéria ensinada (língua pátria, matemática, história, etc.) quanto com a maneira de apresentá-la aos alunos e de adaptá-la às características das aulas. Muitos autores (TOCHON, 1993; DURAND, 1996; SHAVELSON & STERN, 1981) comparam essa familiaridade a modelos ou *scripts* cognitivos a partir dos quais os professores se constroem uma imagem mental, simplificada e eficaz, programas e objetivos a realizar.

Essa imagem vem da experiência no trabalho: é uma seleção e uma formulação de elementos importantes dos programas e da maneira de adaptá-los às situações do ensino. Nas atividades, essa imagem se traduz na definição de rotinas, de planos de ação que se repetem e são relativamente estáveis que parecem possibilitar um trabalho curricular eficaz. Por exemplo, com a experiência, os professores adquirem um conjunto de exemplos pertinentes para ilustrar e fazer os alunos entenderem diferentes aspectos da matéria ensinada. No mesmo sentido, eles aprendem a dedicar mais tempo a algumas noções e menos a outras. O planejamento das aulas e a exposição da matéria em classe também são ocasiões em que se estabelecem rotinas. Um professor pode expor uma aula de uma maneira bastante semelhante durante vários anos, com pequenas adaptações. Com o tempo, o planejamento se ajusta às necessidades da aula, enquanto os noviços tendem a "planejar demais" e prever as coisas em muitos detalhes, o que pode levá-los a perder-se em aspectos secundários (NAULT, 1994).

Mas, como vimos no capítulo 6, as rotinas mais eficazes não são suficientes para realizar a atividade dos professores. O mesmo vale para o trabalho curricular. Como já dissemos antes, os professores nunca aplicam total e perfeitamente os programas, mas os adaptam e os transformam de acordo com as situações concretas do trabalho cotidiano. A necessidade desse trabalho de transformação vem dos fatores descritos anteriormente e que podemos resumir do seguinte modo:

- Ela depende, primeiramente, da natureza desses programas e dos objetivos escolares, que definem os fins a atingir, mas deixam aos professores o cuidado de definir o caminho concreto a percorrer para realizá-los.
- Ela resulta, em seguida, das mudanças internas que caracterizam o ensino: os alunos mudam a cada ano, o ano escolar possui uma dinâmica própria na qual o grupo de alunos evolui, o estabelecimento escolar inicia novos projetos, o ambiente social da escola se transforma etc.
- Ela provém, igualmente, das situações concretas do trabalho cotidiano, que possuem certa estabilidade, embora sejam fontes constantes de imprevistos, que obrigam os professores a modificar suas ações e intenções iniciais.
- Enfim, durante sua carreira, os professores adquirem um conhecimento melhor dos programas e modificam sua concepção do trabalho curricular.

A partir disso vemos que as rotinas curriculares são, elas mesmas, modificadas em função da atividade dos professores, da realidade das situações da classe e da experiência adquirida. Pode-se, assim, falar de improvisação (TOCHON, 1993) ou de "criatividade" (PERRENOUD, 1996) para explicar a competência dos professores em adaptar o material curricular às suas numerosas mudanças. As rotinas são, assim, ajustadas ou transformadas segundo as exigências de cada situação.

Esses fenômenos de rotinização e improvisação da ação ajudam bastante a refletirmos sobre a natureza da relação dos professores com os programas. Com efeito, os programas oferecem um quadro que rotiniza a ação cotidiana, imprimindo-lhe orientações, durações, objetivos, etc. Ao mesmo tempo, porém, esse quadro necessita constantemente de uma adaptação por causa das exigências situacionais e experimentais vividas pelos professores. *Os programas são um pouco como o esboço de uma música, que precisa ser trabalhado para tornar-se sua música própria.*

Ora, das duas análises precedentes resulta que a improvisação em relação aos programas depende em boa parte da situação do trabalho dos professores e de sua experiência. *A relação dos professores com os objetivos e programas escolares é fundamentalmente uma relação de trabalho, de cujo quadro eles se apropriam e cujos instrumentos eles modificam.* Enquanto instrumento de trabalho, os programas são "trabalhados" pelos professores; eles os modelam e ajeitam conforme a necessidade dos alunos, da situação pedagógica, bem como de sua experiência, suas preferências e seus valores pessoais. Nesse sentido, a rotinização e a improvisação, as duas relações complementares dos professores com os programas não constituem, na verdade, competências pessoais ligadas à experiência, mesmo que possamos compreendê-las desse modo: trata-se, antes, de exigências inerentes à situação e aos próprios programas.

Esses poucos elementos de análise levam a uma pergunta mais ampla: quais são os impactos do trabalho curricular cotidiano sobre a tarefa docente?

6.3.4. Os impactos do trabalho curricular sobre a tarefa dos professores

Aqui abordamos novamente vários elementos apresentados na primeira parte da obra a respeito da organização escolar. Com efeito, ao tentarmos compreender de que modo o ambiente do trabalho cotidiano dos professores rege suas práticas curriculares, verificamos que a aplicação dos programas depende concretamente das anormalidades e variações mais ou menos consideráveis que surgem entre o tempo escolar e o tempo de aprendizagem, o tempo formal e o tempo real, o tempo da instituição e o do indivíduo, o tempo coletivo dos grupos e o tempo pessoal das crianças que estão aprendendo. Em suma, os programas impõem um tempo real que não existe; por isso, os professores são constantemente convocados a arranjar esse tempo em função dos indivíduos, dos tempos reais da aprendizagem, da agilidade dos grupos, dos recursos disponíveis, etc. A transformação dos programas e a necessidade de improvisar dependem também do fato de que quem aprende são os indivíduos e não a coletividade. É por isso que os professores precisam diversificar os programas e individualizá-los de acordo com os alunos com quem trabalham. Essas são características imanentes de uma situação de trabalho interativo que permitem compreender as transformações específicas que os professores são levados a implantar nos programas e instrumentos curriculares

Por isso, acreditamos que a alternância de rotinas e improvisações tem sua razão nos dilemas inerentes ao trabalho curricular. Tais dilemas não são apenas subjetivos; são antes decorrentes da própria natureza do conhecimento do currículo a ser transmitido no contexto de interações com o grupo de alunos. Desse ponto de vista, a separação tradicional entre o que se chama a "didática" e a "pedagogia" parece, no mínimo, artificial. O conhecimento curricular não existe independentemente do contexto interativo da classe; por outro lado, as práticas curriculares dos professores demonstram também suas concepções sobre a natureza do conhecimento e da aprendizagem dos alunos. Além disso, tais concepções são largamente determinadas pela cultura escolar e curricular, que privilegia, através dos programas, certas visões do conhecimento, da ciência, da aprendizagem, etc. Por exemplo, apesar de suas pretensões holísticas para o desenvolvimento integral do aluno, os programas escolares atuais são amplamente dominados por uma concepção molecular e analítica do conhecimento que se deve transmitir na escola, conhecimentos segmentados em unidades, subunidades, objetivos e subobjetivos, etc. O mesmo vale para as concepções da aprendizagem subjacentes aos programas, que são dominados por uma visão ao mesmo tempo individualista ou privada – em que cada aluno é o único responsável pela aprendizagem – e padronizada – em que todos os alunos precisam aprender a mesma coisa na mesma hora e da mesma maneira.

Parece-nos que é em função desses dilemas que o trabalho dos professores adquire sentido. No que diz respeito aos programas e objetivos escolares, o professor, ao mesmo tempo, interpreta, "decide" e organiza. Ele precisa interpretar os programas e objetivos, ou seja, operar uma série de transformações simbólicas, cognitivas, discursivas, permitindo a passagem entre um discurso codificado, formal, geral, e um "discurso-situado-na-ação", regido por exigências situacionais do trabalho curricular feito com os alunos. Ao mesmo tempo, o professor também precisa tomar várias decisões relativas à escolha dos meios, aos objetivos que serão considerados importantes, à utilização do material adequado, etc. O professor precisa, igualmente, negociar com os alunos, mas, às vezes, também com a direção escolar, com seus colegas, os pais dos alunos, etc. a sua interpretação e suas opções curriculares. Enfim, o que quer que faça, o professor se encontra envolvido com algumas decisões relacionadas à natureza do conhecimento curricular e de sua aprendizagem pelos alunos.

Esses dilemas têm um impacto importante sobre o trabalho docente, pois não se resolvem no âmbito lógico ou científico (LAMPERT, 1985; BERLAK & BERLAK, 1981; TOM, 1984; VAN MANEN, 1990). Todos os professores têm que enfrentá-los e resolvê-los de uma forma ou de outra. Embora a enorme maioria dos professores achem que seu trabalho é de boa qualidade, é inegável que seu conhecimento do currículo implica, por causa desses dilemas, em escolhas e, assim, em consequências e custos. Por exemplo, alguns professores vão ignorar certos objetivos ou visar a um nível de aprendizagem mais baixo com seus alunos. Outros vão instaurar uma organização curricular mais rotineira, evitando a qualquer custo problemas a fim de cumprir o máximo do programa. Outros ainda vão concentrar esforços principalmente sobre os "bons alunos", ou privilegiar sempre o grupo em detrimento dos indivíduos. A distância que separa o programa oficial do programa real, consequentemente, é um problema, já que obriga os professores a decidir entre possibilidades que terão repercussões sobre a aprendizagem.

Nesse sentido, o mandato dos professores se baseia, em sua própria realização, *na necessidade de ações que podem parecer anômicas em relação à ordem curricular formal*. Para realizar os objetivos dos programas é preciso lidar com o imprevisto, fazer outra coisa, algo fora do que está previsto. Os objetivos e os programas escolares têm o peso de uma roupagem burocrática mas, ao mesmo tempo, exigem que os professores tenham a autonomia de verdadeiros profissionais, capazes de desviar-se de rotinas para improvisar conforme a complexidade das situações. O mandato dos professores, portanto, é bastante ambíguo no âmbito de sua atividade: ele comporta, como dizíamos, algo de rígido e algo de flexível.

Qual o resultado disso, no âmbito do trabalho docente? Podemos considerar cinco elementos importantes:

1) *Tarefa prescrita e tarefa real do trabalho curricular*. Quando observamos as diversas adaptações e transformações que os professores inserem nos programas, verificamos uma lacuna importante entre o trabalho prescrito e o trabalho real. Com efeito, a tarefa prescrita é, sobretudo, formal: ele define que o professor deve cumprir o programa, atingir esse e aquele objetivo, dedicar o número de horas necessárias a cada matéria, etc. Ora, para realizar esse trabalho prescrito pelas autoridades escolares, os professores precisam realizar uma grande variedade de tarefas e diversas operações "que não são visíveis ao se analisar apenas os resultados do trabalho prescrito" (MESSING et al., 1995). Sobre isso, podemos dizer que o trabalho curricular comporta muitas tarefas invisíveis ou intangíveis, necessárias para realizar os objetivos escolares, mas que não transparecem no resultado. Enquanto o trabalho de um operário ou de um artesão se incorpora, dia após dia, ao objeto que eles trabalham, o resultado do trabalho docente não permite ver tão facilmente os esforços dos professores: o aluno passa ou não passa, mas essas "mensurações" apenas dizem se os objetivos gerais e abstratos foram ou não atingidos, baseando-se na performance média e padronizada de todos os alunos e ocultando o processo concreto do trabalho realizado.

2) *A autonomia curricular como consequência do trabalho.* Outro elemento a considerar consiste, como vimos, na relação entre o caráter ao mesmo tempo improvisado e determinado da tarefa. No âmbito dos objetivos escolares e dos programas, o desenvolvimento precedente revela duas coisas: os professores fazem tudo que está ao seu alcance para realizar os objetivos oficiais da escola e dos programas, mas devem, ao mesmo tempo, improvisar constantemente os meios e os processos que levam a isso. Para os professores interrogados e observados, os programas escolares são exigentes, pois determinam objetivos a atingir, objetos de aprendizagem e de avaliação sendo, portanto, necessário respeitá-los e atingi-los. Nesse sentido, os professores seguem os programas concebidos como um quadro geral de ações formais que define objetivos. Mas, ao mesmo tempo, eles improvisam constantemente, não por prazer, mas porque o processo de realização dos objetivos é impreciso e deixado à sua responsabilidade. *Considerada desse ângulo, a autonomia dos professores não é, portanto, um traço de sua personalidade, mas sim resultante da organização curricular de seu trabalho.* Dito de outra forma, a autonomia em relação ao currículo oficial não deriva tanto das características pessoais dos professores, mas sim de suas condições de trabalho curricular: se existe autonomia aí, ela é, antes de tudo, induzida pelo currículo; trata-se, portanto, de uma autonomia profissional, que todo professor precisa aprender a desenvolver.

3) *O trabalho curricular como trabalho artesanal.* Como assinalamos no capítulo 4, os instrumentos e os locais de trabalho não estão simplesmente dados numa total objetividade; ao contrário, os professores precisam tomá-los e prepará-los por si, adequando-os de acordo com as situações cotidianas, em função de suas experiências, sua vivência profissional. O mesmo vale para os programas escolares. Esses, com efeito, são uma espécie de instrumentos, contextos de trabalho, em si, independentes dos professores, mas que estes precisam tomar nas mãos, com o tempo, e adaptá-los e transformá-los em função das situações de trabalho. Como os manuais, os livros de exercício, os locais, etc., os programas também são transformados pelos trabalhadores; para eles não basta utilizá-los como instrumentos objetivos e independentes, mas os tomam e os modificam segundo a utilização que farão.

4) *O trabalho curricular como tarefa interpretativa.* Um outro ponto que parece importante está na dimensão interpretativa da qual já falamos antes. Os professores abordam e interpretam os programas em função de toda a sua situação de trabalho. Em outras palavras, sua relação com os programas não é simplesmente uma relação intelectual, *mas é, antes de tudo, uma relação que se define pela sua situação de trabalho: são a sua experiência de trabalho, o seu objeto de trabalho (os alunos, suas*

necessidades, etc.), os seus colegas de trabalho e os demais atores (pais, etc.), os recursos pedagógicos, que compõem as interpretações que eles fazem dos programas e as transformações que eles lhes impõem. Assim, pode-se dizer que os programas são *trabalhados* pelos professores, ou seja – enquanto instrumentos de trabalho –, eles são modelados, modificados, adaptados de acordo com as situações vividas. Diferentemente de um instrumento material, cujo sentido reside inteiramente na utilização e na posição que ocupa entre os instrumentos, os programas adquirem significado repentinamente: a importância da interpretação atesta que os programas são instrumentos simbólicos, discursivos, que exigem dos professores um trabalho igualmente simbólico e discursivo para lhes dar sentido. Longe de requerer uma aplicação puramente técnica, os programas exigem constantemente um verdadeiro "trabalho hermenêutico"; os professores precisam descobrir o essencial dos programas e realizá-los em condições práticas que apresentam várias obrigações e imprevistos.

5) O *trabalho curricular como tarefa epistemológica*. Enfim, o ensino do currículo põe em jogo concepções sobre a natureza desse conhecimento e de sua aprendizagem pelos alunos. Longe de corresponder a instrumentos neutros e objetivos, os programas são portadores de certas visões do conhecimento e da aprendizagem, em relação aos quais o professor precisa se situar optando e impondo aos alunos alguns modelos cognitivos do saber e da aprendizagem. Por exemplo, alguns professores irão apresentar o conteúdo dos programas de matemática como um conjunto de realidades cognitivas completamente independentes dos alunos, que esses devem aprender de modo analítico graças aos seus próprios recursos intelectuais pessoais. Outros verão nos programas de matemática a ocasião para atividades e processos de aprendizagem mais coletivos, baseados numa visão mais crítica dos "fatos matemáticos". Alguns professores verão no ensino da língua pátria uma série de regras objetivas que os alunos têm que assimilar, enquanto outros privilegiarão uma abordagem mais construtivista, colocando a tônica na aquisição de competências gerais ou transversais.

Terminemos esse capítulo com uma pergunta mais geral. Por que o mandato de trabalho dos professores é dessa natureza? Por que os objetivos do ensino têm essas características? Muitos autores têm descrito longa e amplamente os objetivos do ensino, mas poucos se empenharam em responder essa questão a fundo.

Em nossa opinião, isso se deve ao fato de *o mandato de trabalho dos professores visar, antes de tudo, a produzir algo social*, quer dizer, formar e instruir seres socializados (crianças, jovens) para que possam corresponder aos papéis sociais que são esperados deles e atender funções e *status* sociais. O trabalho docente produz algo, e esse algo é justamente "social". Essa finalidade social manifesta-se em quatro fenômenos que marcam profundamente a natureza dos objetivos do ensino:

Inicialmente, ela tem a ver com seu "objeto". Com efeito, os programas e os objetivos escolares dizem respeito antes de tudo a seres humanos. Ora, esses "objetos" são bastante complexos ou, ao menos, mais complexos do que os objetos físicos e a maioria dos outros objetos produzidos pelo trabalho humano. Essa complexidade se manifesta, principalmente, na docência, pela natureza imprecisa dos atributos que é preciso mudar no aluno: "a personalidade", "a formação intelectual", "o gosto de aprender", "a qualidade da língua", "o sentido do encantamento", etc., remetem a realidades ontologicamente ambíguas, portadoras de valores, de interesses e de afetividade.

Para definir os objetivos da escola, as comissões de especialistas, nas quais há funcionários, professores experientes, universitários, representantes da comunidade e de grupos de interesse, utilizam a linguagem e os recursos das ciências sociais e humanas. Mas as ciências sociais e humanas, e mais particularmente as que pretendem ter um impacto sobre as práticas sociais, oferecem poucos meios eficazes para os que "decidem": suas tecnologias ainda são principalmente verbais e estatísticas, e, por isso, não chegam a ser procedimentos materialmente operatórios. Também não é de admirar-se que as pesquisas servem, sobretudo, de armadura retórica em relação a essas comissões. Além disso, muitas vezes essas comissões de especialistas simplesmente utilizam a linguagem do dia a dia, apoiando-se em conhecimentos ordinários. Ora, tais conhecimentos são heterogêneos, às vezes, contraditórios, inconsistentes, e têm muito pouca capacidade de controlar e predizer comportamentos de seres humanos.

Como já demonstrado por Schön (1983; 1987), a educação pertence a práticas profissionais cujas situações de trabalho se caracterizam pela instabilidade, mobilidade e indeterminação: os objetivos não são inerentes à situação, mas derivam em boa parte das intervenções e interpretações dos atores; em parte, ao menos, eles dependem do que Schön denomina o *problem setting* e o *problem framing*. Por exemplo, numa classe, é o professor que deverá determinar se esse ou aquele objetivo foi alcançado realmente ou em que momento ele deverá passar a outro objetivo, mesmo que o precedente não tenha sido alcançado devido ao tempo ou outra razão qualquer. O mesmo acontece na escola, quando a direção tem que assumir uma tarefa coletiva com recursos financeiros reduzidos, como acontece, frequentemente, hoje.

Enfim, os objetivos gerais e os resultados do trabalho docente trazem inevitavelmente a marca das exigências sociais, culturais e ideológicas em torno das quais nunca se tem um consenso definitivo e claramente definido num determinado período. Favorecer o desenvolvimento da pessoa, sua socialização nos valores dominantes e a aprendizagem dos saberes escolares nem sempre são fins convergentes, muito pelo contrário. Na verdade, as finalidades da escola trazem potencialmente conflitos de valores e resultam de relações de força entre certas visões do mundo, da criança, do adulto, da pedagogia, do bem e do mal, do bom e do ruim, etc. Portanto, não nos surpreende que as finalidades sejam ambíguas.

Nesse ponto, é justamente tal ambiguidade que repercute sobre todo o mandato do trabalho docente. Enquanto trabalhadores de uma interação socializada, os professores precisam formar jovens seres humanos. Essa tarefa, com suas finalidades específicas, traz as marcas humanas de seu objeto humano, como veremos adiante.

Resumindo, o mandato do trabalho docente, definido que é pelos objetivos gerais da escola, os programas e as matérias escolares, bem como pelos objetivos cotidianos, pesa gravemente sobre *a atividade* docente. Fundamentalmente, temos visto que essa atividade está fortemente envolvida por um conjunto complexo e disparate de objetivos, enquadrada e planejada em programas que exigem de seus executores, ao mesmo tempo, uma grande autonomia, ou seja, uma capacidade de trabalho suscetível de modificar os programas e adaptá-los às diversas exigências das situações cotidianas. O mandato dos professores os obriga a encarar dilemas fundamentais: respeitar e realizar um programa, sem afastar-se de suas atividades cotidianas, seguir um programa padronizado e coletivo, considerando as diferenças entre os alunos etc.

Vimos, ainda, que o mandato docente afeta seu *status* em diferentes âmbitos. Primeiramente, determina sua identidade profissional, fazendo deles executantes de programas concebidos e definidos por outros. Certo, mesmo como executantes, eles gozam de boa autonomia, mas essa se limita à classe. Além disso, vimos que o mandato docente afeta também seu *status* devido à hierarquização das matérias ensinadas. Todos os professores perseguem objetivos e se esforçam para respeitar os programas, mas estes não têm o mesmo valor para os alunos, os pais e os próprios professores. Desse modo, a hierarquia da grade curricular se traduz numa hierarquização profissional da identidade dos professores, que remete a práticas pedagógicas parcialmente diferentes de acordo com a "motivação" dos alunos, as pressões dos pais e a percepção dos colegas com relação ao que deveria ser o principal da cultura escolar. Nesse sentido, o mandato de trabalho dos professores se diferencia segundo uma lógica de poder simbólico das disciplinas ensinadas, um poder "herdado" ou apropriado por aqueles que as lecionam.

Finalmente, a experiência dos professores em relação ao seu mandato parece ambígua. Eles aderem ao mandato da escola, mas mantêm, ao mesmo tempo, uma distância em relação a ele; sua experiência é a de alguém que busca objetivos importantes mas pouco precisos, e enquadrados num plano regulamentado de trabalho, que exige deles comportamentos, às vezes, considerados anômicos e transgressivos.

7
Os fundamentos interativos da docência

Quando você entra na sala de aula, entra com tudo o que você é e, assim, é esse tudo que interage com as crianças (um professor do secundário).

Nos capítulos precedentes, enfatizamos inúmeras vezes que o ensino é um trabalho interativo. Neste capítulo e no próximo, gostaríamos de verificar em que medida a interação é parte constitutiva desse trabalho.

Na primeira parte, este capítulo trata mais especificamente das interações dos professores com seu objeto de trabalho (os alunos). Procuramos discernir e reconstituir, a partir das ações concretas estudadas, a estruturação interna que parece regular as interações em sala de aula quando professores e educandos encontram-se em situação de co-presença. A segunda parte procura determinar as características do ensino face ao objeto de trabalho. Abordamos também a importante questão da pedagogia e das tecnologias do ensino, aqui concebidas como tecnologias da interação com relação ao objeto de trabalho; abordamos ainda a questão do lugar do trabalhador no processo de trabalho. Finalmente, encerramos com as percepções dos professores a respeito dos educandos.

7.1. Estruturas das interações em classe

No capítulo 1 definimos as situações escolares quotidianas como sendo situações sociais caracterizadas por interações elementares entre seres humanos. Uma vez que elas estão no próprio centro do trabalho docente, vamos nos ater mais especificamente às interações entre os professores e os alunos em sala de aula, procurando colocar em evidência suas principais características. Partindo da abordagem ecológica proposta por Doyle (1986), procuraremos esclarecer as tramas interacionais que comandam a "lógica" das ações em sala de aula.

7.1.1. *A descrição ecológica da classe, segundo Doyle*

O que acontece numa sala de aula? Obviamente aí acontecem todo tipo de eventos e cada classe possui, de certo modo, suas características únicas e originais. Mesmo assim, pode-se admitir que essas características possuem certa recursividade e certa estabilidade, que se repetem de uma classe a outra. É nesse espírito que Doyle (1986) propôs uma descrição bastante clássica dos eventos que se produzem na sala de aula, a partir das seguintes categorias:

A categoria de *multiplicidade* se refere ao fato de, numa aula, ocorrerem diversos eventos ao mesmo tempo ou num período muito curto de tempo.

A *imediatez* significa que os eventos que ocorrem durante uma aula chegam, geralmente, sem previsão nem anúncios, necessitando de adaptações e estratégias imediatas, "espontâneas": um barulho, uma mão levantada, uma pergunta, um cochicho, a resposta de um aluno, um gesto do professor, etc., tudo isso acontece no mesmo instante que tais atos se iniciam. O espaço da sala de aula e tudo o que acontece e se desencadeia nela é apresentado inteiramente ao professor no ato, no próprio momento em que a ação evolui, se realiza. Isto não significa que a ação proceda sem ritmos, mas que todos os ritmos – lentos, rápidos, respostas imediatas ou deixadas para mais tarde – se sucedem imediatamente. Quando o alcance dos objetivos da educação tem um tempo de resposta mais longo, a ação na classe tem, por sua vez, um tempo curto, porque ela reclama sem cessar uma sucessão de intervenções imediatas e rápidas. Sob o plano cognitivo, decorre disso que o tempo de reflexão do professor fica, ordinariamente, reduzido ao mínimo.

A *rapidez* caracteriza o desenvolvimento próprio dos acontecimentos durante a aula, sua sucessão, seu encadeamento, sua fluência. Eis alguns dados sobre isso. Numa classe regular, uma aula dura uns quarenta minutos; o professor intervém a cada 20 segundos, aproximadamente, segundo os cálculos feitos sobre os dados que observamos; comportamentos perturbadores dos alunos ocorrem a cada quatro minutos, em média (3,75 minutos, para ser preciso, segundo DOYLE, 1986). Esse tempo pode variar de acordo com as turmas, o ambiente socioeconômico das famílias e dos quarteirões, os modelos pedagógicos e a personalidade do professor, etc. Estudos sobre os professores especializados evidenciam sua capacidade de dar ritmo à ação em andamento, estabelecer relações rápidas, evitar os tempos mortos, as hesitações e engrenar o grupo de maneira sustentada. Por exemplo, os professores considerados eficazes colocam, em média, 24 questões aos alunos num período de 50 minutos de aulas de matemática (ROSENSHINE, 1986, citado por GAUTHIER et al., 1997). Eles reagem rapidamente aos burburinhos do grupo e às brincadeiras dos alunos perturbadores. Essa rapidez dos acontecimentos exige uma atenção constante sobre a tarefa em andamento e a realização da ação do grupo e dos indivíduos da classe. Ela exige que os professores sejam capazes de ler a trama da aula, tanto ao passar a matéria (estão entendendo? Posso passar para a próxima etapa? Mais alguma pergunta?) como na sequência dos acontecimentos interacionais. Além disso, a rapidez dos acontecimentos e de sua concatenação não é apenas questão de tempo, mas também de linguagem ou discurso. Em certas fábricas, as coisas também acontecem com rapidez e a produção não espera. Contudo, os objetos produzidos não precisam compreender o que acontece com eles. É diferente numa classe, em que o professor deve, de certo modo, expor sua aula, manter o interesse dos alunos e fazê-los aprender alguma coisa com ela. Ele precisa, portanto, manter o essencial de seu propósito, as informações que considera as mais importantes, e organizá-las e reorganizá-las na medida em que as passa em função das exigências que surgem das demais tramas em andamento.

A *imprevisibilidade* significa que os acontecimentos, ao longo de uma aula qualquer, podem surgir de forma imprevista, desviada, inesperada, surpreendente, em suma, podem iniciar-se sem planejamento na medida em que a trama das ações é desenvolvida. Como dizíamos ao analisar os programas no capítulo 6, pode-se, sim, prever e planejar bem uma aula: as ações dos atores, dos alunos e do professor iniciam rupturas, deslocações, desvios e recuos de graus variados em relação ao planejamento.

A *visibilidade* exprime o fato de uma aula ser uma atividade pública desenvolvida na presença de vinte a trinta pessoas que são simultaneamente participantes e a parte inteira. Essa dimensão pública do trabalho docente deve ser posta em relação com o caráter fechado do local de trabalho: a classe é uma célula de trabalho, ao mesmo tempo fechada para o exterior e aberta para o interior. Tal fenômeno organizacional de fechamento e abertura é típico da profissão docente: tudo que se passa na classe é aberto e oferecido aos participantes, mas o conteúdo da classe não deve avançar ao exterior, para as outras classes e a escola. A visibilidade parece significar duas coisas no âmbito do plano do trabalho docente. Primeiramente, o professor não pode ocultar nada aos alunos, e tudo o que ele faz é objeto de interpretação da parte deles. Em segundo lugar, as interações entre os membros da classe vão tomando, imediatamente, um aspecto coletivo, social, mesmo quando elas são individualizadas como, por exemplo, quando o professor se dirige a um aluno em particular ou quando dois alunos interagem entre si.

Finalmente, a *historicidade* significa que as interações entre os alunos e os professores acontecem dentro de uma trama temporal – diária, semanal, anual – dentro da qual os acontecimentos adquirem um sentido que condiciona de várias maneiras as ações seguintes. A historicidade diz respeito tanto à instauração de regras disciplinares e da gestão do grupo quanto aos conteúdos ensinados. Com efeito, uma vez anunciadas e impostas, as regras determinam o quadro da situação para os acontecimentos seguintes: o professor se irá referir a elas muitas vezes depois disso, repeti-las, etc. e são elas que os alunos irão pôr à prova a fim de testar seus limites e as interpretações concretas que é preciso dar-lhes em cada uma das várias situações em que se aplicarão. No mesmo sentido, os conteúdos ensinados definem dia após dia as possibilidades seguintes do aprendizado. Essa dimensão histórica se estende inclusive de um ano a outro. No começo do ano acadêmico, os professores retomam e sondam os conhecimentos anteriores dos alunos para ver até onde eles chegaram. Verificam também como os alunos interiorizaram as regras do funcionamento e, conforme o caso, voltam a defini-las.

7.1.2. *A interatividade e a significação como fundamentos da ecologia da classe*

Como já dissemos antes, as categorias de Doyle esclarecem bastante bem o modo como as coisas ocorrem na classe. Contudo, parece-nos que essas categorias se situam num plano descritivo. Devido a isso, elas não permitem compreender por que os acontecimentos da classe se regem precisamente por esses fenômenos de multiplicidade, simultaneidade, historicidade etc. Pelo que entendemos, embora elas sejam frequentemente utilizadas, poucos autores se deram ao trabalho de refletir sobre *os fundamentos de tais categorias*.

Ora, para bem conduzir essa reflexão, devemos ir além do âmbito da descrição e situar-nos no plano da compreensão, encarando não apenas a ecologia da classe, mas também as condições que tornam possível e pertinente a utilização das categorias precedentes. Portanto, é preciso transformar a questão metodológica usual (são válidas as categorias de Doyle?) numa questão ontológica: o que permite que os acontecimentos da classe sejam descritos com ajuda da categorização ecológica?

Para responder a essa questão inicial propomos introduzir duas novas categorias, a da interatividade e da significação. Essas duas novas categorias não se situam no mesmo plano das categorias de Doyle, pois estas são consequência das duas primeiras. Com efeito, a multiplicidade, a simultaneidade, a imediatez, a rapidez, a imprevisibilidade, a visibilidade e a historicidade caracterizam os acontecimentos em classe por causa de sua natureza interativa e significante daquilo que se produz. É exatamente por almejar interações significativas com um grupo de alunos que o professor se confronta com os demais acontecimentos categorizados por Doyle.

O desenvolvimento a seguir, dedicado às categorias da interatividade e da significação, pretende trazer uma contribuição à perspectiva ecológica aberta por Doyle, tentando fundamentá-la com as dimensões ontológicas que regem as interações em classe. Num primeiro momento, iremos explicitar essas duas categorias em relação aos acontecimentos em classe, de modo a evidenciar sua capacidade de explicar justamente "o que acontece na classe".

A interatividade

A interatividade caracteriza o principal objeto do trabalho do professor, pois o essencial de sua atividade profissional consiste em entrar numa classe e deslanchar um programa de interações com os alunos. Isto significa que a docência se desenrola concretamente dentro das interações: estas não são apenas alguma coisa que o professor faz, mas constituem, por assim dizer, o espaço – no sentido do espaço marinho ou aéreo – no qual ele penetra para trabalhar. Por isso, como já mencionamos várias vezes, ensinar é um *trabalho interativo*.

Citemos um extrato típico do nosso material para ilustrar as modulações variáveis da interatividade. Esse extrato, bastante longo, ilustra uma situação banal que acontece tantas vezes na sala de aula. É exatamente essa banalidade continuamente repetida que torna sua análise interessante, já que permite elucidar algumas formas recorrentes da atividade cotidiana dos professores.

> "Vamos sentar. Alguém já terminou os exercícios de matemática? Vamos terminar os exercícios. Ester, pare de conversar." Ela caminha entre as carteiras e olha os exercícios que os alunos fazem. Corrige e faz comentários.
>
> "Silvano, pode fechar a porta, por favor? Samuel, está demorando muito, todo mundo já terminou, menos você. Quem sabe onde fica a biblioteca? (ninguém responde). Silvano, o que há com você?" Em seguida, ela sai do local por alguns instantes deixando os alunos fazendo seus exercícios. Volta, fecha a porta, senta-se à mesa e continua as correções. Levanta-se novamente, folheia o caderno de matemática e começa a escrever no quadro. Olha o grupo.
>
> "Jonathan, o que você está esperando?" Jonathan responde que já terminou. Ela lhe pede que venha mostrar seu caderno e o examina.
>
> "Você vai me refazer tudo isso aqui." Ela volta a escrever no quadro, vigia o grupo e continua a escrever no quadro.
>
> "Você terminou, Hugo? Não? Se inquieta. Jonathan, ponha o livro sobre o caderno. Ester!" Continua a corrigir e dá um visto.
>
> "Você terminou, Bernardo? Jonathan!" Jonathan diz que queria apenas ver como a Ester faz.

"Faça bem esses cálculos." Ela senta-se. As crianças começam a vir à mesa para ela corrigir seus exercícios: Samuel, Hugo. O caderno de Samuel cai e Joana nem se importa. Depois, após várias intervenções individuais:

"Eu pedi que vocês viessem me mostrar o caderno quando tivessem terminado. Helena, sempre para trás para eu poder ver meu grupo. Vicente, leve este bilhete a Lisette, para ela mudar seu horário de biblioteca." Ela corrige e faz seus comentários:

A Hugo: "Explique".

A Helena: "Está bonito".

A Antonieta: "Excelente".

A Michel: "Onde está essa conta? Cadê o resultado?"

Vicente volta: "Ela não está lá." Joana pergunta:

"Pode ir ver na sala da Florence?" Ela continua as correções. Hugo diz que não está entendo.

"Quero o número que você dividiu." Continua as correções.

"Silvano, você vai me mostrar seu caderno?" Olha o caderno de Michel.

"Sim, espere, onde está sua conta? Faça de novo e volte aqui". Olha o caderno de Silvano.

"Aqui não tem nada a ver. Faça o A e volte aqui. Você está nervoso." Ela continua as correções. Chama Félix.

"Félix, venha até aqui um minuto. Não é esse exercício. Quero todo dia o exercício do dia". Ela continua suas correções. Michel volta com o caderno.

"Hugo, venha cá um segundo". Ela vai ao corredor com o aluno e volta depois de alguns instantes. Retoma suas correções e comentários.

A Samuel: "Onde está o cálculo? Não é tão difícil."

A Ester: "Está magnífico, mas não está certo."

A Aube: "Está ótimo, Aube."

A Ester: "As explicações."

A Simão: "Tá bom, da próxima vez..."

A Pedro: "O.K."

A Samuel: "Da próxima vez quero isso direitinho. Não é complicado." Depois vêm Félix, Vicente e Pedro.

A Michel: "Você entendeu como se faz?" Verificou os outros? Ela continua.

A Hugo: "Primeiro você resolve o parêntesis."

A Jean: "Você não podia ter desenvolvido isso um pouco mais? Onde está a operação? Quem não terminou ainda?" Três mãos se levantam.

"Mais cinco minutos, vamos ver isso juntos." Samuel mostra a Pedrinho que vai começar a aula de inglês.

Quando se analisa esse extrato profundamente, pode-se evidenciar diversas tramas de interações que se produzem simultaneamente, seja em convergência com a ação da professora, seja paralela ou em divergência. O quadro 13 e o quadro 14 apresentam essas tramas sob dois ângulos diferentes: o quadro 13 tenta definir a natureza dos objetivos e motivos da professora; o quadro 14 ilustra uma visão ao mesmo tempo complexa e dinâmica das interações produzidas no extrato precedente entre os diferentes atores presentes.

Quadro 13 – Os objetivos e motivos da ação

Natureza da ação	**As atividades em classe (segmentos tirados do extrato precedente)**	**Objetivo ou motivo da ação**
Ordem ao grupo	Vamos sentar.	Instaurar uma ordem coletiva para a aprendizagem
Questão para o grupo	Alguém já terminou os exercícios de matemática?	Questão fatual para obter uma informação
Ordem para o grupo	Vamos terminar os exercícios de matemática.	Chamar para o início da tarefa coletiva
Chamada à ordem	"Ester, pare de conversar."	Disciplinar uma aluna
Supervisão dos exercícios e correção	Ela caminha entre as carteiras e olha os exercícios que os alunos fazem. Corrige e faz comentários.	Trabalho de aprendizagem sob a supervisão da professora que faz correções
Pergunta	"Silvano, pode fechar a porta, por favor?"	Eliminar uma situação perturbadora (a porta aberta)
Chamada à ordem	"Samuel, você está demorando muito. Todo mundo já terminou, menos você."	Disciplinar um aluno
Questão para o grupo	"Quem sabe onde fica a biblioteca?" (ninguém responde)	Questão fatual para obter uma informação

Natureza da ação	As atividades em classe (segmentos tirados do extrato precedente)	Objetivo ou motivo da ação
Chamada à ordem	"Silvano, o que há com você?"	Disciplinar um aluno
Sai da classe	Depois ela sai por alguns instantes deixando os alunos fazendo os exercícios.	Solucionar um problema fora da classe
Correção da professora	Ela volta, fecha a porta e senta-se à mesa e continua suas correções.	A professora procura cumprir sua tarefa e corrigir os exercícios dos alunos
Escreve no quadro	Ela levanta-se de novo, folheia o caderno de matemática e começa a escrever no quadro.	Ela dá informações por escrito no quadro
Olha o grupo	Ela olha o grupo.	Passada geral de olhos para controle do grupo
Chamada à ordem	"Jonathan, o que está esperando?"	Disciplinar um aluno e conduzi-lo à sua tarefa
Resposta do aluno	Jonathan responde que terminou.	O aluno responde à determinação da professora
Exame de um exercício	Ela lhe pede que venha mostrar seu caderno. Olha o caderno.	A professora verifica o trabalho do mesmo aluno
Ordem para refazer um exercício	"Você vai me refazer tudo isso aqui."	Ela o avalia e lhe ordena refazê-lo
Escreve no quadro e supervisiona o grupo	Ela volta a escrever no quadro, olha o grupo e continua no quadro.	Atividades simultâneas de controle do grupo e de escrita no quadro para informação
Questão e chamada à ordem	"Você terminou, Hugo?" Fica inquieta.	Questionar e disciplinar um aluno para que cumpra a tarefa em andamento
Chamada à ordem	"Jonathan, ponha seu livro sobre o caderno."	Disciplinar um aluno

Chamada à ordem	“Ester!”	Disciplinar uma aluna
Correção	Ela continua a corrigir e dá um visto.	A professora dá continuidade à tarefa de correção dos exercícios dos alunos
Questão a um aluno	“Você terminou, Bernardo?”	Questão fatual para obter uma informação
Chamada à ordem	“Jonathan.”	Disciplinar um aluno
Réplica do aluno	Jonathan diz que queria apenas ver como Ester faz.	O aluno responde à injunção da professora
Instrução	“Faça os cálculos direito.”	Ela o reconduz à sua tarefa
Ação da professora	Ela senta-se.	A professora volta à sua mesa e, no mesmo instante, anuncia o começo das correções
Os alunos vêm à professora para a correção dos exercícios	Os alunos começam a vir à mesa da professora para que corrija seus exercícios.	Atividade de correção dos exercícios dos alunos
Chamada à ordem	Samuel, Hugo.	Disciplinar dois alunos
Ação de um estudante	O caderno de Samuel cai e Joana nem se importa.	A professora ignora ou finge ignorar o comportamento de um aluno
Diversas intervenções individuais	Em seguida, diversas intervenções individuais.	Ela corrige os exercícios de diversos alunos
Lembrete de uma instrução para o grupo	“Eu pedi que viessem me mostrar o caderno quando tivessem terminado.”	Interpela todo o grupo e lembra a instrução enquanto desenvolve a tarefa
Chamada à ordem	“Helena, sempre para trás para que eu possa ver meu grupo.”	Disciplinar uma aluna a fim de poder continuar o controle visual do grupo
Pedido a um aluno	“Vicente, leve este bilhete a Lisette, para ela mudar seu horário de biblioteca.”	Envia um aluno a levar uma informação a uma outra professora
Correções e comentários	Ela corrige e faz comentários.	Ela corrige e comenta os exercícios dos alunos

Natureza da ação	As atividades em classe (segmentos tirados do extrato precedente)	Objetivo ou motivo da ação
Instrução a um aluno	A Hugo: "Explique."	Dá instruções para o aluno cumprir sua tarefa
Comentário positivo a uma aluna	A Helena: "está bonito."	Ela avalia o trabalho de uma aluna: reforço
Comentário positivo a uma aluna	A Antonieta: "Excelente."	Ela avalia o trabalho de uma aluna: reforço
Pergunta a um aluno	A Michel: "Onde está essa conta? Onde está o resultado?"	Ela interroga um aluno sobre os aspectos incompletos de sua tarefa
Interação com um aluno	Vicente volta. "Ela não está lá."	O aluno que devia informar a outra professora vem lhe comunicar que não conseguiu fazê-lo
Questão/pedido da professora	Joana lhe pergunta: "Quer ir ver na sala de Florence?"	A professora o reenvia para procurar em outro lugar
Correções	Ela continua as correções.	Ela continua sua tarefa de correção
Intervenção de um aluno	Hugo lhe diz que não está entendendo.	Um aluno indica que não compreendeu a tarefa
Instrução da professora	"Quero ver o número que você dividiu."	Instrução a esse aluno para que consiga resolver a tarefa
Correção	Ela continua as correções.	Ela continua a tarefa de correção
Pergunta a um aluno	"Silvano, vai mostrar-me seu caderno?"	Interpela um aluno para que siga a instrução de correção
Intervenção junto a um aluno	Ela olha o caderno de Michel. "Sim, espere, onde está sua conta? Faça-a e volte aqui."	Ela interroga um aluno sobre os aspectos incompletos de sua tarefa e explica para que ele a conclua

Intervenção junto a um aluno	Ela olha o caderno de Silvano. “Isto não tem nada a ver. Faça o A e volte aqui. Você está nervoso.”	Avalia o trabalho de um aluno e o lembra de terminar a tarefa
Correção	Ela continua as correções.	Ela continua sua tarefa de correção
Intervenção junto a um aluno	Ela chama Félix. “Félix, venha até aqui um minuto. Não é esse exercício. Quero todo dia o exercício do dia”.	Interpela a um aluno para que siga a instrução da tarefa
Correção	Ela continua as correções.	Ela continua sua tarefa de correção
Intervenção de um aluno	Michel volta com seu caderno.	Um aluno volta para ela corrigir seu caderno
Intervenção junto a um aluno	Hugo, venha cá um segundo. Ela vai ao corredor com o aluno e volta depois de alguns instantes.	Manda um aluno realizar uma tarefa
Correção e comentários	Ela retoma suas correções e seus comentários.	Ela continua sua tarefa de correção
Chamada à ordem	A Samuel: “Onde está a conta? Não é difícil.”	Ela indica a um aluno os aspectos incompletos de sua tarefa
Avaliação do trabalho de uma aluna	A Ester: “Está magnífico, mas não está certo.”	Avalia o trabalho de uma aluna, a felicita por seu esforço mas lhe mostra que houve um erro
Avaliação do trabalho de uma aluna	A Aube: “Está bem, Aube.”	Ela avalia o trabalho de uma aluna: reforço
Avaliação do trabalho de uma aluna	A Ester: “As explicações”.	Ela aponta a uma aluna os aspectos incompletos de sua tarefa
Avaliação do trabalho de um aluno	A Simão: “Tá bom, da próxima vez...”	Avalia o trabalho de um aluno e o reforça

Natureza da ação	As atividades em classe (segmentos tirados do extrato precedente)	Objetivo ou motivo da ação
Avaliação do trabalho de um aluno	A Pedro: "O.K."	Avalia o trabalho de um aluno
Avaliação do trabalho de um aluno	A Samuel: "Da próxima vez quero isso direitinho. Não é complicado."	Ela aponta a um aluno os aspectos incompletos de sua tarefa e o que espera para a próxima tarefa
Intervenções de alunos	Depois vêm Félix, Vicente e Pedro.	Dois outros alunos se aproximam para que ela corrija seus exercícios
Pergunta a um aluno	A Michel: "Você entendeu o começo? Verificou os outros?"	Interroga a um aluno sobre sua compreensão da tarefa e sobre o que falta completar
Correção	Ela continua.	Ela continua sua tarefa de correção
Instrução a um aluno	A Hugo: "Primeiro resolva o parêntesis".	Instrui um aluno para que possa terminar a tarefa
Instrução a um aluno	A Jean: "Você não podia desenvolver isso um pouco mais? Onde está essa operação?"	Instrui um aluno sobre o modo como realizou a tarefa
Instrução ao grupo	Quem não terminou ainda? Três mãos se levantam.	Ela interroga o grupo para verificar a realização da tarefa
Instrução ao grupo	"Mais cinco minutos. Vamos ver isso juntos."	Estabelece ao grupo que a tarefa vai acabar
Intervenção de um aluno	Samuel mostra a Pedrinho que vem a aula de inglês.	Um aluno informa a professora que a aula acabou e que a professora de inglês chegou.

Quadro 14 – As tramas das interações em classe

Ação principal do grupo: fazer o exercício	Interações da professora com o grupo	Interações com alunos em particular	Ações de alunos	Réplicas e ações da professora
Instalar-se na classe	IAC com o grupo			
	IAC com o grupo			
		IAC com Ind. A		
Fazer o exercício	IAC com o grupo			
		IAC com Ind. B		
Corrigir		IAC com Ind. C		
os exercícios	IAC com o grupo			
		IAC com Ind. B		
	IAC com o grupo			
		IAC com Ind. D	Répl. de D	Répl. da professora
	IAC com o grupo			
		IAC com Ind. E	Répl. de E	Répl. da professora
		IAC com Ind. D		
		IAC com Ind. A		Ação da professora
		IAC com Ind. F		
		IAC com Ind. D	Répl. do Ind. D interagindo com Ind. A	Répl. da professora a D

Ação principal do grupo: fazer o exercício	**Interações da professora com o grupo**	**Interações com alunos em particular**	**Ações de alunos**	**Réplicas e ações da professora**
			Ação do grupo	
		IAC com Ind. C		
		IAC com Ind. E		
			Ação do Ind. C	Répl. da professora
			IACs rápidas com diversos Inds.	
	IAC com o grupo			
			IAC com Ind. G e o grupo simultaneamente	
		IAC com Ind. H		
		IAC com Ind. E		
		IAC com Ind. G		
		IAC com Ind. I		
		IAC com Ind. J		
		IAC com Ind. H		
				Ação da professora
		IAC com Ind. E		Répl. da professora
				Ação da professora
		IAC com Ind. B		
		IAC com Ind. J.		

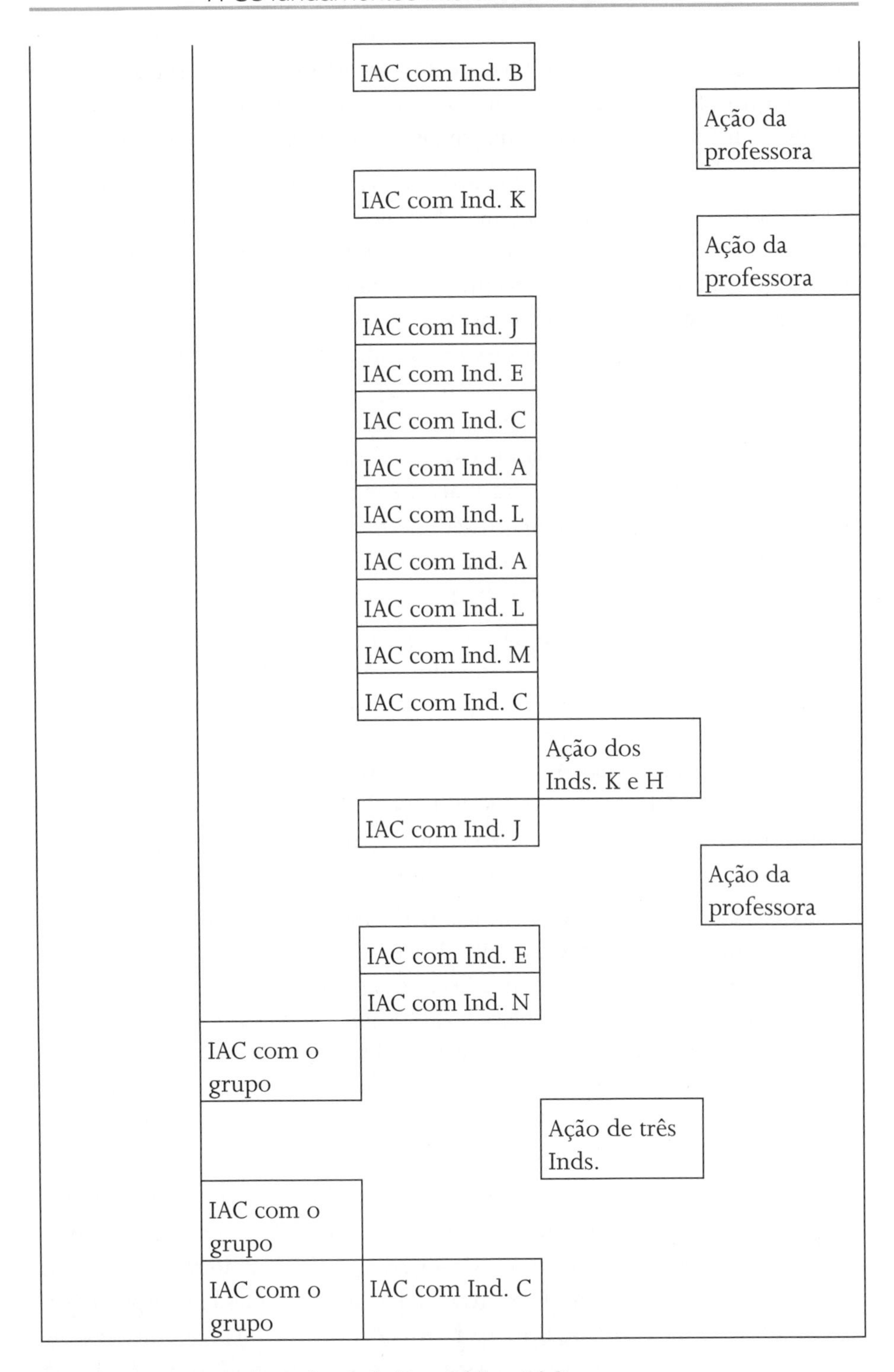

Legenda: IAC = Interação; Ind. = Indivíduo; Répl. = Réplica

Com referência ao extrato precedente e às descrições propostas no quadro 13 e no quadro 14, podemos identificar um certo número de fenômenos propriamente interativos em torno dos quais se estrutura a atividade docente:

1) Como já mencionamos diversas vezes, a professora está continuamente no centro da ação em andamento, ela dialoga continuamente com os grupos e os alunos individualmente, garante tanto o controle dos comportamentos disciplinares quanto a realização da tarefa coletiva da aprendizagem. Em suma, ela age de várias maneiras ao mesmo tempo, instaurando diversos tipos de interação com os alunos e/ou o grupo: instruções para a tarefa, chamada à ordem, avaliação de uma aprendizagem, reforço, motivação, etc. Trata-se de um exemplo típico do que a literatura chama de *supervisão ativa*, que se traduz em atividades como passar os olhos constantemente sobre o grupo, movimentar-se frequentemente para acompanhar e conduzir a atividade grupal, intervenções rápidas diante dos comportamentos desviantes dos alunos, imposição de um ritmo (a professora determina ao grupo um tempo definido para realizar a tarefa), retroações frequentes e apropriadas, etc.

2) A aula do dia é construída coletivamente pelas interações entre a professora e os alunos, grupo e/ou indivíduos. Esta ideia de construção coletiva significa que a realização da tarefa exige as constantes interferências da professora e o envolvimento dos alunos. Quer olhemos sob o ângulo da ordem na classe ou da aprendizagem realizada, as atividades são cumpridas em ambos os casos por interações. Estas apresentam-se concretamente, como se vê no quadro 15, sob a forma de uma contínua alternância de relações entre a professora e o grupo, a professora e os alunos individualmente.

3) O quadro 15 permite identificar e precisar as tramas de ação subjacentes à construção da atividade coletiva. Cinco tipos de atividades, pelo menos, estão em ação aqui: a ação principal do grupo nesse dia (fazer um exercício), as interações entre a professora e o grupo de alunos, as interações da professora com os alunos em particular, as ações ou reações suscitadas por essas interações junto aos alunos e, enfim, as reações da professora diante das reações ou ações dos alunos. *Contudo, essas atividades não têm o mesmo peso, mas formam, antes, uma estrutura de ações hierarquizadas e dinâmicas.*

No centro do processo das interações, como ilustrado no quadro seguinte (15), encontramos a principal atividade de grupo iniciada pela professora, que consiste em realizar uma tarefa de aprendizagem da matemática. Essa é a atividade que dá todo o sentido à aula e às demais atividades convergentes ou divergentes. Nessa atividade principal vêm enxertar-se dois conjuntos de interações: as interações entre a professora e o grupo a respeito da tarefa do dia e as interações entre a professora e os alunos no contexto dessa tarefa. Perifericamente, encontram-se os comportamentos perturbadores (desviantes ou divergentes em relação à tarefa principal e às tarefas afins) iniciadas pelo grupo ou por alguns alunos. Tal estrutura de ação é instável e móvel; de fato, todo o trabalho da professora está em mantê-la de acordo com essa configuração hierárquica e fazer com que os comportamentos perturbadores continuem sendo apenas periféricos.

Quadro 15 – A estrutura hierárquica das interações em classe

Comportamentos perturbadores do grupo e reações da professora
As interações entre a professora e o grupo: instruções coletivas, esclarecimentos sobre a tarefa, etc.
A ação principal do grupo iniciada pela professora: fazer um exercício de matemática
As interações entre a professora e os alunos no contexto da tarefa coletiva: correções dos exercícios, instruções sobre a tarefa, avaliação, reforço, etc.
Comportamentos perturbadores de alguns alunos e reações da professora

No material que analisamos pudemos constatar em várias ocasiões como os professores não conseguiram fazer funcionar uma tal estrutura interativa: em vários casos, os comportamentos perturbadores dos alunos ou do grupo, de algum modo, devoravam a ação principal, fazendo com que o professor tivesse, constantemente, que deslocar o centro da hierarquia das interações para atividades periféricas que, desse modo, se tornavam centrais. Nesse caso, a tarefa coletiva se desorganizava ou era cumprida apenas por parte dos alunos. Ademais, note-se que os comportamentos perturbadores de alguns alunos podem bastar para perturbar todo o grupo, exatamente porque os alunos também interagem entre si. Basta, por exemplo, que um professor seja incapaz de controlar um ou dois alunos para que o trabalho coletivo seja interrompido. Então ele deverá ou interromper completamente a aula para resolver esse problema ou expulsar os alunos perturbadores e continuar sem eles. Mas, assim fazendo, sua autoridade pode vir a achar-se enfraquecida dependendo da interpretação que o grupo fará desse acontecimento: o gesto de colocar um aluno para fora da sala pode ser interpretado como um "comportamento firme", mas também pode ser visto como um sinal de fraqueza, demonstrando incapacidade para "resolver o assunto sozinho", e recorrer à autoridade da direção.

4) Os objetivos da professora durante a ação cobrem um grande número de intenções ou motivos e se referem, ora a regras normativas, ora a regras cognitivas ligadas à maneira de realizar uma tarefa, ora a elementos afetivos

(reforço, motivação), ora a aspectos fatuais (informações sobre alguma coisa). *Em outras palavras, as interações na sala de aula se regem por diversas finalidades.* Esse fenômeno parece-nos fundamental, já que significa que o trabalho docente não se reduz a uma relação instrumental do tipo "meio-fim". Na verdade, o trabalho docente pode ser definido como uma atividade heterogênea, composta, na qual encontram-se ações relacionadas a objetivos reais (obter ou modificar um comportamento, suscitar determinada reação de um aluno, realizar uma tarefa, etc.), ações relacionadas a normas (fazer respeitar a disciplina, privilegiar alguns valores, etc.), ações tradicionais (seguir os regulamentos da escola: fila, silêncio, disposição das carteiras, etc.) e ações afetivas (motivação, reação emocional da professora, inúmeros laços afetivos com os alunos, etc.).

O objetivo do que foi dito precedentemente era apreender melhor os diversos processos interativos que constituem as situações escolares cotidianas com os alunos. Como acabamos de ver, as tramas interativas cotidianas entre professores e alunos são complexas, pois, ao mesmo tempo, estão em ação rotinas e fases de iniciativas, de interpretações, de intervenções pontuais, bem como a maioria dos componentes do ser humano: a moralidade, a afetividade, a cognição, a vontade e a capacidade de agir sobre o outro, de seduzi-lo, de dominá-lo, de obter seu respeito, etc. Tais componentes requerem utilizar uma vasta gama de recursos, principalmente os mecanismos afetivos capazes de influenciar os alunos. Além disso, é evidente, também, que a personalidade do professor torna-se uma parte integrante da interação enquanto meio para atingir objetivos.

Contudo, a interatividade do trabalho docente não se limita a ações físicas, a comportamentos materialmente observáveis. O que chama a atenção na observação dos professores em classe é a importância da dimensão "linguagem" e, mais amplamente, a dimensão comunicativa de suas interações com os alunos.

7.1.3. A significação

Toda ação social é voltada para o outro, pouco importa se ele está fisicamente presente ou não. Essa característica da ação é estritamente vinculada à linguagem, isto é, à comunicação, em sentido amplo. Conforme define Habermas (1987:33), a atividade comunicacional

> envolve a interação entre, ao menos, dois sujeitos capazes de falar e agir que iniciam uma relação interpessoal (seja por meios verbais ou não-verbais). Os agentes buscam um

> entendimento sobre uma determinada situação, para estabelecer consensualmente seus planos de ação e, consequentemente, suas ações. O conceito central de interpretação diz respeito, antes de tudo, à negociação de definições para as situações suscetíveis de um consenso. Nesse modelo de ação, a linguagem ocupa um lugar proeminente.

Do ponto de vista da ação comunicacional, ensinar não é, tanto, fazer alguma coisa, mas fazer com alguém alguma coisa significativa: o sentido que perpassa e se permuta em classe, as significações comunicadas, reconhecidas e partilhadas, são, assim, o meio de interação pedagógica. Nesse sentido, a pedagogia é, antes de mais nada, uma ação falada e significativa, em suma, uma atividade comunicada. A pedagogia escolar se dirige primeiramente ao outro – um outro coletivo – graças à atividade de um sujeito que fala, cujas ações são dotadas de sentido e que se esforça de diversas maneiras para obter sua colaboração.

Mas, onde devemos colocar a dimensão significativa das ações? A significação de uma ação é constitutiva da ação ela mesma. Ela ocorre em vários âmbitos:

- Na intenção ou motivo do ator, bem como também em seus objetivos;
- No processo de comunicação interativa entre os atores que procuram agir interpretando a atividade significativa dos outros;
- No "pano de fundo" da ação, quando os atores presentes mobilizam sistemas de comunicação já existentes para se compreenderem mutuamente: linguagem natural, gestos corporais (piscadas de olhos, sorrisos, etc.), referências culturais, normas comuns, etc.;
- Com referência ao contexto da ação, ou seja, na estrutura da concretização prática ligada ao quadro sociofísico de sua realização (PHARO, 1985).

Esses elementos já mostram que a significação de uma ação não se reduz ao sentido subjetivo que lhe dá um ator. Porque ela é interpretada e partilhada por diferentes atores, porque ela se refere a um contexto comum, porque ela mobiliza recursos simbólicos e linguísticos coletivos, a significação é social. Visto dessa forma, num contexto social de comunicação, pode-se falar da significação das interações. Consequentemente, refletir sobre as interações significativas em classe entre os alunos e o professor levanta a questão da comunicação didático-pedagógica entre eles.

No âmbito da comunicação e sob o ponto de vista da tarefa docente, as interações com os alunos parecem provir deste duplo processo:

Constata-se que a situação em classe se cria a partir de uma base de significações familiares, comuns e partilhadas. Aqui encontramos a ideia de mundo vivido, já antes mencionada. Uma das tarefas dos professores é recordar essa base aos alunos e atualizá-la, para iniciar o processo pedagógico de comunicação.

Observa-se, também, que a situação na sala de aula é construída paulatinamente pelas novas interpretações dos envolvidos em função das interações que se produzem. Desse ponto de vista, uma aula é uma espécie de projeto ou programa a ser realizado em comum. As grandes são dadas, mas é preciso ainda engajar-se na sua realização. Ora, ao realizar-se, uma aula se transforma de uma maneira ou de outra.

A respeito disso, sempre do ponto de vista da ação comunicativa, a tarefa dos professores parece operar em três planos constantemente interrelacionados uns com os outros: a interpretação, a imposição e a comunicação.

1) Como vimos com relação aos programas, os professores são *intérpretes* do que acontece em classe. Essa atividade de interpretação, contudo, não se limita aos programas. Os professores precisam, continuamente, "ler e interpretar" a classe, os movimentos dos alunos, suas reações, seus progressos, suas motivações, etc. A respeito disso, uma grande parte do que chamamos de pedagogia decorre de um trabalho que emerge da interpretação: o professor tem expectativas, pré-julgamentos, pré-conceitos (aquilo que chamamos de conhecimentos anteriores na psicologia cognitiva), a partir dos quais ele interpreta e compreende o que acontece na aula. Ensinar, portanto, é interpretar a atividade em andamento em função de imagens mentais ou de significações que permitam dar um sentido ao que ocorre. Um professor é, de certo modo, um "leitor de situações".

Os inúmeros estudos a respeito do pensamento dos professores (*teacher's thinking*) confirmam tal fato (LEINHARDT, 1990; CALDERHEAD, 1987; 1996; TOCHON, 1993). Eles abordam os processos cognitivos e semânticos através dos quais os professores se empenham em compreender a classe, analisá-la e administrar o que nela acontece. No espírito dessas pesquisas, o professor não se define mais como alguém que toma decisões racionais, mas sim como alguém que constrói sentido. Seu pensamento na ação oscila, ao mesmo tempo, entre a construção de rotinas e a improvisação ante as inúmeras contingências situacionais. Como já vimos diversas vezes, as rotinas dão uma liberdade maior à ação docente que, desse modo, pode centrar sua atenção em outros aspectos de sua prática. O contexto particular e variável da ação educativa, todavia, impõe um limite às rotinas e à força de sua previsibilidade. Diante de uma situação contingente e variável, o professor precisa improvisar. Para estar em grado de fazê-lo com eficiência, precisa ter à sua disposição planos que se adaptem bem às diferentes situações que sobrevêm no contexto da atividade educativa. Mas, para que o professor construa um tal repertório cognitivo, ele deve necessariamente envolver-se na ação de modo regular. Portanto, é com a experiência adquirida na prática que ele desenvolve a capacidade de improvisação. Os "profissionais experientes são rápidos, com foco voltado para soluções a partir de uma grande riqueza de respostas rotinizadas, de representações de conhecimentos elaborados; como especialistas, eles veem um cenário inteiro num episódio antes de agir" (TOCHON, 1993: 135).

Resumindo, se pudermos resumir, a interpretação dos acontecimentos de classe funciona a partir de uma "grade" que opera em dois planos: antes de tudo, há respostas rotineiras, isto é, planos simplificados, modelos básicos da realidade da turma (em termos hermenêuticos: pré-julgamentos, expectativas mil vezes confirmadas), que permitem ao professor gerir os eventos e organizá-los rapidamente; em seguida, há um rico repertório de ações acumuladas pela experiência, que permite que o professor improvise.

O quadro 13 e o quadro 14 dão uma boa ideia desse funcionamento alternativo de rotina e improvisação; percebe-se que a ação principal (o exercício) segue *grosso modo* um esboço previsível; trata-se, de fato, de uma atividade rotineira que os alunos e a professora realizaram muitas vezes. Ao mesmo tempo, porém, a professora, enquanto intérprete da situação, está constantemente à espreita dos menores problemas perante os quais ela precisa improvisar imediatamente uma resposta. Sua improvisação depende de sua experiência, seu conhecimento dos alunos e da história da turma.

2) Os professores, porém, fazem mais que interpretar, eles *impõem* sentido, eles dirigem a comunicação pedagógica e contribuem de modo a orientar o programa de ação em curso em função das significações que privilegiam. Desse ponto de vista, a comunicação pedagógica é sempre *desequilibrada* e envolve relações de poder: contrariamente à ideia segundo a qual o ensino seja exclusivamente um processo de tratamento da informação ou, ainda, um processo de construção de conhecimentos, acreditamos que se trate, em boa medida, de um processo de imposição de significações. O professor trabalha com o ponto de partida de que ele sabe alguma coisa que os alunos não sabem e que devem aprender, e esse alguma coisa (regras, conhecimentos, etc.), cabe a ele impor à classe. Como processo de imposição, a comunicação didático-pedagógica funciona tanto no plano das formas e códigos da comunicação quanto em seus conteúdos e normas em jogo:

O discurso dos professores sempre tem certa superioridade em relação aos discursos dos alunos: ensinar não é apenas dizer alguma coisa, é também dizê-lo de certa maneira, em função dos códigos linguísticos e culturais; esse discurso também manifesta, em suas formas de expressão, o domínio de um certo nível de linguagem.

Além disso, o discurso dos professores na ação procura impor aos alunos os modos e conteúdos "arbitrários" da cultura e dos saberes escolares. Desse ponto de vista, o ensino se assemelha a um diálogo cujo objeto seria imposto aos interlocutores. Não se trata de um entendimento de alguma coisa em geral, mas sim daquilo que é previsto para a aula e pelas regras de funcionamento do grupo. Dessa maneira, o ensino se parece com uma representação teatral, cujo texto foi escrito exatamente por alguém que não participa da cena. Dito de outra forma, o saber escolar em jogo no ensino e na aprendizagem é vastamente externo à situação; resulta de uma construção sócio-histórica (uma disciplina científica, um sistema normativo, por exemplo, a gramática) produzida por um corpo de agentes (comunidades científicas, elite, etc.) e é transformado pelos programas escolares que, por sua vez, formam um certo modelo de cultura científica para as necessidades da escolarização. Visto desse modo, a menos que imaginemos um sistema de ensino totalmente novo, é difícil entender como se poderia manter, em sua totalidade, a proposta socioconstrutivista segundo a qual o saber escolar deve ser construído em classe pelos alunos. Não podemos esquecer que o saber escolar não é passado como um objeto puramente cognitivo, mas também se constrói, sempre, como um projeto para impor uma cultura a outras pessoas. A tarefa docente consiste, assim, em tornar natural essa imposição arbitrária da cultura, fazendo com que ela atinja o interesse ou as necessidades dos alunos. No mesmo sentido, a explicação clássica do insucesso escolar costuma, muitas vezes, recorrer a causas naturais: a falta de inteligência dos alunos, preguiça, etc.

Enfim, o discurso do professorado, como vemos a partir dos inúmeros extratos citados, impõe também sistematicamente normas e avaliações: "está certo, está legal, está OK.!, está ruim, não falemos disso, não, está correto", etc. Não se trata, portanto, de um discurso objetivo, seguro, mas "deontológico", ou seja, um discurso que divide o mundo, as coisas, as pessoas, os atos, as palavras, em regiões qualitativamente diferentes, baseando-se em preferências e escolhas. Esse discurso deontológico remete aos operadores modais da lógica clássica: "o possível, o impossível, o necessário e o contingente, que se exprimem sob as formas de permissão, de proibição, do obrigatório e do facultativo" (PHARO, 1985:164).

O enunciado normativo parece-nos, assim, estar no centro dessa profissão da palavra. Fazer abstrações dela, reduzi-la à transmissão de informações, é desfigurá-la.

A imposição das significações (formas e conteúdos, códigos e normas) é ainda mais importante por ser o professor um trabalhador cujos recursos e o mandato de trabalho são, em boa medida, compostos de materiais significantes e de objetivos significativos. Um médico também impõe sentido ao seu cliente, dizendo-lhe, por exemplo, que ele sofre de determinada doença. Mas o professor trabalha, digamos, com significações, sobre significações, graças a significações. Seu material de base são discursos, saberes, conhecimentos, regras, em suma, realidades totalmente dotadas de sentido.

3) O professor interpreta e impõe significações, mas também fala e partilha. Em suma, *ele comunica alguma coisa a outros*. Nas situações observadas e nos outros dados que consultamos, a comunicação está constantemente no centro da ação pedagógica. Ela não é algo que vem somar-se à ação, mas é a própria ação como a vivem os professores e os alunos. Esse simples fato permite, sobretudo, compreendermos por que as qualidades expressivas e comunicativas da personalidade dos professores exercem um papel tão importante na docência: trata-se de qualidades que remetem à natureza comunicacional da ação pedagógica, no âmbito da qual a personalidade do professor torna-se um meio de comunicação, um instrumento de trabalho.

Segundo o modelo tradicional, a comunicação em sala de aula acontece de acordo com um esquema linear, onde um emissor transmite uma mensagem a um receptor através de um certo canal ou meio. Mas, sem entrar numa análise detalhada da comunicação pedagógica, é óbvio que as coisas não acontecem assim. Elas se parecem mais com o "modelo orquestral", desenvolvido pelos pesquisadores das ciências sociais, principalmente da psicologia, antropologia e sociologia (BATESON & WINKIN, 1984). Alguns pontos a serem considerados a respeito disso são:

- Primeiramente, a comunicação não é unívoca, pois os alunos comunicam-se com os professores. O "querer dizer" do professor, suas intenções, nem sempre são formuladas de forma clara e explícita. Os alunos têm, muitas vezes, que decifrar o que o professor quer dizer em função das tradições escolares e de seu passado, que lhes permite compreender, enquanto membros da organização, as regras implícitas que regem a comunicação pedagógica.

- Os alunos também se comunicam entre si, seja aos pares como em grupos maiores, envolvendo, no limite, toda coletividade discente. O professor tem que controlar essa comunicação periférica em relação ao que ele deseja impor ao grupo, por exemplo, interrompendo-a, utilizando-a para seu proveito, etc.

• Em seguida, no que tange à mensagem, podemos dizer que esta é, geralmente, polissemântica. Longe de se reduzir a uma transmissão de informações claras, ela abrange vários fatores ao mesmo tempo: a matéria a aprender, com certeza, mas também as maneiras de aprender, de entender, o que o professor aceita ou recusa, etc. Do mesmo modo que a interação cobre, simultaneamente, normas, tradições, fatos e afetos, a mensagem pedagógica também cobre diversos níveis de sentidos: ora os alunos têm que interpretar uma regra de funcionamento, ora precisam respeitar uma determinação, responder a uma pergunta, etc. Em suma, estamos diante de inúmeros jogos de linguagem simultâneos que se sobrepõem e se mesclam continuamente.

• A palavra, o discurso em geral, não é mais que um meio de comunicação utilizado; é preciso acrescentar-lhe também os gestos, os olhares, as mímicas, os movimentos do professor, os silêncios, etc.

• É importante, também, considerar o caráter parcialmente improvisado da comunicação pedagógica: a mensagem a transmitir depende da situação do contexto no qual ela será transmitida, dos recursos disponíveis, do tempo dedicado e ainda da colaboração ou da resistência dos alunos. Desse ponto de vista, a comunicação pedagógica ultrapassa os problemas de gestão e controle do grupo e toca a questão das tecnologias da interação.

Para resumir, o professor imerso na ação desenvolve interações significativas com os alunos conforme uma tarefa: 1) de interpretação do que acontece à medida que acontece; 2) de imposição constante de significações; 3) que envolve um processo de comunicação complexa com os alunos.

O que dissemos até aqui a respeito da interação significativa visava a fundamentar a descrição ecológica da classe, proposta inicialmente por Doyle, nas condições que a tornam possível. Nosso propósito era evidenciar as tramas de interações significativas que constituem, de algum modo, o substrato ontológico do trabalho na sala de aula, para ver em que sentido elas condicionam a estrutura dos acontecimentos conforme descrita na categorização de Doyle. Em nossa opinião, fenômenos como a historicidade, a visibilidade, a simultaneidade, etc., não podem se produzir senão num contexto em que o trabalhador e seu objeto de trabalho (no caso, um outro coletivo, um grupo de indivíduos) *se relacionam um com o outro de modo fundamentalmente interativo e significativo*. Nesse sentido, a historicidade de que Doyle fala não pode existir senão pelas significações dadas por atores a seus encontros comuns através de uma trama temporal dentro da qual eles sabem que estão. No mesmo sentido, a visibilidade se fundamenta no fenômeno mais amplo da co-presença social de atores que não existem simplesmente como coisas dispostas no espaço, mas que estão presentes e realmente atentos uns em relação aos outros. Por sua vez, as categorias de simultaneidade, rapidez, imprevisibilidade, imediatez e multiplicidade não representam tanto eventos objetivos, espacial e temporalmente situados, mas sim relações entre sujeitos humanos que se ocupam com uma tarefa coletiva e cujas ações individuais têm sentido dentro dessa ação coletiva. Socialmente falando, um acontecimento pode ser denominado "rápido", "imprevisto", etc., unicamente em relação a expectativas e interesses localizados num contexto de interação coletiva. Por exemplo, a conduta de um aluno pode ser considerada perturbadora, não por si só, mas apenas porque ela vai de encontro ao programa de ação dominante da classe, imposto pelo professor. Portanto, é apenas através das tramas interacionais que as categorias de Doyle são significativas e podem servir para descrever os acontecimentos na sala de aula.

Vamos resumir. Esta seção tinha por objetivo evidenciar e sistematizar os componentes interativos do trabalho docente em relação aos alunos. Com base nas descrições apresentadas nos capítulos precedentes, tratava-se de avançar na análise e distinguir os elementos teóricos que podem explicar a interatividade do trabalho docente. Para isso, as categorias de Doyle serviram como primeiro fio condutor para mostrar como se estruturam os acontecimentos na classe. Num segundo momento, mostramos onde essas categorias só tinham sentido se fossem fundamentadas pelas tramas de interações significativas que constituem a realidade própria do trabalho em classe.

Contudo, até o presente, apresentamos a interação do ponto de vista do professor e de seu trabalho. Queremos completar essa análise invertendo, de certa maneira, o problema, a fim de ver em que o objeto do trabalho, ou seja, o outro (indivíduo ou grupo), enquanto parceiro da interação, determina, por sua vez, os componentes interativos do ensino. Em suma, quais são os impactos do objeto humano sobre a docência e sobre o professor?

7.2. As características interativas do objeto de trabalho e seus impactos sobre a docência

Nesta segunda parte, nós tentaremos compreender melhor a natureza dos processos interativos em relação ao objeto de trabalho e passaremos a uma sistematização teórica dos fenômenos analisados na parte e nos capítulos precedentes. Para melhor entender as particularidades da docência, apresentamos no quadro 16 uma comparação entre o objeto de trabalho industrial e o objeto do trabalho docente, procurando, novamente, que seja heurística e didática. Nossa tentativa será mostrar como a natureza mesma desses objetos leva a práticas diferentes entre os trabalhadores. Em seguida, abordaremos a questão das tecnologias básicas do trabalho docente e o lugar do trabalhador no processo de trabalho.

Quadro 16 – Comparação entre o trabalho industrial e o trabalho docente no âmbito das interações com o objeto de trabalho

Natureza do objeto de trabalho	**Material**	**Humano**
	Serial	Individual e social
	Homogêneo	Heterogêneo
	Passivo	Ativo e capaz de resistir
	Determinado	Comporta uma parte de indeterminação e de autodeterminação (liberdade)
	Simples (pode ser analisado e convertido em componentes funcionais)	Complexo (não pode ser analisado e convertido em componentes funcionais)
Natureza e componentes típicos da relação do trabalhador com o objeto	Relação técnica com o objeto: Manipulação, controle, produção	Relação multidimensional com o objeto: profissional, pessoal, intersubjetiva, jurídica, emocional, normativa, etc.
	O trabalhador controla diretamente o objeto	O trabalhador precisa da colaboração do objeto
	O trabalhador controla totalmente o objeto	O trabalhador nunca pode controlar totalmente o objeto

Iremos comentar esse quadro e mostrar como os elementos que contém podem elucidar os processos de interação descritos anteriormente.

7.2.1. O objeto humano do trabalho docente

As diferenças entre o objeto material e o objeto humano são inúmeras e importantes. Elas induzem atividades muito diferentes, conforme trabalhemos com a matéria ou as pessoas.

A individualidade do objeto

Uma primeira diferença essencial entre essas duas formas de trabalho está na natureza serial do objeto de trabalho industrial e na natureza ao mesmo tempo individual e social do objeto do trabalho docente, isto é, os alunos. Ora, essa dimensão individual significa que o objeto do trabalho docente é portador de indeterminações, pois cada indivíduo é diferente e parcialmente definido por suas diferenças, às quais é preciso, de certo modo, respeitar de sequer modificá-las. Embora ensinem a coletividades, os professores não podem agir de outro modo senão levar em conta as diferenças individuais, pois são os indivíduos que aprendem e não a coletividade.

Esta componente individual, contudo, significa também que as situações de trabalho não remetem a soluções de problemas gerais, universais, globais, mas a situações problemáticas marcadas pela instabilidade, a unicidade, a particularidade dos alunos, que são obstáculos inerentes a toda generalização, a receitas, em suma, à racionalidade instrumental pura e simples. É por isso que as normas burocráticas aplicadas pelas grandes organizações escolares se revelam, muitas vezes, injustas ou inaplicáveis aos indivíduos. Os trabalhadores sabem por experiência que os padrões da organização, aplicados tais e quais, podem tornar-se odiosos para os alunos considerados individualmente: o que vale para um revela-se absurdo para outro; os alunos "lentos" não aprendem como os "rápidos".

Tais descrições permitem afirmar a consideração relativa à individualidade do objeto. Mesmo trabalhando com coletividades, os professores não podem tratar os indivíduos que compõem essas coletividades como elementos de uma série homogênea de objetos. Pelo contrário, devem levar em conta as diferenças, as reações, a natureza individual como exigências inerentes que definem a própria natureza de sua tarefa. De fato, embora uma boa parte das interações professor/aluno aconteça diante de todos e de cada um, elas se desdobram como relações entre duas pessoas. Muitas vezes, os professores, durante seu trabalho, instauram uma relação pessoal com seus alunos. Além disso, na organização e no planejamento do trabalho do grupo, eles precisam ter sempre em conta as variações individuais, sobretudo para com os alunos em dificuldades. No mesmo sentido, os inúmeros testemunhos de professores que recolhemos revelam como eles ficam preocupados, envolvidos por alguns alunos, que acabam tomando toda sua atenção.

A socialidade do objeto

Ademais, os alunos também são seres sociais, cujos atributos induzem atitudes e orientações de valores entre os professores. Por exemplo, o fato de se tratar de um menino ou de uma menina, um branco ou um negro, um rico ou um pobre, etc., provoca atitudes, reações, intervenções, tratos característicos próprios. As representações sociais construídas pelos professores a respeito de seus alunos estão na fonte de algumas atitudes, de alguns juízos de valores que orientam sua prática. Alunos de ambientes mais pobres, mais simples, são mais dificilmente aceitos pelos professores. Alguns preferem ensinar aos mais velhos, aos meninos; outros às meninas, às crianças pequenas, aos mais carentes, etc. Em suma, os atributos sociais são, igualmente, facetas do objeto de trabalho que levam o professor a fazer escolhas, exprimir preferências ou grande sensibilidade. Além disso, esses diferentes atributos levam a práticas pedagógicas diferentes, como se vê nos diversos testemunhos já citados, dos professores de profissão.

A afetividade do objeto e da relação com o objeto

Diversos serviços comportam um componente emocional de trabalho. Na docência, alguns alunos parecem simpáticos, outros não; com alguns grupos a coisa flui, com outros tudo fica bloqueado, etc. Em boa medida, o trabalho docente repousa sobre emoções, afetos, sobre a capacidade não só de pensar nos alunos, mas também de perceber e sentir suas emoções, seus temores, suas alegrias, seus próprios traumas, etc. O professor experiente sabe tocar o piano das emoções do grupo, provoca entusiasmo, sabe envolvê-los na tarefa, etc. Num outro âmbito, a implicação dos professores na solução dos problemas da sociedade (ensinar a harmonia racial, valores não-sexistas, escutar problemas pessoais, consolar, ensinar os comportamentos sociais básicos, etc.) constitui um peso difícil de carregar. Além de tudo, por ser o "produto" um ser humano, os professores se preocupam mais com a qualidade e o bem-estar global das crianças.

A heterogeneidade

Diferentemente dos objetos de série da indústria, que são homogêneos, os alunos são heterogêneos. Eles não são todos dotados das mesmas capacidades pessoais e das mesmas possibilidades sociais. Sua flexibilidade, sua capacidade de aprender, suas possibilidades de engajar-se numa tarefa, sua concentração, etc., tudo varia. Esse fenômeno da heterogeneidade da clientela é importante para compreender a docência atualmente, mais e mais confrontada com alunos heterogêneos quanto à sua proveniência social, cultural, étnica e econômica.

A atividade e a liberdade

Enquanto o objeto material é, por definição, passivo, os alunos são ativos e capazes de resistir ante as iniciativas dos professores. Por isso, uma de suas atividades, quem sabe a única, consiste em fazer com que as ações dos alunos combinem com a sua e não se lhe oponham. A ordem não "impregna" as situações, mas resulta de uma negociação/imposição das atividades dos professores ou outros responsáveis escolares ante as atividades dos alunos. Esta dimensão de atividade ou de liberdade dos alunos é tanto mais importante por serem eles obrigados a virem à escola, o que gera inevitavelmente resistências importantes entre alguns deles. Os professores precisam desenvolver entre os alunos a "servidão voluntária" de que falava La Boétie, a saber, devem inculcar-lhes a convicção de vir e estar na escola "por seu próprio bem" e por sua própria vontade: a obrigação deve transformar-se em interesse, não importa se tal interesse é obtido e mantido por meios extrínsecos (as notas) ou intrínsecos (motivação e produção de sentido).

Enfim, o objeto material pode ser analisado e reduzido aos seus componentes funcionais. Um automóvel não é mais que um ajuntamento de peças; um computador, um arranjo de peças e de circuitos regidos por uma lógica binária. Com o ser humano é diferente. Pode-se falar, aqui, de um "objeto complexo", sem dúvida, o objeto mais complexo do universo, pois é o único que possui uma natureza ao mesmo tempo física, biológica, individual, social e simbólica. Como disse Schutz (1987), retomando algumas ideias de Husserl e de Heidegger, as situações humanas têm isso de particular, elas têm sentido para quem as vive: enquanto os seres físicos e biológicos não dizem sua própria existência, não estão presentes para si mesmos, mas se contentam em existir, os seres humanos existem, por assim dizer, de duas maneiras: eles existem, mas também têm o sentimento ou o sentido de sua existência.

As relações multidimensionais com o objeto

Enquanto o trabalho industrial se caracteriza por uma relação técnica com o objeto, remetendo a comportamentos de manipulação, de controle, de produção por parte do trabalhador, o mesmo não acontece com os professores, em que as relações com o objeto são multidimensionais: profissional, pessoal, intersubjetiva, jurídica, emocional, normativa, etc. Como visto nos capítulos precedentes, nem sempre é fácil ou mesmo possível destrinchar todas essas relações na atividade cotidiana, elas se sobrepõem e às vezes se confundem: o professor exerce o papel de um instrutor, mas também de educador, representa um substituto à autoridade paterna, mas ao mesmo tempo precisa agir como profissional; tem que agir como adulto responsável e conseguir relações emocionais com as crianças, etc.

O controle do objeto

No contexto do trabalho industrial, o trabalhador controla diretamente o objeto, ao passo que o professor precisa contar com a colaboração do objeto, seja voluntária ou não. Ele nunca tem controle total dos alunos, sobretudo porque eles saem da classe e escapam, assim, ao seu poder. Essa ausência de controle direto e total explica, em parte, a opinião da maioria dos professores de profissão, de que, por um lado, seu trabalho é muito difícil de se avaliar e, por outro, eles podem ser responsáveis pelos meios que utilizam com os alunos (GAUTHIER et al., 1997), mas não pelo insucesso, pois os alunos ficam sujeitos a uma infinidade de influências que podem afetar seu rendimento escolar.

7.2.2. *As tecnologias do professor*

O que dissemos até aqui nos permite precisar as características do objeto de trabalho docente. Foram mostradas as diferenças fundamentais que o distinguem do trabalho industrial e indicou-se como essas diferenças induzem a relações diferentes, por parte dos trabalhadores, com esses mesmos objetos. Agora, vamos abordar as tecnologias do trabalho docente. Mais uma vez, propomos uma comparação com o trabalho industrial como fio condutor da discussão.

O trabalho humano, qualquer que seja, lida com um objeto e visa a um resultado. Todavia, qualquer que seja o processo de trabalho, ele supõe a presença de uma tecnologia através da qual ou por meio da qual o objeto é abordado, tratado e modificado. Não existe trabalho sem técnica; não existe objeto de trabalho sem relação técnica do trabalhador com o objeto. Esse fato levanta a questão da tecnologia do ensino e, mais amplamente, das tecnologias da interação.

A pedagogia como tecnologia da interação

Esta questão é difícil e não tem sido estudada por nenhum pesquisador. Nossa ambição, portanto, não é de esgotá-la aqui. Contudo, ela requer algumas opções conceituais que precisamos exprimir brevemente. Nos designaremos a tecnologia do ensino, simplesmente o conjunto dos meios utilizados pelos professores para chegar a seus fins nas atividades de trabalho com os alunos. Tal definição significa que a tecnologia do ensino não é mais que os meios utilizados pelo professor para atingir seus objetivos em suas interações com os alunos. Ora, essa definição corresponde, mais ou menos, ao que chamamos normalmente de "pedagogia". Parece-nos que tal definição possui várias consequências conceituais que permitem avaliar seu interesse.

Primeiramente, definida dessa forma, a pedagogia não se confunde com a "quinquilharia" (*hard* ou *software*), isto é, com técnicas materiais (vídeos, filmes, computadores, multimídia, Internet, etc.), nem com técnicas particulares com as quais, muitas vezes, é confundida ou equiparada: trabalhos de grupo, tutorado, ensino programado, etc. Tais meios são uma parte da pedagogia e não o todo. De fato, em grande parte, a pedagogia é uma tecnologia materialmente visível, sobretudo por dizer respeito ao ordenamento das relações sociais e à organização simbólica do ensino. Desse modo, portanto, é necessário confrontar o conjunto de meios utilizados pelo professor e não apenas os elementos visíveis. Por isso, a divisão, a organização e a apresentação da matéria aos alunos constituem também meios pedagógicos (SHULMAN, 1996). Nesse sentido, o controle do grupo e a motivação dos alunos são problemas-chave da tecnologia do ensino.

Em segundo lugar, todo professor, queira ou não, insere-se numa pedagogia pela qual precisa escolher ou privilegiar alguns meios em vista de um fim. Através dessa simples constatação podemos relativizar a crença de alguns professores que afirmam não fazer pedagogia, já que eles retomam por conta própria as rotinas repetidas há séculos por gerações de professores. Uma técnica antiga, tão utilizada que pareça natural ou automática, nem por isso deixa de ser uma técnica.

Em terceiro lugar, essa constatação elimina as falsas distinções entre a pedagogia e a disciplina ensinada, entre a pedagogia e a transmissão de conhecimentos, entre a pedagogia e a didática, etc. Com efeito, na medida em que o objetivo do professor é transmitir conhecimentos e facilitar a aprendizagem num contexto interativo com os alunos, a própria transmissão e a matéria transmitida se tornam objetos pedagógicos, resultando, assim, das técnicas desse trabalho.

Em quarto lugar, tal definição permite, ainda, parar de considerar a docência como uma atividade totalmente singular, inefável, que dependa estritamente da arte, do talento ou do dom. Pelo contrário, ela lança uma nova luz sobre si, integrando-a na esfera das demais formas de trabalho humano. A esse respeito, o estudo na pedagogia, no sentido como a definimos, deve inscrever-se na análise das formas do trabalho escolar e sua evolução.

Em quinto lugar, embora esta definição confira à docência o *status* de atividade instrumental, baseada na coordenação inteligente dos meios e dos fins, ela não a reduz, contudo, a uma pura tecnicidade. Não existe tecnologia em si, separada ou separável dos objetivos, do objeto, dos saberes e das condições de trabalho. O que chamamos de tecnologia não corresponde a um conjunto de atividades em particular, às ações técnicas ou às técnicas em geral. Pelo contrário, toda ação humana comporta uma dimensão técnica, à qual se mesclam outras dimensões: estética, prática, cultural, etc. Por exemplo, um objeto técnico deve ter uma significação para seus usuários; ora, tal significação não é puramente funcional, mas se enraíza em seus projetos de vida, etc. É apenas no interior das sociedades modernas que a dimensão técnica foi isolada e hipertrofiada, e se tornou o que denominamos a técnica, como um campo autônomo de atividades puramente técnicas. Na verdade, porém, mesmo a técnica mais "pura" sempre está inserida em relações sociais e é portadora de símbolos, como o mostra, aliás, o componente estético das técnicas modernas.

Em sexto lugar, a definição que propusemos da pedagogia sugere que parte do trabalho docente é suscetível de ser racionalizada pela introdução de medidas de eficiência na organização do trabalho graças ao desenvolvimento da "pesquisa científica". Em suma, como todo trabalho humano, a docência pode ser abordada sob o ângulo técnico de uma melhor coordenação dos meios e dos fins. Todavia, esse ângulo técnico é, ele mesmo, determinado por todo o ambiente de trabalho, composto pelas relações humanas bem como pelas finalidades de valores que orientam o ensino. Nesse sentido, se é inegável que uma pedagogia científica é pura ficção, isto não impede que, em algumas condições contingentes, alguns modos do trabalho docente sejam mais eficientes.

Por outro lado, como vemos no quadro 17, a racionalização instrumental do trabalho docente se choca com a própria natureza das tecnologias e dos saberes utilizados pelos professores. A tecnologia da docência parece-nos, além de tudo, inseparável de uma problemática do poder no âmago das interações humanas.

Quadro 17 – Comparação entre o trabalho industrial e o trabalho docente no âmbito das tecnologias

	Tecnologias industriais sobre objetos materiais	**Tecnologias interativas na escola com seres humanos**
Base de conhecimentos	Baseadas nas ciências naturais e aplicadas	Baseadas nas ciências humanas e nas ciências da educação, bem como no senso comum
Natureza dos conhecimentos em causa	Saberes formalizados, propositivos, avaliados, unificados	Saberes não formais, movediços, problemáticos, plurais

Domínio da atividade técnica	Lidam com causalidades, funcionamentos regulares, classes de objetos, séries	Lidam com relações sociais ou com indivíduos, e com relações que apresentam irregularidades; confrontam-se com indivíduos e particularidades
Exemplos de fenômenos sobre os quais atuam as tecnologias	Procedimentos mecânicos, sistemas de travagem, o funcionamento de uma culatra, o tratamento de um resíduo, etc.	A ordem na classe, a "motivação" dos alunos, a aprendizagem dos saberes escolares, a socialização, etc.
Natureza das tecnologias	Apresentam-se como um dispositivo material que engendra efeitos materiais	Tecnologias geralmente invisíveis, simbólicas, que engendram crenças e práticas
Controle sobre o objeto	Permitem um alto grau de determinação de seu objeto	Permitem um baixo grau de determinação de seu objeto
Exemplos de técnicas concretas	Friccionar, triar, reunir, amontoar, etc.	Afagar, ameaçar, entusiasmar, fascinar, etc.

Este quadro permite vermos diferenças profundas entre as tecnologias interativas e as tecnologias industriais. Com efeito, tendo por "objeto" seres humanos, as tecnologias de interação são marcadas por uma exigência dobrada.

Do lado epistemológico, elas possuem as características das ciências humanas e sociais que as produzem, isto é, são pouco eficazes, em termos de causalidade. Na verdade, essas ciências são não preditivas; não desenvolveram técnicas materiais eficazes; são formuladas numa linguagem natural "imprecisa"; elas são plurais e sempre movediças, etc. e, nesse sentido, quando as aplicamos tais e quais nas situações de trabalho, elas não têm efeito sobre as situações concretas. Diferentemente dos trabalhadores cuja especialidade se baseia nas ciências naturais e aplicadas, os trabalhadores cuja especialidade advém exclusivamente das ciências humanas e sociais não possuem, assim, um saber tecnológico poderoso, que ofereça um controle eficaz e instrumental sobre as tarefas do trabalho. A maior parte do tempo eles precisam ou manter um discurso muito relativo – "isso depende" – ou recorrer a outras fontes de "saberes": o senso comum, a experiência, ideologias, crenças, etc.

Ora, os professores utilizam, no dia a dia de suas atividades, conhecimentos práticos tirados das suas vivências, saberes do senso comum, competências sociais (TARDIF, 2002). Ou seja, suas técnicas não se fundamentam absolutamente nas ciências, mas sim nos saberes cotidianos, sociais, na linguagem natural. Os poucos conhecimentos científicos utilizados – por exemplo, algumas ideias inspiradas na psicologia infantil – se inserem, eles próprios, em práticas, crenças e discursos que nada têm de fundamentação científica.

Do aspecto ontológico, essas técnicas de trabalho se confrontam com as questões da contingência, da complexidade, da singularidade e da axiologia, exatamente porque seu objeto é um sujeito, um ser humano, são situações humanas. Por exemplo, o simples fato de os alunos possuírem uma linguagem pela qual eles designam e expressam sua situação cotidiana na sala de aula coloca os professores diante de problemas totalmente desconhecidos para os cientistas das ciências naturais e aplicadas, como também os técnicos e demais trabalhadores da matéria. Com efeito, como se relacionam com "seres falantes", os professores precisam desenvolver condutas que sejam significativas para os alunos e não apenas para eles, ao passo que os técnicos e os cientistas agem baseando-se no pressuposto de que seus objetos e artefatos não são dotados de sentido para si mesmos. Nessa perspectiva, o principal problema da atividade docente não é provocar mudanças causais num mundo objetivo (por exemplo, no cérebro dos alunos), mas instigar atores no plano de sua motivação, isto é, de seu desejo e, ao mesmo tempo, das significações que dão à sua própria atividade de aprendizado. Nesse sentido, é a própria estrutura lógica dos juízos causais técnicos que podemos descrever com ajuda de uma forma proposicional condicional, do tipo *se x, então y* que dificilmente é transferível ao trabalho docente e, mais amplamente, às interações humanas.

No que diz respeito às tecnologias dos professores e, até prova contrária, os conhecimentos provenientes das ciências da educação e das instituições de formação de mestres não têm poder de dar aos professores respostas simples e claras sobre o "como fazer". Em outros termos, na maior parte do tempo eles têm que agir tomando decisões e desenvolvendo estratégias de ação ao vivo, sem poder apoiar-se em nenhum "saber fazer" tecnocientífico que lhes permitisse um controle certo e seguro da situação. Além disso, eles tampouco podem apoiar-se em conhecimentos teóricos (as ciências da educação) para suprir as carências do saber técnico. Pode-se afirmar que a tarefa dos professores consiste, assim, em atingir finalidades educativas sem possuir meios com saber tecnocientífico: eles sabem, globalmente, para o que orientar-se – os fins educativos, os objetivos do programa a ser ensinado –, mas não possuem um saber técnico eficaz relacionado aos meios para atingir esses fins. Precisam, então, improvisar, explorar seus instrumentos e os recursos do local de trabalho, construindo ações e confiando em coisas diferentes que na ciência e na técnica.

É aqui que entram em cena as verdadeiras tecnologias do ensino. Elas correspondem às tecnologias da interação graças às quais um professor pode chegar a seus fins nas atividades com os alunos. Pode-se identificar três grandes tecnologias da interação: a coerção, a autoridade e a persuasão. Elas permitem ao professor impor seu programa de ações em detrimento das ações desencadeadas pelos alunos, contrárias a esse programa. Descrevamos sucintamente essas tecnologias.

A coerção

A coerção reside em condutas punitivas reais e simbólicas desenvolvidas pelos professores na interação com os alunos em sala de aula. Tais condutas são fixadas, ao mesmo tempo, pela instituição escolar, que lhes estabelece limites variáveis de acordo com as épocas e contextos, e pelos professores, que as improvisam ao vivo, como sinais pragmáticos regulatórios para a ação em curso: uma olhada ameaçadora, uma cara feia, insultos, ironia, apontar o dedo, etc. A coerção reside também nos procedimentos desenvolvidos pelas instituições escolares para controlar as clientelas: exclusão, estigmatização, isolamento, seleção, suspensão, etc.

Se existe educação sem coerção física, sem exigência material direta sobre o aluno, não existe, pelo contrário, educação sem exigência e coerção simbólica. De um modo ou de outro, a missão da escola e a tarefa dos professores consiste em manter os alunos fisicamente na escola e na classe durante longos anos para submetê-los a programas de ação que eles não escolheram, para avaliá-los a partir de critérios abstratos e, muitas vezes, difíceis, simbolicamente falando, para as pessoas às quais são aplicados. Historicamente falando, a educação sem coerção física é um fenômeno bastante recente, inclusive no meio escolar. Contudo, o desaparecimento de tal coerção visível não significa que ela tenha desaparecido das relações entre a escola e os alunos, entre os professores e os alunos. Em diversos testemunhos de professores vimos que algumas escolas eram ambientes muito tumultuados e mesmo violentos, o que exigia da parte deles uma forte disciplina e um severo controle dos grupos. Mas para além desses fenômenos, não deixa de ser verdade que se pode perceber, no discursos dos professores, várias formas de coerção simbólica, como o desprezo, a reticência ou a recusa de considerar alguns alunos como sendo capazes de aprender, a vontade de excluir alguns, considerados como nocivos, a resignação ou a falta de atenção, voluntária ou não, em relação a alunos "lentos", o racismo, etc. Além disso, a análise das interações concretas entre os professores e seus alunos, apresentada no capítulo 5, também revela que a organização da classe e o controle do grupo sempre acontecem com uma parte de coerção simbólica, sobretudo na linguagem: sarcasmo, ironia áspera, etc.

A autoridade

Desde Weber (1971), costuma-se distinguir diferentes tipos de poder: o poder da pura obrigatoriedade e o poder legítimo, este último apoiando-se em diferentes tipos de autoridade: 1) a autoridade tradicional (que repousa no costume, na convenção, etc.); 2) a autoridade carismática (que repousa nas qualidades do líder e do chefe); e 3) a autoridade racional-legal (baseada em normas impessoais, num sistema de direito, uma deontologia, incorporada à organização burocrática). Esses três tipos de autoridade também influenciam na docência. A autoridade tradicional está ligada tanto ao estatuto de adulto do professor em relação às crianças e aos jovens quanto ao seu estatuto de "mestre", conferido a ele pela escola. O carisma se refere às capacidades subjetivas do professor para suscitar a adesão dos alunos, ou seja, à sua "personalidade" profissional como meio utilizado na ação. Já a autoridade racional-legal corresponde ao regulamento da organização escolar e da classe.

A autoridade reside no respeito que o professor é capaz de impor sem coerção aos alunos. Ela está ligada a seu papel, à missão da qual a escola o investe, bem como à sua personalidade, seu carisma pessoal. Este aspecto é muito importante para compreender a transformação de atributos subjetivos em condições objetivas da profissão e em tecnologia interativa. Com efeito, os professores insistem, muitas vezes, na importância de sua "personalidade" como justificativa para sua competência e como causa do sucesso com os alunos. A personalidade dos professores é, na verdade, um substituto tecnológico numa profissão não fundamentada em saberes e técnicas formais, universais e intercambiáveis de um indivíduo a outro. Ela torna-se um elemento essencial no controle do professor sobre seu objeto de trabalho, os alunos. O professor que pode impor-se a partir do que é enquanto pessoa, que os alunos respeitam e até apreciam ou amam, este já ultrapassou a experiência mais temível e difícil do ofício, no sentido de ser aceito pelos alunos e poder ir em frente, pois já obteve a colaboração do alunado.

A persuasão

Enfim, a persuasão é a arte de convencer a outrem a fazer alguma coisa ou acreditar em alguma coisa. Ela se apóia em todos os recursos teóricos da linguagem falada (promessas, convicção, dramatização, etc.). Ela se baseia no fato de que os seres humanos (e, particularmente, as crianças e os adolescentes) são seres de paixões suscetíveis de se deixarem impressionar, adular, dobrar, convencer por uma palavra dirigida a seu temor (seu desejo, sua vontade, sua cólera, etc.).

A persuasão constitui o fio diretor da tradição educativa ocidental desde os sofistas. Sua importância se deve ao fato de o meio linguístico ser o vetor principal da interação entre professores e alunos. Ensinar é agir falando. A palavra acede, aqui, ao *status* de ato (fazer o aluno aprender alguma coisa). O que quer que seja, a coerção, a autoridade e a persuasão nos lembram esta verdade elementar e tantas vezes esquecida: a docência assemelha-se à atividade política ou social, que lida com a presença de seres humanos.

Do desenvolvimento anterior decorre que o saber-ensinar implica em habilidades não cognitivas, que evocam também os modos de ser do professor com os alunos, sua presença física, suas atitudes concretas, seus gestos, mímicas, suas maneiras de falar, em suma, de "usar da manha com os alunos" (GAUTHIER, 1993) para obter a colaboração deles. Por lidar com um ser humano e não com uma coisa inerte, o trabalho docente não se pode fundamentar exclusivamente, nem mesmo principalmente, numa ciência; ele mobilizará durante seu exercício um amplo espectro de saberes, recursos e habilidades que cobre, na verdade, várias modalidades de interação humana: afetiva, normativa, instrumental, etc.

7.2.3. *Personalidade e interação*

Gostaríamos de concluir este capítulo perguntando-nos qual o lugar do trabalhador e qual a sua situação no processo de trabalho interativo em relação a seu objeto.

Uma primeira constatação surge das análises anteriores, que o trabalho docente no cotidiano nada mais é, fundamentalmente, do que um conjunto de interações personalizadas com os alunos, a fim de obter participação deles em seu próprio processo de formação e atender às suas diferentes necessidades. Uma segunda certeza que brota também das análises desta segunda parte da obra diz respeito ao lugar primordial da experiência de vida no ofício docente. Quando se ensina não se pode deixar sua personalidade no vestiário, nem o espírito no escritório, nem sua afetividade em casa. Pelo contrário, esses fenômenos são elementos intrínsecos ao processo de trabalho.

Na docência, *a pessoa que é o trabalhador constitui o meio fundamental pelo qual se realiza o trabalho em si mesmo.* A personalidade do trabalhador se torna, ela mesma, uma tecnologia do trabalho, ou seja, um meio em vista dos fins visados: o terapeuta, o professor, o trabalhador de rua põem em atuação sua personalidade no contato com as pessoas com quem trabalham, e estas os julgam e os acolhem em função disso. Componentes como o calor, a empatia, a compreensão, a abertura de espírito, o senso de humor, etc. constituem, assim, trunfos inegáveis do professor enquanto trabalhador interativo.

Ensinar, portanto, é colocar sua própria pessoa em jogo como parte integrante nas interações com os estudantes. É isto, sobretudo, que explica que a docência, como várias outras profissões que envolvem relações humanas, comporte necessariamente uma parte de sofrimento e outra de alegria. Os êxitos e os fracassos, os sucessos e as dificuldades do ofício podem, obviamente, ser socializados e atribuídos a "causas objetivas" ou independentes do professor, mas não deixa de ser verdade que este sempre estará inteiramente envolvido no processo de trabalho. Queira ou não, o professor sempre será o único mediador entre a organização escolar e os estudantes. Assumindo esse papel, é inevitável que ele interiorize subjetivamente as exigências objetivas de sua própria posição e as viva como desafios e dilemas pessoais diante dos quais irá desenvolver algumas estratégias, como o superinvestimento em seu trabalho, com os riscos de esgotamento que isto comporta, a fuga, o desinteresse, a renúncia ou a procura de um equilíbrio entre a vida privada e o trabalho.

Pelo que sabemos, não existe verdadeiramente uma palavra ou conceito para denominar um trabalho desse tipo; o chamaremos, consequentemente, um *trabalho investido*, querendo dar a entender, com essa expressão, que um professor não pode, apenas, "fazer seu trabalho", mas que deve engajar-se e investir a si mesmo no que é como *pessoa* nesse trabalho.

Obviamente, alguns professores podem bem subtrair-se a esta exigência e viver seu próprio trabalho com indiferença, desinteresse; mesmo assim, essas atitudes, esse distanciamento do sentido da própria tarefa serão vividos, na maioria dos casos, dolorosa e contraditoriamente (ROBITAILLE & MAHEU, 1991; DAVID & PAYEUR, 1995), na medida em que os alunos (sem falar dos pares e de outros colegas) irão resistir a uma despersonalização muito acentuada de suas relações com o professor, por exemplo, atacando sua personalidade (mentiras, ironia mordaz em classe, etc.) ou mesmo abstendo-se de qualquer relação pessoal com ele.

O que nos parece ser característico do trabalho investido ou vivido, portanto, é a *integração*, ou mesmo a *absorção* da personalidade do trabalhador no processo do trabalho cotidiano, enquanto elemento central que contribui para a realização de tal trabalho. Na literatura sociológica encontram-se diversos estudos sobre as ocupações que apresentam características mais ou menos semelhantes.

Esse tipo de trabalho pode ser relacionado com o que Hochschild (1983), em outro contexto (o das aeromoças), chama de *emotional labor*, o trabalho emocional. Como ele explicita, o *emotional labor* requer um trabalho que ultrapassa as capacidades físicas e mentais, pois exige um forte investimento afetivo do trabalhador. Nesse tipo de atividade, a personalidade do trabalhador, suas emoções, sua afetividade, são parte integrante do processo de trabalho; a própria pessoa com suas qualidades, seus defeitos, sua sensibilidade, em suma, com tudo que ela é, torna-se de certo modo um instrumento de trabalho; nesse sentido, ela é um componente tecnológico das profissões interativas. Essa tecnologia emocional se traduz em posturas físicas, maneiras de ser com os alunos[1]. Aqui nos aproximamos das "faces" amplamente estudadas por Goffman (1973; 1974) e que estão na base das estratégias relacionais nas interações cotidianas.

Além disso, o *emotional labor* é atributo, sobretudo, das mulheres que, mais do que os homens, costumam colocar sua afetividade em jogo no trabalho e fazer dela um componente importante. Segundo Martin (1994), alguns autores[2] afirmam que as mulheres teriam desenvolvido, mais do que os homens, certas maneiras de saber (*way of knowing*), e certas maneiras de sentir (*way of feeling*). Martin cita que:

> A busca do saber, nas mulheres, não é apenas uma busca intelectual, e não consiste apenas em tomar distância, mas também em aproximar-se. Esses autores explicam que, em situações de dilemas morais, as mulheres manifestam mais vezes uma ética de responsabilidade, afetiva e particularista, que uma ética de imparcialidade, cega e abstrata (1994:269).

O trabalho investido ou vivido também deve ser relacionado com o *mental labor*, o trabalho mental de que fala Dreber (1982). Fundamentalmente, em nossa sociedade, o trabalho mental é apanágio das profissões ou dos gru-

---

1. Hochschild: The management of feeling to create a publicly observable facial and bodily display; emotional labor is sold for a wage and therefore has exchange value", p. 145.

2. Martin cita em referências: GILLIGAN, 1982; BELENKY et al. 1986; ELBAZ, 1993; NODDINGS, 1984.

pos semiprofissionais que atuam antes de tudo com auxílio de representações, de saberes e processos cognitivos: o espírito ou o pensamento do trabalhador torna-se, então, um fator de produção nevrálgico no processo de trabalho. Ora, parece-nos que uma das consequências de tal fenômeno é *induzir no trabalhador uma carga de trabalho vivida internamente*, isto é, mentalmente, como parte integrante de sua personalidade. Como sabemos, não se pode deixar o espírito no escritório, nem separá-lo em funções distintas: uma para a casa, outra para o trabalho, outra para o lazer! *O trabalhador carrega seu trabalho consigo: ele não apenas pensa no trabalho (o que faz a maioria dos trabalhadores), mas seu pensamento, em boa medida, é seu trabalho*. Isto é o que explica o caráter particularmente "envolvente" ou engajador desse tipo de trabalho e a dificuldade de se separar completamente dele e estabelecer-lhe um limite preciso. A docência comporta alguns aspectos do trabalho mental, como vimos principalmente na necessidade que os professores assumem de preparar seus objetos e seus locais de trabalho, e também na importância das relações significativas com os alunos.

Essas diversas características (*trabalho investido, trabalho emocional, trabalho mental*) permitem focar bem a integração ou a absorção da personalidade do professor no processo de trabalho. Esse fenômeno de integração ou absorção depende do objeto humano do trabalho dos professores, que trabalham geralmente na presença de pessoas, começando pelos alunos; e mesmo quando esses não estão presentes, os pensamentos e ações dos professores são orientados a eles. Tal fenômeno se explica, ainda, por um fenômeno que já identificamos antes, a saber, o lado artesanal do trabalho docente, pois, um pouco como os artesãos, eles precisam elaborar instrumentos e arranjar seu local de trabalho: desse ponto de vista, a subjetividade do trabalhador se reflete necessariamente no ambiente de trabalho com o qual ele forma, parcialmente, um todo. Por exemplo, visitando algumas salas de aula do primário, percebe-se uma verdadeira apropriação estética dos lugares: desenhos, arranjos coloridos, disposição escolhida de móveis e objetos etc. É uma ordem que reflete a personalidade do professor.

Parece-nos que seria preciso tratar analogamente a questão do *estilo de ensino* que cada professor, com o tempo, desenvolve. Inúmeros estudos tentaram construir tipologias pertinentes. Outros mostraram que em diferentes momentos do ano um professor organiza espontaneamente suas aulas de acordo com a mesma trama temporal (DURAND, 1996). Lespérance et al. (1995) também evidenciaram o fato de que algumas práticas disciplinares (expulsão dos alunos) não eram uniformemente realizadas na escola, mas sim praticadas mais por uma pequena minoria de professores que resolviam dessa maneira seus problemas com os grupos. Todos esses fenômenos e muitos outros do mesmo gênero refletem o quanto a personalidade dos professores impregna a prática da profissão. Não existe uma maneira objetiva ou geral de ensinar, visto que cada professor dá à sua prática as cores das suas próprias relações com outras pessoas.

Outro aspecto relativo aos trabalhadores docentes diz respeito à dimensão ética de seu trabalho. Pode-se constatar que essa dimensão é deixada de lado atualmente: fala-se muito de racionalização da organização do trabalho, de restrições orçamentárias cada vez mais importantes, de excelência e sucesso, mas nada se diz de ética no trabalho. Tudo se passa como se a dimensão ética fosse exclusividade das grandes finalidades educacionais e do sistema jurídico que enquadra os serviços educacionais, mas desaparecesse, em seguida, ante as considerações orçamentárias, administrativas e sindicais.

Contudo, os ofícios ou profissões de relações humanas levantam de modo intrínseco questões de poder e, também, problemas de valor, pois seus próprios objetos são seres humanos capazes de emitir juízos de valor e possuem, como seres humanos, direitos e privilégios. Nesse sentido, a dimensão ética nada tem de periférica nos ofícios e nas profissões de relações humanas, mas está, ao contrário, no coração desse trabalho. Como esta dimensão ética influencia, concretamente, na docência?

1) Ela influencia, antes de tudo, no trabalho com os grupos de alunos. Os professores trabalham com massas de alunos, com coletividades públicas, enquanto os médicos ou os terapeutas trabalham, geralmente, em locais fechados, protegidos, com um cliente só de cada vez. O fato de trabalhar com coletividades coloca um problema ético particular, que é o da equidade de tratamento a cada um em particular (DREEBEN, 1970).

O problema principal do trabalho docente está em interagir com alunos que são todos diferentes uns dos outros e, ao mesmo tempo, atender a objetivos próprios de uma organização de massa, baseada em padrões gerais. Trabalhando com coletividades, o professor também age sobre indivíduos. Aí está um elemento essencial desse trabalho que é, ao mesmo tempo, uma tensão central deste ofício: lidar com coletividades atingindo os indivíduos que as compõem.

Ora, em nossa opinião, é impossível resolver esse problema de modo satisfatório no plano ético. Existe um limite intransponível desse ofício na sua forma atual: os professores nunca poderão atender às necessidades particulares de todos os alunos, assumindo, juntamente, padrões gerais de uma organização de massa. De um modo ou de outro, alguma coisa ficará para trás num desses dois quadros. Cada professor adota mais ou menos conscientmente, na ação concreta, algumas soluções para esse problema de equidade. Cada um deles tem sua própria maneira de distribuir sua atenção e gerir suas relações com o grupo e com os indivíduos que o compõem. Nesse sentido, pode-se dizer que o estilo de cada professor está em parte na solução que ele encontra para esse problema da equidade. O mesmo vale para a disciplina que ele procura impor aos alunos e as avaliações que precisa realizar. De uma forma ou de outra, cada professor tem que assumir essa tensão constante que nasce entre a aplicação de padrões gerais e os casos individuais.

2) A dimensão ética entra, em seguida, no componente simbólico da docência. Quando se ensina, ensina-se sempre numa linguagem, através de discursos, de conhecimentos, de um saber-fazer que se pretende que os alunos dominem. Ora, como vimos na primeira parte desse capítulo, existe uma diferença de domínio entre os professores e os alunos. O professor sabe e tem domínio sobre coisas que os alunos não têm. Essa diferença de conhecimento coloca o seguinte problema: como o professor poderá dar acesso aos aspectos simbólicos de que ele tem domínio? Tal problema não é apenas técnico ou cognitivo, mas também é um problema ético, no sentido de que, para resolvê-lo, o professor precisa envolver-se num processo de interação e abertura ao outro – um outro coletivo – dando-lhe acesso ao que ele próprio domina. Aqui entramos no campo desconhecido das atitudes éticas dos professores ante os alunos, ante os saberes e ante a aprendizagem. Contudo, é inegável que tais atitudes, fundamentadas em representações, exercem uma influência-chave na aprendizagem. Alguns professores falam excluindo os alunos de seus discursos, ao passo que outros, ao contrário, abrem seu discurso, e dão aos alunos oportunidades para que possam progredir.

3) Como vimos no início do capítulo 2, a dimensão ética da docência também deve ser relacionada com as profissões que se dirigem a seres humanos numa relação de dependência, quer dizer, que precisam, ao menos em parte, do trabalhador para que melhorem ou mudem seu *status*, sua vida ou sua pessoa: crianças, idosos, portadores de deficiências, doentes mentais, carentes sociais, pessoas em necessidade, clientes de terapeutas, etc. Tais profissões requerem *um trabalho moral e comportam uma forte dose de ética*, pois são sempre portadoras de um certo fardo moral que repousa, ao menos em parte, sobre os ombros do trabalhador, mesmo que a organização possa amenizá-lo por uma deontologia mais ou menos precisa e válida. Pudemos constatar, nas análises do capítulo 7, que este fardo é realmente assumido e vivido por professores que, em alguns casos, confrontam-se diariamente com crianças que sofrem de diferentes problemas, por exemplo, de carências de atenção e de amor. É difícil para eles evitar completamente qualquer envolvimento para com eles, para ajudá-los e cuidar deles apesar de tudo.

4) Enfim, a dimensão ética aparece na escolha dos meios utilizados pelo professor. Nas organizações escolares não há nenhuma ação direta sobre as finalidades da educação. Também vimos que o professor tem pouco controle tecnocientífico sobre seu objeto de trabalho, ou seja, os alunos. Apesar disso, ele pode interferir nos meios, isto é, em sua pedagogia, naquilo que chamamos tecnologias da interação. Como relação com outrem, a pedagogia levanta, assim, a questão do "bom e do mal uso" dos meios utilizados (GAUTHIER et al., 1997). Essa questão torna-se ainda mais importante quando tais meios não são, como vimos, instrumentos objetivos independentes do professor, mas, ao contrário, são constitutivos de sua personalidade e de suas relações com os alunos. Visto dessa forma, o ser do trabalhador (o que o trabalhador é enquanto pessoa e profissional) é inseparável daquilo que ele faz, de seu agir. Nesse espírito, saber como o professor se comporta com os alunos, como ele utiliza sua personalidade, sua autoridade, sua persuasão e seu poder de coerção já é, em si, uma questão ética.

As considerações precedentes mostram, substancialmente, que a pedagogia do professor é estabelecida sempre em sua relação com o outro, isto é, em suas interações com os alunos. Nesse sentido, ela se diferencia, e bem profundamente, do conhecimento científico e técnico que, por sua vez, volta-se para a objetivação e a manipulação dos fatos.

Conclusão

O objetivo desta obra era compreender o trabalho dos professores tanto pelo ângulo das exigências que regem suas atividades como pelo de suas vivências cotidianas. Nossa abordagem procurou ser sociológica, na medida em que se tratava de estudar a docência enquanto uma atividade laboriosa desenvolvida numa organização de trabalho, onde os professores interagem com outros atores, em interações decorrentes de seu *status*, sua experiência e o processo de trabalho. Ao final desta obra, gostaríamos de retornar sobre três dimensões que privilegiamos no ponto de partida. Nos limitaremos a lembrar elementos importantes, sem pretender resumir o conjunto de nossas análises e interpretações.

Como indicado no início, a docência, como trabalho humano sobre seres humanos, constitui, no âmbito das sociedades modernas, uma atividade social fundamental. Mas até o presente essa atividade tem sido concebida, sobretudo, a partir de modelos teóricos tirados do estudo de outras esferas do trabalho: o industrial, o técnico, a comunicação, etc. Além disso, o fato de a docência ser um trabalho também tem sido um fenômeno negligenciado, tanto quanto a escola como organização de trabalho. Esta obra tinha uma dupla intenção inicial: queríamos, por um lado, re-situar a docência na problemática do trabalho e, por outro, subtrair de maneira crítica o estudo da docência da influência muito grande exercida pelos modelos de análise oriundos de outras esferas de trabalho. Para isto, apresentamos a docência como uma forma de trabalho sobre o humano, um trabalho interativo, no qual o trabalhador se relaciona com seu objeto sob o modo fundamental da interação humana, do face a face com o outro.

Acreditamos ter mostrado, nos vários capítulos dessa obra, em que tal abordagem revela-se fecunda. Ela permite, inicialmente, superar os pontos de vista exclusivamente normativos do ofício, centrando a análise da docência na organização e no processo de trabalho dos professores. Em seguida, ela requer que se estude a docência como outro trabalho qualquer, colocando, assim, a tônica sobre componentes ou elementos habitualmente esquecidos pela pesquisa em educação, tais como as técnicas e os instrumentos, os resultados, o processo de trabalho, as exigências e os recursos, a posição do trabalhador na organização, a coletividade de trabalho, etc. Enfim, ela leva a interrogar-se sobre as tensões, os desafios e os dilemas particulares e originais que marcam o trabalho sobre e com seres humanos. Ora, considerando a importância crescente dos trabalhos interativos em nossas sociedades, considerando igualmente a mobilidade atual e a confusão dos modelos de trabalho, parece-nos que a abordagem que aplicamos aqui à docência tem o mérito de confrontar as teorias atuais do trabalho com as novas ocupações, complexas e flutuantes, que estão nascendo sob nossos olhos.

Dito isto, nós decidimos analisar nesta obra o trabalho dos professores, privilegiando três dimensões solidárias: *a atividade, o* status *e a experiência*. Agora gostaríamos de ver em que as análises e as interpretações propostas nas partes precedentes contribuíram para torná-las mais precisas e enriquecê-las.

A atividade

Como em todo trabalho humano, a atividade docente pode ser abordada tanto sob o ângulo de sua organização quanto de seu processo ou desenvolvimento.

Situando a docência na organização do trabalho escolar, nosso propósito era evidenciar, dentro da escola, a existência de um dispositivo relativamente estável ao longo do tempo e do espaço – a célula-classe –, identificando as principais características que marcam a escola enquanto organização do trabalho docente. Percebe-se, por nossas análises, que a estrutura organizacional da escola, no plano do trabalho, não é unicamente um espaço físico, um ambiente neutro, mas representa uma fonte de tensões e de dilemas internos à atividade de ensino. Enquanto espaço sociofísico, a classe define, para os trabalhadores, uma atividade autônoma, solitária e separada da comunidade de trabalho. Ao mesmo tempo, ela os põe em confronto com uma série de tarefas incontornáveis: assegurar a ordem na sala de aula, trabalhar na forma da visibilidade diante dos grupos, o que não deixa de trazer certa vulnerabilidade, lidar com um coletivo de alunos atingindo, ao mesmo tempo, os indivíduos que o compõem, etc. Dentro da classe, portanto, é o elemento humano que predomina e a interação com os alunos é a modalidade concreta de realização do processo de trabalho. Tal processo, porém, baseia-se primordialmente numa série de controles dos alunos; desse ponto de vista, as interações acontecem num ambiente social já ordenado e regulado, em parte ao menos, pois cabe também ao professor garantir a ordem na classe. Como já dissemos, a classe é, ao mesmo tempo, uma ordem social dada através dos controles institucionais e uma ordem construída através das interações entre os professores e os alunos.

A organização celular do trabalho docente não é apenas um dispositivo espacial, mas também temporal e social, visto que ela rege o tempo de trabalho bem como as formas de colaboração no seio da coletividade de trabalho dos estabelecimentos. Em termos de duração, o essencial da tarefa docente gira em torno do trabalho em classe e dos alunos, e todas as outras atividades e elementos que compõem a tarefa são periféricos em relação a esse nó central do trabalho interativo. No mesmo sentido, as relações com os demais atores escolares, inclusive os colegas, não questionam a organização celular do trabalho: as colaborações acabam no limite da sala de aula, que assemelha-se, dessa forma, a um território inviolável de autonomia do professor.

Como demonstrado ao longo de toda a obra, esse dispositivo organizacional se reflete na maioria dos outros aspectos do trabalho. Ele modela, primeiramente, a identidade dos professores, na medida em que estes veem e vivem, no trabalho em classe, a experiência mais fundamental de sua profissão, a que dá sentido à sua vida profissional. Em seguida, ele define a relação com o trabalho, pois é na classe que ocorre, realmente, o bem-estar ou o mal-estar do trabalho cotidiano. Esses diferentes elementos mostram, consequentemente, que a organização celular do trabalho é um dispositivo que opera simultaneamente em vários planos: espacial, temporal, identitário, experiencial, social, cognitivo e simbólico. Desse ponto de vista, o que se chama o "local de trabalho" – seja a classe, o ateliê, o escritório, a garagem ou o laboratório – é bem outra coisa que um espaço objetivo no qual acontece a atividade laboriosa. No plano físico, o local de trabalho é a materialização das práticas anteriores do trabalho; ele traz, portanto, em si a história dessas práticas, dos trabalhos e dos dias dedicados ao trabalho. É por isso que sua configuração material também é social, simbólica, humana: entrar numa sala e dar uma aula é mais que simplesmente penetrar num espaço neutro, é ser absorvido pelas estruturas práticas do trabalho escolar marcando a vida, a experiência e a identidade das gerações de professores; é fazer e refazer pessoalmente essa experiência, apropriar-se dela, prová-la e suportá-la, dando-lhe sentido para si e para os alunos.

O trabalho em classe, contudo, por mais importante que seja, leva também as marcas da organização escolar: a autonomia dos professores é estreitamente canalizada pelo mandato da escola e sua maneira de organizar o trabalho. Em suas tarefas cotidianas, o professor trabalha em função dos programas e das finalidade escolares; ele persegue objetivos ambíguos e heterogêneos; assume ora o papel de agente moral, ora o de responsável pela instrução dos alunos; ocupa um lugar nas divisões e subdivisões das ordens do ensino; seu trabalho se rege pelo tempo, pelos ritmos e rotinas escolares, etc. Em suma, suas interações com os alunos são predeterminadas pelo ambiente organizacional.

Quando se analisa sua evolução recente, esse ambiente organizacional é dominado por alguns fenômenos que destacamos em várias partes da obra: o aumento da burocracia escolar e das medidas e controles burocráticos exercidos sobre os professores; a multiplicação dos grupos e subgrupos de agentes escolares que mantêm relações de controle e de colaboração com os professores; a importância da divisão do trabalho na escola, causando a segmentação do trabalho escolar e a diferenciação do trabalho docente em campos de ensino; a especialização da docência com a emergência de grupos de professores especializados.

Tais fenômenos contribuíram para deixar as organizações escolares pesadas e tornar complexas as relações entre os atores. Além disso, os diferentes grupos que atuam e trabalham nas organizações não possuem poderes equivalentes, os professores tendo pouco poder enquanto grupo de referência. Finalmente, apesar da burocratização das organizações escolares e as diversas tentativas de racionalização do trabalho dos agentes, pudemos constatar que a escola continua uma organização vastamente marcada por seu "material humano": seus objetivos, suas tecnologias, seus controles, etc., trazem a marca das interações que estão na sua base. É por isso que as escolas oscilam, no plano organizacional, entre modelos que se distribuem segundo os polos antinômicos da burocracia e da anarquia.

Fundamentalmente, a partir das várias análises que fizemos da organização do trabalho docente, nota-se que este se confronta constantemente com os dilemas e as complexas pressões do ambiente escolar. Esses dilemas e pressões se manifestam através dos múltiplos pares conceituais que exploramos ao longo das análises: "trabalho solitário e trabalho coletivo", "autonomia na classe e controle na escola", "tarefa prescrita e tarefa real", "currículo formal e currículo real", "educação e instrução dos alunos", etc. Diante desses dilemas e pressões, a posição dos professores equivale a um recuo às classes, acompanhado de uma rejeição aos controles externos e de grupos situados a uma grande distância social do trabalho. Essa rejeição se traduz também numa valorização do presente, da relação com os alunos e dos locais do trabalho cotidiano.

O perigo dessa posição, obviamente, é transformar o trabalho na célula-classe num espaço de autonomia fictícia, ou ao menos, limitada. Com efeito, a própria estrutura celular põe aos professores um problema muito grande no âmbito da colaboração entre eles e, mais globalmente, no da ação coletiva e solidária dos professores no campo escolar e educativo. É difícil ver de que modo os professores, coletivamente, conseguirão escapar da posição de um corpo de executantes, restringindo-se a atuar nas classes. A respeito disso, a célula-classe é um dispositivo ambíguo, pois ao garantir a autonomia dos professores ela limita sua ação profissional a um território organizacional sem um verdadeiro impacto político e simbólico sobre a organização escolar como um todo: a classe é o coração da escola, mas como este coração bate "normalmente", o resto do organismo escolar funciona sem preocupar-se muito com ele. Por outro lado, nas suas atuais condições de trabalho, é difícil ver como os professores poderiam evitar essa reclusão celular, sem, com isso, pôr em questão o ensino escolar tal como tem existido há quatro séculos. Por exemplo, pode-se imaginar num futuro próximo uma escola em que os professores não consagrassem todo o seu tempo aos alunos mas tivessem um tempo para si mesmos e para projetos coletivos, pesquisas, debates e práticas inovadoras?

Embora a abordagem organizacional permita distinguir as estruturas e os dispositivos concretos do trabalho docente, ela deixa, todavia, na sombra o modo pelo qual ele se desenvolve, aquilo que chamamos seu processo interacional de realização. É importante notar que o processo de trabalho se une estreitamente à organização do trabalho, na medida em que as interações com os alunos em classe formam sua própria substância. A estratégia de análise que preconizamos consistiu em estudar o processo do trabalho docente como qualquer outro trabalho, considerando sucessivamente seus objetivos, seu objeto, seus resultados, suas tecnologias, bem como o lugar que o trabalhador ocupa nele. O fio condutor dessa análise era a ideia de trabalho interativo. Ora, com nossas análises, percebemos nitidamente que esta ideia cobre um amplo campo de relações com o outro, no caso, os alunos, enquanto indivíduos e como grupo. Como vimos, as relações dos professores com os alunos se desdobram em diversas modalidades, indo de relações afetivas a relações de poder, passando por toda sorte de atitudes humanas: alegria, tristeza, dificuldade, dilemas morais, vontade de controle, engajamento pessoal, conflito e colaboração, etc. De nossas análises distinguem-se os seguintes elementos:

- Para os alunos, o professor não tem função específica; ele precisa, necessariamente, exercer o papel de "malabarista profissional", na medida em que precisa assumir, alternadamente, uma diversidade de funções, às vezes, contraditórias.
- A personalidade do professor torna-se uma parte integrante da interação e é absorvida pelo trabalho.

- Esse fenômeno define a docência como um trabalho investido ou vivido, um trabalho emocional e intelectual; a personalidade do trabalhador torna-se uma tecnologia do processo interativo do trabalho.
- No trabalho em sala de aula, são as interações significativas, ou seja, as interações mediatizadas pela linguagem e o simbolismo em sentido amplo, que constituem o fundamento da ecologia da classe.
- O estudo das interações professor/aluno mostra que a ordem na classe, ao mesmo tempo, é dada por rotinas institucionalizadas e controles, como também é construída pelas ações que se iniciam durante o trabalho.

Todavia, a dimensão interativa da docência precisa ser relacionada também à sua dimensão instrumental, finalizada. O professor não apenas interage com os alunos, mas também busca com eles atingir fins e visa alguns resultados. Ao conduzir o estudo dos objetivos do ensino, nós analisamos sucessivamente os objetivos gerais da escola, os objetivos previstos no currículo e as matérias escolares e, finalmente, os objetivos na atividade cotidiana. A respeito desses temas, devem ser lembradas as seguintes ideias:

- Qualquer que seja o nível da análise considerada, a escola ou a classe, os programas ou as relações cotidianas com os alunos, os objetivos do ensino são caracterizados pela existência de um mandato duplo, a saber, o da instrução e o da socialização ou da educação dos alunos. Esse duplo mandato tem a ver com a natureza humana do objeto de trabalho, bem como com o fato de a docência ser um trabalho que visa a produção social.
- A própria natureza dos objetivos escolares (numerosos, variados, gerais, ambíguos, etc.) define para o professor uma tarefa de adaptação e de interpretação constante em função das exigências situacionais, o que dá ao que a pratica uma margem de autonomia real no trabalho curricular.
- Contudo, essa autonomia é relativa, uma vez que, por um lado, os professores devem também tentar realizar os objetivos do programa e, por outro, esses objetivos são pesados e bastante empenhativos.
- Desse ponto de vista, o trabalho curricular do professor emerge como um processo de negociação e de ajustamento entre os programas e a realidade cotidiana do ensino em classe.
- Esse processo desemboca, concretamente, numa série de dilemas curriculares que os professores precisam, eles mesmos, solucionar na realização concreta do trabalho, optando por algumas concepções do conhecimento escolar, decidindo sobre as necessidades dos alunos, o que é importante e o que é secundário, etc.

- Enfim, a realização e a expectativa dos objetivos escolares são problemáticas e difíceis de se avaliar, pois trata-se de objetivos sociais que dão lugar a conflitos de interpretação.

Essas diversas facetas do trabalho curricular indicam que a dimensão instrumental da docência é constantemente submetida à dimensão interativa: por estarem lidando com seres humanos, os professores logo se confrontam com os limites da racionalidade instrumental.

Finalmente, vimos que o processo de trabalho possui ainda uma dimensão coletiva que remete à presença de inúmeros outros agentes e atores escolares tanto dentro quanto fora da escola. Os professores não interagem apenas com os alunos, mas também com seus colegas, os professores especializados, os pedagogos, os diretores da escola, os profissionais, os pais, etc. Aí, também, o processo coletivo de trabalho reproduz fortemente a lógica da estrutura celular, pois a célula-classe fica amplamente subtraída aos demais atores e agentes escolares. Aqui dominam os temas dialéticos do isolamento e da colaboração, do individualismo docente em relação ao coletivo de trabalho no estabelecimento, da sociedade do corpo docente ante aquilo que parece serem ingerências externas, etc.

Além disso, o processo de trabalho coletivo levanta uma série de problemas ligados à coordenação dos atores e a negociações a respeito das tarefas e seus respectivos papéis. Como mostramos, esses problemas, quando se os analisa do ponto de vista dos professores, estão estruturados segundo uma lógica social de proximidade e de distanciamento em relação ao dia a dia do trabalho com os alunos. Mais nos distanciamos desse trabalho diário, mais as relações se tornam tensas.

O *status*

A questão do *status* e, mais globalmente, da identidade dos professores foi abordada nos diferentes capítulos da obra. Não limitamos a noção de *status* a suas dimensões jurídicas, nem aos diferentes vínculos empregatícios. Nossa abordagem visava compreender a identidade dos professores como um construto modelado por múltiplas interações com os outros atores educativos, a começar pelos alunos. Diversos elementos de síntese podem ser mencionados das análises dedicadas a essa questão da identidade e do *status*.

1) Primeiramente, o binômio "agente da organização e ator no cotidiano" parece central para compreender a identidade dos professores. Esse binômio remete à tensão permanente existente entre os papéis e as tarefas codificadas do professor e seu trabalho real, sobretudo junto aos alunos. Essa ten-

são ocorre em todos os aspectos e componentes do processo de trabalho: objetivos e programas, relações com os alunos e com os demais atores, etc. Queira-se ou não, o professor é apanhado, de certo modo, na teia de aranha das exigências codificadas de seu trabalho: ele é sindicalizado, assalariado de uma instituição pública, agente de instrução, aplicador de programas, avaliador dos alunos segundo padrões da organização, etc. Seu trabalho é planejado, programado, controlado: tal dia a tal hora, ele deve trabalhar com tal grupo de alunos, para ensinar tal matéria durante um tempo previsto. Sua posição escolar na organização é determinada pelas regras que regem a organização do trabalho escolar. Porém, apesar desse véu formal de condições que o envolve, o professor trabalha pessoalmente com outras pessoas, com crianças e jovens com quem precisa estabelecer relações humanas. Ele precisa constantemente, portanto, ultrapassar, ir além dos papéis codificados que definem sua tarefa e seu *status*, e reinventar dia após dia uma relação com os alunos. Ao mesmo tempo, ele precisa ser capaz de se justificar perante o regulamento oficial que rege seu trabalho e ante os demais atores, sobretudo os pais, a direção da escola e a opinião pública.

2) Esse binômio se reforça pelo fato de que as tarefas e os papéis codificados também apresentam exigências contraditórias. Por exemplo, o professor precisa exercer autoridade e controlar os alunos, mas também motivá-los intrinsecamente: deve respeitar o programa, mas para fazer isso precisa transformá-lo e adaptá-lo; deve atingir, de forma autônoma, objetivos gerais e imprecisos; deve tratar cada um dos alunos individualmente, trabalhando com uma coletividade, etc. A estas exigências acrescentem-se as expectativas sempre maiores da sociedade para com o ensino, pois a educação é vista cada vez mais como um remédio para os problemas da sociedade assalariada e as transformações da economia. No fundo, a soma das exigências e expectativas impostas ao professor caracteriza uma tarefa cuja realização sempre deixa a desejar. Como testemunham os propósitos de professores relatados sobre esse assunto, nunca se pode ter certeza de ser um bom professor, pela simples razão de que sempre há muito a fazer e que é impossível saber se o conjunto da tarefa foi bem realizado. A partir disso, só se pode "fazer o melhor que puder", "fazer o possível", sabendo bem que é impossível ajudar a todos os alunos, salvar cada um dos mais desprovidos, convencer todos os pais, cobrir todos os objetivos do programa, garantir a qualidade de todas as aprendizagens. Como em bom número de ofícios e profissões de interações humanas, o trabalhador precisa encontrar um equilíbrio entre o que ele pode fazer e o que precisa fazer. A perda desse equilíbrio leva ao esgotamento profissio-

nal ou ainda à indiferença e ao abandono da parte burocrática, e o ator se refugia em seus papéis codificados e recusa-se a ir além deles.

3) Mesmo assim, sob vários aspectos, a docência também é um "ofício feliz", uma profissão bonita. Por quê? Quanto a isso as coisas são claras: a felicidade no trabalho vem da alegria de trabalhar com crianças, jovens, de ajudá-los, de vê-los progredir, mudar, aprender, instruir-se, fazer descobertas... Além disso, o amor das crianças também é, para muitos professores, algo decisivo em sua escolha profissional e na perseverança nessa profissão "impossível". Trata-se, assim, de algo muito importante, que define, mesmo aos olhos do professor, sua relação com o trabalho. É por isso que tal relação se torna particularmente difícil, às vezes insuportável, quando as relações com os alunos vão mal e param de nutrir positivamente o professor.

4) Num outro plano, nossas análises apontam uma certa fragilização do *status* docente. Antigamente do corpo da Igreja, promovida recentemente à categoria de corpo do Estado, a profissão docente parece ter perdido suas ilusões sobre os fundamentos tradicionais de seu trabalho: religião, cultura escolar, programas oficiais, autoridade em todo assunto, normas oficiais, ideais sociais e sindicais, valores estabelecidos, tudo o que outrora representava um papel bem definido parece em declínio e os professores se batem em seus locais de trabalho cotidiano para dar um sentido ao que eles são e ao que fazem.

5) Esta fragilização do *status* se revela ainda pela multiplicidade de atores escolares que assumem e condividem missões e papéis tradicionalmente atribuídos ao professor regular. Historicamente, o território de trabalho do professor veio encolhendo e especializando-se; pelos lados, de cima e por baixo dele, novos atores vieram aparecendo e reivindicaram parte de sua tarefa e de seu papel dentro da organização escolar. Embora seja ainda o coração da organização, a docência viu aparecerem múltiplas estruturas de controle (estatais, burocráticas, sindicais, etc.), sem falar das inúmeras reformas que tornaram complicada a vida das organizações escolares e dificultaram o exercício do trabalho. Não sendo mais uma vocação e não sendo uma profissão, a docência é ainda um ofício ou caiu num funcionalismo regido por um formalismo vazio, onde os atores do cotidiano têm dificuldades em se reconhecer, ao mesmo tempo que renunciaram às lutas coletivas em nome dos ideais agora moribundos? Claro, a preocupação de ajudar os jovens e trabalhar com eles continua sempre presente; mas isso basta para dar sentido a uma ocupação que, claramente, busca encontrar-se? Muitos dos propósitos citados ao longo dessa obra indicam que os professores, embora critiquem o "sistema", estão, sobretudo, na defensiva e preferem trancafiar-se na classe ao invés de

travar uma luta aberta propondo soluções novas aos problemas desta escola onde eles ocupam, contudo, a posição estrategicamente mais importante.

6) Na docência, *status* e identidade parecem inseparáveis daquilo que denominamos o trabalho feminino. Insistimos nisso em diversas ocasiões e em diferentes assuntos – instrumentos e locais de trabalho, tecnologias, ausência de resultados materiais, engajamento afetivo e ética, relações com os alunos, etc. Ofício tradicionalmente feminino, ao menos para o primário, o ensino carrega, por isso, diversos atributos ocupacionais derivados da posição das mulheres nas organizações da sociedade, da cultura e do conhecimento. Em nossa opinião, a posição histórica do corpo docente como corpo de executores a serviço da Igreja ou do Estado está ligada a essa divisão sexual do trabalho. Em outro contexto, tentamos mostrar que a relação com os alunos também trazia o sinal das ocupações femininas tradicionais, marcadas pela mentalidade de serviço, o espírito de cuidado e ajuda (*caring*) e de fortes componentes emocionais. Em sentido analógico, a ausência de resultados mensuráveis, o caráter repetitivo e cíclico de algumas tarefas, a importância da personalidade e das relações humanas no trabalho também constituem elementos do trabalho feminino. Enfim, devemos acrescentar a esses fatores também o trabalho invisível, muitas vezes, típico das mulheres, sobretudo das mulheres do lar e das que assumem conjuntamente as tarefas familiares e o ofício de professora.

Decorre desses diferentes elementos que a identidade profissional dos professores corresponde, na expressão de Derouet (1988:62), a uma espécie de "montagem composta". Derouet menciona (1992:32) que a existência de um princípio único que justificava a escola (justiça, igualdade de oportunidades, etc.) foi substituído por uma multiplicidade de princípios que variam segundo vários modelos de legitimação, mas que agem simultaneamente e dos quais os professores podem se servir para tentar justificar, num trabalho de composição identitária, seus diferentes papéis: o professor como funcionário, como profissional, como pessoa humana em relação com os alunos, como técnico de pedagogia, como vendedor e motivador, etc. Ora, essa análise de Derouet embora decorra exclusivamente das origens ideológicas da cultura escolar na França, confirma o que dizíamos a respeito da identidade do professor, que é levado a agir como uma espécie de malabarista profissional, tentando atender a várias exigências e expectativas: o professor como policial, professor como pai ou mãe de família, professor como irmão ou irmã mais velha, professor como instrutor, como assistente social, como "voluntário", etc. Trata-se, como vimos, de diversos papéis exercidos cotidianamente.

Esta análise também se aproxima das ideias de Dubet (1994) e de Touraine (1997), que citamos na apresentação, com relação à multiplicidade de lógicas sociais e à impossibilidade, para os atores, de totalizá-las a partir de princípios simples ou únicos. Confrontados a muitas lógicas contraditórias, os próprios professores se dividem entre si mesmos privilegiando, então, o presente, a experiência, a vivência, a subjetividade para dar sentido a seu trabalho cotidiano: esse acento sobre o ator é o que resta quando se pára de se definir por sua pertença a uma função regulada institucionalmente, a um *status* normativo.

Por outro lado, convém também insistir no fato de que a realização do processo de trabalho requer diferentes combinações de tipos ou formas de trabalho, que identificamos e analisamos ao longo desta obra: trabalho artesanal, trabalho codificado, trabalho coletivo, trabalho complexo, trabalho emocional, trabalho elástico, trabalho invisível, trabalho feminino, trabalho flexível, trabalho interpretativo, trabalho investido, trabalho mental, trabalho moral, trabalho reflexivo. Parece-nos que, se podemos falar de uma identidade profissional composta entre os professores, é porque seu trabalho é, ele próprio, composto e exige do trabalhador diferentes posturas, atitudes, habilidades e conhecimentos variáveis de acordo com suas relações com o objeto de seu trabalho, com as tecnologias, com os objetivos, os resultados, etc.

A experiência

A noção de experiência tem diversos sentidos para os professores, mas, de modo geral, ela designa a noção de verdade de sua vivência prática.

1) A experiência se refere à aprendizagem e ao domínio progressivo das situações de trabalho ao longo da prática cotidiana. Ela é qualificante. Mesmo hoje, ensinar se aprende, em boa dose, ensinando. Ora, essa experiência do trabalho é considerada necessária por certas razões:

- A formação inicial (na escola normal ou na universidade) não realiza suas promessas e força os professores a inventarem seu próprio conhecimento concreto de trabalho a partir de sua realização. Portanto, aprende-se a docência *in locu*.
- A organização celular do trabalho em classe faz com que cada professor fique, geralmente, entregue a si mesmo na aprendizagem do ofício. A docência se aprende, assim, solitariamente.
- A ausência de uma base de conhecimentos socialmente reconhecida leva os professores a privilegiarem seus próprios conhecimentos do trabalho.

• O trabalho interativo é difícil de formalizar em termos de conhecimentos do trabalhador e de tecnologias precisas, e a experiência, a vivência e a personalidade do trabalhador exercem, assim, um papel maior.

• A experiência se cristaliza, então, no saber-fazer, nas rotinas de trabalho, que permitem ao professor dominar as situações cotidianas e atingir seus objetivos.

2) A experiência se refere a dimensões existenciais subjetivas do trabalho interativo, em que o professor, em relação aos alunos, forja uma identidade a partir de algumas situações críticas ou limites: choque da realidade, descoberta de sua própria capacidade para gerir uma classe, aprendizagem do sentido de seus próprios limites diante de alguns alunos desfavorecidos, etc. Essa experiência se traduz menos pelo domínio de uma tarefa, no sentido instrumental, que por modos de ser e viver a profissão e por um conhecimento de si como pessoa e como profissional.

3) A experiência denomina as fontes pessoais – história de vida, experiências escolares anteriores, etc. – a partir das quais se edificaram as representações e as práticas pessoais do professor para com seu ofício. O professor jovem nunca chega totalmente virgem ao seu novo ofício; ele começa a trabalhar possuindo já experiências – muitas vezes fundamentais – do ensino, da classe, dos alunos, etc.

4) A experiência designa um registro de conhecimentos e saber-fazer oriundos do trabalho. É a experiência que torna possível um "conhecimento trabalhado" (*working knowledge*). A experiência se põe ao serviço da ação e traz as marcas da interatividade, isto é, volta-se não para a posse da apropriação cognitiva de objetos, mas para a realização das práticas pelo viés da interação com os alunos.

5) Enfim, a experiência cumpre uma função crítica que permite aos professores tomar distância em relação aos programas, às diretivas oficiais, à sua formação universitária, aos conhecimentos formais, etc. Deste ponto de vista, a experiência também representa uma certa contestação das práticas e dos conhecimentos provenientes de outras fontes, que pretendem substituí-las de alguma forma. Contudo, tal contestação raramente expressa-se de forma oficial, ou seja, num discurso formalizado e teorizado, como acontece entre os universitários ou os intelectuais. Ela age, geralmente, pela rejeição, pela negação e ainda pela socialização dos novos professores aos arcanos do ofício. Por exemplo, desde as primeiras semanas de trabalho, os antigos lhes dizem: "agora, esqueça o que você aprendeu na universidade e vamos às coisas

sérias, reais e importantes". Ela também atua pela recusa do engajamento em projetos de colaboração com os demais atores (orientadores pedagógicos, universitários) e pelo interesse exclusivo pelas classes, lá onde, justamente, a experiência realmente conta.

Em suma, vê-se bem que a experiência do trabalho docente é multidimensional e cobre diversos aspectos (domínio, identidade, personalidade, conhecimento, crítica, etc.); ela não se reduz, portanto, a uma simples sobreposição linear de receitas e conhecimentos práticos adquiridos com o tempo. As diversas análises e interpretações que propusemos sobre esse tema permitem perceber um determinado número de fenômenos constitutivos da experiência do trabalho nos ofícios e as profissões de interatividade humana:

1) A experiência do trabalho é a de um sujeito ativo, um ator que não se contenta em reagir às situações exteriores e deixar-se impregnar por elas, mas que as aborda também em função do que ele é e faz. Diversos estudos mostraram que até mesmo trabalhadores em ambientes de trabalho industrial muito controlados e planejados, em que todas as tarefas e procedimentos parecem programados e subtraídos à subjetividade humana, modificam o processo de trabalho a fim de manterem e adaptarem o que eles realmente são e fazem. Nas situações de trabalho industrial, o elemento humano parece não ser redutível a mais um fator entre tantos (utensílios, custos, planejamento, tempo, etc.), na medida em que a subjetividade e a materialidade de tais situações requerem o investimento dinâmico de pessoas no trabalho, capazes de representarem essas situações e de investi-las e transformá-las. Ora, no trabalho interativo, as situações de trabalho não são outra coisa que interações entre pessoas; portanto, podemos pensar que a atividade do trabalhador, e, mais globalmente, seu "estar trabalhando" exercem aí um papel ainda mais importante. O conceito de "Experiência do trabalho" deve, assim, superar a visão empirista da experiência, que consiste em concebê-la como um processo de registro passivo e repetitivo da regularidade do trabalho. Em termos filosóficos, a experiência do trabalho é a de um "sujeito hermenêutico", quer dizer, de um ator engajado na interpretação ativa das situações de trabalho, interpretação baseada no que ele, de fato, é, e através da qual ela modifica tais situações e, por conseguinte, sua interpretação.

2) Falamos de sujeito hermenêutico para evitar a armadilha, bastante ampla e difusa hoje, do sujeito cognitivo. Com efeito, se a cognição – conhecimentos, representações, processos mentais – constitui a experiência do trabalho, esta última não se reduz àquela. A inteligência do trabalho é a de um ser humano completo, que aborda situações de trabalho a partir de tudo que

ele é: seus conhecimentos, claro, mas também sua história de vida, suas emoções e seus desejos, sua personalidade, seus interesses, sua cultura e sua linguagem, seu corpo com suas posturas, seus modos de ser e exprimir-se, de falar, dizer, fazer-se ouvir e escutar, etc. Além disso, a dimensão cognitiva é a de um trabalhador cujos conhecimentos estão ancorados nas situações de trabalho. Ora, como mostramos ao longo deste livro, no trabalho interativo essas situações são principalmente sociais, marcadas por relações de poder, dilemas éticos, estratégias de negociação entre os atores, sedução, autoridade, persuasão, etc. Desse ponto de vista, pode-se dizer que a cognição do ator no trabalho também é social: está a serviço da interação e é modelada por ela.

3) A experiência mantém uma forte relação com a identidade do trabalhador. Ela se refere a um processo histórico, temporal, através do qual o ator, a partir de sua história anterior de vida, se engaja numa carreira de ensino e adquire aos poucos os traços de sua identidade profissional: conhecimentos particulares de seu trabalho, domínio das situações típicas, facilidade na realização das tarefas, sentimento de segurança, de pertença a uma coletividade de trabalho na instituição, etc. Mais uma vez, é importante insistirmos na ideia de que a relação entre experiência de trabalho e identidade do trabalhador cobre inúmeros aspectos não-cognitivos: a experiência nunca é apenas uma fonte de conhecimentos, mas é também e sempre um recurso estruturador da personalidade do ator, de seu "eu-profissional", e graças a isso ele encara, suporta e dá um sentido às situações de trabalho. Este recurso é ainda mais importante por ser adquirido e mobilizado por e na história do trabalhador, que vai se tornando, progressivamente, aquilo que faz.

4) Embora a experiência remeta a um sujeito ativo, emerge de nossas análises que essa atividade do ator no trabalho se caracteriza pelo fenômeno da rotinização. Como dissemos em várias ocasiões, as rotinas do trabalho docente abrangem diversas funções e garantem a estabilidade e a reprodução da atividade através do tempo e do espaço. A aquisição das rotinas está ligada à repetição das situações de trabalho, por um lado, e, por outro, ela depende das soluções empregadas com a experiência para solucionar essas mesmas situações. Contudo, o interesse do conceito de rotina ultrapassa em muito os procedimentos executados pelo trabalhador: as rotinas remetem também à inteligência do trabalho e à personalidade do trabalhador. Se a atividade é rotineira, isto só pôde acontecer a partir de uma personalidade, ela mesma, rotineira e cuja inteligência interpreta as situações de trabalho a partir de quadros mentais e linguísticos relativamente estáveis e recursivos. Cada dia é o *mesmo professor* que se apresenta aos alunos com seu estilo, sua personalidade,

suas maneiras de ser e de agir: a reprodução das rotinas depende, portanto, muito fortemente da rotinização do próprio trabalhador e de sua inteligência do trabalho.

5) Se a experiência sempre é de um ator em particular, ela é também uma realidade coletiva partilhada por um conjunto de trabalhadores. Por exemplo, no capítulo 5, nossa análise das situações cotidianas, "dos trabalhos e dos dias" mostra como o coletivo de trabalho dos professores aborda os acontecimentos cotidianos a partir de um substrato comum de evidências partilhadas. A experiência se refere aqui à ideia de *mundo vivido*, de mundo comum, dentro do qual os professores viveram e partilharam juntos as mesmas experiências tanto na classe como na escola.

6) Finalmente, a experiência dos professores é marcada pelos dilemas inerentes ao trabalho interativo. Não se trata, portanto, de uma experiência unificada e unificante, mas bastante paradoxal e portadora de ambiguidades. Ensinar é, necessariamente, assumir contradições, tensões, dilemas sem solução lógica para com seres humanos e por eles. É fazer escolhas cotidianas que geram consequências e têm custos, às vezes, imprevisíveis, às vezes, contrários às intenções iniciais. Diante de tais fenômenos, os professores oscilam entre as duas posições identitárias caracterizadas acima pelo binômio "agente da organização e ator do cotidiano". Para o agente da organização, os papéis e as tarefas institucionais permitem evacuar parcialmente essas tensões ou desfazê-las; elas tornam possível uma certa distância em relação ao que ultrapassa ou excede o trabalho burocrático e regulamentado. Esse distanciamento é absorvido pelos diversos serviços oferecidos pela organização escolar aos alunos que saem das normas. No mesmo sentido, as tensões e conflitos que podem ocorrer entre o professor e os demais atores educativos encontram solução nas regras da organização. O ator do cotidiano, pelo contrário, é invadido por seu trabalho, que ele assume como pessoa; ele tenta, então, corresponder às exigências contraditórias e assumir suas tensões, com o risco de ser submergido, assolado e vencido por elas.

Os professores com quem conversamos têm alternado essas duas posições de acordo com as circunstâncias e as épocas de sua carreira, e segundo os desafios com os quais se confrontaram e os recursos de que dispunham. A maioria dos professores buscam um equilíbrio entre elas, pois, se é verdade que a docência é um ofício impossível, também é verdade que nada tem que continuar sendo impossível.

Referências

ABRAHAM, A. (org.) (1984). *L'enseignant est une personne*. Longueuil: Éditions EJF.

ACKERMANN, W. et al. (1985). *Décrire un impératif? – Description, explication, interprétation en sciences sociales*. Paris: École des Hautes Etudes en Sciences Sociales.

ADLER, M.J. (1982). *The Paideia Proposal – An Educational Manifesto*. Nova York: MacMillan.

ALAIN (1986). *Propos sur l'éducation* suivis de *Pédagogie enfantine*. Paris: Quadrige/Presses Universitaires de France.

ALTET, M. (1994). *La formation professionnelle des enseignants*. Paris: Presses Universitaires de France.

AMALBERTI, R. et al. (org.) (1991). *Modèles en analyse du travail*. Liège: Mardaga.

AMERICAN FEDERATION OF TEACHERS (1993). *How U.S. Teachers Measure Up Internationally ______ A Comparative Study of Teacher Pay, Training, and Conditions of Service*. Washington, D.C.: Research Department of the American Federation of Teachers.

APEL, K.O. (1988). Esquisse d'une théorie philosophique des types de rationalités. *Le Débat*, n. 44.

ARENDT, H. (1972). *La crise de la culture*. Paris: Gallimard.

______ (1983). *La condition de l'homme moderne*. Paris: Calmann-Lévy.

ASSOCIATION CANADIENNE D'ÉDUCATION (1995). *L'école secondaire au Canada: étude sur les écoles exemplaires*. Toronto: Association Canadienne d'Éducation.

ASSOCIATION QUEBECOISE DU PERSONNEL DE DIRECTION DES ECOLES (1994). *La tâche des directeurs d'école et leur style de gestion*. Quebec: Association Québécoise du Personnel de Direction des Ecoles (AQPDE).

______ (1995). *Diriger l'école de demain, quels changements s'imposent?* Quebec: Association Québécoise du Personnel de Direction des Ecoles.

ATKINSON, P. & DELAMONT, S. (1985). Socialisation into Teaching: the research which lost its way. *British Journal of Sociology of Education*, 6 (3): 307-322.

AUCLAIR, Gilles (1974). *Le travail enseignant au Québec vers le milieu du XXe siècle*. Mémoire de maîtrise. Quebec: Universidade Laval.

BAILLON, R. (1982). *Les consommateurs d'école*. Paris: Stock.

BALL, S.J. (1987). *The Micro-politics of the School: Towards a Theory of School Organization*. Londres/Nova York: Methuen.

BALL, S.J. & GOODSON, I.F. (org.) (1989). *Teachers Lives and Careers*. Londres: Falmer Press.

BALLION, R. (1996). "Le conseiller principal d'éducation, auxiliaire éducatif ou pivot de l'établissement?" In: *Migrants-Formation*, n. 106, 27-44.

BARTON, L. & WALKER, S. (org.) (1981). *Schools, Teachers and Teaching*. Lewes: Falmer Press.

BATESON, G. & WINKIN, Y. (1984). *La nouvelle communication*. Paris: Seuil.

BAUDELOT, C. & ESTABLET, R. (1975). *L'école primaire divise*. Paris: Maspero.

BAUMAN, Z. (1989). *Modernity and the Holocaust*. Ithaca: Cornell University Press.

BECKETT, S. (1964). *En attendant Godot*. Nova York: MacMillan.

BELANGER, P.W. (1963). *La semaine de travail des professeurs de l'école publique*. Quebec: Escola de Pedagogia e de Orientação da Universidade Laval.

BENNETTA, J.R. (1985). La sociologie compréhensive aux États-Unis: paradigmes et perspectives. *Cahiers Internationaux de Sociologie*, LXXVIII, p. 91-101.

BERGER, P.L. & LUCKMANN, T. (1986). *La construction sociale de la réalité*. Paris: Méridiens-Klincksieck.

BERLAK, A. & BERLAK, H. (1981). *Dilemmas of Schooling*. Londres/Nova York: Methuen.

BERNSTEIN, B. (1975). *Classe et pédagogies: visibles et invisibles*. Paris: Organisation de Coopération et de Développement Economiques.

______ (1996). *Pedagogy, Symbolic Control, and Identity: Theory, Research, Critique*. Londres/Washington, D.C.: Taylor & Francis.

BERRY, J.W. et al. (1997). *Handbook of Cross-Cultural Psychology*. Boston: Allyn and Bacon.

BERTHELOT, J.-M. (1983). *Le piège scolaire*. Paris: Presses Universitaires de France.

BIDWELL, C.E. (1965). The School as a Formal Organization. In: MARCH, J.G. (org.). *Handbook of Organizations*. Chicago: Rand McNally, p. 65-92.

BIHR, A. & PFEFFERKORN, R. (1995). *Déchiffrer les inégalités*. Paris: Syros.

BLAIS, M. & LACHANCE, L. (1992). *Recherche-action sur la motivation et la qualité au travail à la Commission Scolaire de Saint-Jérôme*. Montreal: Universidade do Quebec em Montreal.

BONAMI, M. & GARANT, M. (org.) (1996). *Systèmes scolaires et pilotage de l'innovation: émergence et implantation du changement*. Bruxelas: De Boeck.

BONDON, R. & BOURRICAUD, F. (org). (1986). "Division du travail". In: *Dictionnaire Critique de la Sociologie*. Paris: Presses Universitaires de France.

BORKO, H. & PUTNAM, R.T. (1996). Learning to teach. In: BERLINER, D.C. & CALFEE, R.C. (org.). *Handbook of Educational Psychology*. Nova York: MacMillan, p. 673-708.

BOUCHER, N. (1995). *Les fonctions professionnelles dans l'éducation – Une revue de la littérature étrangère*. Quebec: CEQ.

BOUDON, R. (1991). *La place du désordre*. Paris: Presses Universitaires de France.

BOURDIEU, P. (1980). *Le sens pratique*. Paris: Minuit.

______ (1982). *Choses dites*. Paris: Minuit.

______ (1989). *La noblesse d'État – Grandes écoles et esprit de corps*. Paris: Minuit.

BOURDIEU, P. & PASSERON, J.-C. (1970). *La reproduction: éléments pour une théorie du système d'enseignement*. Paris: Minuit.

BOURDONCLE, R. (1991). La professionnalisation des enseignants: analyses sociologiques anglaises et américaines. *Revue Française de Pédagogie*, n. 94, jan.-mar., p. 73-92.

______ (1993). La professionnalisation des enseignants: les limites d'un mythe. *Revue Française de Pédagogie*, n. 105, out.-dez., p. 83-119.

______ (1994). Savoir professionnel et formation des enseignants. Une typologie sociologique. *Spirale – Revue de Recherches en Education*, n. 13, p. 77-96.

BOUSQUET, J.-C. (1990). *Le besoin de recrutement de personnel à temps plein par les commissions scolaires de 1989 à 2011*. Quebec: MEQ, Direction Générale de la Recherche et du Développement.

BOWLES, S. & GENTIS, H. (1977). *Schooling in Capitalist America*. Nova York: Basic Books.

BRASSARD, A. & LESSARD, C. (1998). L'expérience nord-américaine du changement en éducation: un double regard, p. 75-101. In: PELLETIER, G. & CHARRON, R. (eds.). *Diriger en période de transformation*. Montreal: Editions Afides.

BRAVERMAN, H. (1976). *Travail et capitalisme monopoliste, la dégradation du travail au XXe siècle*. Paris: Maspero.

BROPHY, J. & GOOD, T.L. (1986). Teacher Behavior and Student Achievement. In: WITTROCK, M.C. *Handbook of Research on Teaching*. Nova York: MacMillan.

BUTT, R.L. et al. (1988). Autobiographic praxis: Studying the formation of teachers' knowledge. *Journal of Curriculum Theorizing*, 7(4), p. 87-164.

— (1990). Bringing reform to life: teachers' stories and professional development. *Cambridge Journal of Education*, 20 (3), p. 255-268.

______ (1992). Collaborative autobiography and the teacher's voice. In: GOODSON, I.F. (org.) (1992). *Studying teachers' lives*. Nova York: Teachers College Press, p. 51-98.

BUTT, R.L. & RAYMOND, D. (1987). Arguments for using qualitative approaches in understanding teacher thinking: the case for biography. *Journal of Curriculum Theorizing*, 7 (1), p. 63-69.

______ (1989). Studying the nature and development of teachers' knowledge using collaborative autobiography. *International Journal of Educational Research*, 13 (4), p. 403-419.

CALDERHEAD, J. (1987). *Exploring Teachers' Thinking*. Londres: Cassell Educational Limited.

______ (1996). Teachers: beliefs and knowledge. In: BERLINER, D.C. & CALFEE, R.C. (org.). *Handbook of Educational Psychology*. Nova York: MacMillan, p. 709-725.

CARLOS TEDESCO, J. (1995). *The New Educational Pact, Education, Competitiveness and Citizenship in Modern Society*. Paris : Unesco/Bureau International d'Éducation: Etudes d'Éducation Comparée.

CARNEGIE TASK FORCE ON TEACHING AS A PROFESSION (1986). *A Nation Prepared: Teachers for the 21st Century*. Nova York: Carnegie Forum on Education and the Economy.

CARPENTIER-ROY, M.-C. & PHARAND, S. (1992). *Organisation du travail et santé mentale chez les enseignantes et les enseignants du primaire et du secondaire*. Quebec: Communications CEQ.

CARTER, K. & ANDERS, D. (1996). Program Pedagogy: Teacher Educator's Handbook – Building a Knowledge Base for the Preparation of Teachers. In: MURRAY, F.B. (org.). *A publication of the American Association of Colleges for Teacher Education*. São Francisco: Jossey-Bass.

CARTER, K. & DOYLE, W. (1995). Preconceptions in learning to teach. *The Educational Forum*, 59 (1), p. 186-195.

______ (1996). Personal narrative and life history in learning to teach. In: SIKULA, J. et al. (org.). *Handbook of Research on Teacher Education*. 2ª ed. Nova York: MacMillan, p. 120-142.

CEQ (1984). *L'autonomie au travail dans les secteurs de l'éducation et de la fonction publique*. Quebec: CEQ.

______ (1988). *Vivre la précarité, la réalité méconnue des enseignantes et enseignants à statut précaire*. Quebec: Fecs/CEQ.

______ (1993). *Les spécialistes au préscolaire et au primaire*. Quebec: CEQ.

CHAGNON, D. et al. (1993). Prof... toute une vie!, *L'Alliance*, vol. 29, n. 7.

CHAPOULIE, J.-M. (1973a). La compétence pédagogique des professeurs comme enjeu de conflits. *Actes de la Recherche en Sciences Sociales*, p. 65-85.

— (1973b). Sur l'analyse sociologique des groupes professionnels. *Revue Française de Sociologie*, XIV, p. 86-114.

______ (1987). *Les professeurs de l'enseignement secondaire – Un métier de classe moyenne*. Paris: Éditions de la Maison des Sciences de l'Homme.

CHARLOT, B. (1994). *L'école et le territoire: nouveaux espaces, nouveaux enjeux*. Paris: A. Colin.

CHARTIER, R. et al. (1976). *L'éducation en France du XVIe au XVIIIe siècle*. Paris: Sedes.

CHAUNU, P. (1966). *Le temps des réformes – I: La crise de la chrétienté, 1250-1550*. Paris: Éditions Complexes.

______ (1982). *La civilisation de l'Europe des lumières*. Paris: Flammarion.

CHERRADI, S. (1990). *Le travail interactif: construction d'un objet théorique*. Mémoire de maîtrise. Montreal: Universidade de Montreal.

CHERVEL, A. (1988). L'histoire des disciplines scolaires – Réflexions sur un domaine de recherche. *Histoire de l'éducation*, 38, p. 59-119.

______ (1998). *La culture scolaire – Une approche historique*. Paris: Belin.

CHEVALLARD, Y. (1985). *La transposition didactique: du savoir savant au savoir enseigné*. Grenoble: La Pensée Sauvage.

CHOY, S.P. et al. (1994). *America's Teachers: Profile of a Profession*. Washington: National Center for Education Statistics.

CLANDININ, D.J. (1985). *Classroom Practice: Teacher Images in Action*. Lewes: Falmer Press.

______ (1989). Developing rhythms in teaching: the narrative study of a beginning teacher's personal practical knowledge of classrooms. *Curriculum Inquiry*, 19 (2), p. 121-141.

CLANDININ, D.J. & CONNELLY, F.M. (1986). Rhythms in teaching: the narrative study of teachers' personal practical knowledge of classrooms. *Teaching and Teacher Education*, 2 (4), p. 377-387.

______ (1995). *Teachers' professional knowledge landscapes*. Nova York: Teachers College Press.

CLARK, C.M. & PETERSON, P.I. (1986). Teachers' thought processes. In: WITTROCK, M.C. (org.). *Handbook of Research on Teaching*. Nova York: Longman, p. 255-297.

CLIFFORD, G.J. & GUTHRIE, J.W. (org.) (1988). *School – A brief professional education*. Chicago: The University of Chicago Press.

COLLINS, R. (1979). *The Credential Society*. Nova York: Academic Press.

COMMISSION DES ENSEIGNANTES ET DES ENSEIGNANTS DE COMMISSIONS SCOLAIRES (CECS) (1988). *Faire l'école aujourd'hui – Synthèse d'entrevues de groupe d'enseignantes et d'enseignants*. Quebec: Central de Ensino do Quebec (CEQ).

COMMISSION DES ÉTATS GÉNÉRAUX SUR L'ÉDUCATION (1996). *Exposé de la situation*. Quebec: Governo do Quebec/Ministério da Educação.

______ (1997). *Rapport final*. Quebec: Governo do Quebec/Ministério da Educação.

COMMISSION EUROPÉENNE (1995). *Enseigner et apprendre: vers la société cognitive*. Luxemburgo: Office des Publications Officielles des Commissions Européennes.

COMMISSION ROYALE D'ENQUÊTE SUR L'ENSEIGNEMENT DANS LA PROVINCE DE QUÉBEC (1963). *Rapport Parent*. Quebec: Governo do Quebec/Ministério da Educação.

COMMISSION ROYALE SUR L'ÉDUCATION DE L'ONTARIO (1994). *Pour l'amour d'apprendre*. Toronto: Publications Ontario.

COMPERE, M.-M. (org.) (1997). *Histoire du temps scolaire en Europe*. Paris: INRP/Economica.

CONDORCET, J.-A.-N. (1989). *Écrits sur l'instruction publique*. Paris: Edilig.

CONNELLY, F.M. & CLANDININ, D.J. (1985). Personal practical knowledge and the modes of knowing: Relevance for teaching and learning. In: EISNER, E. (org.). *Learning and Teaching the Ways of Knowing*. Chicago: University of Chicago Press, p. 174-198.

CONSEIL SUPÉRIEUR DE L'ÉDUCATION (1982). *Le sort des matières dites "secondaires" au primaire – Avis au ministre de l'Éducation*. Quebec: Conseil Supérieur de l'Éducation.

______ (1984). *La condition enseignante*. Quebec: Éditeur Officiel du Québec.

______ (1991a). *Enseigner: qu'en disent les profs?* Quebec: Éditeur Officiel du Québec.

______ (1991b). *La profession enseignante: vers un renouvellement du contrat social*. Quebec: Éditeur Officiel du Québec.

______ (1997). *Rapport annuel 1995-1996*. Quebec: Éditeur Officiel du Québec.

CORMIER, R. et al. (1984). *Les enseignantes et les enseignants du Québec – Une étude socio-pédagogique*. Quebec: Governo do Quebec/Ministério da Educação/Serviço de Pesquisa.

COULON, A. (1993). *Ethnométhodologie et éducation*. Paris: Presses Universitaires de France.

CRESPO, M. (1985). *La tâche des enseignants en Ontario et au Québec: une analyse comparative*. Montreal: Faculdade de Ciências da Educação.

CROZIER, M. (1963). *Le phénomène bureaucratique*. Paris: Seuil.

CROZIER, M. & FRIEDBERG, E. (1981a). *L'acteur et le système: les contraintes de l'action collective*. Paris: Seuil.

______ (1981b). *L'acteur et le système*. Paris: Seuil.

CRUICKSHANK, D.R. (1990). Research that Inform Teachers and Teacher Educators. Bloomington. *Phi Delta Kappa*, p. 18-29.

CUBAN, L. (1993). *How Teachers Taught: Constancy and Change in American Classrooms, 1890-1990*. 2ª ed. Nova York: Teachers College Press/Columbia University.

______ (1997). Salle de classe contre ordinateur: vainqueur la salle de classe. *Recherche et Formation*, n. 26, p. 11-29.

DANDURAND, P. (1970). Pouvoir et autorité du professeur de l'enseignement public québécois. *Sociologie et Sociétés*, vol. 11, n. 1, p. 79-106.

DANDURAND, P. & JOHNSON, R. (1970). *Les professeurs de l'élémentaire et leur tâche: rapport-synthèse de l'enquête faite à la demande de la Commission des écoles catholiques de Montréal et de l'Alliance des Professeurs de Montréal*. Montreal: Office des Relations Publiques de la C.E.C.M.

DANDURAND, P. & OLLIVIER, O. (1991). Centralité des savoirs et éducation: vers de nouvelles problématiques. *Sociologie et Sociétés*, 23 (1), p. 3-23.

DANDURAND, P. & OUELLET, R. (1990). *Les grandes orientations de la recherche en sociologie de l'éducation au Québec: un bilan bibliographique*. Sainte-Foy: Universidade Laval/Faculdade de ciências da educação/Laboratório de pesquisa em administração e política escolar.

DARLING-HAMMOND & SCLAN (1996). In: SIKULA, J. (org.). "Who Teaches and Why: Dilemmas of Building a Profession for Twenty-First Century School". In: *Handbook of Research on Teacher Education*. Nova York: MacMillan, p. 67-102.

DAVID, H. & PAYEUR, C. (1991). *Vieillissement et condition enseignante*. Quebec: CEQ/Irat.

DE COSTER, M. (1998). Introduction: bilan, actualités et perspectives de la sociologie du travail. In: DE COSTER, M. & PICHAULT, F. *Traité de sociologie du travail*. Bruxelas: De Boeck, p. 1-27.

DE COSTER, M. & PICHAULT, F. (1998). *Traité de sociologie du travail*. Bruxelas: De Boeck.

DELBOS, G. & JORION, P. (1990). *La transmission des savoirs*. Paris. Éditions de la Maison des Sciences de l'Homme. 1ª edição em 1984.

DEMBÉLÉ, B. (1994). *Représentations sociales de l'intelligence chez les enseignants du primaire et rendement académique de leurs élèves en milieu semi-traditionnel (le cas ivoirien)*. Tese de doutorado. Québec: Universidade de Laval.

DEROUET, J.-L. (1988). La profession enseignante comme montage composite – Les enseignants face à un système de justification complexe. *Éducation Permanente*, n. 96, p. 61-71.

______ (1992). *École et justice: de l'égalité des chances aux compromis locaux?* Paris: Métailié.

DEROUET, J.-L. & DUTERCQ, Y. (1997). *L'établissement scolaire, autonomie locale et service public.* Paris: ESF, Collection Pédagogies, INRP.

DEVINE, J. (1996). *Maximum security – The Culture of Violence in Inner-City Schools.* Chicago: The University of Chicago Press.

DIRECTION DE L'ÉVALUATION ET DE LA PROSPECTIVE (1996). *L'évolution de la taille des classes dans les écoles du premier degré depuis 1960, note d'information, novembre, 96.45.* Ministère de l'Éducation Nationale, de l'Enseignement Supérieur et de la Recherche (France).

DIRECTION DE LA FORMATION DU PERSONNEL SCOLAIRE (1995). *L'emploi en enseignement au préscolaire, au primaire et au secondaire: situation et perspectives.* Quebec: Ministério da Educação.

DONAHOE, T. (1993). *Finding the Way: Structure, Time, and Culture in School Improvement.* Phi Delta Kappan, dez., p. 298-305.

DOYLE, W. (1977). Paradigms for Research on Teacher Effectiveness. In: SHULMAN, L.S. (org.). *Review of Research on Education*, vol. 5, p. 163-199. Itasca: F.E. Peacock.

______ (1986). Classroom organization and management. In: WITTROCK, M.C. (org.) (1986). *Handbook of Research on Teaching.* Nova York: MacMillan, p. 392-431.

______ (1990). Themes in Teacher Education Research. In: HOUSTON, W.R. (org.). *Handbook of Research on Teacher Education.* Nova York: MacMillan.

DREBER, C. (org.) (1982). *Professionals as Workers: Mental Labor in Advanced Capitalism.* Boston: G.K. Hall.

DREEBEN, R. (1970). *The Nature of Teaching; Schools and the Work of Teachers.* Glenview: Scott/Foresman.

DUBAR, C. (1991). *La socialisation: construction des identités sociales et professionnelles.* Paris: Armand Colin.

DUBET, F. (1994). *Sociologie de l'expérience.* Paris: Seuil.

DUBET, F. & MARTUCELLI, D. (1996). *À l'école, sociologie de l'expérience scolaire.* Paris: Seuil, Coll. L'Épreuve des Faits.

DUMONT, F. et al. (1994). *Traité des problèmes sociaux.* Quebec: Institut Québécois de Recherche sur la Culture.

DUNKIN, M.J. & BIDDLE, B.J. (1974). *The Study of Teaching.* Nova York: Holt, Rinehart and Winston.

DUPUIS, P. (1991). *Le système d'éducation au Québec.* Montreal: Gaëtan Morin.

DURAND, M. (1996). *L'enseignement en milieu scolaire.* Paris: Presses Universitaires de France.

DURAND, M. & PEREZ, S. (1999). Modifications des contraintes de la tâche d'enseignement et modes opératoires d'enseignants (à paraître). *Journal of Teaching in Physical Education.*

DURAND-PRINBORGNE, C. (1991). *Le système éducatif.* Paris: La Documentation Française.

DURKHEIM, E. (1970). *La science sociale et l'action.* Paris: Presses Universitaires de France.

______ (1980). *Éducation et sociologie*. Paris: Presses Universitaires de France.

DUSSAULT, G. (1985). Les effectifs sanitaires au Québec. In: DUMONT, F. et al. (org.). *Traité d'anthropologie médicale: l'institution de la santé et de la maladie*. Quebec/Lyon: Presses de l'Université du Québec/IQRC/Presses Universitaires de Lyon.

DUTERCQ, Y. & ISAMBERT-JAMATI, V. (1993). *Les professeurs*. Paris: Hachette.

DUVAL, L. et al. (1995). *Portrait du champ de l'adaptation scolaire au Québec depuis les années 1930 jusqu'à nos jours*. Sherbrooke: Éditions du CRP.

EDDY, E. (1971). *Becoming a Teacher: The Passage to Professional Status*. Nova York: Columbia University Teachers College Press.

ELBAS, F. (1983). *Teacher Thinking: A Study of Practical Knowledge*. Londres: Croon Heln.

______ (1993). La recherche sur le savoir des enseignants: l'enseignante experte et l'enseignante ordinaire. In: GAUTHIER, C. et al. (org.). *Le savoir enseignant: unité et diversité*. Montreal: Les Éditions Logiques, p. 101-114.

Entente intervenue entre le Comité patronal de négociation des commissions scolaires pour catholiques (CPNCC) et les syndicats d'enseignants représentés par la Centrale de l'enseignement du Québec (CEQ) (1989- 1991). Quebec: CEQ.

ERICKSON, F. & WILSON, J. (1982). *Sights and Sounds of Life in Schools: A Resource Guide to Film and Videotape for Research and Education*. East Lansing: Institute for Research on Teaching/ College of Education/Michigan State University.

ETZIONI, A. (1979). *The Semi-Professions and their Organization – Teachers, Nurses, Social Workers*. Nova York: Free Press.

EVERTSON, C.M. (1989). Classroom organization and management. In: REYNOLDS, M.C. (org.). *Knowledge Base for the Beginning Teacher*. Nova York: Pergamon, p. 59-70.

FECS-CEQ (1987). *Les droits des enseignantes et enseignants à statut précaire*. Quebec: CEQ.

______ (1996). *Examen des pratiques d'emploi du personnel à statut précaire dans l'enseignement au secteur jeune (préscolaire, primaire et secondaire)*. Quebec: CEQ.

______ (1997). *Formation pratique à l'enseignement – Rapport d'enquête*. Quebec: CEQ.

FEINMAN-NEMSER, S. (1983). Learning to teach. In: SHULMAN, S.L. & SYKES, G. (org.). *Handbook of Teaching and Policy*. Nova York: Longman.

FEIMAN-NEMSER, S. & REMILLARD, J. (1996). Perspectives on learning to teach. In: MURRAY, F.B. (org.). *The Teacher Educator's Handbook: Building a Knowledge Base for the Preparation of Teachers*. San Francisco: Jossey Bass, p. 63-91.

FIRESTONE, W.A. & HERRICKT, R.E. (1982). Two images of schools as organizations: an explication and illustrative empirical test. *Educational Administration Quarterly*, 21, p. 39-60.

FORQUIN, J.-C. (1989). *École et culture*. Bruxelas: De Boeck-Wesmael.

FOUCAULT, M. (1970). *L'ordre du discours*. Paris: Gallimard.

______ (1972). *Histoire de la folie à l'âge classique*. Paris: Gallimard.

______ (1975). *Surveiller et punir*. Paris: Gallimard.

______ (1984). *Le souci de soi*. Paris: Gallimard.

FREIDSON, E. (1984). *La profession médicale*. Paris: Payot.

______ (1986). *Professional Powers: A Study of the Institutionalization of Formal Knowledge*. Chicago: The University of Chicago Press.

FREIRE, P. (1974). *Pédagogie des opprimés*, suivi de *Conscientisation et révolution*. Paris: Maspero.

FREITAG, M. (1986). *Dialectique et société*. Montreal: Éditions Saint-Martin.

FRIEDMANN, G. (1963). *Où va le travail humain?* Paris: Gallimard.

FULLAN, M. (1991). *The News Meaning of Educational Change*. Toronto/Nova York: Oise Press/ Teachers College Press.

GAGE, N.L. (1978). *The Scientific Basis of the Art of Teaching*. Nova York: Teachers College Press.

GAGNE, R.M. (1976). *Les principes fondamentaux de l'apprentissage: application à l'enseignement*. Montreal: Éditions HRW.

GARFINKEL, H. (1984). *Studies in Ethnomethodology*. Oxford: Polity Press.

GAUTHIER, C. (1993). *Tranches de savoir – L'insoutenable légèreté de la pédagogie*. Montreal: Éditions Logiques.

GAUTHIER, C. et al. (1993). *Évolution des programmes d'enseignement de 1861 à nos jours*. Quebec: Cahiers du Labraps, Série Etudes et Documents, vol. 13.

______ (1997). *Pour une théorie de la pédagogie – Recherches contemporaines sur le savoir des enseignants*. Sainte-Foy/Bruxelas: Les Presses de l'Université Laval/De Boeck.

GAUTHIER, M. (1989). *Les jeunes et le travail*. Quebec: IQRC.

GEORGE, C. (1997). *Polymorphisme du raisonnement humain: une approche de la flexibilité de l'activité inférentielle*. Paris: Presses Universitaires de France.

GERA, S. & MASSE, P. (1996). *Performance de l'emploi dans l'économie du savoir*. Ottawa: Industrie Canada/Développement des Ressources Humaines.

GIDDENS, A. (1987). *La construction de la société – Éléments de la théorie de la structuration*. Paris: Presses Universitaires de France.

GLASMAN, D. (1992). *L'école hors l'école*. Paris: Éditions ESF.

GOFFMAN, E. (1968). *Asiles*. Paris: Minuit.

______ (1973). *La mise en scène de la vie quotidienne*. Paris: Minuit.

______ (1974). *Les rites d'interaction*. Paris: Minuit.

______ (1991). *Les cadres de l'expérience*. Paris: Minuit.

GOOD, T.L. (1990). Building the Knowledge Base of Teaching. In: DILLS, D.D. (org.). *What Teachers Need to Know – The Knowledge, Skills and Values Essential to Good Teaching*. São Francisco: Jossey-Bass, p. 17-75.

GORZ, A. & BOUSQUET, M. (1978). *Écologie et politique*. Paris: Seuil.

GREGOIRE, R. (1987). *L'évolution des politiques relatives aux programmes d'études du primaire et du secondaire public du secteur catholique francophone du Québec*. Quebec: Presses de l'Université du Québec.

GRIFFIN, G.A. (1985). Teacher induction: Research issues. *Journal of Teacher Education*, 36 (1), p. 42-46.

GROUPE DE TRAVAIL SUR LA REFORME DU CURRICULUM (1997). *Réaffirmer l'école – Prendre le virage du succès*. Quebec: Governo do Quebec/Ministério da Educação.

GUEST, D. (1994). *Histoire de la sécurité sociale au Canada*. Montreal: Boréal.

GUSDORF, G. (1988). *Les origines de l'herméneutique*. Paris: Payot.

HABERMAS, J. (1987a). *Théorie de l'agir communicationnel*. Paris: Fayard.

______ (1987b). *Logique des sciences sociales et autres essais*. Paris: Presses Universitaires de France.

______ (1988). *Le discours philosophique de la modernité*. Paris: Gallimard.

HALL, E.T. (1992). *La danse de la vie: temps culturel, temps vécu*. Paris: Seuil.

HAMILTON, D. (1989). *Towards a Theory of Schooling*. Londres: Falmer.

HARGREAVES, A. (1994). *Changing Teachers, Changing Times: Teachers' Work and Culture in the Postmodern Age*. Londres: Cassell.

HARGREAVES, A. & FULLAN, M. (org.) (1989). *Understanding Teacher Development*. Nova York: Teachers College Press.

HARGREAVES, A. & WOODS, P. (org.) (1984). *Classrooms and Staffrooms – The Sociology of Teachers and Teaching*. Milton Keynes: Open University Press.

HARRIS, K. (1982). *Teachers and Classes, a Marxist Analysis*. Londres: Routledge and Kegan Paul.

HASENFELD, Y. (org.) (1983). *Human Service Organizations*. Englewood Cliffs, N.J.: Prentice Hall.

HASENFELD, Y. & ABBOTT, A.D. (1992). *Human Services as Complex Organizations*. Newbury Park, Calif.: Sage Publications.

HEIDEGGER, M. (1954). La question de la technique. In: HEIDEGGER, M. *Essais et conférences*. Paris: Gallimard, p. 9-48.

HENCHEY, N. (1996). *Preparing for 2001: Public Education in Canada*. A discussion paper, Canadian Teachers' Federation.

HENRIOT, A. et al. (1987). Notes de synthèse – Approches ethnographique en sociologie de l'éducation: l'école et la communauté, l'établissement scolaire, la classe. *Revue Française de Pédagogie*, jan.-mar., 78, p. 73-108.

HENSLER, H. et al. (1986). *Analyse comparative et critique des nouveaux programmes d'études du primaire*. Sherbrooke: Éditions du CRP.

HIRSCHHORN, M. (1993). *L'ère des enseignants*. Paris: Presses Universitaires de France.

HOCHSCHILD, A.R. (1983). *The Managed Heart – Commercialization of Human Feeling*. Berkeley: University of California Press.

HOLT-REYNOLDS, D. (1992). Personal history-based beliefs as relevant prior knowledge in coursework. *American Educational Research Journal*, 29 (2), p. 325-349.

HOUSTON, W.R. (org.) (1990). *Handbook of Research on Teacher Education*. Nova York: MacMillan.

HUBERMAN, A.M. (1989). Les phases de la carrière enseignante: un essai de description et prévision. *Revue Française de Pédagogie*, 80, p. 5-16.

HUBERMAN, M. & SCHAPIRA, A.-L. (1984). Cycle de vie et enseignement. In: ABRAHAM, A. (org.). *L'enseignant est une personne*. Paris: Les Éditions ESF, p. 37-43.

HUBERMAN, M. et al. (1989). *La vie des enseignants – Évolution et bilan d'une profession*. Neuchâtel/Paris: Delachaux & Niestlé.

HUGHES, E.C. (1996). *Le regard sociologique*. Textes rassemblés et présentés par Jean-Michel Chapoulie. Paris: École des Hautes Études en Sciences Sociales.

ILLICH, I. (1971). *Une société sans école*, Paris: Seuil.

______ (1975a). *La convivialité*. Paris: Seuil.

______ (1975b). *Nemesis médicale*. Paris: Seuil.

ISAMBERT-JAMATI, V. (1990). *Les savoirs scolaires: enjeux sociaux des contenus d'enseignement et de leurs réformes*. Paris: Éditions Universitaires.

JAEGER, W. Paideia (1964). *La formation de l'homme grec*. Paris: Gallimard.

JOHNSON, F.H. & FOWLER Jr., W.J. (1994). *Public Elementary and Secondary School Statistics: School Year 1993-1994 – Early Estimates*. Washington: National Center for Education Statistics.

JOHNSON, S.M. (1990). *Teachers at work*. Nova York: Basic Books.

JUDGE, H. et al. (1994). *The University and the Teachers – France, the United States*. Oxford: Triangle Books.

KENNEDY, M. (1983). Working Knowledge. *Knowledge: Creation, Diffusion, Utilization*, 5 (2), p. 193-211.

KING, A.J.C. & PEART, M.J. (1992). *Le personnel enseignant au Canada: travail et qualité de vie*. Ottawa: Fédération Canadienne des Enseignantes et des Enseignants.

KING, R. (1983). *The Sociology of School Organization*. Londres/Nova York: Methuen.

KOUNIN, J.S. (1970). *Discipline and Group Management in Classrooms*. Nova York: Holt, Rinehart and Winston.

LABAREE, D.F. (1992). Power, knowledge, and the professionalisation of teaching: a genealogy of the movement. *Harvard Educational Review*, 62, 2, p. 123-154.

______ (1997). Public Goods, Private Goods: The American Struggle Over Educational Goals. *American Educational Research Journal*, vol. 34, n. 1, p. 39-81.

LAFOREST, M. (1989). *Diagnostic de l'enseignement des sciences humaines dans les classes primaires franco-catholiques du Québec (1959-1988)*. Tese de doutorado em sociologia do conhecimento (novo regime), Paris: Universidade de Paris 7.

LAFOREST, M. & LENOIR, Y. (1991). Synthèse du colloque. In: LENOIR, Y. & LAFOREST, M. (org.). *L'enseignement des sciences humaines au primaire: développement, sous-développement ou développement du sous-développement?* Sherbrooke: Éditions du CRP, p. 181-189.

LAHIRE, B. (1992). Précisions sur la manière sociologique de traiter le sens: quelques remarques concernant l'ethnométhodologie. *Langage et Société*, mar., p. 73-89.

______ (1993). *Culture écrite et inégalités scolaires: sociologie de l'échec scolaire à l'école primaire*. Lyon: Presses Universitaires de Lyon.

LALIBERTE, A. (1995). *Les professionnelles et professionnels de l'éducation: le cas des conseillères et des conseillers pédagogiques et des orthopédagogues*. Notes de recherche, n. 31, CEQ.

LALIVE-D'EPINAY (1998). In: DE COSTER, M. & PICHAULT, F. *Traité de sociologie du travail*. Bruxelas: De Boeck, p. 45-62.

LAMPERT, M. (1985). How do Teachers Manage to Teach? *Harvard Educational Review*, 55 (2), p. 178-194.

LANGLOIS, S. (1991). *La société québécoise en tendances, 1960-1990*. Quebec: IQRC.

LAROCHELLE, M. & BERNADZ, N. (org.) (1994). Constructivisme et éducation. *Revue des Sciences de l'éducation*, vol. 20, n. 1.

LATRAVERSE, F. (1987). *La pragmatique: histoire et critique*. Bruxelas: Mardaga.

LEINHARDT, G. (1990). Capturing Craft Knowledge in Teaching. *Educational Researcher*, vol. 19, n. 2, p. 18-25.

LENOIR, Y. (1992). Les représentations des titulaires du primaire sur la conception et la pratique de l'interdisciplinarité et l'intégration des matières: résultats d'une recherche exploratoire. In: DELISLE, R. & BEGIN, P. (org.). *L'interdisciplinarité au primaire, une voie d'avenir?* Sherbrooke: Éditions du CRP, p. 17-57.

LESPERANCE, M.-J. et al. (1995). *Analyse descriptive des pratiques de suspension d'élèves du secondaire*. Conferência apresentada no 63° Congresso da Acfas, Chicoutimi, Quebec, 20-26 de maio de 1995. Resumo publicado nas Atas do Congresso.

LESSARD, C. (1994). La scolarisation: du détermisme triomphant à l'utilitarisme stratégique. In: DUMONT, F. et al. (org.). *Traité des problèmes sociaux*. Quebec: IQRC, p. 817-842.

LESSARD, C. & BRASSARD, A. (1997). Le changement en éducation: promesses et réalités. Une perspective nord-américaine. In: *Observatoire européen de l'innovation en éducation*. Paris: INRP, p. 35-70.

LESSARD, C. & MATHURIN, C. (1987). L'évolution du corps enseignant québécois, 1960-1986. *Revue des Sciences de l'éducation*, vol. XV, n. 1, p. 43-71.

LESSARD, C. & TARDIF, M. (1995). *La morphologie du corps enseignant québécois: 1945-1990*. Quebec: Laboratoire d'Administration et de Politique Scolaires/Universidade Laval/Faculdade de Ciências da Educação (Série Études et Recherches, n. 14).

______ (1996). *La profession enseignante au Québec, 1945-1990 – Histoire, système et structures.* Montreal: Presses de l'Université de Montréal.

LESSARD, C. et al. (org.) (1991). *La profession enseignante au Québec. Enjeux et défis des années 1990.* Montreal: IQRC.

LÉVINAS, E. (1982). *Éthique et infini.* Paris: Fayard.

______ (1995). *Altérité et transcendance.* Paris: Fata Morgana.

LIPOVETSKY, G. (1983). *L'ère du vide: essai sur l'individualisme contemporain.* Paris: Gallimard.

LIPSKY, M. (1980). *Street-level Bureaucracy: Dilemmas of the Individual in Public Services.* Nova York: Russell Sage Foundation.

LORTIE, D.C. (1975). *School Teacher: A Sociological Study.* Chicago: The University of Chicago Press.

LYOTARD, J.-F. (1979). *La condition postmoderne.* Paris: Minuit.

MAHEU, L. & ROBITAILLE, M. (1991). Identités professionnelles et travail: un modèle d'analyse du travail enseignant au collégial. In: LESSARD, C. et al. (org.). *La profession enseignante au Québec – Enjeux et défis des années 1990.* Montreal: IQRC, p. 93-112.

MAHEU, P.-A. (1996). Et si le travail exercé sur l'humain faisait une différence. *Sociologie et Sociétés*, vol. XXVIII, n. 1, p. 189-199.

MALO, A. (1997). *Exploration de la notion de transformation à partir d'une analyse critique du concept de connaissance pédagogique de la matière de L.S. Shulman.* Mémoire de maîtrise. Quebec: Universidade Laval.

MALO, A. & GAUTHIER, C. (1994). Connaissance pédagogique de la matière: comment représenter un contenu pour qu'il soit plus facile à enseigner? Conferência apresentada durante o 7° Congresso Pedagógico do Primário da Associação Quebequense dos Professores do Primário (AQEP). Quebec: Hôtel Hilton e Centre des Congrès de Québec.

MALO, A. et al. (1994). Analyse critique du concept de connaissance pédagogique de la matière de Shulman. Conferência apresentada no 62° Congresso Anual da Associação Canadense-Francesa para o Avanço das Ciências (ACFAS). Montreal: Universidade de Quebec em Montreal.

______ (1995). Transformation des connaissances chez des enseignants du primaire: une étude qualitative. Conferência apresentada no 63° Congresso anual da Associação Canadense-Francesa para o Avanço das Ciências (ACFAS). Chicoutimi: Universidade do Quebec em Chicoutimi.

MARCH, J.G. (1991). *Décisions et organisations.* Paris: Éditions d'Organisation.

MARCH, J.G. & OLSEN, J.P. (1989). *Rediscovering Institutions: the Organizational Basis of Politics.* Nova York: Free Press.

______ (dir.) (1976). *Ambiguity and Choice in Organizations.* Bergen: Universitetsforlaget.

MARCUSE, H. (1970). *Éros et civilisation.* Paris: Éditions de Minuit.

MARROU, H.-I. (1981). *Histoire de l'éducation dans l'Antiquité.* Paris: Seuil.

MARTIN, D. (1993). *Nature du savoir enseignant: analyse des écrits anglo-saxons* [s.n.t.].

______ (1994). Savoirs et pratiques de formation de maîtres. *Cahiers de la Recherche en Education*, 1 (2), p. 253-286.

MAINGUY, E. et al. (org.). *Compétence et formation des enseignants*, Trois-Rivières: Publication des Sciences de l'Éducation, p. 289-304.

MARTINEAU, S. (1997). *De la base de connaissances en enseignement au savoir d'action pédagogique: construction d'un objet théorique*. Tese de doutorado. Quebec: Universidade Laval.

MARX, K. (1972). *Manuscrits de 1844*. Paris: Éditions Sociales.

______ (1977). *L'idéologie allemande*. Paris: Éditions Sociales.

McKNIGHT, J. (1977). "Le professionnalisme dans les services: un secours abrutissant". In: *Sociologie et Sociétés*, vol. IX, n. 1, p. 7-19.

MEAD, G.H. (1975). *L'esprit, le soi et la société*. Paris: Presses Universitaires de France.

MEDLEY, D.M. (1972). Early History of Research in Teacher Behavior. *International Review of Education*, vol. 18, n. 4, p. 430-439.

MEHAN, H. (1978). Structuring School Structure. *Harvard Educational Review*, fev. 48 (1), p. 32-64.

MELLOUKI, M. (1989). *Savoir enseignant et idéologie réformiste*. Quebec: Instituto Quebequense de Pesquisa sobre a Cultura.

______ (1991). *Le processus de division du travail scolaire: éléments d'exploration et reconnaissance bibliographique: 1930-1989*. Quebec: Departamento de Administração e Políticas Escolares/Universidade Laval.

MELLOUKI, M. & BEAUCHEMIN, M. (1994). L'orientation scolaire et professionnelle au Québec: l'émergence d'une profession, 1930-1960. *Revue d'Histoire de l'Amérique Française (RHAF)*, 48 (2), p. 213.

MELLOUKI, M. & LEMIEUX, N. (1992). Les agents scolaires, leur place et fonction dans les rapports sociaux. *Sociétés Contemporaines*, 11-12, p. 91-118.

MELLOUKI, M. & MELANÇO, N F. (1995). *Le corps enseignant du Québec de 1845 à 1992 – Formation et développement*. Montreal: Les Éditions Logiques.

MELLOUKI, M. & TARDIF, M. (1995). *Recherche, débats et discours sur la formation des enseignants au Québec: un bilan sélectif des travaux universitaires publiés depuis 1980*. Quebec: Universidade Laval, les Cahiers du Laboratoire de Recherche en Administration et Politiques Scolaires.

MERTON, R.K. (1957). *Social Theory and Social Structure*. Glencoe, Ill.: Free Press.

MESSING, K. et al. (1995). *La minute de 120 secondes: analyse du travail des enseignantes de niveau primaire*. Quebec: CEQ/Centre d'Étude des Interactions Biologiques entre la Santé et l'Environnement.

MEYER, P. (1977). *L'enfant et la raison d'État*. Paris: Seuil.

MINISTERE DE L'EDUCATION (1994). *Statistiques de l'éducation*. Quebec: Gouvernement du Québec.

______ (1997). *L'école, tout un programme – Énoncé de politique éducative.* Quebec: Gouvernement du Québec.

MONTMOLLIN, M. de (1996). Savoir travailler – Le point de vue de l'ergonome. In: BARBIER, J.M. (org.). *Savoirs théoriques et savoirs d'action.* Paris: Presses Universitaires de France, p. 189-199.

MORIN, L. & BRUNET, L. (1992). *Philosophie de l'éducation.* Quebec: Les Presses de l'Université Laval e De Boeck-Wesmael.

MOSCOVICI, S. (org.) (1984). *La psychologie sociale.* Paris: Presses Universitaires de France.

MUKAMURERA, J. (1997). *L'insertion professionnelle des jeunes enseignants au Québec.* Tese de doutorado. Quebec: Universidade Laval.

NADEAU, M.-A. (1988). *L'évaluation de programme: théorie et pratique.* Quebec: Les Presses de l'Université Laval.

NAISBITT, J. (1982). *Megatrends: Ten New Directions Tranforming Our Lives.* Nova York: Warner Books.

NATIONAL CENTER FOR EDUCATION STATISTICS (1996). *Findings from The Condition of Education 1996: Teachers' Working Conditions.* NCES, 97-371.

NAUD, A. & MORIN, L. (1978). *L'esquive: l'école et les valeurs.* Quebec: Service Général des Communications du Ministre de l'Éducation.

NAULT, T. (1994). *L'enseignant et la gestion de la classe.* Montreal: Éditions Logiques.

NEILL, A.S. (1970). *Libres Enfants de Summerhill.* Paris: Éditions La Découverte.

NÓVOA, A. (1987). *Le temps des professeurs.* Lisboa: Instituto Nacional de Investigação Científica.

O'NEIL, A. & RAYMOND, A. (1986). *Rapport d'étude concernant la concordance entre les qualifications des enseignants et leur affectation.* Quebec: MEQ/Diretoria de Autorizações e de Alvarás de Ensino/Diretoria Geral de Recursos Humanos.

OCDE (1976). *Examens des politiques nationales d'éducation.* Paris: OCDE.

______ (1990). *L'enseignement dans les pays de l'OCDE 1987-1988, recueil d'informations statistiques.* Genebra: OCDE, edição especial.

______ (1996). *Regards sur l'éducation: les indicateurs de l'OCDE – Ceri: indicateurs des systèmes d'enseignement.* Paris: OCDE.

______ (2002). *Regards sur l'éducation – Les indicateurs de l'OCDE 2002.* Paris: OCDE.

OUELLET, É. (1993). *Pertinence de l'approche ethnométhodologique pour l'étude des savoirs d'expérience des enseignants.* Quebec: Departamento de Sociologia/Universidade Laval.

OUELLET, É. & TARDIF, M. (1994). Approche ethnométhodologique du travail enseignant en classe. *Association canadienne-française pour l'avancement des sciences (ACFAS).* Montreal: Universidade de Quebec em Montreal.

OZGA, J. & LAWN, M. (1981). *Teachers Professionalism and Class: a Study of Organized Teachers.* Londres: Falmer Press.

PAQUAY, L. (1994). Vers un référentiel des compétences professionnelles de l'enseignant? *Recherche et Formation*, n. 16, p. 7-38.

PAQUAY, L. et al. (org.) (1996). *Former des enseignants. Quelles stratégies? Quelles compétences?* Bruxelas: De Boeck.

PAQUET, G. (1993). *De la société salariale au réseau pensant: gestion de la précarité, savoirs et raccrochage.* Ottawa: Universidade de Ottawa.

PARE, A. (1977). *Créativité et pédagogie ouverte.* Laval: Éditions NHP.

PARSONS, T. (1959). The School as Social System. *Havard Educational Review*, 29, p. 22-46.

_______ (1978). *Action Theory and the Human Condition.* Nova York: Free Press.

PAYET, J.-P. (1995). *Collèges de banlieue: ethnographie d'un monde scolaire.* Paris: Méridiens Klincksieck.

_______ (1997). "Le sale boulot – Division morale du travail dans un collège de banlieue". In: *Les Annales de La Recherche Urbaine*, n. 75, p. 19-31.

PERRENOUD, P. (1985a). *Ce que l'école fait aux familles – Essai d'inventaire des influences de la scolarisation sur le système familial.* Genebra: Serviço da Pesquisa Sociológica.

_______ (1985b). *Le go-between: l'enfant messager et message entre la famille et l'école.* Genebra: Serviço da Pesquisa Sociológica.

— (1993a). *Travailler en équipe pédagogique: résistance et enjeux.* Texto de uma intervenção nas jornadas de estudo da Anifecc, Trabalhar em equipe, Clermont-Ferrand, 3-6 de março.

_______ (1993b). Formation initiale des maîtres et professionnalisation du métier. *Revue des Sciences de l'Éducation*, vol. XIX, n. 1, p. 59-76.

_______ (1994). *La formation des enseignants, entre théorie et pratique.* Paris: L'Harmattan.

_______ (1995). *Métier d'élève et sens du travail scolaire.* Paris: ESF.

_______ (1996). *Enseigner – Agir dans l'urgence, décider dans l'incertitude.* Paris: ESF.

PETITAT, A. (1982). *Production de l'école – Production de la société: analyse socio-historique de quelques moments décisifs de l'évolution scolaire en Occident.* Genebra: Librairie Droz.

_______ (1989). *Les infirmières: de la vocation à la profession.* Montreal: Boréal.

PHARO, P. (1985). La description des structures formelles de l'activité sociale. In: ACKERMANN, W. et al. (org.). *Décrire: un impératif?* Paris: École des Hautes Etudes en Sciences Sociales.

PHARO, P. & QUERE, L. (1990). *Les formes de l'action.* Paris: École des Hautes Etudes en Sciences Sociales.

PINAR, W.F. (1998). Dreamt into Existence by Others: Notes on School Reform in the U.S., p. 201-229. In: TARDIF, M. et al. (1998). *Formation des maîtres et contextes sociaux.* Paris, PUF/Education et Formation/Biennales de l'Éducation.

PINAR, W.F. et al. (1995). *Understanding Curriculum: an Introduction to the Study of Historical and Contemporary Curriculum Discourses.* Nova York: Peter Lang.

PLAISANCE, É. & BAUDELOT, C. (1990). *Permanence et renouvellement en sociologie de l'éducation: perspectives de recherche*. Paris: L'Harmattan/INRP.

POSTMAN, N. (1986). *Se distraire à en mourir*. Paris: Flammarion.

POWELL, A.G. et al. (1985). *The Shopping Mall High School, Winners and Losers in the Educational Market Place*. Boston: Houghton Mifflin Company.

RAYMOND, D. (1993). Éclatement des savoirs et savoirs en rupture: une réplique à Van der Maren. *Revue des Sciences de l'Éducation*, 19 (4), p. 187-200.

_______ (1997). *Étude critique de la contribution des approches biographiques à l'élucidation des rapports entre les savoirs en formation initiale à l'enseignement*. Texto não publicado. Seminário de doutorado. Quebec: Universidade Laval/Faculdade de Ciências da Educação.

_______ (1998). *La contribution des approches biographiques à la connaissance des origines des préconceptions des étudiants-maîtres*. Texto não publicado. Seminário de doutorado. Quebec: Universidade Laval/Faculdade de Ciências da Educação.

RAYMOND, D. et al. (1993). Savoirs préprofessionnels et formation fondamentale: approche autobiographique. In: GAUTHIER, M. *et al*. (dir.). *Le savoir des enseignants: unité et diversité*. Montreal: Éditions Logiques, p. 137-168.

RECANATI, F. (1981). *Les énoncés performatifs*. Paris: Minuit.

REYNOLDS, A. (1992). What is competent beginning teaching? A review of the literature. *Review of Educational Research*, 62 (1), p. 1-35.

RIA, L. (2001). *Les préoccupations des enseignants débutants en éducation physique et sportive*. Tese de doutorado. Universidade de Montpellier.

RICARD, F. (1992). *La génération lyrique*. Montreal: Boréal.

RICOEUR, P. (1986). *Du texte à l'action – Essai d'herméneutique II*. Paris: Seuil.

RITZER, G. & WALCZAK, D. (1986). *Working: Conflict and Change*. 3ª ed. Englewood Cliffs, N.J.: Prentice Hall.

ROBITAILLE, M. & MAHEU, L. (1991). Le travail enseignant au collégial: le rapport à l'usager comme composante de l'identité professionnelle enseignante. In: LESSARD, C. et al. (org.). *La profession enseignante au Québec – Enjeux et défis des années 1990*. Montreal: IQRC, p. 113-134.

ROCHER, G. (1969). *Introduction à la sociologie générale*. Montreal: Éditions Hurtubise HMH.

ROEMER, J.E. (1982). *A General Theory of Exploitation*. Cambridge, Mass: Harvard University Press.

ROGERS, C. (1968). *Le développement de la personne*. Montreal: Éditions Dunod.

ROPE, F. & TANGUY, L. (org.) (1994). *Savoirs et compétences – De l'usage de ces notions dans l'école et l'entreprise*. Paris: L'Harmattan.

ROSANVALLON, P. (1981). *La crise de l'État-providence*. Paris: Seuil.

ROSENSHINE, B.V. (1986). Synthesis of research on explicit teaching. *Educational Leadership*, 43 (7), p. 60-69.

ROUSSEAU, J.-J. (1966). *Émile*. Paris: Éditions Garnier-Flammarion.

ROWAN, B. (1994). Comparing teachers' work with work in other occupations: Notes on the Professionnal Status of Teaching. *Educational Researcher*, vol. 23, n. 6, ago.- set., p. 4-17.

ROY, D. (1991). *Étude de l'importance des connaissances de l'enseignant et de l'influence des actes professionnels d'enseignement sur l'apprentissage au collégial*. Rimouski: Cégep de Rimouski.

______ (1998). *La situation et le point de vue de l'enseignant de sciences du primaire, leur place dans la recherche et leurs répercussions sur sa formation et sur l'action de ses formateurs*. Tese apresentada à Faculdade de Estudos Superiores para obtenção do grau de Philosophiæ Doctor (Ph.D.) em educação pré-escolar e ensino primário, Universidade de Montreal.

RYAN, K. et al. (1980). *Biting the Apple: Accounts of First Year Teachers*. Nova York/Londres: Longman.

SARFATTI, L.M. (1977). *The Rise of Professionalism*. Berkeley: University of California Press.

______ (1988). À propos des professionnels et des experts ou comme il est peu utile de tout dire. *Sociologies et sociétés*, vol. XX, n. 2, out., p. 23-40.

SCHÖN, D.A. (1983). *The Reflective Practitioner – How Professionals Think in Action*. Nova York: Jossey-Bass.

______ (1987). *Educating the Reflective Practitioner*. São Francisco: Jossey-Bass.

SCHRIEWER, J. (1997a). Système mondial et réseaux d'interrelation – L'internationalisation de la pédagogie, un problème des sciences comparées de l'éducation. *In*: MEURIS, G. & DE COCK, G. (org.). *Éducation comparée – Essai de bilan et projets d'avenir*. Bruxelas: De Boeck/ Université, Coll. Perspectives en Education, p. 107-139.

______ (1997b). L'éducation comparée: mise en perspective historique d'un champ de recherche. *Revue Française de Pédagogie*, n. 121, p. 9-27: L'éducation comparée, out.-dez.

SCHUTZ, A. (1987). *Le chercheur et le quotidien: phénoménologie des sciences sociales*. Paris: Méridiens-Klincksieck.

SCHWARTZ, Y. (1988). *Expérience et connaissance du travail*. Paris: Éditions sociales.

______ (org.) (1997). *Reconnaissances du travail – Pour une approche ergologique*. Paris: Presses Universitaires de France.

SEEMAN, M. (1959). On the meaning of alienation. *American Sociological Review*, vol. 24, p. 783-791.

SEGUIN, B. (1996). *Pour en finir avec l'école*. Montreal: Éditions Boréal.

SHAVELSON, R.J. (1983). Review of research on teachers' pedagogical judgments, plans, and decisions. *The Elementary School Journal*, 83 (4), p. 392-413.

SHAVELSON, R.J. & STERN, P. (1981). Research on teachers pedagogical thoughts, judgments, decisions and behavior. *Review of Educational Research*, 51, p. 455-498.

SHEDD, J.B. & BACHARACH, S.B. (1991). *Tangled Hierarchies, Teachers as Professionals and The Management of Schools*. San Francisco: Jossey/Bass.

SHULMAN, L.S. (1986). Paradigms and Research Programs in the Study of Teaching. In: WITTROCK, M.C. (org.). *Handbook of Research on Teaching – A Project of the American Educational Research Association*. 3ª ed. Nova York: MacMillan, p. 3-36.

______ (1990). *Paradigms and Programs – A Project of the American Educational Research Association*. Nova York: MacMillan.

SIKULA, J. (org.) (1996). *Handbook of Research on Teacher Education*. 3ª ed. Nova York: MacMillan.

SIMMEL, G. (1991). *Sociologie et épistémologie*. Paris: Presses Universitaires de France.

SIROTA, R. (1988). *L'école primaire au quotidien*. Paris: Presses Universitaires de France.

SKINNER, B.F. (1969). *La révolution scientifique de l'enseignement*. Bruxelas: Mardaga.

SMYTH, J. (1994). International Perspectives on Teacher Collegiality: a labour process discussion based on the concept of teachers' work. *British Journal of Sociology of Education*, vol. 2, p. 323-346.

STATISTIQUE CANADA (1994). *Les femmes dans la population active*. Ottawa: Statistique Canada.

______ (1997). *Enquête sur la population active*. Ottawa: Statistique Canada.

STEHR, N. (1994). *Knowledge Societies*. Londres: Sage.

STROOBANTS, M. (1993). *Savoir-faire et compétences au travail*. Bruxelas: Universidade Livre de Bruxelas.

SVENSSON, L.G. (1990). Knowledge as a professional resource: case studies of architects and psychologists at work. In: BURRAGE, R. & BURRAGE, M. (org.). *The Formation of Professions – Knowledge, State and Strategy*. Londres: Sage, p. 51-70.

SYKES, G. & SHULMAN, L.S. (org.) (1983). *Handbook of Teaching and Policy*. Nova York: Longman.

TANGUY, L. (1991). *L'enseignement professionnel en France: des ouvriers aux techniciens*. Paris: Presses Universitaires de France.

TARDIF, J. (1992). *L'enseignement stratégique*. Montreal: Éditions Logiques.

TARDIF, M. (1993a). *Les fondements de l'éducation contemporaine et le conflit des rationalités*. Montreal: Les publications de la Faculté des Sciences de l'Éducation/Université de Montréal.

______ (1993b). Savoirs et expérience chez les enseignants de métier: quelques pistes et jalons concernant la nature des savoirs d'expérience. In: HENSLER, H. (org.). *La recherche en formation des maîtres: détour ou passage obligé sur la voie de la professionnalisation?* Sherbrooke: Éditions du CRP, p. 53-86.

TARDIF, M. & GAUTHIER, C. (1996). L'enseignant comme acteur rationnel. Quelle rationalité? Quel savoir? Quel jugement? In: PERRENOUD, P. et al. (org.). *Des professionnels de l'enseignement – Quelles compétences? Quelle formation?* Bruxelas: De Boeck.

TARDIF, M. & LESSARD, C. (1992). L'orthopédagogie: émergence, évolution et professionnalisation d'une nouvelle catégorie d'intervenants en milieu scolaire. *Historical Studies in Education*, vol. 4, n. 2, p. 232-267.

______ (1999). *Le travail enseignant au quotidien*. Canada/Belgique: Presses de l'Université Laval/De Boeck.

TARDIF, M. & OUELLET, É. (1993). *Les savoirs professionnels et d'expérience des enseignants de métier – Présentation d'une stratégie de recherche*. Quebec: Grisé/Faculté des Sciences de l'Éducation de l'Université Laval, 60 p.

______ (1995). Savoirs d'expérience et construction de l'identité professionnelle des enseignants. In: *Association Internationale des Sociologues de Langue Française*. Lille (France).

TARDIF, M. et al. (1991). Les enseignants des ordres d'enseignement primaire et secondaire face aux savoirs: esquisse d'une problématique du savoir enseignant. *Sociologies et Sociétés*, 23 (1), p. 55-70.

TARDIF, M. et al. (1997). Logiques d'exclusion et logiques d'intégration au sein de l'école – Le champ de l'adaptation scolaire. *Recherche Sociographique*, vol. XXXVII, n. 2, p. 232-267.

TARDIF, M. et al. (1998). *Formation des maîtres et contextes sociaux: perspectives internationales*. Paris: Presses Universitaires de France.

TEIGER, C. (1993). L'approche ergonomique: du travail humain à l'activité des hommes et des femmes au travail. *Éducation Permanente*, 116, p. 71-96.

TERSSAC, G. de (1996). Savoirs, compétences et travail. In: BARBIER, J.-M. (org.). *Savoirs théoriques et savoirs d'action*. Paris: Presses Universitaires de France, p. 223-247.

THERRIEN, J. (1998). Expérience professionnelle et savoir enseignant: La formation des enseignants mise en question. In: TARDIF, M. et al. *Formation des maîtres et contextes sociaux: perspectives internationales*. Paris: Presses Universitaires de France, p. 231-260.

TOCHON, F.V. (1993). *L'enseignant expert*. Paris: Nathan.

TOM, A. (1984). *Teaching as a Moral Craft*. Nova York: Longman.

TOMIC, W. (1992). *Effective teaching practices*. Heerlen (Pays-Bas): Open University.

TOMLINSON, S. (1982). *A Sociology of Special Education*. Londres: Routledge and Kegan Paul.

TOURAINE, A. (1965). *Sociologie de l'action*. Paris: Seuil.

______ (1973). *Production de la société*. Paris: Seuil.

______ (1997). *Pourrons-nous vivre ensemble? – Égaux et différents*. Paris: Fayard.

______ (1998). Présentation. In: DE COSTER, M. & PICHAULT, F. *Traité de sociologie du travail*. Bruxelas: De Boeck, p. 1-10.

TOZER, S.E. et al. (1998). School and Society – Historical an Contemporary Perspectives. Third Edition. Boston: McGraw-Hill.

TRÉPOS, J.-Y. (1992). *Sociologie de la compétence professionnelle*. Nancy: Presses Universitaires de Nancy.

TROTTIER, C. (1987). La nouvelle sociologie de l'éducation en Grande-Bretagne: un mouvement de pensée en voie de dissolution? *Revue Française de Pédagogie*, n. 78, p. 5-20.

TROTTIER, C. et al. (org.) (1995). *Les cheminements scolaires et l'insertion professionnelle des étudiants de l'université: perspectives théoriques et méthodologiques*. Quebec: Les Presses de l'Université Laval.

UNESCO (1998). *Rapport mondial sur l'éducation – Les enseignants et l'enseignement dans un monde en mutation*. Genebra: Unesco.

URBAN, W. & WAGONER, J. (1996). American education – A history. Nova York: The McGraw-Hill Compagnies.

VAN DER MAREN, J.M. (1990). Les savoirs et la recherche pour l'éducation. In: ROY, G.R. (org.). *Contenus et impacts de la recherche universitaire actuelle en sciences de l'éducation*. Tomo 3: *L'enseignement et l'apprentissage*. Sherbrooke: Éditions du CRP, p. 1.023-1.031.

VAN MANEN, M. (1990). *Researching Lived Experience*. Londres: The Althouse Press.

VEENMAN, S. (1984). Perceived problems of beginning teachers. *Review of Educational Research*, 54 (2), p. 143-177.

VIGARELLO, G. (1978). *Le corps redressé: histoire d'un pouvoir pédagogique*. Paris: J.P. Delarge.

VINCENT, G. (1980). *L'école primaire française: étude sociologique*. Lyon: Presses Universitaires de Lyon.

VINCENT, G. (org.) (1994). *L'éducation prisonnière de la forme scolaire*. Lyon: Presses Universitaires de Lyon.

VONK, J.H.C. (1988). L'évolution professionnelle des enseignants débutants et ses répercussions sur la formation initiale et continue. *Recherche et Formation*, 3 (3), p. 47-60.

VONK, J.H.C. & SCHRAS, G.A. (1987). From beginning to experienced teacher: a study of the professional developpement of teachers during their first four years of service. *European Journal of Teacher Education*, 10 (1), p. 47-60.

WALLER, W. (1962). *The Sociology of Teaching*. Nova York: Russell and Russell.

WEBER, M. (1967). *L'éthique protestante et l'esprit du capitalisme*. Paris: Plon.

______ (1971). *Économie et société*. Paris: Plon.

WHITTY, G. & POWER, S. (1998). *Marketization and Privatization in Mass Education Systems*, conferência apresentada no Congresso mundial de sociologia, Montreal.

WHITTY, G. et al. (1997). *Teacher Education in England and Wales: Some Findings from the Mote Project*, AERA, reunião anual, Chicago, 24-27 de março de 1997.

WHYTE, H. (1956). *The Organisation Man*. Nova York: Simon and Schuster.

WILDEN, A. (1983). *Système et structure: essais sur la communication et l'échange*. Montreal: Boréal Express.

WITTGENSTEIN, L. (1996). *Le cahier bleu et le cahier brun*. Paris: Gallimard.

WITTROCK, M.C. (org.) (1986). *Handbook of Research on Teaching – A Project of the American Educational Research Association*. 3ª ed. Nova York: MacMillan.

WOODS, P. (1986). *Inside Schools – Ethnography in Educational Research*. Londres: Routledge and Kegan Paul.

______ (1990). *L'ethnographie de l'école*. Paris: Armand Colin.

WRIGHT, E.O. (1985). *Classes*. Londres: Verso Edition.

WULF, C. (1999). *Anthropologie de l'éducation*. Paris: Harmattan.

______ (2002). Traité d'anthropologie historique: philosophies, histoires, cultures. Paris: Harmattan.

WYNER, R. (org.) (1991). *Current Perspectives on The Culture of Schools*. Nova York: Brookline Books.

YINGER, R.J. (1986). Examining thought in action: A theoretical and methodological critique of research on interactive teaching. *Teaching and Teacher Education*, 2, p. 263-282.

YOUNG, M.F.D. (org.) (1971). *Knowledge and Control – New Directions for the Sociology of Education*. Londres: Collier/MacMillan Publishers.

ZEICHNER, K.M. et al. (1987). Individual, institutional, and cultural influences on the development of teachers' craft knowledge. *In*: CALDERHEAD, J. (dir.). *Exploring Teacher Thinking*. Londres: Cassell, p. 21-59.

Lista de quadros

1 – As tensões e dilemas internos do trabalho docente em relação à organização escolar, 80

2 – Número de pessoal empregado nos sistemas públicos elementar e secundário e porcentagem do pessoal total, por categoria, 83

3 – Proporção de professores no Canadá – Ano de referência 1998-1999, 85

4 – O campo profissional expandido inspirado em Freidson (1986), 94

5 – Os diferentes poderes dos grupos na organização do trabalho escolar, 97

6 – Dois modelos de organização escolar, 101

7 – Número de horas de ensino por ano (1996 e 2000), 117

8 – Organização do tempo de trabalho dos professores (2000), 121

9 – Tamanho médio das classes nos estabelecimentos públicos e privados, por nível de ensino (2002), 125

10 – Número de alunos por professor nos estabelecimentos de ensino públicos e privados, por nível de ensino e expressos em período integral equivalente (2000), 130

11 – Os diferentes blocos de atividades dos professores, 139

12 – A ritualização do trabalho escolar, 165

13 – Os objetivos e motivos da ação, 237

14 – As tramas das interações em classe, 243

15 – A estrutura hierárquica das interações em classe, 247

16 – Comparação entre o trabalho industrial e o trabalho docente no âmbito das interações com o objeto de trabalho, 256

17 – Comparação entre o trabalho industrial e o trabalho docente no âmbito das tecnologias, 262

Índice

Sumário, 5

Introdução, 7

1. O trabalho docente hoje: elementos para um quadro de análise, 15

   1.1. Por que estudar a docência como um trabalho? 15

      1.1.1. Panorama do trabalho interativo e reflexivo, 15

      1.1.2. Centralidade da docência na organização do trabalho, 21

      1.1.3. Organização do trabalho escolar e organização industrial e do Estado, 24

      1.1.4. A profissionalização do ensino e o trrabalho docente, 26

      1.1.5. A docência como trabalho interativo e seu objeto humano, 28

   1.2. Como analisar o trabalho dos professores?, 36

      1.2.1. Considerar o que os professores fazem: modelos indutivos e componentes do trabalho, 37

      1.2.2. Ensinar: um trabalho composto, 40

   1.3. As dimensões da análise, 47

2. A escola como organização do trabalho docente, 55

   2.1. As bases organizacionais do trabalho docente, 56

      2.1.1. A escola como organização separada dos outros espaços sociais, 57

      2.1.2. A estrutura celular do trabalho docente, 60

      2.1.3. O professor como responsável pela ordem na classe, 63

      2.1.4. Natureza da ordem na classe, 65

      2.1.5. Um trabalho centrado em coletividades humanas, 68

   2.2. Características da organização escolar, 73

2.2.1. Disciplinas escolares, níveis e dualidade da profissão, 73
2.2.2. Os tempos escolares, 75
2.2.3. Fins e meios da escola, 77
2.2.4. O docente: um "executor" dotado de certa autonomia, 78

3. Da classe ao sistema escolar, 81
3.1. Formas de divisão do trabalho escolar, 82
3.1.1. A separação do espaço escolar e sua réplica fora da escola, 86
3.1.2. As tendências originais da divisão do trabalho escolar, 88
3.2. Dinâmicas de poder na organização escolar, 92
3.2.1. Organização do trabalho e relações de poder, 93
3.3. A escola como organização de serviços humanos, 100
3.3.1. Anarquia e burocracia na escola, 100
3.3.2. A escola como organização do tipo clientes/serviços, 104

4. A carga de trabalho dos professores, 111
4.1. A carga de trabalho dos professores, 112
4.1.1. O tempo de trabalho e o número de alunos, 115
4.2. Os componentes da tarefa dos professores, 133
4.2.1. Tarefas diversificadas, 133
4.3. As relações com os alunos, 141
4.3.1. Uma relação mais complexa do que outrora, 142
4.3.2. As relações com os alunos, 150
Síntese do capítulo 4, 157

5. Os trabalhos e os dias, 163
5.1. A típica jornada de trabalho, 163
5.2. A construção cotidiana das situações de trabalho, 169
5.2.1. A chegada à escola e os intervalos, 170
5.2.2. As atividades de preparação e de realização, 174
5.2.3. A acolhida dos alunos, 177
5.2.4. As atividades do fim do dia, 182

5.3. O trabalho coletivo, 183

5.3.1. As relações cotidianas entre os docentes, 184

5.3.2. O individualismo docente, 187

6. Os fins do trabalho docente, 195

6.1. Os objetivos gerais da escola, 198

6.2. Os objetivos curriculares, 207

6.3. Transformações dos objetivos na prática de cada dia, 210

6.3.1. O planejamento do ensino, 211

6.3.2. O trabalho curricular em classe, 216

6.3.3. O trabalho curricular: um ciclo contínuo de adaptação e de transformação, 219

6.3.4. Os impactos do trabalho curricular sobre a tarefa dos professores, 222

7. Os fundamentos interativos da docência, 231

7.1. Estruturas das interações em classe, 231

7.1.1. A descrição ecológica da classe, segundo Doyle, 232

7.1.2. A interatividade e a significação como fundamentos da ecologia da classe, 234

7.1.3. A significação, 248

7.2. As características interativas do objeto de trabalho e seus impactos sobre a docência, 255

7.2.1. O objeto humano do trabalho docente, 256

7.2.2. As tecnologias do professor, 260

7.2.3. Personalidade e interação, 267

Conclusão, 275

Refrências, 291

Lista de quadros, 313